U0864946

台盟历史系列丛书

台盟地方组织发展沿革

台湾民主自治同盟

台盟中央盟史与自身建设工作委员会　台盟中央组织部　编著

台海出版社

图书在版编目（CIP）数据

台盟地方组织发展沿革 / 台盟中央盟史与自身建设工作委员会，台盟中央组织部编著. -- 北京 : 台海出版社，2016.3
ISBN 978-7-5168-0891-7

Ⅰ. ①台… Ⅱ. ①台… ②台… Ⅲ. ①台湾民主自治同盟－地方组织－史料 Ⅳ. ① D665.8

中国版本图书馆 CIP 数据核字（2016）第 046422 号

台盟地方组织发展沿革

编　　著：台盟中央盟史与自身建设工作委员会　台盟中央组织部

责任编辑：姚红梅　　　　装帧设计：彭　彭
版式设计：唐　艳　　　　责任印制：蔡　旭

出版发行：台海出版社
地　址：北京市东城区景山东街 20 号　　邮政编码：100009
电　话：010 － 64041652（发行，邮购）
传　真：010 － 84045799（总编室）
网　址：http://www.taimeng.org.cn/thcbs/default.htm
E-mail：thcbs@126.com

经　销：全国各地新华书店
印　刷：三河市航远印刷有限公司
本书如有破损、缺页、装订错误，请与本社联系调换

开　本：787mm×1092mm　　1/16
字　数：436 千字　　印　张：27.25
版　次：2017 年 10 月第 1 版　　印　次：2017 年 10 月第 1 次印刷
书　号：ISBN 978-7-5168-0891-7

定　价：128.00 元

版权所有　翻印必究

《台盟地方组织发展沿革》

编委会

主　　编　吴国华

副 主 编　吴艺煤　陈　军　孔令人　柯连妹

参编人员　（按姓氏笔画为序）

方　玲　王玉燕　王冠羽　王　粟　乐重荣　卢明汇

叶文珺　刘卫东　刘进贤　刘海东　毕　磊　江成林

米文艳　吴　滔　张　菊　张璟之　李正军　李伟文

李志强　李秋玲　李　惠　杨文鹏　杨建峰　汪青春

陈玉玲　陈家臻　陈晓华　陈　雯　周旭辉　周宏仁

周蜀娟　巫静渊　林寿禄　苑香兰　郑吉虎　郑健姿

胡亦频　胡　悦　唐　璐　谈张德　谈祖敏　贾博超

曾建刚　谢益民　廖成熙　管书华　戴　蓉　魏巧巧

王　琦

特约编辑　李咏丰　古　雯

PREFACE
序

台湾民主自治同盟（简称“台盟”）是由居住在祖国大陆的台湾省人士组成的社会主义劳动者、社会主义事业建设者和拥护社会主义爱国者的政治联盟，是致力于中国特色社会主义事业的参政党。

台盟具有光荣的爱国爱乡优良传统。1947 年，台湾人民 “二·二八”起义后，以谢雪红为代表的一批革命志士辗转到达香港。在中国共产党的指导和帮助下，同年 11 月 12 日成立台湾民主自治同盟。1948 年 5 月 7 日，台盟通电响应中国共产党提出的“五一口号”，主动接受中国共产党的领导，参加新政协的筹备，为建立新中国不懈奋斗。中华人民共和国成立后，台盟积极投身社会主义建设，为巩固人民民主政权、恢复国民经济和推动祖国统一大业做了大量的工作。进入新时期以来，台盟各级组织和广大盟员围绕中心、服务大局，在参政议政、对台交流、社会服务、自身建设等各个方面都取得了新的成绩，做出了新的贡献。

70 年来，台盟始终坚持和拥护中国共产党的领导，积极投身中国革命、建设和改革事业，认真履行参政党职能。中共中央在致台盟九大的贺词中指出，“台盟不愧为与中国共产党和衷共济、通力合作的亲密友党，不愧为致力于中国特色社会主义事业的参政党，不愧为实现国家富强、祖国统一、民族振兴的重要依靠力量。”

为弘扬台盟优良传统，充分发挥盟史研究、存史育人的重要作用，台盟中央盟史与自身建设委员会和台盟中央组织部在台盟地方组织的大力配合下合作编撰了《台盟地方组织发展沿革》一书。地方组织的发展沿革是台盟成长历程的重要组成部分。通过地方组织的发展沿革可以窥见台盟各级组织整体发展的基本面貌，特别是地方组织创立时期的基本情况，从一个侧面反映台盟70年的光荣发展历程。全书条理清晰，史料翔实，是近年来台盟盟史研究的最新成果，为盟史教育提供了优秀教材。

中共十八大以来，以习近平同志为核心的中共中央团结带领全国各族人民同心协力、开拓进取，统筹推进“五位一体”总体布局和协调推进“四个全面”战略布局，国家各项工作取得新的重大进展，夺取全面建成小康社会伟大胜利进入了决胜阶段。中共中央对统一战线事业高度重视，提出了一系列新思想新观点新要求，为新的历史条件下统一战线团结奋斗指明了方向、明确了重点。尤其是召开中央统战工作会议，颁布实施《中国共产党统一战线工作条例（试行）》，标志着统一战线事业进入了崭新的历史发展阶段。

2017年7月26日，习近平总书记在省部级领导干部专题研讨班上发表重要讲话，深刻阐释了新的历史条件下坚持和发展中国特色社会主义的一系列重大理论和实践问题，深刻阐明了未来一个时期国家各项事业的大政方针和行动纲领，具有十分重大的意义。10月，举世瞩目的中共十九大将在北京召开。年底，台盟也将迎来成立70周年华诞和第十次全盟代表大会的召开。站在新的历史起点上，面对国家和统一战线的新形势、新任务，各级组织和全体盟员要自觉增强“四个意识”，认真领悟中共中央治国理政新理念新思想新战略，把学习贯彻习近平总书记系列重要讲话精神和即将召开的中共十九大精神作为重要的政治任务，在思想上、政治上、行动上同以习近平同志为核心的中共中央保持高度一致，进一步增强中国特色社会主义的道路自信、理论自信、制度自信和文化自信。努力提升“五种能力”，以更强的历史责任感、更大的工作干劲投身到实现“两个一百年”奋斗目标、全面建成小康社会的历史洪流中。紧紧围绕“十三五”规划的实施、“一带一路”倡议的推进以及两岸关系和平发展等议题，不断提升参政履职能力，自觉为推动国家地方经济社会发展和祖国和平统一大业献计出力。着力推进思想建设、组织建设、制度建设，不断加强代表人士和后备干部队伍建设，提升全体盟员的素质和水平，展现台盟组织和广大盟员的良好精神风貌，切实提升各级组织自身建设水平。全盟上下一心，共同把台盟各项工作推向前进，共同为建设中国特色社会主义事业贡献力量。

谨以此书追记台盟各级地方组织建立至今的光荣历程，缅怀栉风沐雨、艰苦创业的台盟先贤，重温他们与中国共产党风雨同舟、患难与共的高风亮节，并以此激励各级组织和全体盟员凝心聚力、锐意进取，不断开创台盟各项工作的新局面，为早日完成祖国和平统一大业和实现中华民族伟大复兴的中国梦贡献智慧和力量。

林文漪

目录

CONTENTS

台盟北京市委组织发展沿革

一、成立的历史背景

1947 年 11 月 12 日，台湾民主自治同盟（总部）[以下称台盟总部] 在香港正式成立。台盟成立初期主要在香港从事革命活动，对台湾进行政治号召和宣传工作；在香港参加各民主党派的活动，争取各方面支持；发展盟员，介绍台籍青年到解放区参加革命；通过出版书刊等向国内外介绍台湾现状，揭露国民党的反动统治和美国企图侵略台湾的阴谋，向台湾人民介绍大陆蒋管区和解放区的情况、战局发展以及中国共产党的方针政策，号召台湾同胞团结起来，配合解放军早日解放台湾，建立新中国。1948 年 5 月，台盟总部发表《告台湾同胞书》，热烈响应中国共产党为动员全国各阶层人民实现建立新中国的光荣使命发布的纪念“五一”劳动节口号，坚决拥护成立新政协和成立民主联合政府的主张。1949 年 3 月，台盟总部负责人谢雪红等受中国共产党邀请，离开香港到北平参加新政协的筹备工作、一些全国性的会议和政治活动。台盟总部也由香港迁到北平，为了适应形势发展和工作进展的需要，开始积极建立和发展地方组织。

二、成立过程及初期活动

（一）成立过程

1949 年 3 月，台盟领导人谢雪红、杨克煌等人到北平后，与林铿生、郭炤烈等认识。当时在北平东城干面胡同 21 号有原北平台湾同乡会，这里是台湾商人林铿生（即林汉民）的住宅，林铿生当时代理原北平台湾同乡会会长。常到这里走动并协助台湾同乡会做事的还有1946年台湾行政长官公署送到大陆学习的第一批台湾公费生、在北京大学读书的学生郭炤烈等人。谢雪红、杨克煌与林铿生、郭炤烈等认识后，交往中谈到发展台盟盟员，筹建台盟华北总支部等事。

1949年7月3日，在北平干面胡同21号召开了台盟盟员临时大会，就是台盟华北总支部（台盟北京市委前身）正式成立大会。会议一致通过华北总支部组织规程并选出了总支委委员。《人民日报》1949年7月5日在头版报道："台盟华北总支部7月3日在北平召开了临时盟员大会，这是该盟华北总支部在解放后第一次的盛大集会。"

◀台盟华北总支部成立时的办公地址——北京市东城区干面胡同21号

出席临时盟员大会的共有31位盟员。台盟总部主席谢雪红在会上作了台盟纲领及盟章的报告。郭炤烈就台盟的性质及政治主张向大会作了报告，指出今后的任务是为早日解放台湾和台湾的新建设而努力，同时提出当时的任务：一是参加新政协的工作；二是提出台湾人民的要求，打击美帝国主义殖民地化的阴谋，孤立那些搞"分离"运动的卖国贼；三是加紧学习和积极工作，培养干部，扩大组织，为解放台湾做准备。林铿生等报告了台盟华北总支部的筹备经过和新中国成立后的工作计划。会议一致拥护台盟总部发表的纪念"七七"抗战的通电和庆祝"七一"致中共中央的贺电。会议审议了台盟华北总支部组织规程（草案），选举林铿生为主任委员、郭炤烈为副主任委员及7名委员和3名候补委员。台盟华北总支部下设秘书组、组织组、宣教组，直接领导北平地区的盟员工作，同时还管辖台盟天津支部和设在长辛店的军政大学支部。当时共有盟员 45 人。

由于台湾属于当时的华东军政委员会管辖，为解放台湾和便于开展对台工作，台盟总部决定南迁到上海，以完成配合中国人民解放军解放台湾的历史使命。因而有必要在中央机关、中央各部门所在地的北平设立台盟总部派出的办事机构，方便与中央有关部门和各民主党派中央机关保持联系。台盟华北总支部成立不久，1949 年 9 月 1 日，台盟总部驻平办事处（后称驻京办事处）正式成立。11 月，台盟总部迁往上海。台盟总部驻京办事处主任和台盟华北总支部主任委员由林铿生一人兼任。

台盟驻京办事处是台盟总部派出的驻外机构，受总部委托，代表总部参加全国政协召开的各民主党派中央领导出席的各种会议和活动，以及与中央有关部门联系，反映问题、解决问题。台盟华北总支部则是台盟地方组织的领导机关，主要是负责华北地区的盟员和台胞的组织和宣教工作，开展盟员和台胞的学习、宣传活动，关心和了解广大盟员和台胞的情况，并尽可能帮助解决力所能及的问题，培养、发展盟员及与其他民主党派保持联系，参加一些有关活动等等。

台盟驻京办事处与台盟华北总支部在工作内容和职责上不同，但当时除了台盟华北总支部和台盟总部驻京办事处的主要负责人有变换，台盟华北总支部机关的秘书组、组织组、宣传组等 6 名职工，也是总部驻京办事处的工作人员。可以说是“一套人马、两块牌子”，因此有了任务，大家分工，积极去完成。有时工作上互有交叉，互相支持，密切配合。台盟华北总支部负责人有时也代表台盟总部驻京办事处参加国家一些重要的政治活动。

1951 年 12 月，台盟总部任命林云为台盟总部驻京办事处主任和台盟华北总支部主任委员，负责两个机构的工作。1952 年 8 月，两个机构的主要领导人则分别担任，不再兼职，各尽其责，向总部负责。台盟总部驻京办事处主任由林云专任，台盟总部另委派陈炳基来京担任台盟华北总支部主委，同时增加白风洋为副主任委员。两个机构里当时有中共党员 4 人，还成立了中共党支部。

1955 年 2 月，台盟总部由上海迁到北京，与台盟华北总支部合署办公。台盟总部撤销台盟驻京办事处，成立了一个办公室，由台盟华北总支部主委陈炳基兼任办公室主任。

1955 年 4 月，根据国家撤销行政大区的决定，撤销台盟华北总支部，改称台盟北京市支部，同时人员精简，陈炳基任台盟北京市支部主委。

1956 年，台盟北京市支部正式参与中共北京市委统战部组织的各民主党派的活动，1957 年，台盟北京市支部主委陈炳基担任北京市人大代表。

（二）初期活动

1. 为解放台湾 建设新中国做准备

1949 年底，全国除台湾省外，大部分地区已解放。尽快解放台湾成为当时全国面临的一项紧迫而重要的工作。台盟积极响应中共和国家的号召，配合做各种解放台湾的准备工作。当时台盟华北总支部积极介绍台籍青年去华北军政大学台湾队和中国人民解放军三野第九兵团台湾干部训练团参军、学习，接受培训，以备解放台湾时，输送到台湾参加各方面工作。台盟华北总支部在北京、天津及东北地区，组织了一些台湾省籍人士子女及与台胞关系密切的男女青年南下到上海，参加中共上海市委第二工作队青年训练班，为台湾解放后，去台湾做宣传和演出筹建文工团时做准备。举行台湾人民“二·二八”起义纪念会、“五·二四”反美大示威纪念座谈会，声援台湾人民的反蒋爱国民主斗争，在各次会议上表示了一定要解放台湾的决心。

台盟华北总支部还积极组织在京盟员、台胞和家属参加各种座谈会、学习会，学习《中国人民政治协商会议共同纲领》、《中华人民共和国宪法》（草案）、中共过渡时期总路线、总任务、社会发展史及政治常识、新中国《婚姻法》及台盟纲领等各种有关党和国家的方针、政策及时事，号召并鼓励台胞为解放家乡和建设新中国积极做出贡献。

1954 年，政府发行国家经济建设公债，台盟华北总支部从贯彻过渡时期总路线的高度热烈响应，组织广大盟员踊跃认购公债，支援国家建设。同年陈炳基代表台盟华北总支部参加“全国人民慰问人民解放军”第五总分团赴云南省及重庆市、成都市等地慰问人民解放军。台盟华北总支部派工作人员在北京北郊慰问中国人民解放军。

2. 积极参加各项政治运动

①土地改革

1950 年 6 月，中央人民政府发出《关于在全国展开土地改革运动》的伟大号召，台盟华北总支部积极响应这一号召，组织盟员和机关干部学习土改政策及相关文件，有的盟员直接参加了土改队的工作。

②抗美援朝

1950 年 6 月 25 日，朝鲜内战爆发，美国武装干涉朝鲜内政，将战火扩大到我国边境，严重威胁我国边境安全。并同时派遣第七舰队入侵台湾海峡，阻挠中国人民解放军解放台湾。1950 年 10 月 8 日，应朝鲜民主主义共和国请求，中共中央做出“抗美援朝，保家卫国”的战略决策。10月 25 日，台盟总部驻京办事处主任、华北总支部主委林铿生代表台盟出席全国各民主党派协商会，共同决定签署抗美援朝联合宣言，表示坚决拥护中共中央决策。此后，台盟华北总支部也把工作的重心转到这一工作上，动员广大盟员及台胞把解放台湾的热情与抗美援朝、保家卫国联系起来，积极投身到运动中。

台盟华北总支部积极推荐、选送盟员赴朝作战，并有多人立功受奖。如：华北总支部委员蔡管仲、魏正明积极响应政府号召，先后随北京市抗美援朝手术队赴长春抢救志愿军和朝鲜人民军指战员，均荣立中国人民志愿军三等功。

台盟华北总支部与各民主党派一起，响应中国人民抗美援朝总会关于在全国开展捐献飞机大炮的号召，动员盟员和所联系的台胞积极参加了捐献活动。

③镇压反革命

1950 年 7 月 23 日，政务院和最高人民法院发布《关于镇压反革命活动的指示》。1950 年 10 月 10 日，中共中央发出《关于纠正镇压反革命活动右倾偏向的指示》之后，全国开展镇压反革命活动。台盟华北总支部与各民主党派机关一起进行了“忠诚与老实”的学习，进行思想改造。

④“三反”、“五反”运动

1951 年 12 月 1 日，中共中央做出《关于实行精兵简政、增产节约、反对贪污、反对浪费和反对官僚主义的决定》。12 月 8 日，中共中央发出《关于反贪污斗争必须大张旗鼓地去进行的指示》，中共中央决定在党政机关工作人员中开展一场反贪污、反浪费、反官僚主义的“三反”运动。台盟积极响应，要求全体盟员通过学习，进行一次彻底的思想和工作检查。

1952 年 1 月，中共中央又在私营工商业者中开展了一场反对行贿、反对偷税漏税、反对偷工减料、反对盗窃国家财产和反对盗窃国家经济情报的“五反”运动，台盟华北总支部在这一运动中响应政府的号召，组织学习各种有关文件，认真进行思想清查。

3.“文革”后期恢复活动

“文革”中，各民主党派相继被迫停止活动。1973 年 2 月，根据台盟的建议，停办多年的纪念台湾人民“二·二八”起义的活动恢复，纪念台湾人民“二·二八”起义 26 周年座谈会在北京召开。从此台盟总部机关及台盟北京市支部机关（合署办公）在对台工作方面恢复了部分活动，同时尽可能对一些错误做法予以抵制，保护盟员及台胞的权益。配合台盟总部举办台湾人民“二·二八”纪念会，组织在京台胞联谊会，组织台胞子女参加六·一儿童节活动。协助文艺出版部门搜集、审阅台湾民歌及台湾题材的文艺作品、稿件和资料，扩大对台宣传范围。在接待海外台胞和联络工作方面，台盟北京市支部把此项工作同实现祖国统一事业结合起来，从 1973 年起，协助台盟总部接待了参加第一届亚非拉乒乓球友好邀请赛的台胞代表队及参加第三、四届全国运动会的台湾体育代表团中的海外台胞。1974 年，第三届全国运动会召开之前，根据党中央指示，组建一支台湾省体育代表团。台盟北京市支部协助台盟总部由在京台胞和海外台胞中选拔出 100 多位青年台胞参加集训。台湾体育代表团在 1975 年举行的第三届全运会上给观众留下深刻印象。

粉碎“四人帮”反革命集团后，1978 年 2 月，在中共北京市委的关心支持下，台盟北京市支部成立临时领导小组，开始恢复组织活动。同时，积极协助中共落实台胞政策。如调查了解在京盟员、台胞的基本情况，协助平反冤假错案，帮助解决台胞子女上大学，协助解决台胞生活困难等。

1979 年 1 月 1 日，全国人大常委会发表了《告台湾同胞书》，北京台盟组织继续在对台宣传及联络工作上发挥特点和优势，主动开展争取海内外台湾民心的工作。1979 年 12 月，在北京市政协五届二次会议上，台盟北京市支部陈炳基就对台工作提出意见，指出：对台工作一个很重要的方面一是争取台湾民心，需要做大量细致、实际的工作，二是要做好大陆台胞的工作，只有做好大陆台胞的工作，才能争取台湾人民。台盟北京市支部组织盟员加强学习党的对台方针政策，以自身优势开展对台工作。

三、组织变迁

（一）台盟华北总支部

1949 年 7 月 3 日，台盟华北总支部在北平干面胡同成立，直属台盟总部领导。下设秘书组、组织组、宣教组，直接领导北平地区的盟员工作，同时还管辖台盟天津支部和设在长辛店的军政大学支部。

（二）台盟北京市支部

1955 年 2 月，台盟总部由上海迁至北京，与台盟华北总支部合署办公。1955 年 4 月，根据国家撤销行政大区的决定，撤销台盟华北总支部，改称台盟北京市支部。

（三）台盟北京市分部

1983 年 12 月，根据全盟第三次代表大会通过的《台湾民主自治同盟章程》，对台盟地方组织名称由原来的“支部”改为“分部”，台盟北京市支部改称为台盟北京市分部。

（四）台盟北京市委员会

1987 年 11 月，根据《台湾民主自治同盟章程》修改案，台盟总部改称为台盟中央委员会，台盟北京市分部改称为台盟北京市委员会，并沿用至今。

四、历次盟员大会及历届委员会重要简况

（一）第一次盟员大会及第一届委员会（1949.7—1950.6）简况

1949 年 7 月 3 日，台盟盟员临时大会在北平干面胡同召开，这就是台盟华北总支部（台盟北京市委前身，即台盟北京市第一届委员会）正式成立大会。

出席临时盟员大会的共有 31 位盟员。台盟总部主席谢雪红在会上作了台盟纲领及盟章的报告。郭炤烈就台盟的性质及政治主张向大会作了报告，指出今后的任务是为早日解放台湾和台湾的新建设而努力，同时提出当时的任务：(1) 参加新政协的工作；(2) 提出台湾人民的要求，打击美帝国主义殖民地化的阴谋，孤立那些搞“分离”运动的卖国贼；(3) 加紧学习和积极工作，培养干部，扩大组织，为解放台湾做准备。林铿生等报告了台盟华北总支部

的筹备经过和新中国成立后的工作计划。会议一致拥护台盟发表的纪念“七七”抗战的通电和庆祝“七一”致中共中央的贺电。会议审议了台盟华北总支部组织规程（草案），选举林铿生为主任委员、郭炤烈为副主任委员，共选出7名委员和3名候补委员。台盟华北总支部下设秘书组、组织组、宣教组，直接领导北平地区的盟员工作，同时还管辖台盟天津支部和设在长辛店的军政大学支部。当时共有盟员45人。

1949年台盟华北总支部成立不久，9月1日，台盟总部驻平办事处（后称驻京办事处）正式成立。11月，台盟总部迁往上海。台盟总部驻京办事处主任和台盟华北总支部主任委员由林铿生一人兼任。

台盟驻京办事处是台盟总部派出的驻外机构，受总部委托，代表总部参加全国政协召开的各民主党派中央领导出席的各种会议和各种活动，以及与中央有关部门联系，反映问题、解决问题。台盟华北总支部则是台盟地方组织的领导机关，主要是负责华北地区的盟员和台胞的组织和宣教工作，开展盟员和台胞的学习、宣传活动，关心和了解广大盟员和台胞的情况，并尽可能帮助解决力所能及的问题，培养、发展盟员及与其他民主党派保持联系，参加一些有关活动等等。

台盟驻京办事处与台盟华北总支部在工作内容和职责上不同，但当时台盟华北总支部机关的秘书组、组织组、宣教组等6名职工，也是总部驻京办事处的工作人员。可以说是“一套人马、两块牌子”，台盟华北总支部负责人有时也代表台盟总部驻京办事处参加国家一些重要的政治活动。

（二）第二次盟员大会及第二届委员会（1950.6—1980.2）简况

1950年6月25日，台盟华北总支部召开第二次盟员大会，台盟主席谢雪红主持会议，林铿生当选为主任委员，选举产生7位委员。

1951年12月，台盟总部任命林云兼任台盟华北总支部代主委。免去林铿生主任委员职务。1952年8月，台盟总部对台盟华北总支部领导班子进行调整，免去林云兼任的华北总支部主委的职务，专任台盟总部驻京办事处主任，任命陈炳基为华北总支部主委，同时增加白风洋为副主任委员。两个机构里当时有中共党员4人，并成立了中共党支部。1955年2月，台盟总部由上海迁至北京，与台盟华北总支部合署办公。同年4月，撤销台盟华北总支部，成立台盟北京市支部，1956年，台盟北京市支部正式参与中共北京市委统战部组织的各民主党派的活动。

本届委员会积极响应国家号召，配合做各种解放台湾的准备工作，介绍台籍青年去华北军政大学台湾队和中国人民解放军三野第九兵团台湾干部训练团接受培训。抗美援朝时期，积极推荐、选送盟员赴朝作战，参加手术队、慰问团等，并有多人立功受奖。组织华北地区盟员、台胞和家属学习党和国家的方针、政策，号召和鼓励台胞为解放家乡和建设新中国积极作出贡献。

“文革”中，各民主党派相继被迫停止活动。粉碎“四人帮”反革命集团后，1978 年 2 月，在中共北京市委的关心支持下，台盟北京市支部成立临时领导小组，开始恢复组织活动。

（三）第三次盟员大会及第三届委员会（1980.2—1986.3）简况

1980 年 2 月 28 日，台盟北京市支部第三次盟员大会在北京东方饭店召开，在京盟员及台胞代表五十余人出席会议。会议由主席团主持，台盟总部副主席田富达及中共北京市委统战部有关领导出席会议。陈炳基代表台盟北京市支部领导小组和大会筹备小组在会上作工作报告，报告总结了台盟北京市支部从成立到“文化大革命”结束走过的历程，着重强调台盟北京市支部今后的各项工作和活动必须紧紧围绕为实现四个现代化和祖国统一服务。提出今后的工作任务和工作要点是：（1）协助有关单位帮助盟员和台胞落实政策，调动他们的积极性；（2）鼓励盟员和所联系的台胞积极为社会主义现代化贡献力量；（3）认真学习全国人大常委会《告台湾同胞书》的精神，发动

▲“文革”结束后，北京台盟组织恢复活动

盟员、台胞开展对台宣传，为实现台湾回归祖国，完成国家统一大业努力奋斗。报告还对台盟北京市支部的工作提出了八个方面的积极设想，提交大会讨论。大会选举产生了台盟北京市支部第三届委员会。选举陈炳基为主任委员，魏正明、陈丁茂、陈木森为副主任委员，甘莹（女）为秘书长。同时成立了对台工作委员会四个小组：联络小组、宣传小组、青年小组、文艺小组。在会议期间发展了 11 位新盟员，这是"文革"后北京台盟发展的第一批新盟员。

本届委员会根据全盟二次大会精神和 1983 年各民主党派《关于民主党派组织发展问题座谈会纪要》的精神，总结经验，为巩固组织、培养骨干，稳步地发展盟员，积极从居住在大陆的台湾省籍人士当中寻求非中共党员为发展目标。据统计，1951 年有盟员 47 名，1979 年底有盟员 57 人，1980 年至 1983 年初共发展新盟员 81 人，盟员人数达到 136 人。1981 年 6 月，台盟北京市支部与台盟总部不再合署办公，机构及财政独立。台盟北京市支部机关有正式编制 6 人。

（四）第四次盟员大会及第四届委员会（1986. 3—1988. 11）简况

1986 年 3 月 20 日，台盟北京市分部第四次盟员大会在北京香山卧佛寺别墅举行。陈丁茂致开幕词。中共北京市委负责人到会祝贺并讲话。台盟总部理事会副主席林盛中代表台盟总部宣读了致大会的贺信。会上，盟员们一致通过了由陈木森代表台盟北京市分部第三届委员会所作的工作报告，报告总结了盟员在各自的工作岗位上为实现"四化"和祖国统一大业而努力奋斗的经验和成绩。大会选举 17 名委员组成新一届委员会，陈仲颐为主任委员，陈木森、陈丁茂、彭克巽、翁肇祺为副主任委员，吴明科为秘书长。

本届委员会成立后，重点加强了领导班子的建设和机关建设，实行集体领导、分工负责制和岗位责任制。市委会下设组织工作组、联络工作组、宣传工作组、学习活动组和机关工作组，实行委员分工负责制，推进了台盟的各项工作。1986 年 5 月，台盟北京市分部改选妇女工作委员会，成立台情研究委员会。1988 年 2 月，台盟北京市委学习委员会正式成立，撤销原台情研究委员会。机关人员编制增至 12 人。除设办公室外，增设了组宣处。机关加强了机构建制，健全了各种规章制度，新创办了内部刊物《北京台盟盟讯》，每年出刊 7 ～ 8 期，建立了图书阅览室。

1987 年，根据台盟章程修改案，台盟总部改称为台盟中央委员会，台盟北京市分部改称为台盟北京市委员会，并沿用至今。1987年在各级人大、政协的换届选举中，北京市的台盟盟员当中有42名当选为各级人大代表和政协委员，占北京市盟员总数的24%。主委陈仲颐还当选为政协北京市第十届委员会副主席。

1988年初，盟员总数达到164名。盟员主要由教育界、文化医药界、经济科技界及行政管理部门的人士组成。

（五）第五次盟员大会及第五届委员会（1988.11—1992.3）简况

1988年11月17日，台盟北京市第五次盟员大会在北京平谷盘峰宾馆举行，86位盟员出席了大会。陈仲颐致开幕词。台盟中央主席团主席林盛中、中共北京市委副书记汪家镠等领导向大会致贺词。会议听取了彭克巽所作的台盟北京市第四届委员会工作报告，选举产生了台盟北京市第五届委员会。新一届委员会由21名委员组成。选举陈仲颐为主任委员，陈木森、陈丁茂、彭克巽、翁肇祺为副主任委员，任命吴明科为秘书长。

会议审议通过了台盟北京市第四届委员会工作报告和《台盟北京市第五次盟员大会决议》，新一届委员会号召全体盟员在经济体制和政治体制改革中，进一步发挥民主党派参政议政和民主监督作用，为完善中国共产党领导下的多党合作和政治协商制度，为建设社会主义精神文明和社会主义物质文明而努力贡献自己的力量。面对海峡两岸经济文化往来迅速发展的形势，进一步广交朋友，联络友谊，宣传政策，争取人心。进一步加深与台湾岛内和海外台胞各界人士的骨肉情谊，增进相互了解，为促进祖国和平统一早日实现努力奋斗。

本届委员会调整和健全了组织机构，建立了组织部：包括组织组、盟员活动组、妇女工作委员会、青年工作组、老年工作组；宣传部：包括盟讯编辑组、文体及阅览组、政策研讨组；联络部：包括咨询服务部、接待组。市委委员分工负责各部工作。1989年2月，召开支部成立大会，按行业界别成立了教育文化、医药卫生、经济科技、行政政法四个支部，支部主任、委员通过盟员选举产生。各支部与市委会下设的妇女工作委员会、青年工作组、老年工作组、政策研讨会同时开展活动。1991年为了便于在台盟中央机关工作的盟员更好地开展活动，成立了第五支部，即台盟中央机关支部。坚持每季度一次组织生活制度，逐步提高盟员组织生活质量，定期组织盟员开展学习和活动，定期开展台情及对台政策研究。

（六）第六次盟员大会及第六届委员会（1992.3—1997.5）简况

1992年3月3日，台盟北京市第六次盟员大会在北京京西宾馆开幕。在京盟员129人参加大会。陈木森主持会议，陈仲颐致开幕词。台盟中央主席团主席蔡子民宣读了台盟中央的贺词。翁肇祺代表第五届委员会作了题为《进一步发挥参政党作用，为四化建设统一祖国贡献力量》的工作报告。会议审议通过了台盟北京市第五届委员会工作报告。选举产生了台盟北京市第六届委员会，并选出北京市出席台盟中央第五次全盟代表大会代表10人。这次选举采用无记名投票、等额选举的办法进行。推选出的21位市委委员中有6位新委员。盟员大会闭幕后召开了台盟北京市第六届委员会第一次全体会议，推选陈仲颐为主任委员，陈木森、彭克巽、翁肇祺、林文漪为副主任委员。

组织发展方面，在注重政治素质和文化素质的前提下，从换届时的北京盟员180人，又新发展盟员36人，新盟员具有较高学历和技术职称。根据组织发展条例“适量吸收台籍人士的大陆籍配偶中上层人士、并愿参加台盟致力于祖国统一者入盟”的规定，1995年，台盟北京市委六届十八次全委扩大会议审议批准了第一位符合条件的非台籍人士加入台盟。1992年至1997年，对领导班子进行了两次届中调整，1993年底，经台盟北京市委六届十次市委会审议，增选郭理为台盟北京市第六届委员会副主任委员，改变了台盟北京市委机关无专职副主委领导的状态。1996年初，经台盟北京市委六届十九次市委会审议，增选欧国菁为台盟北京市第六届委员会副主任委员。1996年12月，林文漪被北京市人大第三十四次常委会选举为北京市副市长。

1995年，台盟北京市委机关将原来的一室一处设为一室三处，即办公室、组织处、宣传处、联络处。1997年3月，经北京市编制委员会核准，台盟北京市委机关编制为14人。

（七）第七次盟员代表大会及第七届委员会（1997.5—2002.4）简况

1997年5月28日，台盟北京市第七次盟员（代表）大会开幕，出席本次换届大会的盟员代表有60名。大会由欧国菁主持，陈仲颐致开幕词。彭克巽代表台盟北京市第六届委员会向大会作题为《发挥参政党作用，为两个文明建设和祖国统一大业贡献力量》的工作报告。台盟中央主席蔡子民、中共北京市委副书记李志坚等领导分别向大会致贺词。会议选举产生了台盟北京市第七届委员会，新一届委员会由 21 名委员组成。推选林文漪为主任委员，杨思泽、欧国菁、郭理、蔡国雄、杨晓东、蔡国斌为副主任委员。推选陈仲颐为台盟北京市第七届委员会名誉主委（后在台盟北京市委七届五次会议上，推选陈炳基同志为名誉主委）。聘请陈木森、彭克巽、翁肇祺为顾问。大会选举产生出席第六次全盟代表大会代表 12 人。

1998 年 10 月，在深入调查研究的基础上，与东城、西城、朝阳、海淀四个区统战部领导共同协商，台盟北京市东城、西城、朝阳和海淀四个区工委同时成立。区工委的成立给盟员在区人大、区政协更好地发挥作用搭建了平台，拓宽了台盟北京市委参政议政领域，进一步建立健全了台盟的基层组织。

（八）第八次盟员代表大会及第八届委员会（2002.4—2007.6）简况

2002 年 4 月 24 日，台盟北京市第八次盟员（代表）大会在北京燕化石油培训中心举行，参加大会的正式代表 60 人，特邀代表 15 人。杨思泽主持会议。全国政协副主席、台盟中央主席张克辉，中共北京市委副书记龙新民等 22 位领导到会致贺。林文漪致开幕词。欧国菁代表台盟北京市第七届委员会向大会作工作报告。大会选出台盟北京市第八届委员会委员 21 名、北京市出席第七次全盟代表大会代表 25 名。选举林文漪为主任委员，杨思泽、郭理、

◀ 1998 年 10 月 12 日，东城、西城、朝阳、海淀区工委成立

蔡国雄、杨晓东、蔡国斌、谢正观为副主任委员，推选陈仲颐、陈炳基为台盟北京市第八届委员会名誉主任委员。

根据工作需要，2003 年 2 月，台盟中央主席会议决定，任命林文漪同志为台盟中央常务副主席。经与中央统战部和中共北京市委统战部协商，林文漪同志提出辞去台盟北京市委委员、主任委员职务的请求。2004 年 11 月 13 日，台盟北京市委召开八届十三次全体会议。会议表决接受了林文漪辞去台盟北京市第八届委员会委员、主任委员职务的请求，选举蔡国雄为台盟北京市第八届委员会主任委员。会议还通报了八届十三次主委会关于任命郭理为常务副主委、八届二十三次主委会关于任命杨晓东为专职副主委兼秘书长的决定。

2003 年，台盟北京市委根据《关于做好民主党派区级组织换届工作的意见》的精神，对东城、西城、朝阳和海淀四个区工委领导成员进行调整，产生了区工委第二届领导班子。2006 年，四个区工委分别召开了第三次盟员大会，圆满地完成了区工委组织换届，产生了区工委第三届领导班子。

2004 年，成立了经济科技工作委员会、文教卫工作委员会和对台联络工作委员会三个专门工作委员会，调整了妇女工作委员会。

（九）第九次代表大会及第九届委员会（2007.6—2012.6）简况

2007 年 6 月 1 日，台盟北京市第九次代表大会在北京稻香湖景酒店召开，会议应到代表 74 人。开幕式由蔡国斌主持。蔡国雄致开幕词。台盟中央主席林文漪及中共北京市委常委、统战部部长尤兰田等领导分别致贺词。郭理代表台盟北京市第八届委员会向大会作题为《发挥优势，为首都发展建设和促进祖国和平统一贡献力量》的工作报告。

大会选举产生了台盟北京市第九届委员会委员 25 名和出席台盟第八次全盟代表大会北京市代表 27 名。台盟北京市第九届委员会第一次会议选举蔡国雄为主任委员，选举陈军、杨晓东、蔡国斌、谢正观、蔡勉为副主任委员，任命陈军兼任台盟北京市第九届委员会秘书长。2008 年 7 月，任命陈军为常务副主委，2009 年 12 月 19 日，台盟北京市委召开九届十一次市委会议，通过了关于陈军同志不再兼任台盟北京市第九届委员会秘书长的决定，任命彭京玉同志为台盟北京市第九届委员会秘书长；通过了关于接受张宁同志不再担任台盟北京市第九届委员会委员辞请的决定。2010 年 1 月 9 日，台盟北京市第九次代表大会第二次会议增选王粟、江小艾、汪舟、潘新洋四位同志为台盟北京市第九届委员会委员。

2008年，根据工作实际，撤销了经济科技工作委员会、文教卫工作委员会，调整和成立了对台联络工作委员会、妇女工作委员会、参政议政工作委员会和文史资料工作委员会四个专门委员会。制定了《台盟北京市委专门委员会工作规则》，共有专门委员会委员51名。

本届委员会期间，召开了台盟北京市委首次组织工作会议，制定了《台盟北京市委2009年—2013年市区组织规划》和《台盟北京市委2009年—2013年组织发展规划》，对组织建设提出了新的目标和思路。2011年，紧紧抓住中共北京市委、市政府对首都功能核心区做出区域规划调整重大决策部署的机遇，在台盟中央、中共北京市委统战部及东城、西城区委统战部的帮助和协调下，成立了台盟北京市东城区委员会、西城区委员会，进一步建立健全了组织机构。同年，顺利完成了朝阳、海淀区工委的换届。

（十）第十次代表大会及第十届委员会（2012.6—）简况

2012年6月2日至5日，台盟北京市第十次代表大会在北京稻香湖景酒店召开，选举产生台盟北京市第十届委员会。大会开幕式由陈军主持，蔡国雄致开幕词。全国政协副主席、台盟中央主席林文漪向大会发来贺信。全国人大常委、台盟中央常务副主席汪毅夫出席并致贺词。中共北京市委常委、统战部部长牛有成应邀出席并致贺词。蔡国斌代表台盟北京市第九届委员会向大会作题为《凝聚共识　砥砺奋进　为推动首都科学发展和祖国和平统一大业献计出力》的工作报告。会议应到代表87名，实到代表86名。

大会选举产生了台盟北京市第十届委员会委员37名和出席台盟第九次全盟代表大会代表32名。台盟北京市第十届委员会第一次会议选举产生了台盟北京市第十届委员会常务委员会委员17名，选举蔡国雄为台盟北京市第十届委员会主任委员，陈军、蔡勉、苏辉、汪舟、江小艾为副主任委员，成立了台盟北京市第十届委员会监督委员会（委员11名）。十届一次主委会议任命陈军为常务副主委，十届一次常委会议任命彭京玉为秘书长。

通过换届，台盟北京市委组织机构实现了新的突破，规模达到北京台盟历次换届之最。新一届领导班子将加强自身建设放在首位，推进盟务工作科学化、系统化、规范化建设，充分发挥常委会、监委会职能，修改完善20项规章制度，相继研究制定了台盟北京市委2013—2017年《参政议政工作规划》《宣传思想教育工作规划》、《对台联络工作规划》、《组织建设与组织发展工作规划》和《社会服务工作规划》等五项工作规划，明确未来五年发展目标。

2012年9月，台盟北京市委成立青年理论研究会，成为首个以青年盟员为主体的专委会，有利于培养和锻炼青年盟员的履职能力。2012年10月，台盟北京市委召开专委会换届大会，进一步明确专委会的性质和职能，积极发挥专委会在台盟北京市委履行职能和服务社会方面的重要平台作用。2014年2月在原有青年理论研究会的基础上正式成立青年工作委员会。

目前，台盟北京市委共设有六个专门工作委员会，即参政议政工作委员会、对台联络工作委员会、文史资料工作委员会、妇女工作委员会、老龄工作委员会和青年工作委员会。基层组织方面，北京市共有东城区、西城区两个区委会（各有干部编制3人），朝阳区、海淀区两个区工作委员会，四个区级组织共下设12个支部，截至2016年6月底全市共有盟员360人。台盟北京市委机关设办公室、组织处、调研处、宣传处、联络处和社会服务处，共有行政编制26人，事业编制2人。

▲2015年3月4日，习近平总书记看望出席全国政协十二届三次会议的民革、台盟、台联委员并发表重要讲话

五、历届组织机构组成名单

第一届 台盟华北总支部（1949.7—1950.6）

主 任 委 员：林铿生

副主任委员：郭炤烈

委　　　员：（按姓氏笔画为序）

王碧光　甘　莹（女）吕清铭（吕平）　杨克培　陈信德

黄永仁　蔡管仲　　魏正明

第二届 台盟华北总支部（1950.6—1980.2）

（1955 年 4 月改称台盟北京市支部）

主 任 委 员：林铿生（后因故不再担任）

林　云（1951 年 12 月—1952 年 8 月担任）

陈炳基（1952 年 8 月担任）

副主任委员：白风洋（1952 年 8 月担任）

委　　　员：（按姓氏笔画为序）

杨威理　陈信德　周　华（女）黄永仁　蔡管仲　魏正明

第三届 台盟北京市支部（1980.2—1986.3）

（1983 年 12 月改称台盟北京市分部）

主 任 委 员：陈炳基

副主任委员：魏正明　陈丁茂　陈木森

秘　书　长：甘　莹（女）

委　　　员：（按姓氏笔画为序）

李玲虹（女）陈连生（高山族）黄永祥　　彭克巽

廖秋忠　　　蔡管仲

第四届 台盟北京市分部（1986.3—1988.11）

（1987 年 11 月改称台盟北京市委员会）

主 任 委 员：陈仲颐

副主任委员：陈木森　　陈丁茂　　彭克巽　　翁肇祺

秘　书　长：吴明科

委　　员：（按姓氏笔画为序）

马荣生（高山族）王　刚　吕月贞（女）张陆明（女）

李玲虹（女）杨秀瑛（女）杨思泽

洪　流（女）黄永祥　傅莉莉（女）蔡管仲

第五届　台盟北京市委员会　(1988.11—1992.3)

主任委员：陈仲颐

副主任委员：陈木森　彭克巽　翁肇祺

秘书长：吴明科

常　　委：杨思泽　李玲虹（女）吕月贞（女）杨秀瑛（女）

委　　员：（按姓氏笔画为序）

马荣生（高山族）　王　刚　张陆明（女）

陈　杰（女、高山族）林　泉　林鹤君（女）

欧国菁　黄永祥　傅莉莉（女）

谢一君（女）　蔡文庆　蔡世雄

第六届　台盟北京市委员会　(1992.3—1997.5)

主任委员：陈仲颐

副主任主委：陈木森　彭克巽　翁肇祺　林文漪（女）

郭　理（女、1993 年 12 月 24 日增选）

欧国菁（1996 年 3 月 15 日增选）

委　　员：（按姓氏笔画为序）

马　骅（女、高山族）王　刚　吕月贞（女）吴光烈

张陆明（女）　李玲虹（女）杨秀瑛（女）

杨思泽　林　泉　黄雪芬（女）

谢一君（女）　蔡文庆　蔡世雄

蔡惠娟（女）　杨晓东　蔡国斌

第七届　台盟北京市委员会　(1997.5—2002.4)

名誉主任委员：陈仲颐　陈炳基

主任委员：林文漪（女）

副主任委员：杨思泽　欧国菁　郭　理（女）蔡国雄　杨晓东　蔡国斌

顾　　问：陈木森　彭克巽　翁肇祺

委　　员：（按姓氏笔画为序）

于　英（女）　吕明灿　张　宁　张金凤（女）
杨秀瑛（女）　杨毅周　陈　军（女、高山族）
林明珠（女）　林　泉　黄雪芬（女）
廖继英（女）　蔡世雄　蔡惠娟（女）　潘　迎（女）

第八届　台盟北京市委员会　（2002.4—2007.6）

名誉主任委员：陈仲颐　陈炳基

主 任 委 员：林文漪（女、2004 年 11 月 13 日因工作需要请辞）
蔡国雄（2004 年 11 月 13 日担任）

副主任委员：杨思泽　郭　理（女）　杨晓东　蔡国斌　谢正观

秘　书　长：杨晓东

委　　员：（按姓氏笔画为序）

于晓妹（女）　吕明灿　张　宁　张金凤（女）
杨毅周　肖　燚　邱　琦（女）　陈　军（女、高山族）
黄　中　彭京玉（女）　蔡　劲
蔡惠娟（女）　潘　迎（女）　潘新洋

注：2003 年 9 月，经台盟北京市第八届委员会第十三次主委会通过，任命郭理为台盟北京市委常务副主委。

第九届　台盟北京市委员会　（2007.6—2012.6）

主 任 委 员：蔡国雄

副主任委员：陈　军（女、高山族）　杨晓东　蔡国斌　谢正观
蔡　勉（女）

秘　书　长：彭京玉（女）

委　　员：（按姓氏笔画为序）

于晓妹（女）　马　骊（女、高山族）　王　粟
王　涛（女）　叶　苓（女）　叶　莉（女）
江小艾（女）　汪　舟　何　渝
杨晓东　肖　燚　邱　琦（女）
陈　军（女、高山族）　陈子云（女）　陈丽珠（女）
周旭辉　林　华（女、高山族）　袁　征

彭京玉（女）　谢天翔　谢正观
蔡　勉（女）　蔡志兵　蔡国斌
蔡晓美（女）　潘　迎（女）　潘新洋

注：2008 年 7 月，经台盟北京市第九届委员会第十一次主委会通过，任命陈军为台盟北京市委常务副主委。

2009 年 12 月 19 日，台盟北京市委召开九届十一次市委会议，通过了关于陈军同志不再兼任台盟北京市第九届委员会秘书长的决定，任命彭京玉同志为台盟北京市第九届委员会秘书长；通过了关于接受张宁同志不再担任台盟北京市第九届委员会委员辞请的决定。

2010 年 1 月 9 日，台盟北京市第九次代表大会第二次会议增选王粟、江小艾（女）、汪舟、潘新洋四位同志为台盟北京市第九届委员会委员。

第十届 台盟北京市委员会 （2012.6—）

主 任 委 员：蔡国雄

常务副主任委员：陈　军（女、高山族）

副主任委员：蔡　勉（女）　苏　辉（女）　汪　舟　江小艾（女）

秘　书　长：彭京玉（女）

常 务 委员：（按姓氏笔画为序）

王　涛（女）　江小艾（女）　汪　舟　肖　燚
苏　辉（女）　邱　琦（女）　陈　军（女、高山族）
陈子云（女）　陈丽珠（女）
陈维平　欧云崧　高　伟　高　峰
彭京玉（女）　蔡国雄　蔡　勉（女）　潘　迎（女）

委　　员：（按姓氏笔画为序）

王　涛（女）　王　粟　王　慧　田丰（高山族）
庄文静（女）　江小艾（女）　吴　京　李秋玲（女）
杨　旭　汪　舟　肖　燚　苏　辉（女）
邱　琦（女）　陈　伟　陈　军（女、高山族）
陈子云（女）　陈丽珠（女）　陈维平　冼海珍（女）
周旭辉　孟　凡（女）　林　海　欧云崧
胡　悦　袁　征　高　伟　高　倩（女）

高　峰	曹　晖（女）	黄　征	彭京玉（女）
谢伊华（女）	蔡　勉（女）	蔡志兵	
蔡国雄	潘　迎（女）	潘新洋	

2016年1月29日，经台盟北京市第十届委员会第21次常委会议研究，同意苏辉同志辞去台盟北京市第十届委员会副主任委员、常务委员会委员、委员职务的请求。

2016年1月29日，经台盟北京市第十届委员会第六次全体会议选举，增选欧云崧为台盟北京市第十届委员会副主任委员、陈伟为常务委员会委员。

六、历届主委简历

（一）林铿生（1906—1978）

▲林铿生

林铿生，男，字汉民，汉族，1906年6月出生于台湾台北。

1948年6月加入台湾民主自治同盟。1949年7月至1951年12月任台盟华北第一、二届总支部（台盟北京市委前身）主任委员，台盟总部驻京办事处主任。1946年担任台湾旅平同乡会理事长，1949年9月作为候补代表出席了中国人民政治协商会议第一届全体会议。

1978年1月逝世，享年72岁。

（二）林云（1926—2010）

▲林云

林云，男，曾用名王正南，汉族，1926年12月出生于台湾台南。

1951年8月加入台湾民主自治同盟，中共党员。原任湖南省建筑设计院顾问，曾任湖南省台湾同胞联谊会名誉会长，浙江金华“台湾义勇队纪念馆”名誉馆长。

1938年，参与抗日的台湾少年团组建工作，成立后历任小队长、队长、团长。1940年5月参加台湾共产主义少年团。1940 年、1941 年和 1943 年在台湾少年团分别被评为学习模范、工作优秀分子、工作模范并授奖。1947 年，参加台湾人民“二·二八”起义。1949 年在华北军政大学任教期间，被授予“模范工作者”称号并记大功一次。1949 年 9 月，被华北军大台湾队推选为英模代表，在全国政协第一届全体会议闭幕式上以“第三野战军台湾队”名义向毛主席、朱总司令献旗，并由他致颂词。1951 年至 1955 年，任台盟总部特派员、台盟驻北京办事处代主任、主任，台盟华北总支部（台盟北京市委前身）主任委员，台盟第四届中央委员会常委，台盟第二届中央评议委员会委员。历任中华全国台湾同胞联谊会筹备委员会委员，全国台联第一、二届理事会理事，第三、四、五届理事会常务理事。1981 年为筹建湖南省台湾同胞联谊会倡议人、召集人，曾任湖南省台联第一、二、三届理事会会长，第四、五届理事会名誉会长。1989 年任湖南省海外联谊会第一届理事、第二届顾问、第三届常务理事。历任政协湖南省第四届委员会委员（对台宣传组副组长），政协湖南省第五、六届委员会常委（政协湖南省第五届委员会祖国统一联络委员会副主任、政协湖南省第六届委员会祖国统一联谊委员会副主任）。

2010 年逝世，享年 84 岁。

（三）陈炳基（1927—2015 ）

陈炳基，男，汉族，1927 年 4 月出生于台湾台北。1947 年 7 月加入中国共产党，1949 年 7 月加入台湾民主自治同盟。

1947 年积极投入“二·二八”起义，1949 年参加上海浦东人民解放总队。上海解放后，进入中共上海市委党校（第一期）学习。1949 年至 1952 年，担任中共上海市委、中共华东局台湾工作委员会干部、台湾工作委员会青年干部训练班、“华东革大台籍干部训练班”领导班子成员等职务。

▲陈炳基

1952 年 8 月至 1986 年 4 月，历任台盟华北第二届总支部、台盟北京市第三届支部（均为台盟北京市委前身）主任委员。1955 年台盟总部（中央）迁京后兼任台盟总部办公室主任，1979 年至 1986 年兼首任联络处处长。1986 年至 1998 年调任政协北京市台港澳侨联络委员会副主任，1998 年 6 月在台盟中央离休。

曾任台盟第二、三届总部理事会理事，台盟第四、五届中央委员会委员，北京市第二、三、四、五届人大代表（均为主席团成员），政协北京市第五、六、七、八届委员会常务委员兼任台港澳侨联络委员会副主任，中共北京市委对台领导小组成员，台盟北京市第七、八届委员会名誉主委，北京市台联理事会理事。2015年逝世，享年88岁。

（四）陈仲颐（1923— ）

▲陈仲颐

陈仲颐，男，汉族，1923年8月出生，台湾台北人。

1980年6月加入台湾民主自治同盟，民盟盟员。清华大学水利水电系教授，台盟中央台情研究委员会委员。曾任台盟第四届中央委员会主席团委员，台盟第五届中央委员会副主席，台盟第六、七届中央委员会名誉副主席，台盟北京市第四届支部（台盟北京市委前身）及台盟北京市第五、六届委员会主任委员，台盟北京市第七、八届委员会名誉主任委员。1983年起先后担任北京市第八届人大代表，政协北京市第七、八届委员会副主席，政协第六届、第九届全国委员会委员，政协第七、八届全国委员会常委。曾任中华爱国工程联合会副会长、北京海外联谊会副会长。1992年起享受政府特殊津贴。

1945年毕业于上海圣约翰大学土木工程系，后到美国佐治亚理工学院研究院学习并获土木工程硕士学位。1951年回国后在北京燕京大学和清华大学任教。在清华大学从事土力学和岩土工程的教学和科学研究工作达半个多世纪。1989年被评为全国优秀教师。1954年与陈梁生合译了苏联的著作《土质学与土力学》，并于1957年共同编写了《土力学与基础工程》教科书，经高等教育部审定为全国部定教材。1990年后主持编写了《基础工程学》《土力学》等教科书，并组织翻译了《非饱和土土力学》参考教材。

1951年在北京参加中国土木工程学会，1986年起任中国土力学基础工程学会副理事长。多次赴日本、加拿大、美国、法国和韩国等国参加学术会议和学术交流，为我国岩土工程学科的发展和国际交流做出了贡献。担任主委期间，在参政议政和社会服务等方面进行了开创性工作，为以后党派工作的制度化、规范化建设奠定了基础。

▲林文漪

（五）林文漪（1944— ）

林文漪，女，汉族，1944年9月出生，台湾台南人。1968年1月参加工作，1990年12月加入台盟。清华大学热能工程专业毕业，研究生学历，工学博士学位，荣誉法学博士，教授。现任政协第十二届全国委员会副主席、台盟第九届中央委员会主席，两岸台胞民间交流促进会会长，清华大学教授、博士生导师。

1968年毕业于清华大学工程力学系，后在农村与工厂劳动锻炼。1973年任中国科学院等离子体物理研究所实习研究员。1978年考入清华大学工程力学系攻读硕士研究生。毕业后留校任教，历任清华大学讲师、副教授、教授、博士生导师和工程力学系副主任等职。1985年至1988年，作为英国利物浦大学与清华大学联合培养的博士研究生，在利物浦大学从事研究工作。1988年获清华大学工学博士学位，成为清华大学工程力学系的第一位女博士。2002年获英国利物浦大学荣誉法学博士学位。

1994年8月至1996年12月历任北京市高教局副局长、北京市教委副主任、北京市市长助理。1996年12月至2003年1月任北京市副市长。2003年2月至2008年1月任北京市人大常委会副主任。2003年3月至2008年3月任全国人大常委、副秘书长。2008年3月至今任全国政协副主席。

1992年3月至1997年5月任台盟北京市委副主委。1997年5月至2004年11月任台盟北京市委主委。1997年11月至2003年2月任台盟中央副主席。2003年2月至2005年12月任台盟中央常务副主席。2005年12月至今任台盟中央主席。

历任第九届全国政协委员，第十届全国人大常委、副秘书长，第十一届全国政协副主席。第七届（届中调整）、八届台盟中央主席。第八届北京市政协委员，第十一届北京市人大代表，第十二届北京市人大常委会副主任。

（六）蔡国雄（1951— ）

▲蔡国雄

蔡国雄，男，汉族，1951 年 10 月出生，台湾台中人。

1993 年 4 月加入台湾民主自治同盟。现任中国电力科学研究院副总工程师、博士生导师，政协第十二届全国委员会委员，台盟第九届中央委员会常委，政协北京市第十二届委员会副主席，台盟北京市第十届委员会主任委员，日本电气学会会员，中国电机工程学会高级会员。1993 年起享受政府特殊津贴。

1959 年由日本回国，1969 年清华附中毕业，后在陕西省延川县插队。1973 年至 1976 年，在昆明工学院机械系学习。1976 年至 1979 年在云南省电力局中心试验所工作。1979 年 6 月至今在中国电力科学研究院工作。1980 年至 1987 年，在日本名古屋大学电气电子工学科攻读硕士、博士学位并进行博士后研究。回国后，任中国电力科学研究院高压研究所教授级高级工程师、博士生导师，从事科研、开发及科研管理工作。1998 年起任中国电力科学研究院高压所总工程师，2006 年起任中国电力科学研究院副总工程师。

历任政协第九、十、十一届全国委员会委员，台盟第六、七届中央委员会委员，第八、九届中央委员会常委，台盟北京市第七、八届委员会副主任委员，八届十三次市委会选举担任台盟北京市委主委，第九届委员会主任委员。政协北京市第八届委员会委员，第九、十届委员会常委，第十一届委员会副主席。

七、历任全国人大代表、全国政协委员、省部级职务的盟员名单

（一）历届全国人大代表

第一届：代　表：田富达（高山族）　李纯青　谢雪红（女）

第二届：代　表：田富达（高山族）

第三届：代　表：田富达（高山族）

第四届：代　表：田富达（高山族）　陈木森　蔡子民

第五届：代　表：田富达（高山族）　吴国祯　陈丁茂　陈木森　蔡子民

第六届：常　委：蔡子民

代　表：田富达（高山族）　吴国祯　陈丁茂　陈木森

第七届：常　委：蔡子民

代　表：田富达（高山族）　吴国祯　陈丁茂

第八届：常　委：张克辉　蔡子民

代　表：田富达（高山族）　吴国祯　陈丁茂

第九届：常　委：刘亦铭

第十届：副秘书长：林文漪（女）

常　委：林文漪（女）

第十一届：代　表：陈　军（女、高山族）

第十二届：常　委：汪毅夫　苏　辉（女）

代　表：陈　军（女、高山族）

（二）历届全国政协委员

第一届：委　员：谢雪红（女）　蔡孝乾（台籍）　田富达　杨克煌　李伟光

代　表：王天强

候补委员：林铿生

第二届：常　委：李纯青

委　员：田富达（高山族）　杨春松

第三届：委　员：田富达（高山族）　苏子蘅　陈文彬　徐萌山　杨春松

第四届：常　委：苏子蘅

委　员：田富达（高山族）　李纯青　陈文彬　徐萌山

第五届：副秘书长：蔡　啸

常　委：李纯青　苏子蘅　蔡　啸

委　员：田富达（高山族）　吴克泰　吴英辅　张克辉　陈文彬　林盛中　徐萌山　钱福星

增补委员：沈　扶　苏　新

第六届：常　　委：李纯青　苏子蘅　林盛中　钱福星　蔡　啸
委　　员：王万得　吴克泰　吴英辅　徐萌山　廖秋忠
增补委员：陈仲颐　蔡鸿振
第七届：常　　委：吴克泰　李纯青　苏子蘅　陈仲颐　林盛中
委　　员：吴英辅　张克辉　陈木森　徐萌山　廖秋忠
潘渊静
增补委员：蔡铭熹
第八届：副秘书长：潘渊静
常　　委：吴克泰　陈仲颐
委　　员：吴英辅　李敏宽　杨思泽　苏子蘅　陈木森
林盛中　徐萌山　谢雨辰　蔡铭熹
第九届：副 主 席：张克辉
副秘书长：李敏宽
常　　委：吴国祯　蔡子民
委　　员：田富达（高山族）吴英辅　杨思泽　杨震光
陈仲颐　林文漪（女）林盛中　谢雨辰
蔡世雄　蔡国雄
第十届：副 主 席：张克辉
常　　委：刘亦铭　吴国祯　李敏宽
委　　员：吴英辅　张华军　杨思泽　汪毅夫
陈　杰（女、高山族）林盛中　郭　理（女）
谢雨辰　蔡世雄　蔡国斌　蔡国雄
增补委员：谢正观
第十一届：副主席：林文漪（女）
常　委：刘亦铭　吴国祯　陈　杰（女、高山族）黄志贤
委　员：刘亦铭　纪　斌　吴国祯　张　宁　张华军
杨思泽　苏　辉（女）陈　杰（女、高山族）
林文漪（女）林盛中　黄志贤
谢正观　蔡国斌　蔡国雄　蔡　勉（女）
第十二届：副主席：林文漪（女）

副秘书长：黄志贤
常　　委：吴国祯　陈　杰（女、高山族）黄志贤
委　　员：吴国华（女）吴国祯　张　宁　林文漪（女）
黄志贤　蔡国雄　纪　斌　陈　杰（女）
谢正观　蔡国斌　洪　净（女）

（三）历任省部级职务的盟员名单

（1979 年后，按任职起始时间为序）

蔡　啸：1979—1983 任台盟第二届总部理事会主席
李纯青：1979—1983 任台盟第二届总部理事会副主席
1983—1987 任台盟第三届总部理事会副主席
苏子蘅：1979—1983 任台盟第二届总部理事会副主席
1983—1987 任台盟第三届总部理事会主席
田富达：1979—1983 任台盟第二届总部理事会副主席
1983—1987 任台盟第三届总部理事会副主席
钱福星：1983—1987 任台盟第三届总部理事会副主席
林盛中：1983—1987 任台盟第三届总部理事会副主席
1987—1988 任台盟第四届中央委员会主席团主席
1988—1992 任台盟第四届中央委员会主席团委员
蔡子民：1987—1988 任台盟第四届中央委员会主席团委员
1988—1992 任台盟第四届中央委员会主席团主席
1992—1997 任台盟第五届中央委员会主席
吴克泰：1987—1992 任台盟第四届中央委员会主席团委员
陈仲颐：1987—1992 任台盟第四届中央委员会主席团委员
1988—1998 任政协北京市第七、八届委员会副主席
1992—1997 任台盟第五届中央委员会副主席
吴国祯：1987—1992 任台盟第四届中央委员会主席团委员
1997—　任台盟第六、七、八、九届中央委员会副主席
张克辉：1992—1997 任台盟第五届中央委员会副主席
1997—2005 任台盟第六、七届中央委员会主席
1998—2008 任政协第九、十届全国委员会副主席

刘亦铭：1995—1997 任台盟第五届中央委员会副主席
1997—2002 任台盟第六届中央委员会副主席
2002—2007 任台盟第七届中央委员会副主席
林文漪：1996—2003 任北京市人民政府副市长
1997—2003 任台盟第六、七届中央委员会副主席
2003—2005 任台盟第七届中央委员会常务副主席
2003—2008 任北京市第十二届人大常委会副主任
2005— 任台盟第七、八、九届中央委员会主席
2008— 任政协第十一、十二届全国委员会副主席
汪毅夫 1998—2008 任福建省人民政府副省长
2006—2007 任台盟第七届中央委员会副主席
2007—2012 任台盟第八届中央委员会常务副主席
2012— 任台盟第九届中央委员会副主席、全国台联会长
李敏宽：1999—2007 任台盟第六、七届中央委员会副主席
黄志贤：2007—2015 任台盟第八、九届中央委员会副主席
2015— 任台盟第九届中央委员会常务副主席
蔡国雄：2008— 任政协北京市第十一、十二届委员会副主席
苏　辉：2012— 任台盟第九届中央委员会副主席

台盟北京市东城区委组织发展沿革

一、成立的历史背景

台湾民主自治同盟北京市东城区委员会（简称台盟东城区委）是地（市）一级的地方组织，前身为1998年10月12日成立的台湾民主自治同盟北京市东城区工作委员会（简称台盟东城区工委）。1998年，台盟北京市委成立近五十年，恰逢《中共中央关于坚持和完善中国共产党领导的多党合作和政治协商制度的意见》颁布近十周年，中国共产党领导的多党合作和政治协商制度在我国政治生活中发挥了重要作用，民主政治建设得到了发展与完善。为了更深入地参加各区县的建设，进一步完善台盟基层民主政治建设和推进台盟组织的发展，台盟北京市委适时决定成立盟的区级组织。当年10月，东城、西城、朝阳和海淀四个区工委同时成立。

台盟北京市区级组织成立以前，在京盟员按照教育文化、医药卫生、经济科技、行政管理、台盟中央五个直属支部，参加台盟北京市委组织的各项活动。四个区级组织成立后，始终把坚持和完善中国共产党领导的多党合作和政治协商制度作为工作的核心内容，积极传承和弘扬台盟爱国爱乡的光荣传统，围绕首都以及所在区的发展认真履职参政，发挥出作为爱国民主党派应有的积极作用；积极发挥联系台湾的天然乡情、亲情优势，加强与岛内联系，为促进京台两地的交流交往贡献了力量。区级组织在为北京市、区发展做出贡献的同时，也积累了盟的基层组织建设经验。

四个区级组织成立后，认真贯彻中国共产党“长期共存、互相监督、肝胆相照、荣辱与共”的方针，在台盟北京市委和中共区委领导下，以邓小平理论和“三个代表”重要思想为指导，贯彻落实科学发展观，深入开展树立和践行社会主义核心价值体系、坚持和发展中国特色社会主义学习实践系列活动。进一步发挥民主党派参政议政、政治协商、民主监督等职能，注重提高盟组织和盟员的整体素质，不断加强自身思想建设和组织建设，组织开展各类有意义的学习和活动，发扬自我教育的优良传统。深入开展调查研究，从不同渠道反映意见、建议，为坚持和完善中国共产党领导的多党合作和政治协商制度不懈努力。积极开展社会服务，注重发挥对台优势，着力推动京台两地交流交往，促进两岸关系和平发展，坚定不移沿着中国特色社会主义道路前进。带领广大盟员尤其是年轻一代，以传承和弘扬台盟爱国爱乡光荣传统为使命，主动承担起推进中国特色社会主义事业发展和台盟组织发展的责任，努力发挥出自身的独特优势和积极作用，沿着中国特色政治发展道路，意气风发地展望新的征程，为建设中国特色世界城市，全面建成小康社会，促进祖国和平统一大业，最终实现中华民族伟大复兴的中国梦信心满怀地谱写新的篇章。

▲ 2010 年 2 月 4 日工委工作会议

二、成立过程及初期活动

1998 年 2 月，台盟北京市委组织处向在京盟员寄发了《盟员区级分布状况调查表》，截止到 3 月底，在京盟员总数为 218 人。其中，东城区 53 人，西城区 36 人，朝阳区 50 人，海淀区 60 人，崇文区 3 人，宣武区 5 人，石景山区 4 人，丰台区 4 人，下设教育文化、医药卫生、经济科技、行政管理、台盟中央五个行业直属支部。台盟北京市委在《关于在京盟员区级分布状况的调查报告》的基础上，经过对在京盟员居住、工作单位所在地的分部进行充分调研的基础上，认为成立台盟区工委的条件已经成熟，通过与各相关区委统战部多次沟通协商后，按照程序决定成立台盟东城、西城、朝阳、海淀四个区工委代替原有的五个行业直属支部，并于 10 月 12 日在北京隆重召开了“台盟北京市委东城、西城、朝阳、海淀区工委成立大会”，台盟中央名誉主席蔡子民，台盟中央副主席刘亦铭、吴国祯，中共北京市委统战部部长沈仁道、常务副部长赵龙飞，台盟中央秘书长李敏宽，全国台联副会长苏民生等领导以及在京盟员 120 余人出席大会，台盟北京市委主委林文漪主持成立大会。这是北京市民主党派中第一次同时成立四个区工委，被统战口内形象地称为“四胞胎”。至此，台盟北京市东城区工委正式成立，并作为台盟北京市委的派出机构，在台盟北京市委及中共东城区委的领导下开展工作。丰台区的盟员按照就近原则参加台盟东城区工委的活动。

会议任命了台盟东城区工委第一届主任、副主任人选，首次成立了台盟东城区工委组织机构。第一届区工委由 5 人组成，设主任 1 人，副主任 1 人，委员 3 人，分管组织、宣传、联络、参政议政等工作。区工委领导全区盟员学习时事政治、积极参政议政，发挥台胞独特优势，做好对台工作。

三、组织变迁

（一）台盟北京市东城区工作委员会（1998.10—2010.9）

1998 年 10 月 12 日台盟东城区工委正式成立，是台盟北京市委的派出机构。1999 年 5 月，台盟北京市委的四个区工委相继成立了九个区属支部，选举产生了支部主任和支部委员。东城区工委下设中青年支部和老年支部。2003 年 4 月台盟东城区工委领导班子调整以后对区属支部进行了相应的调整，东城区工委增设了台盟中央支部。

（二）台盟北京市东城区新一届委员会筹备委员会（2010.9—2011.6）

2010 年 6 月，国务院正式批复北京市政府关于调整首都功能核心区行政区划的请示，这为各民主党派发展带来了难得的契机。台盟北京市委在中共北京市委统战部和中共东城、西城区委及区委统战部的指导、支持和帮助下，抓住这个千载难逢的机遇，重新调配盟员资源，在筹委会的基础上推进了台盟东城区委员会和台盟西城区委员会的成立。

2010年9月18日，台盟北京市委第九届委员会第十四次会议通过《关于撤销台盟北京市东城区工作委员会、台盟北京市西城区工作委员会组织建制和成立两区新一届委员会筹备委员会的决定》，决定在原台盟北京市东城区工委的基础上，成立台盟北京市东城区新一届委员会筹备委员会，临时履行区级组织职能。同时设立台盟中央支部、全国台联支部、在职支部、乐龄支部四个支部。

（三）台盟北京市东城区委员会（2011.6—）

根据台盟中央《关于成立台盟北京市东城区委员会、台盟北京市西城区委员会的批复》，2011年6月26日召开了台盟东城区第一次代表大会，台盟东城区委正式成立，这是台盟组织生活中的一件大事，实现了盟员们多年来的殷切期盼。

目前，台盟东城区委设有一个专门工作委员会，即参政议政工作委员会。下设台盟中央支部、全国台联支部、在职支部、乐龄支部四个支部，盟员98人，共有行政编制3人。

四、历次盟员大会及历届委员会重要简况

（一）台盟北京市东城区工作委员会（1998.10—2010.9）

1. 第一次盟员大会及第一届工作委员会（1998.10—2003.4）简况

1998年11月27日，台盟北京市东城区工委第一次盟员大会在台盟中央礼堂召开。台盟东城区工委全体委员及盟员三十余人参加。主要内容有：区工委委员与盟员见面并介绍各自情况；通报区工委委员工作的分工；中共东城区委统战部部长贾炯协介绍东城区概况及统战工作情况；听取盟员对区工委今后工作的意见和建议。台盟北京市委组织处处长于英代表台盟北京市委向东城区工委提出了工作要求。大会认为，区工委的成立是台盟组织建设的一件大事，它完善了台盟地方组织的建设，扩大了台盟组织参政议政的层面，并将为台盟组织培养锻炼一批年轻干部，在东城区的建设与发展中发挥积极作用。全区共有盟员62人，主要来自科技、医务、教育界。其中有一直在大陆工作的老台胞及其子女，也有近年来从台湾岛内回到祖国大陆的台湾同胞。盟员中有全国人大代表1人，全国政协委员5人，北京市人大代表1人，北

京市政协委员 3 人，北京市特邀监察员 3 人，东城区人大代表 2 人，东城区政协委员 6 人。

2. 工委第二次盟员大会及第二届工作委员会（2003. 4—2006. 7）简况

2003 年是台盟东城区工委换届之年，但当时正是“非典”肆虐最严重的时期。2 月，台盟北京市委根据《关于做好民主党派区级组织换届工作的意见》的精神，决定对东城、西城、朝阳和海淀四个区工委领导成员进行调整，这是区工委自 1998 年成立以来第一次对领导班子进行调整。经过与中共北京市委统战部及中共东城区委统战部会商，没有召开盟员大会，而是以工作会议、电话通知等形式通报了区工委第二届领导机构的调整情况。4 月，台盟东城区工委召开工作会议，对工委领导班子进行了调整，第二届台盟东城区工委正式成立。第二届区工委由 7 人组成，设主任 1 人，副主任 2 人，委员 4 人，分管组织、宣传、联络、参政议政等工作。本着责任明确、分工合作的原则，明确工委委员职责。并编写《台盟东城区工委信息工作规则和宣传工作提纲》。

全区共有盟员 67 名，设台盟中央、台盟中央以外的在职人员和离退休人员三个支部。盟员中有全国人大常委 1 人，全国政协委员 4 人，其中 3 人为常委；市人大代表 2 人，市政协委员 5 人，市青联委员 2 人；区人大代表 2 人，区政协委员 6 人，区青联委员 2 人。

3. 第三次盟员大会及第三届工作委员会（2006. 7—2010. 9）简况

2006 年 7 月 8 日，台盟东城区工委第三次盟员大会召开。台盟中央副主席李敏宽、秘书长张华军，台盟北京市委主委蔡国雄、常务副主委郭理、专职副主委杨晓东，中共东城区委统战部副部长张万芝，区委统战部副部长、区台办主任武志良等领导以及东城区各民主党派、工商联、无党派人士和台盟北京市委区级组织负责人等出席会议。会议任命产生了台盟东城区工委第三届领导机构。第三届工作委员会由 7 人组成，设主任 1 人，副主任 2 人，委员 4 人，分管组织、宣传、联络、参政议政和涉台工作。区工委领导全区盟员履行参政党职能，构建社会主义和谐社会、落实科学发展观和东城区三个文明建设，建言献策，在政治协商、参政议政、民主监督以及促进祖国统一等方面，为东城区政治、经济和社会发展做出贡献。

全区共有盟员 78 名，设在职、台盟中央和老龄三个支部。主任肖燚，副主任潘新洋、蔡晓美，委员黄启明、陈子云、袁征、康东星。盟员中有全国人大常委 1 人，全国政协委员 4 人，其中 3 人为常委；市人大代表 2 人，市政协委员 5 人，市青联委员 2 人；区人大代表 2 人，区政协委员 6 人，区青联委员 2 人。

（二）台盟北京市东城区新一届委员会筹备委员会（2010. 9—2011. 6）

2010 年 6 月，国务院正式批复北京市政府关于调整首都功能核心区行政区划的请示，2010 年 9 月 18 日，台盟北京市第九届委员会第十四次会议通过《关于撤销台盟北京市东城区工作委员会、台盟北京市西城区工作委员会组织建制和成立两区新一届委员会筹备委员会的决定》，决定在原台盟北京市东城区工委的基础上，成立台盟北京市东城区新一届委员会筹备委员会，临时履行区级组织职能。

2010 年 9 月 28 日，台盟北京市委主持召开东城区台盟领导干部大会，台盟北京市委主委蔡国雄，中共北京市委统战部副部长李卫东，台盟北京市委常务副主委陈军、副主委杨晓东、秘书长彭京玉，中共东城区委常委、统战部部长邵鹏、副部长王艳丽出席大会。根据中共北京市委关于首都功能核心区行政区划调整的有关文件精神，台盟北京市委领导在会上宣布了《关于撤销台盟北京市东城区工作委员会、西城区工作委员会组织建制和成立两区新一届委员会筹备委员会的决定》。即日起，撤销台盟东城区工作委员会，成立台盟北京市东城区新一届委员会筹备委员会（简称：台盟东城区委筹委会），台盟东城区委筹委会主任肖燚，副主任王涛、陈子云，委员袁征、高伟、康东星、蔡宁。

（三）台盟北京市东城区委员会（2011. 6— ）

1. 第一次代表大会及第一届委员会（2011. 6—2016. 6）简况

2010 年 6 月 28 日，国务院正式批复《北京市政府关于调整首都功能核心区行政区划的请示》，根据中共北京市委的统一部署，台盟北京市委决定撤销台盟东城区工委组织建制，在原工委的基础上，成立台盟北京市东城区新一届委员会筹备委员会，履行临时区级组织的职能。在台盟区级组织换届调整工作前，代表台盟参加所属区的政治协商和参政议政工作。区工委抓住中共北京市委、市政府对首都功能核心区作出区划调整重大决策部署的机遇，成立了台盟东城区委，进一步建立健全了组织机构。

根据台盟中央《关于成立台盟北京市东城区委员会、台盟北京市西城区委员会的批复》，台盟东城区委筹委会在民主推选出出席盟员大会代表，2011 年 6 月 26 日台盟北京市东城区第一次代表大会隆重举行。台盟中央副主席黄志贤、台盟北京市委常务副主委陈军、中共东城区委副主任、区长牛青山对台盟北京市东城区第一次代表大会的胜利召开表示祝贺并发表讲话。农工民主党东城区委主委李亚兰代表区各民主党派、工商联、无党派人士向大会致贺词。台盟北京市委专职副主委杨晓东、副主委蔡国斌、秘书长彭京玉，东城区人大主任冯熙，东城区政协主席徐鸿达，中共东城区委副书记常卫，中共东城区委统战部副部长关连宝、王宝祥、向愚以及东城区各民主党派、工商联、侨联代表和台盟各区级组织负责人出席了开幕式。大会听取了肖燚代表台盟东城区委筹委会所作的《筹委会工作报告》。通过了《关于台盟东城区筹备委员会工作报告的决议》《台盟北京市东城区第一次代表大会决议》。

台盟北京市东城区第一次代表大会选举出台盟北京市东城区第一届委员会委员（9 人）：肖燚、周旭辉、王涛、孟凡、高伟、袁征、陈伟、王慧、田靖。在台盟北京市东城区第一届委员会第一次全体会议上，选举出第一届区委会领导班子：主任委员肖燚、副主任委员周旭辉（兼秘书长）、王涛、孟凡。共有盟员 90 人，设台盟中央、全国台联、在职、乐龄四个支部，区委委员 9 人，主任委员 1 名，副主任委员 3 名，其中专职副主委 1 名。盟员中有全国政协委员 8 人、市政协委员 6 人、区政协委员 7 人、区人大代表 1 人。

2012 年，台盟东城区委通过《台盟北京市东城区委员会专门委员会工作条例》和《台盟北京市东城区委员会社会组织工作条例》。2 月 28 日，台盟东城区委召开支部工作会议，各支部主任说明支部工作计划，各支部推荐台盟东城区委信息员、参政议政委员会人选。4 月 23 日，台盟北京市东城区第一届委员会第五次主委会召开，会议通过台盟东城区委参政议政专委会主任、副主任、委员名单。

2013 年，台盟东城区委通过《台盟东城区委贯彻中共中央八项规定改变会风的决定》、《台盟东城区委评选年度先进盟务工作者实施办法》、《参政议政奖励机制与评选办法》、《台盟东城区委评选年度先进盟务工作者实施办法》。推荐 17 名盟员为台盟北京市委后备干部。

2. 第二次代表大会及第二届委员会（2016. 6—　）

2016 年 6 月 19 日，台盟北京市东城区第二次代表大会隆重举行。全国

▲2014 年 7 月东城区委盟员合影

政协常委、台盟中央常务副主席黄志贤，北京市政协副主席、台盟北京市委主委蔡国雄，台盟中央副秘书长、组织部部长吴国华，台盟北京市委常务副主委陈军，台盟北京市委专职副主委蔡勉，中共北京市委统战部副巡视员贺淑晶，中共东城区委书记张家明，东城区人大主任赵中原，东城区政协主席邵鹏，中共东城区委常委、统战部部长周永明，中共东城区委常委、区委办公室主任毛炯，中共东城区委统战部副部长向愚，以及东城区各民主党派、工商联、台办等单位领导、部分台盟北京市委监委会委员、区级组织负责人出席开幕式。会议应到代表 45 人，实到代表 43 人。

肖燚代表台盟北京市东城区第一届委员会作了题为《情聚两岸、奉献区域发展》的工作报告。大会选举产生台盟北京市东城区第二届委员会委员 9 名。台盟北京市东城区第二届委员会第一次全体会议选举肖燚为台盟北京市东城区第二届委员会主任委员，周旭辉、王涛、孟凡、高伟当选为副主任委员。经二届一次主委会提名，二届一次全委会通过，任命周旭辉兼任秘书长。

截至 2016 年 6 月底，台盟北京市东城区委共有盟员 98 人，设有参政议政专委会，下设台盟中央支部、全国台联支部、在职支部、乐龄支部共四个支部。

五、历届组织机构组成名单

（一）台盟北京市东城区工作委员会

1. 第一届（1998. 10—2003. 4）

主　任：潘　迎（女）

副主任：廖继英（女）

委　员：（按姓氏笔画为序）

肖　燚　黄启明　蔡晓美（女）

（注：2000 年 10 月，调整肖燚为副主任，增补郑世凯为委员）

2. 第二届（2003. 4—2006. 7）

主　任：肖　燚

副主任：潘新洋　　　　蔡晓美（女）

委　员：（按姓氏笔画为序）

陈子云（女）　袁　征　黄启明　康东星（女）

3. 第三届（2006. 7—2010. 9）

主　任：肖　燚

副主任：王　涛（女）　蔡晓美（女）

委　员：（按姓氏笔画为序）

陈子云（女）　袁　征　康东星（女）　蔡　宁

（二）台盟北京市东城区新一届委员会筹备委员会（2010. 9—2011. 6）

主　任：肖　燚

副主任：王　涛（女）　陈子云（女）

委　员：（按姓氏笔画为序）

袁　征　高　伟　康东星（女）　蔡　宁

（三）台盟北京市东城区委员会

1. 第一届（2011. 6—2016. 6）

主任委员：肖　燚

副主任委员：周旭辉（专职）王　涛（女）　孟　凡（女）

秘 书 长：周旭辉（兼）

委　　员：（按姓氏笔画为序）

王　慧　田　靖（女）　陈　伟　袁　征　高　伟

2. 第二届（2016.6—　）

主任委员：肖　燚

副主任委员：周旭辉　王　涛（女）　孟　凡（女）　高　伟

秘 书 长：周旭辉（兼）

委　　员：（共 9 人，按姓氏笔画排序）

王　涛（女）　王　慧　刘晓英（女）　肖　燚　陈小兵

周旭辉　孟　凡（女）　袁　征　高　伟

六、历届主委简历

（一）潘迎（1958—　）

▲潘迎

女，汉族，1958 年 9 月出生，台湾台北人，大学学历，1993 年 3 月加入台盟，主任医师。现任北京妇产医院北京妇幼保健院保健部主任兼婚前保健及人口质量管理科主任，台盟北京市第十届委员会常委、监委会委员，政协朝阳区第十二届委员会委员。

曾任北京市第十二、十三届人大代表，台盟第八届中央妇女工作委员会委员，台盟北京市第七、八、九届委员会委员，台盟东城区第一届工委主任，台盟朝阳区第二、三届工委主任，东城区第十二届人大常委，政协朝阳区第十、十一届委员会常委。

（二）肖燚（1961—　）

▲肖燚

男，汉族，1961 年 1 月出生，台湾台南人，大学学历，1993 年 1 月加入台盟，主任医师。现任北京中医药大学东方医院主任医师，台盟北京市第十届委员会常委、监委会委员，台盟东城区第二届委员会主委，政协北京市第十二届委员会委员，东城区第十五届人大常委。

曾任台盟北京市第八、九届委员会委员、政协北京市第十、十一届委员会委员，台盟东城区第二、三届工委主任、台盟东城区第一届委员会主委、东城区第十四届人大常委、政协东城区第十届委员会委员、第十一届委员会常委。

七、历任全国人大代表、全国政协委员、省部级职务的盟员名单

（一）历届全国人大代表

第 九 届：刘亦铭（常委）

第 十 届：林文漪（常委、副秘书长）

第十二届：汪毅夫（常委）

（二）历届全国政协委员

第 九 届：张克辉（副主席）　蔡子民（常委）
林文漪　杨震光　吴英辅

第 十 届：张克辉（副主席）　刘亦铭（常委）
张华军　陈　杰　郭　理　蔡国斌
吴英辅　谢正观（2005 年增补）

第十一届：林文漪（副主席）　黄志贤（常委、副秘书长）
刘亦铭（常委）　陈　杰（常委）
张　宁　张华军　谢正观　蔡国斌
蔡　勉　纪　斌

第十二届：林文漪（副主席）　黄志贤（常委、副秘书长）
陈　杰（常委）　吴国华　张　宁
谢正观　蔡国斌

（三）历任省部级职务的盟员名单

蔡　啸：1979—1983 任台盟第二届总部理事会主席

李纯青：1979—1983 任台盟第二届总部理事会副主席
1983—1987 任台盟第三届总部理事会副主席

苏子蘅：1979—1983 任台盟第二届总部理事会副主席
1983—1987 任台盟第三届总部理事会主席

钱福星：1983—1987 任台盟第三届总部理事会副主席

林盛中：1983—1987 任台盟第三届总部理事会副主席

1987—1988 任台盟第四届中央委员会主席团主席

1988—1992 任台盟第四届中央委员会主席团委员

蔡子民：1987—1988 任台盟第四届中央委员会主席团委员

1988—1992 任台盟第四届中央委员会主席团主席

1992—1997 任台盟第五届中央委员会主席

吴克泰：1987—1992 任台盟第四届中央委员会主席团委员

张克辉：1992—1997 任台盟第五届中央委员会副主席

1997—2005 任台盟第六、七届中央委员会主席

1998—2008 任政协第九、十届全国委员会副主席

刘亦铭：1995—1997 任台盟第五届中央委员会副主席

1997—2002 任台盟第六届中央委员会副主席

2002—2007 任台盟第七届中央委员会副主席

林文漪：1996—2003 任北京市人民政府副市长

1997—2003 任台盟第六、七届中央委员会副主席

2003—2005 任台盟第七届中央委员会常务副主席

2003—2008 任北京市第十二届人大常委会副主任

2005— 任台盟第七、八、九届中央委员会主席

2008— 任政协第十一、十二届全国委员会副主席

汪毅夫 1998—2008 任福建省人民政府副省长

2006—2007 任台盟第七届中央委员会副主席

2007—2012 任台盟第八届中央委员会常务副主席

2012— 任台盟第九届中央委员会副主席、全国台联会长

李敏宽：1999—2007 任台盟第六、七届中央委员会副主席

黄志贤：2007—2015 任台盟第八、九届中央委员会副主席

2015— 任台盟第九届中央委员会常务副主席

台盟北京市西城区委组织发展沿革

一、成立的历史背景

台湾民主自治同盟北京市西城区委员会（以下简称台盟西城区委）是地（市）一级的地方组织，前身为1998年10月12日成立的台湾民主自治同盟北京市西城区工作委员会（以下简称台盟西城区工委）。1998年 10月，台盟西城区工委同东城、朝阳、海淀三个区工委同时成立（详见台盟东城区委成立的历史背景）。

二、成立过程及初期活动

1998年7月15日，台盟北京市第七届委员会第十一次主委会议重点研究了成立区级组织的问题，并通过《台湾民主自治同盟北京市委员会区工作委员会工作条例》。

1998年10月12日，台盟北京市西城区工委正式成立，由台盟北京市委任命了西城区工委领导班子成员：主任张文惠，副主任林明珠，委员蔡劲、邱琦、江小艾，共有盟员43人。台盟西城区工委是台盟北京市委的派出机构，是区属各支部的领导机构，在台盟北京市委和中共西城区委的领导下开展工作。

台盟西城区工委成立初期，各项工作从零起步，领导班子成员在工作中不断探索，在实践中积累经验。1999年5月经台盟北京市委批准，成立了老年支部和中青年支部，完善了工委组织结构，增强了工作效果。2003年区工委换届后，进一步明确了区工委成员的职责分工，要求各负其责，并坚持实施领导班子成员向全体盟员通报工作计划和汇报总结制度，不断加强工委委员的责任感。随着工作进一步深入开展，在学习和实践中，先后建立实施了一系列工作制度，包括组织生活考勤制度、区工委成员工作计划通报和总结制度、区工委工作会议制度、工作简报编辑工作程序、信息采集、整理和报送运行机制等，使区工委工作逐步走上制度化、规范化和程序化的轨道。

台盟西城区工委成立以来，始终把提高中青年盟员的政治理论水平、党派意识和参政议政能力作为自身建设的重要工作之一。区工委自成立至 2010 年 12 月，先后组织推荐中青年盟员约 300 人次参加了台盟中央、北京市委、中共北京市委、西城区委统战部和中央、市、区社会主义学院组织的有关学习培训。同时，组织或参加各种类型的相关报告会、座谈会、研讨会，参观考察和征文竞赛等活动，通过不断学习，盟员们的政治意识和政治素质逐步提高，为履行参政议政职责奠定了基础。

基于台盟组织的特殊性，组织发展工作较为困难，为此区工委积极与北京市台湾同胞联谊会联系沟通，配合台盟北京市委发现符合台盟要求的年轻人，并向他们宣传盟组织的性质、任务和入盟的现实意义。

三、组织变迁

（一）台盟北京市西城区工作委员会（1998.10—2010.9）

1998 年 10 月 12 日，台盟西城区工委正式成立，1999 年 5 月 18 日，台盟西城区工委成立了两个基层支部：老年支部和中青年支部，并分别选出支部领导成员，每季度召开组织生活会。

1998 年，台盟西城区工委在西城区百万庄小学内借用一间办公室办公；1999 年至 2001 年，办公地点迁至西城区辟才胡同丰汇园 13 号楼；2002 年至 2012 年底，办公地点在西城区辟才胡同宏英园 17 号楼。

（二）台盟北京市西城区新一届委员会筹备委员会（2010.9—2011.6）

2010 年 9 月 28 日，台盟北京市委主持召开西城区台盟领导干部大会，根据中共北京市委关于首都功能核心区行政区划调整的有关文件精神，台盟北京市委领导在会上宣布了《关于撤销台盟北京市东城区工作委员会、西城区工作委员会组织建制和成立两区新一届委员会筹备委员会的决定》。即日起，在原台盟北京市西城区工作委员会的基础上，成立台盟北京市西城区新一届委员会筹备委员会（简称：台盟西城区委筹委会），临时履行区级组织职能。同时设立老年支部和中青年支部。

（三）台盟北京市西城区委员会（2011.6— ）

2011 年 6 月 25 日，借助于北京市行政区划调整的良好机遇，正式成立了台盟北京市西城区委员会，建立健全了北京台盟的组织机构。新成立的台盟西城区委在台盟北京市委、中共西城区委的领导下，以更加奋发有为的精神状态，切实履行民主党派职能，更好地为首都和西城区的经济社会发展建设献计出力。

目前，台盟西城区委设有三个专门工作委员会，即参政议政工作委员会、社会服务工作委员会和妇女工作委员会，下设老年支部和中青年支部，盟员 107 人，共有行政编制 3 人。

四、历次盟员大会及历届委员会重要简况

（一）台盟北京市西城区工作委员会（1998.10—2010.9）

1. 第一次盟员大会及第一届工作委员会（1998.10—2003.2）简况

1998 年 10 月 12 日，“台盟北京市委东城、西城、朝阳、海淀区工委成立大会”在京召开，台盟中央名誉主席蔡子民，台盟中央副主席刘亦铭、吴国祯，中共北京市委统战部部长沈仁道，常务副部长赵龙飞，台盟中央秘书长李敏宽，全国台联副会长苏民生，中共北京市委统战部党派处处长李卫东，市台办综合处处长吴晓珊，市台联秘书长蔡怡，中共东城、西城、朝阳、海淀区委统战部部长贾炯协、张延枫、郭二周、周来升，副部长周志涛、顾吟秋、孙东斌、陈佳立，民进朝阳区委主任窦君辉以及在京盟员 120 余人出席大会。

大会宣布台盟北京市西城区工委正式成立，由台盟北京市委任命了西城区工委第一届领导班子成员：主任：张文惠，副主任：林明珠，委员：蔡劲、邱琦、江小艾，共有盟员 43 人。2000 年，调整蔡劲为副主任，增补于晓妹为委员。

2. 第二届工作委员会（2003.2—2006.7）简况

因 2003 年出现“非典”疫情，台盟西城区工委没有召开第二届盟员大

▶台盟西城区工委第一届领导班子和与会领导、嘉宾合影

会。2003 年 2 月 26 日，根据《关于做好民主党派区级组织换届工作的意见》的精神，经台盟北京市第八届委员会第八次主委会议讨论通过，同意台盟西城区工委上报的领导班子调整方案。台盟西城区第二届工作委员会主任：邱琦，副主任：林明珠、蔡劲，委员：于晓妹、叶苓。同年 12 月，增补蔡志兵为区工委委员。

3. 第三次盟员大会及第三届工作委员会（2006.7—2010.9）简况

2006 年 6 月 13 日，根据《关于做好民主党派区级组织换届工作意见》的精神，经过民主推荐和与中共西城区统战部的沟通协商，经台盟北京市第八届委员会第三十四次主委会议研究，通过台盟西城区第三届工作委员会领导机构名单。

2006 年 7 月 15 日，台盟西城区工委第三次盟员大会于西城区二龙路 27 号已政协会议室召开。（台盟北京市委主委蔡国雄），中共西城区委副书记刘跃平，台盟北京市委副主委兼秘书长杨晓东中共西城区委常委、统战部部长姜昕华，中共西城区委统战部副部长、台办主任杨春荣，中共西城区委统战部副部长明木江，以及西城区各民主党派、工商联、侨联和黄埔同学会西城区联络组和台盟北京市各区级组织负责人等出席大会。

邱琦代表第二届区工委作了题为《发挥台盟组织优势，认真履行参政党职责》的工作总结报告。台盟北京市委杨晓东副主委宣布台盟北京市委西城区工委第三届领导班子的任命决定，主任：邱琦，副主任：叶苓、蔡劲、蔡志兵，委员：于晓妹、庄文静、胡悦。

（二）台盟北京市西城区新一届委员会筹备委员会（2010.9—2011.6）

2010年6月，国务院正式批复北京市政府关于调整首都功能核心区行政区划的请示，2010年9月18日，台盟北京市第九届委员会第十四次会议通过《关于撤销台盟北京市东城区工作委员会、台盟北京市西城区工作委员会组织建制和成立两区新一届委员会筹备委员会的决定》，决定在原台盟北京市西城区工委的基础上，成立台盟北京市西城区新一届委员会筹备委员会，临时履行区级组织职能。

2010年9月28日，台盟北京市委主持召开西城区台盟领导干部大会，台盟北京市委主委蔡国雄，中共北京市委统战部副部长李卫东，台盟北京市委常务副主委陈军，台盟北京市委副主委杨晓东，台盟北京市委秘书长彭京玉，中共西城区委常委、统战部部长曹长胜，中共西城区委统战部副部长李龙杰出席大会。根据中共北京市委关于首都功能核心区行政区划调整的有关文件精神，台盟北京市委领导在会上宣布了《关于撤销台盟北京市东城区工作委员会、西城区工作委员会组织建制和成立两区新一届委员会筹备委员会的决定》。即日起，撤销台盟北京市西城区工作委员会成立台盟北京市西城区新一届委员会筹备委员会（简称：台盟西城区委筹委会），台盟西城区委筹委

▲2011年6月25日，台盟西城区第一次代表大会召开

会主任邱琦，副主任蔡劲、叶苓、蔡志兵，委员于晓妹、庄文静、胡悦。

（三）台盟北京市西城区委员会（2011.6— ）

1. 第一次代表大会及第一届委员会（2011.6—2016.6）

▲台盟西城区委新当选的领导机构成员与代表见面

2010年，中共北京市委、市政府对首都功能核心区作出区划调整重大决策部署，台盟北京市委紧紧抓住此重大机遇，通过与中共北京市委统战部、中共西城区委统战部沟通协商，决定成立台盟北京市西城区委员会。2011年6月25日，台盟北京市西城区第一次代表大会开幕，台盟中央组织部副部长蔡国斌，中共北京市委统战部副部长李卫东，台盟北京市委常务副主委陈军，副主委杨晓东、谢正观、蔡勉，中共西城区委书记王宁，区委副书记、区长张建东，区委副书记马兰霞，区委常委、统战部部长曹长胜，区委统战部副部长、台办主任明木江，区委统战部副部长王新以及西城区各民主党派、工商联、侨联负责人和台盟北京市委区级组织负责人等出席开幕式。会议选举产生了台盟北京市西城区第一届委员会及区委会领导班子：主委邱琦，副主委陈子云、蔡志兵、陈维平，委员王蕾、付建新、庄文静、胡悦、霍庆革，秘书长陈子云（兼）。

2014年12月30日，经台盟北京市西城区第一届委员会第十五次会议选举增补庄文静为副主任委员，

2. 第二次代表大会及第二届委员会（2016.6—　　）

2016 年 6 月 5 日，台盟北京市西城区第二次代表大会隆重举行。北京市政协副主席、台盟北京市委主委蔡国雄，台盟北京市委常务副主委陈军，台盟北京市委副主委江小艾，中共西城区委书记卢映川，中共西城区委副书记、区长王少峰，西城区人大主任刘跃平，西城区政协主席杜灵欣，中共西城区委常委、统战部部长程军，中共西城区委常委、区委办公室主任孙硕，中共西城区委统战部常务副部长刘琪，中共西城区委统战部副部长樊茂云，以及西城区各民主党派、工商联等单位领导、部分台盟北京市委监委会委员、区级组织负责人出席开幕式。会议应到代表 35 人，实到代表 34 人。

陈子云代表台盟北京市西城区第一届委员会作了题为《求真务实、锐意进取，开启区级组织建设新征程》的工作报告。大会选举产生台盟北京市西城区第二届委员会委员 9 名。台盟北京市西城区第二届委员会第一次全体会议选举陈子云为台盟北京市西城区第二届委员会主任委员，陈维平、庄文静、付建新当选为副主任委员。经二届一次主委会提名，二届一次全委会通过，任命胡悦担任秘书长。

截至 2016 年 6 月底，台盟北京市西城区委共有盟员 107 人，设有参政议政工作委员会，社会服务工作委员会，妇女工作委员会，下设中青年支部、老年支部共两个支部。

五、历次组织机构组成名单

（一）台盟北京市西城区工作委员会

1. 第一届（1998.10—2003.2）

主　任：张文惠（女）

副主任：林明珠（女）

委　员：（按姓氏笔画为序）

江小艾（女）　　邱　琦（女）　　蔡　劲

注：2000 年 10 月调整蔡劲为副主任，增补于晓妹为委员。

2. 第二届（2003.2—2006.7）

主　任：邱　琦（女）

副主任：林明珠（女）　　蔡　劲

委　员：（按姓氏笔画为序）

于晓妹（女）　叶　苓（女）

注：2003 年 12 月增补蔡志兵为委员。

3. 第三届（2006.7—2010.9）

主　任：邱　琦（女）

副主任：蔡　劲　叶　苓（女）　蔡志兵

委　员：（按姓氏笔画为序）

于晓妹（女）　庄文静（女）　胡　悦

（二）台盟北京市西城区新一届委员会筹备委员会（2010.9—2011.6）

主　任：邱　琦（女）

副主任：蔡　劲　叶　苓（女）　蔡志兵

委　员：（按姓氏笔画为序）

于晓妹（女）　庄文静（女）　胡　悦

（三）台盟北京市西城区委员会

1. 第一届（2011.6—2016.6）

主任委员：邱　琦（女）

副主任委员：陈子云（女）　蔡志兵　陈维平

秘书长：陈子云（兼）

委　员：（按姓氏笔画为序）

王　蕾（女）　付建新　庄文静（女）　胡　悦

霍庆革（女）

注：2014 年 12 月增补庄文静为副主委。

2. 第二届（2016.6—　）

主任委员：陈子云（女）

副主任委员：陈维平　庄文静（女）　付建新

秘书长：胡　悦

委　员：（共 9 人，按姓氏笔画排序）

王　蕾（女）　田　丰（高山族）付建新　庄文静（女）

杨　彤（女）　陈子云（女）　陈维平　胡　悦

霍庆革（女）

▲张文惠

▲邱琦

▲陈子云

六、历届主委简历

（一）张文惠（1942— ）

女，汉族，1942 年 8 月出生，台湾台南人，大学学历，1990 年 12 月加入台盟，高级工程师。曾任中国医药对外贸易公司处长，台盟西城区第一届工委主任，政协西城区第十届委员会常委。

（二）邱琦 1959— ）

女，汉族，1959 年 7 月出生，台湾台北人，大学学历，1991 年 5 月加入台盟，高级经济师。环境保护部固体废物管理中心原副主任（正处级）。现任台盟北京市第十届委员会常委，政协北京市第十二届委员会委员，西城区第十五届人大常委。

曾任台盟北京市第八、九届委员会委员，政协北京市第十届委员、第十一届常委，台盟西城区第二、三届工委主任，台盟西城区第一届委员会主委，西城区第十四届人大常委。

（三）陈子云（1975— ）

女，汉族，1975 年 1 月出生，台湾台南人，研究生学历，高级教师，1998 年 9 月加入台盟，中共党员。现任北京市台湾同胞联谊会专职副会长，全国台联第九届理事会理事，台盟北京市第十届委员会常委、妇女工作委员会副主任，台盟北京市西城区第二届委员会主任委员，北京市第十四届人大代表，政协西城区第十三届委员会常委。

曾任台盟北京市第九届委员会委员，政协东城区第十、十一、十二届委员会常委，台盟东城区第二、三届工委委员，台盟西城区第一届委员会副主委兼秘书长，北京市第八、九届青联委员，东城区青联常委，东城区侨联委员。

六、历任全国人大代表、全国政协委员、省部级职务的盟员名单

（一）历届全国人大代表

第十一届：陈　军（女，高山族）

第十二届：常委：苏　辉（女）

（二）历届全国政协委员

第九届：蔡世雄

第十届：蔡世雄

第十一届：苏　辉

（三）历任省部级职务的盟员名单

苏　辉：2012—　　台盟第九届中央委员会副主席

台盟北京市朝阳区工委组织发展沿革

一、成立的历史背景

台盟北京市朝阳区工作委员会（以下简称台盟朝阳区工委）是台盟北京市委的派出机构，在台盟北京市委、中共北京市朝阳区委的领导下，在朝阳区委统战部的指导下开展党派工作。1998 年 10 月，台盟朝阳区工委同东城、西城、海淀三个区工委同时成立（详见台盟东城区委成立的历史背景）。

二、成立过程及初期活动

成立后的台盟朝阳区工委在台盟北京市委、中共朝阳区委的领导下，在中共朝阳区委统战部的指导和支持下，始终拥护和坚持中国共产党的领导，继承和弘扬台盟爱国爱乡的光荣传统。朝阳区工委根据本区盟员特点，开展多种形式的活动，提升盟员素质和能力。如：每年的春节、中秋等中华民族的传统佳节，组织盟员和本区的台商、台湾学生座谈茶话联谊活动；每年举办中青年盟员学习培训班，请老盟员讲盟史、讲台情；组织年轻盟员“给老盟员集体过生日”系列活动；每年开展“温暖一家亲”走访慰问耄耋盟员。区工委还坚持将台盟特色与工作相结合，如：每年组织盟员和台商、台湾学生一起帮助贫困、残疾家庭慰问活动；开展“医心益行同胞情”走进社区服务百姓的义诊活动；组织盟员携手台湾学生开展“走进朝阳，了解朝阳”参观交流活动；每年编发四期《朝阳台盟简报》等。活动增强了朝阳区盟员的

▶每年春节前夕组织在区台商慰问黑庄户贫困家庭活动

凝聚力，激发了青年盟员“心为台盟所系，事为台盟所谋”的使命感和责任感，是传承台盟精神的具体体现。同时，朝阳区工委不断创新工作方法，积极探索基层组织工作路径、累积基层组织工作经验，夯实和发展了朝阳区基层组织队伍，为统一战线和中国共产党领导的多党合作事业作出了不懈的努力。

▶台湾学生义诊活动

三、历次盟员大会及历届工作委员会重要简况

（一）第一次盟员大会及第一届工作委员会（1998.10—2003.4）简况

1998年10月12日，台盟北京市委隆重召开了“台盟北京市委东城、西城、朝阳、海淀区工委成立大会”，台盟中央名誉主席蔡子民，台盟中央副主席刘亦铭、吴国祯，中共北京市委统战部部长沈仁道、常务副部长赵龙飞，台盟中央秘书长李敏宽，全国台联副会长苏民生等领导以及在京盟员120余人出席大会，台盟北京市委主委林文漪主持成立大会，这是北京市民主党派中第一次同时成立四个区工委。中共朝阳区统战部部长郭二周、党派科科长孙淑兰出席会议。台盟北京市委副主委杨晓东宣读了台盟北京市朝阳区第一届工作委员会的任命决定，主任：谢正观，副主任：林泉、于英，委员：陈燕生、姚珍。11月6日下午，朝阳区工委召开一届一次会议，谢正观主持会议。会议进行领导机构成员工作分工，并研究制定今后工作计划。中共朝阳区统战部部长郭二周、副部长孙东斌及党派科科长孙淑兰出席会议。

（二）第二次盟员大会及第二届工作委员会（2003.4—2006.6）简况

2003年4月9日下午，台盟北京市朝阳区第二次盟员大会在朝阳区民主党派楼一层会议室召开。台盟北京市委副主委杨晓东、北京市台联副会长高峰、中共朝阳区委统战部副部长周凡出席会议。会上，台盟北京市委副主委杨晓东宣布台盟朝阳区工委第二届领导班子任命决定，主任：潘迎；副主任：于英、黄中；委员：姚珍、陈燕生、蔡勉、马骊。谢正观主任代表第一届区工委作了讲话。潘迎代表新一届区工委讲话，并公布第二届区工委领导班子分工及工作要点。中共朝阳区委统战部副部长周凡讲话，朝阳区三十余位盟员参加会议。

（三）第三次盟员大会及第三届委员会（2006.6—2011.6）简况

2006年6月17日，台盟北京市朝阳区第三次盟员大会在朝阳宾馆召开，台盟中央秘书长张华军、台盟北京市委主委蔡国雄、中共朝阳区委统战部部长沈乃宏出席了大会。会议听取了台盟朝阳区工委第二届委员会工作报告，宣读了台盟朝阳区第三届工作委员会任命决定，潘迎为台盟朝阳区第三届工

作委员会主任。中共朝阳区委统战部部长沈乃宏代表中共朝阳区委、区人大、区政府和区政协对大会召开和台盟朝阳区工委领导班子的产生表示祝贺，并对新一届台盟朝阳区工委提出五点希望：一是要发扬优良传统，坚持正确的政治方向，新一届委员会要继续发扬与中共长期团结合作、荣辱与共的优良传统，更好地担负起时代赋予的重任。二是要发挥台盟优势，提高工作水平。三是要加强自身建设，增强组织活力。四是要坚持民主集中制，不断提高组织凝聚力。五是要坚持与时俱进，加强工作创新。当日下午，召开三届工委一次会议进行领导机构成员分工。

（四）第四次盟员大会及第四届工作委员会（2011.6—2016.6）简况

2011 年 6 月 12 日，台盟北京市朝阳区工委第四次盟员大会举行。台盟北京市委常务副主委陈军，朝阳区政协主席辛燕琴、中共组织工委统战部部长佟克克等领导参加了会议。潘迎代表第三届区工委作了工作报告；台盟北京市委常务副主委陈军宣布台盟朝阳区第四届工作委员会领导机构任命决定：高峰被任命为台盟朝阳区第四届工作委员会主任；副主任：黄征、赖海权、李秋玲；委员：谢伊华、徐庆和林海；佟克克部长代表朝阳区委、区政府讲话；蔡勉副主委代表台盟北京市委对新一届朝阳区工委提出殷切希望；高峰主任

▲第四届区工委班子

代表新一届领导班子讲话，李秋玲副主任代表新一届工委班子向离任的工委主任、委员们宣读《给主任同志的致敬信》。6月12日下午，召开四届一次会议，台盟北京市委常务副主委陈军讲话。高峰主任主持并宣布成员分工方案。

（五）第五次盟员大会及第五届工作委员会（2016.6— ）

2016年6月11日，台盟北京市朝阳区第五次盟员大会隆重举行。北京市政协副主席、台盟北京市委主委蔡国雄，台盟北京市委常务副主委陈军，台盟北京市委副主委汪舟，中共北京市委统战部副巡视员贺淑晶，中共朝阳区委书记吴桂英，朝阳区政协主席谢莹，中共朝阳区委副书记陈涛，中共朝阳区委常委、组织部部长、统战部部长何明，以及朝阳区各民主党派、工商联、台办等单位领导、部分台盟北京市委监委会委员、区级组织负责人出席大会。

高峰代表台盟北京市朝阳区第四届工作委员会作了题为《众擎易举、勤勉务实、同心圆梦、砥砺前行》的工作报告。台盟北京市委常务副主委陈军对新一届领导机构的组成作说明，并宣布台盟北京市朝阳区第五届工委领导机构的任命。高峰被任命为台盟北京市朝阳区第五届工作委员会主任，黄征、赖海权、李秋玲被任命为副主任，区工委委员共7人。台盟北京市委主委蔡国雄、中共朝阳区委书记吴桂英分别在大会上讲话。

截至2016年6月底，台盟北京市朝阳区工委共有盟员79人，下设文教医卫支部、经济科技支部和离退休支部共三个支部。

四、历届组织机构组成名单

第一届（1998.10—2003.4）

主　任：谢正观

副主任：林　泉　于　英（女）

委　员：（按姓氏笔画为序）

　　　　陈燕生　姚　珍（女）

第二届（2003.4—2006.6）

主　任：潘　迎（女）

副主任：于　英（女）　黄　中

委　员：（按姓氏笔画为序）

马　骊（女，高山族）陈燕生　姚　珍（女）蔡　勉（女）

第三届（2006.6—2011.6）

主　任：潘　迎（女）

副主任：于　英（女）　蔡　勉（女）

委　员：（按姓氏笔画为序）

马　骊（女，高山族）　李　力（女）

姚　珍　（女）颜　宏

注：2009 年 6 月，高峰接替蔡勉任副主任。

第四届（2011.6—2016.6）

主　任：高　峰

副主任：黄　征　赖海权　李秋玲（女）

委　员：（按姓氏笔画为序）

林　海　徐　庆　谢伊华（女）

第五届（2016.6—　）

主　任：高　峰

副主任：黄　征　赖海权　李秋玲（女）

委　员：（共 7 人，按姓氏笔画排序）

李秋玲（女）　林　海　徐　庆　高　峰　黄　征

谢伊华（女）　赖海权

五、历届主委简历

▲谢正观

（一）谢正观（1953—　）

男，汉族，1953 年 2 月出生于台湾台北。博士研究生，教授。1998 年 9 月加入台盟。现任中国科学院大学资源与环境学院教授，台盟第九届中央委员会委员，台盟北京市第十届委员会对台联络工作委员会主任，政协第十二届全国委员会委员，政协北京市第十二届委员会委员。

曾任政协第十、十一届全国委员会委员，政协北京市第九届委员会委员、第十届委员会常委、港澳台侨委员会副主任，政协朝阳区第九届委员会常委。台盟第七、八届中央委员会委员，台盟北京市第八、九届委员会副主任委员，台盟朝阳区第一届工委主任。北京海外联谊会理事，朝阳区第十三届人大副主任。

（二）潘迎（1958—　　）

▲潘迎

女，汉族，1958 年 9 月出生，台湾台北人，大学学历，1993 年 3 月加入台盟，主任医师。现任北京妇产医院北京妇幼保健院保健部主任兼婚前保健及人口质量管理科主任，台盟北京市第十届委员会常委、监委会委员，政协第十二届委员会朝阳区委员。

曾任北京市第十二、十三届人大代表，台盟第八届中央妇女工作委员会委员，台盟北京市第七、八、九届委员会委员，台盟东城区第一届工委主任，台盟朝阳区第二、三届工委主任，东城区第十二届人大常委，政协朝阳区第十、十一届委员会常委。

（三）高峰（1960—　　）

▲高峰

男，汉族，1960 年 10 月出生，台湾台北人，大学学历，高级工程师，1991 年 3 月加入台盟。现任中冶集团建筑研究总院副总工程师，台盟北京市第十届委员会常委，台盟朝阳区第五届工作委员会主任，北京市第十四届人大代表，朝阳区第十五届人大常委，北京市台湾同胞联谊会第九届理事会副会长。

曾任政协北京市第九、十、十一届委员会委员，台盟北京市第九届委员会委员，台盟朝阳区第三届工委副主任、第四届工委主任。

六、历任全国人大代表、全国政协委员、省部级职务的盟员名单

历届全国政协委员

第十届：郭　理（女）

台盟北京市海淀区工委组织发展沿革

一、成立的历史背景

台盟海淀区工委是台盟北京市委的派出机构，在台盟北京市委、中共北京市海淀区委的领导下，在海淀区委统战部的指导下开展党派工作。1998 年 10 月，台盟海淀区工委同东城、西城、朝阳三个区工委同时成立（详见台盟东城区委成立的历史背景）。

二、成立过程及初期活动

台盟海淀区工委成立之后，杨思泽、陈杰当选为海淀区第十二届人大代表，蔡惠娟、郭榕、何渝、杨毅周成为海淀区第六届政协委员，在海淀区政协中

▶ 2004 年 8 月，台盟海淀区工委向张北地区贫困山区小学捐赠学习用品

设立了“台盟”界别，使台盟组织在海淀区有了参政议政的平台。台盟海淀区工委组织盟员积极参政议政、调查研究、建言献策，同时积极联系在海淀区的台商、台生，了解他们的情况和遇到的困难，协助解决。并认真做好社会服务和各项公益活动，赢得了各方面的肯定和鼓励。

三、历次盟员大会及历届委员会重要简况

（一）第一次盟员大会及第一届工作委员会（1998.10—2003.4）简况

1998年10月12日，台盟北京市委隆重召开了“台盟北京市委东城、西城、朝阳、海淀区工委成立大会”。台盟中央名誉主席蔡子民，台盟中央副主席刘亦铭、吴国祯，秘书长李敏宽，中共北京市委统战部部长沈仁道、常务副部长赵龙飞，全国台联副会长苏民生，中共海淀区统战部部长周来升、副部长陈佳丽、党派科张玲、林红等领导以及在京盟员120余人出席大会，台盟北京市委主委林文漪主持成立大会。

大会任命台盟海淀区第一届工作委员会领导班子成员，主任：杨思泽，副主任：蔡惠娟、郭榕，委员：何渝、杨毅周、陈丽珠、欧云崧。

（二）第二届工作委员会（2003.4—2006.7）简况

由于2003年北京“非典”流行，不宜召开大型集会，第二届区工委没有召开换届大会。台盟北京市委的任命决定在随后的盟员活动中进行了通报。

台盟海淀区第二届工作委员会，主任：杨思泽，副主任：杨毅周、郭榕、蔡惠娟，委员：王粟、何渝、陈丽珠、欧云崧、崔薇。

（三）第三次盟员大会及第三届工作委员会（2006.7—2011.6）简况

2006年7月22日上午，在海淀区政府第二办公区529会议室，召开台盟海淀区第三次盟员大会。

中共海淀区委常委、区统战部部长周京生，海淀区委统战部副部长、台办主任杨志洪，海淀区委统战部副部长林虹，海淀区政协第七届港澳台侨办公室主任李春生，海淀区归国华侨联合会主席彭骖。台盟北京市委主委蔡国雄、副主委兼秘书长杨晓东同志以及台盟北京市委朝阳区工委、西城区工委、

东城区工委的领导同志出席大会。

台盟朝阳区工委主任潘迎代表台盟朝阳区、西城区和东城区工委向大会致贺词；全国政协委员、中科院物理所博士生导师、台盟海淀区工委主任杨思泽作《台盟北京市第二届海淀区工委工作报告》；新任台盟海淀区工委副主任周旭辉代表全体盟员向不再担任区工委领导的同志宣读致敬信；台盟北京市委副主委兼秘书长杨晓东宣布台盟北京市委对台盟海淀区工委第三届班子的任命决定；台盟海淀区第三届工委主任叶莉副教授代表新一届领导班子发言；台盟北京市委蔡国雄主委讲话、中共海淀区委统战部长周京生同志讲话。大会由台盟海淀区第三届工委副主任陈丽珠主持。

▲2007 年 8 月 9 日，召开盟员大会，对老盟员进行表彰

（四）第四次盟员大会及第四届工作委员会（2011.6—2016.6）简况

2011 年 6 月 11 日上午，在海淀区皇苑大酒店三楼会议室举行了台盟海淀区第四次盟员大会。致公党海淀区委主委代表海淀区各民主党派向大会致贺词；叶莉主任作工作报告；台盟北京市委陈军常务副主委宣布对台盟海淀区第四届工委班子的任命决定并对领导机构的组成作说明；新班子成员与大家见面；陈

▲2012 年 7 月 14 日，第二季度议政会

丽珠代表新班子发言；欧云崧宣读给离任同志的致敬信并向离任同志献花；海淀区委统战部高祥阳部长讲话；杨晓东副主委代表台盟北京市委讲话。

6 月 11 日下午，在海淀区皇苑大酒店三楼会议室举行了台盟海淀区第四届工委第一次会议。会议进行了工作分工。主任陈丽珠负责全面工作，副主任欧云崧分管组织工作，委员曹晖配合，副主任冼海珍分管对台和宣传工作，委员吴京配合，专职副主任王粟分管参政议政工作，委员李达章配合。同时王粟还负责办公室工作。会议由陈丽珠主任主持，台盟北京市委陈军常委副主委、彭京玉秘书长、组织处段卉副处长参加了会议。

（五）第五次盟员大会及第五届工作委员会（2016. 6—　）

2016 年 6 月 18 日，台盟北京市海淀区第五次盟员大会隆重举行。北京市政协副主席、台盟北京市委主委蔡国雄，台盟北京市委常务副主委陈军，台盟北京市委副主委欧云崧，中共海淀区委常委、组织部长、区委统战工作领导小组副组长刘勇，海淀区人大常委会副主任刘佩金，海淀区政协副主席刘恪，中共海淀区委统战部常务副部长杨志洪，以及海淀区各民主党派、工商联等单位领导、部分台盟北京市委监委会委员、区级组织负责人出席大会。

欧云崧代表台盟北京市海淀区第五届工作委员会作了题为《凝心聚力、扎实工作、服务社会》的工作报告。台盟北京市委常务副主委陈军对新一届领导机构的组成作说明，并宣布台盟北京市海淀区第五届工委领导机构的任命。杨旭被任命为台盟北京市海淀区第五届工作委员会主任，冼海珍、吴京、曹晖被任命为副主任，区工委委员共 7 人。台盟北京市委主委蔡国雄、中共海淀区委常委、组织部长、区委统战工作领导小组副组长刘勇分别在大会上讲话。

截至 2016 年 6 月底，台盟北京市海淀区工委共有盟员 76 人，下设第一支部、第二支部和第三支部（老年支部）共三个支部。

四、历届组织机构组成名单

第一届（1998.10—2003.4）：
主　任：杨思泽
副主任：蔡惠娟（女）　郭榕（女）
委　员（按姓氏笔画为序）：
何　渝　杨毅周　陈丽珠（女）　欧云崧
第二届（2003.4—2006.7）：
主　任：杨思泽
副主任：杨毅周　郭　榕（女）　蔡惠娟（女）
委　员（按姓氏笔画为序）：
王　粟　何　渝　陈丽珠（女）　欧云崧　崔　薇（女）
（注：2003 年 12 月蔡宁接替王粟任委员）
第三届（2006.6—2011.6）：
主　任：叶　莉（女）
副主任：陈丽珠（女）　周旭辉
委　员（按姓氏笔画为序）：
何　渝　汪　舟　林　华（女，高山族）欧云崧
第四届（2011.6—2016.6）
主　任：陈丽珠（女）
副主任：欧云崧　冼海珍（女）　王　粟（专职）
委　员（按姓氏笔画为序）：
吴　京　李达章　曹　晖（女）

（注：2015 年 2 月欧云崧负责工委全面工作）

第五届（2016.6— ）

主　任：杨　旭

副主任：冼海珍（女）　吴　京　曹　晖（女）

委　员：（共 7 人，按姓氏笔画为序）

孔德硕（女）　杨　旭　吴　京　冼海珍（女）　姜亚芳（女）　曹　晖（女）　窦　武

五、历届主委简历

（一）杨思泽（1947— ）

▲杨思泽

男，汉族，1947 年 2 月出生，台湾台北人，博士研究生，研究员。1981 年 10 月加入台盟。现任中国科学院物理研究所研究员、博士生导师，等离子体物理方向课题组组长。1992 年获得国务院政府特殊津贴。

曾任政协第八、九、十、十一届全国委员会委员，台盟第六、七届中央委员会委员，第八届中央委员会常委，北京市第九、十、十二届人大代表，台盟北京市第四届分部（台盟北京市委前身）委员、第五届委员会常委、第六届委员会委员，台盟北京市第七、八届委员会副主任委员，海淀区第十二届人大代表、常委，台盟海淀区第一、二届工委主任。

（二）叶莉（1953— ）

▲叶莉

女，汉族，1953 年 6 月出生，台湾台南人，大学学历，教授。2002 年 9 月加入台盟，民盟盟员。北京航空航天大学外国语学院研究生公共英语教学部原主任、教授。

曾任北京市第十三届人大代表，台盟北京市第九届委员会委员，海淀区第十四届人大常委、科教文卫专委会委员，台盟海淀区第三届工委主任，北京市检察机关特约监督员。政协第九届全国委员会委员、台盟中央妇委会委员、政协甘肃省第八届委员会委员、甘肃省台联副会长、政协海淀区第七届委员会委员、海淀区人民政府特约监察员等。

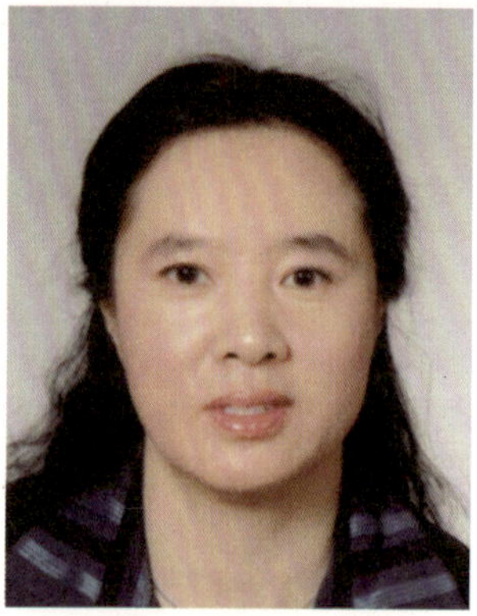
▲陈丽珠

（三）陈丽珠（1962—2016）

女，汉族，1962 年 2 月出生，台湾台北人，硕士研究生，副教授。1995 年加入台盟，中共党员。中央民族大学体育学院副教授。北京市第十四届人大常委，政协北京市第十一届委员会委员、文教卫专委会委员，台盟北京市第十届委员会委员、参政议政工作委员会委员、第九届委员会委员、参政议政工作委员会委员、妇女工作委员会委员，海淀第十五届人大常委，政协海淀区第八届委员会常委，台盟海淀区第一、二届工委委员、第三届工委副主任、第四届工委主任，北京市工商局特约监督员。

▲杨旭

（四）杨旭（1970—　）

男，汉族，1970 年 3 月出生，台湾台北人，高级工程师，2010 年 9 月加入台盟。现任中国城市发展研究院常务副院长，台盟第九届中央委员会青年工作委员会副主任，台盟北京市第十届委员会委员、青年工作委员会主任，台盟海淀区第五届工作委员会主任，政协北京市第十二届委员会委员、政协海淀区第九届委员会委员。

六、历任全国人大代表、全国政协委员、省部级职务的盟员名单

1. 历届全国人大代表

田富达：第一至八届全国人大代表

吴国桢：第五至八届全国人大代表

陈　军：第十一、十二届全国人大代表

2. 历届全国政协委员

田富达：第一至五届、第九届全国政协委员

陈仲颐：第六、九届全国政协委员，第七、八届全国政协常委

谢雨辰：第八至十届全国政协委员

吴国桢：第九至十二届全国政协常委

杨思泽：第八至十一届全国政协委员

李敏宽：第八届全国政协委员，第九届全国政协副秘书长，第十届全国政协常委

潘渊静：第七届全国政协委员，第八届全国政协副秘书长

蔡国雄：第九至十二届全国政协委员

3. 历任省部级职务盟员名单

田富达：	1979—1983	任台盟第二届总部理事会副主席
	1983—1987	任台盟第三届总部理事会副主席
陈仲颐：	1987—1992	任台盟第四届中央委员会主席团委员
	1988—1998	任政协北京市第七、八届委员会副主席
	1992—1997	任台盟第五届中央委员会副主席
吴国祯：	1987—1992	任台盟第四届中央委员会主席团委员
	1997—	任台盟第六、七、八、九届中央委员会副主席
李敏宽：	1999—2007	任台盟第六、七届中央委员会副主席
蔡国雄：	2008—	任政协北京市第十一、十二届委员会副主席

台盟天津市委组织发展沿革

一、成立的历史背景

台盟天津地方组织的诞生是在中国人民解放军攻克国民党防守、解放战争频频告捷和新中国成立的大背景下产生的。彼时，台盟刚在香港成立不久，正处于组织扩张时期，而天津作为最早一批获得解放的城市，自然而然成为台盟组织萌芽的一块沃土。

1948 年 9 月，中国人民解放军攻克国民党设防坚固的要塞济南，标志着解放战争奏响决战序曲。同年秋，中国人民解放军乘胜追击，锐不可当，以摧枯拉朽之势从东北、华东、华北三个方向发动战略决战，辽沈、淮海、平津三大战役相继打响，并全部取得胜利，国民党兵团几乎全军覆没，军事力量全面崩溃。1949 年 1 月 15 日，天津解放，1 月 31 日，北平和平解放。

在解放军全面进军的同时，1949 年 9 月 21 日至 30 日，中国共产党与台盟等民主党派及各界代表在北平召开具有重要历史意义的中国人民政治协商会议，会议通过了具有临时宪法性质的《共同纲领》，完成了建立中华人民共和国的准备工作，将北平改名北京并定为首都。会议决定建立一个国家名称不同于中华民国的新中国，按照《中国人民政治协商会议共同纲领》，将新中国的国名定为中华人民共和国，并定于 1949 年 10 月 1 日举行开国仪式。

另一方面，1947 年 2 月，台湾全岛爆发了反对国民党独裁政权、要求民主自治运动的“二·二八”起义。起义遭到镇压失败后，一部分参加起义的台湾爱国民主人士谢雪红、杨克煌、苏新等于 1947 年六七月间抵香港，并于当年 11 月 12 日成立了台湾民主自治同盟。台盟建立后，主要工作和活动是对台湾进行政治号召和宣传工作，并在香港参加中国各民主党派的活动，组织台籍人士学习，发展盟员，介绍台籍青年进解放区参加革命。与此同时，满腔爱国爱乡热情的台胞以各种形式自发地加入声援“二·二八”的浪潮之中。其中，台湾省旅平同乡会、同学会和天津市台湾同乡会团结所在地台胞，举行了一系列的声援活动。

“二·二八”的相关消息一传到北平，仅仅几天后，“北大全体台湾同学”3 月 6 日即在学校的民主墙上贴出二十多张大字报，打响了声援活动的第一炮。同日，旅平同乡会和同学会秘密召开了联席会议，发表了《为台湾二·二八大惨案敬告全国同胞书》及《告同学书》，并向各报社递交和在主要街头张贴。平、津两同乡会联合在天津举行了记者招待会；平、津同乡会和同学会在北平举行了外国记者招待会。在国民党统治的白色恐怖之下，他们临危不惧，于 1947 年 4 月 20 日编印了《台湾二·二八大惨案华北舆论集》向台湾寄发，以示声援。1948 年，平、津两同乡会为纪念起义一周年，又联合在北平举行了“二·二八殉难烈士追悼会”，印发了《二·二八周年志》。根据活动亲历者王宏老先生回忆，这些声援活动的经费实际上是由天津台胞张秋海（后当选为天津台盟分支部首任主任委员）募集的，他向天津乡亲募集之后亲自送到北平曾明如家，由曾转交同乡会。

这一系列的活动在平津和全国各地造成了一定的影响，响应了当时延安广播的呼吁，凝聚和锻炼了平津台籍青年的爱国民主力量。

这个时候，新政协筹备会已将台盟作为一个民主党派，台盟的性质和任务也随之发生改变，原本的组织规模已不适应发展需要。根据《台盟早期在香港的革命活动》文中所述，1948 年 6 月，中共上海局在香港召开关于台湾问题的会议，即“香港会议”。此次会议讨论了台盟参加新政协会议的有关事宜，并就发展台盟组织提出了具体意见，对台盟在海内外台胞中的号召力和影响力给予肯定。按照“香港会议”的意见，台盟积极联系在台胞中有较大影响力的人士，大力发展台盟组织。1949 年 7 月 3 日，台盟华北总支部成立，主委林铿生；1949 年 7 月 31 日，台盟华东总支部成立，主委李伟光。

在这样的历史背景下，天津台盟组织从无到有的发展轮廓渐渐清晰起来。

二、成立过程及初期活动

台盟在天津的历史轨迹最早可追溯至 1949 年 7 月 1 日，天津解放后，原

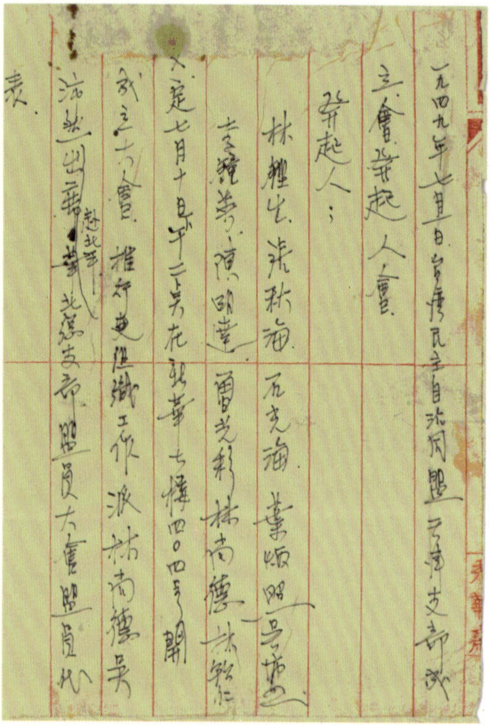

▶台盟天津支部成立前发起人会档案

在天津市的台湾省籍同胞，在台盟负责人谢雪红、杨克煌、苏新的关怀下，在天津市台湾同乡会的基础上产生了台盟的最初组织萌芽。1949 年 7 月 1 日，台盟天津支部成立会发起人会召开，发起人包括：林铿生、张秋海、石光海、叶炳照、吴沛然、李钟善、陈明达、曾光彩、林尚德、林钦仁。

1949 年 7 月 3 日，台盟华北总支部成立大会在北平召开。郭炤烈、杨克煌在报告中分别介绍了台盟的性质及政治主张，谢雪红在会上作了《关于台盟纲领及盟章》的报告。台盟天津分支部的筹备工作也在紧锣密鼓地开展当中，先后召开两次筹备会讨论具体事宜。

1949 年 8 月 27 日下午 5 时，台盟华北总支部台盟天津分支部筹备会第一次会议在利华大楼 404 号房间召开，出席盟员有吴一民、张秋海、林尚德、张明志、林刚、林汉民、杨克培、余竹城，筹备会讨论了成立盟员大会（即台盟天津分支部成立大会）日期，“俟与北平联络后决定”，公推出筹备委员吴一民、张秋海、张明志、林尚德、林刚，其中吴负责文书，张（？）、林（尚德）负责联络，林刚负责总务。筹备会还决议“筹备费由盟员自由捐助，开会顺序与北平协议后决定，大会报告筹备经过由文书负责”。关于召开成立大会的具体时间，筹备会会议记录道：“本予定 9 月 5 日下午 2 点开大会，后因与北平联络结果，北平有报告及欢迎新来平的盟员会，所以改期。”

1949 年 9 月 16 日下午 6 点，筹备会第二次会议在天津市第一区青海路 15 号张秋海家中召开，出席盟员有吴一民、张秋海、林尚德、林刚，讨论事项决定如下：“盟员天津分支部成立大会定于 9 月 18 日下午 2 点；开会地点在天津市第一区利华大楼 404 室；会场筹备委员林刚同志负责，与外部联络由吴一民同志负责；欢迎总部及华北总支部参加出席代表，全体委员到站欢迎领导；总部及华北总支部代表食宿安排由张秋海、林尚德二同志负责。”

9 月 18 日，台盟天津分支部成立大会在天津利华大楼如期召开，参加会议的台胞共 30 人。台盟总部秘书长杨克煌，华北总支部林汉民、郭炤烈参加了成立大会，会上推选张秋海、吴一民、林尚德、曾光彩、叶炳照 5 人为天津分支部委员，其中张秋海为主任委员、吴一民为副主任委员。（台盟中办发〔2008〕58 号文件《关于确定天津台盟组织成立时间的批复》最终确定台盟天津市分支部成立时间为 1949 年 9 月 18 日。）

成立大会上，台盟总部及华北总支部代表纷纷致辞，与会盟员分别做了自我介绍，会议不仅推选出了分支部的委员及主任委员、副主任委员，还通过了天津分支部章程，是天津台盟历史上极为重要和关键的一次会议。

“天津是继上海的中国第二大贸易港，因此我们要借这个机会，把本分支部变成解放台湾的小炮台。”林铿生同志在成立大会上致辞说，“今天全

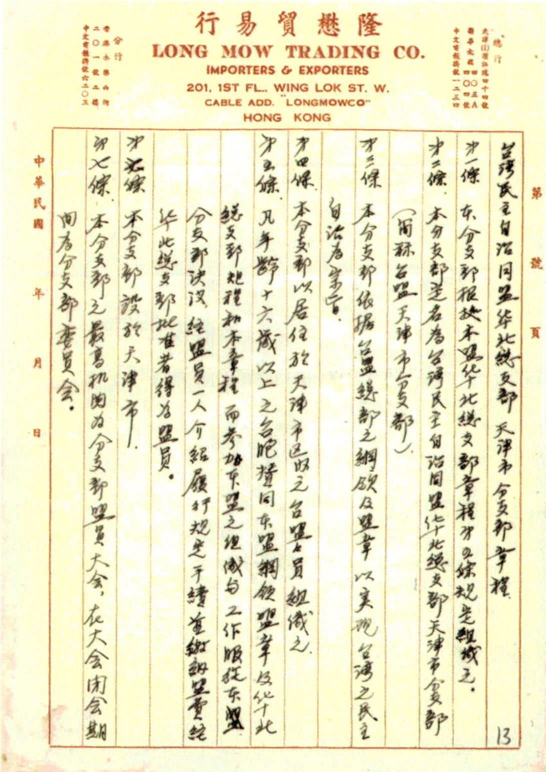
隆懋貿易行
LONG MOW TRADING CO.
IMPORTERS & EXPORTERS
201, 1ST FL., WING LOK ST. W.
CABLE ADD. "LONGMOWCO"
HONG KONG

台湾民主自治同盟华北总支部天津市分支部章程
第一条 本分支部根据本盟华北总支部章程第五条规定组织之。
第二条 本分支部定名为台湾民主自治同盟华北总支部天津市分支部（简称台盟天津市分支部）。
第三条 本分支部依据台盟总部之纲领及盟章以实现台湾之民主自治为宗旨。
第四条 本分支部以居住于天津市区内之台盟盟员组织之。
第五条 凡年龄十六岁以上之台胞赞同本盟纲领盟章及华北总支部规程和本章程而参加本盟之组织与工作服从本盟分支部决议，经盟员一人介绍履行规定手续并缴纳盟费，经华北总支部批准者得为盟员。
第六条 本分支部设于天津市。
第七条 本分支部之最高机关为分支部盟员大会，在大会闭会期
13

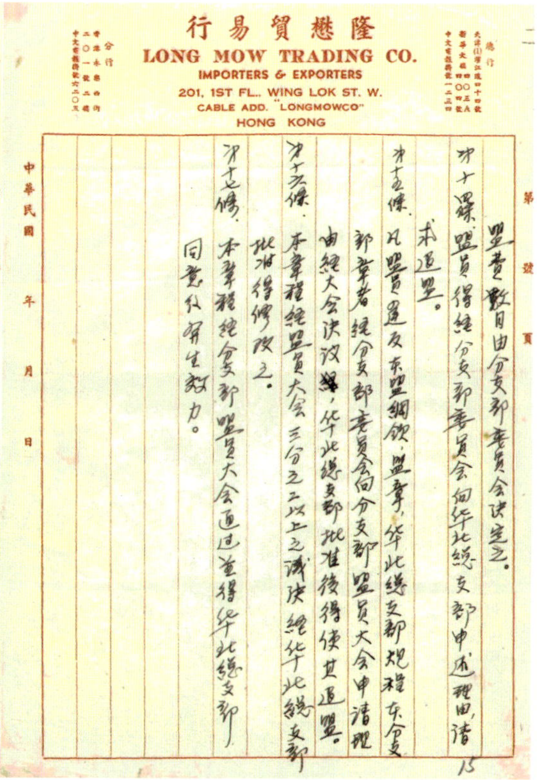
隆懋貿易行
LONG MOW TRADING CO.
IMPORTERS & EXPORTERS
201, 1ST FL., WING LOK ST. W.
CABLE ADD. "LONGMOWCO"
HONG KONG

盟费数目由分支部委员会决定之。
第十[illegible]条 盟员得经分支部委员会向华北总支部申述理由，请求退盟。
第十五条 凡盟员违反本盟纲领、盟章，华北总支部规程，本分支部章程者，经分支部委员会向分支部盟员大会申请理由经大会决议，华北总支部批准后得使其退盟。
第十六条 本章程经盟员大会三分之二以上之议决，经华北总支部批准得修改之。
第十七条 本章程经分支部盟员大会通过并得华北总支部同意后发生效力。
15

▲《台湾民主自治同盟华北总支部天津市分支部章程》第 1-2 页

国人民可作为我们的后盾，我们首先团结，加紧学习，完成所负的历史责任。”

郭炤烈同志致辞说：“我今天希望各位同志（了解）几件事情，第一就是应认清今天大会的意义。这不是一次普通的联欢会，而是一次战斗中的大会。第二，我们自己应先有团结，结成强大力量推翻强大敌人。第三，天津是一交通的要点，相当（大）的贸易港，政治活动中心，所以应利用这些有利条件，向台湾展开号召、宣传。第四，建立为人民服务的人生观是目前主要的任务之一。”

成立大会胜利召开之后，台盟天津分支部于 9 月 19 日召开了第一次委员会，讨论日常事务，并成立两个学习小组，分别为：协成汽车修理工厂（第一学习小组）、青海路 15 号（第二学习小组）。并组织了几次小会。后来由于张秋海、吴一民先后离开天津，支部工作暂时停顿，到 1955 年台盟天津市分支部改为天津小组继续开展活动。

1955 年 1 月 16 日，台盟华北总支部天津小组成立第一次会议在天津市政协召开，出席会议的有陈炳基、詹明芳、陈锦堦、陈传馨、叶炳照、张午亭（正彰）、黄连有。

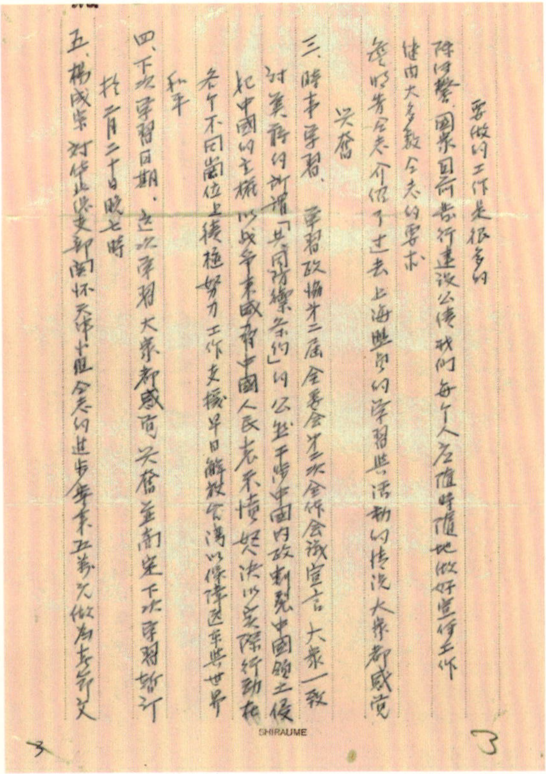
要做的工作是很多的
[illegible]，国家目前正在进行建设公债 我们每个人应随时随地做好宣传工作
经由大多数同志的要求
[illegible]同志介绍了过去上海盟员的学习与活动的情况 大家都感觉
兴奋
三、时事学习、 学习政协第二届全委会第二次全体会议宣言 大家一致
对美蒋的所谓「共同防御条约」的公然干涉中国内政割裂中国领土侵
犯中国的主权以战争来威胁中国人民表示愤怒决心以实际行动在
各个不同岗位上积极努力工作支援早日解放台湾以保障远东与世界
和平
四、下次学习日期、这次学习大家都感到兴奋并商定下次学习暂订
于二月二十日晚七时
五、杨成宗 对华北总支部关怀天津小组全体同志的进步[illegible]
SHIRAUME
3

▼天津小组学习活动记录

首先由台盟华北总支部主任陈炳基报告重新整编成天津小组的意义和活动范围，并传达台盟总部关于台盟组织方针的重要指示，同时指出台盟的政治任务是在伟大的中国共产党的领导下组织盟员积极学习政治、提高阶级觉悟，在我国过渡时期盟员应带头响应政府的一切号召，在各个不同的岗位上积极为祖国社会主义的大建设而努力，为支援解放台湾而斗争。继而推选陈锦堦为组长，叶炳照为副组长。

天津小组迅速展开学习活动，1955 年 1 月 26 日，开会进行了时事学习，“学习政协第二届全委会第二次会议宣言，大家一致对美蒋的所谓‘共同防御条约’的公然干涉中国内政、割裂中国领土、侵犯中国的主权、以战争来威胁中国人民表示愤怒，决定以实际行动在各个不同岗位上积极努力工作，支援早日解放台湾，以保障远东与世界和平。”学习会后，大家都感到兴奋，并商定下次学习时间暂定为2月20日晚7时；杨成宗对华北总支部关怀天津小组同志的进步、并提供文娱活动费表示感谢；大家亦表示要认真学习以报答组织的关怀。

天津小组没有办公地点，活动经费由华北总支部提供，学习文件由华北总支部直接寄来，每次学习都在盟员的家中进行，但大家都很认真和自觉。每年华北总支部都会派人到天津组织一次较大型的活动，至“文化大革命”开始被迫中断，中断活动时还有盟员9人。

三、组织变迁

（一）台盟天津分支部

1949年9月18日，台盟天津分支部成立，属台盟华北总支部领导。

（二）台盟天津小组

1955年1月16日，根据台盟华北总支部决定，台盟天津分支部重新整编为台盟天津小组。属台盟华北总支部领导。

（三）台盟天津市支部筹备组

1979年2月，台盟天津地方组织恢复工作，成立台盟天津市支部筹备组。

（四）台盟天津市支部

根据1979年10月台盟第二次全盟代表大会决定，1979年12月24日，成立台盟天津市支部。直属台盟总部领导。

（五）台盟天津市分部

根据1983年11月台盟第三次全盟代表大会通过的新章程，1984年3月5日，天津市支部改称台盟天津市分部。直属台盟总部领导。

（六）台盟天津市委员会

根据1987年11月台盟第四次全盟代表大会通过的章程规定，台湾民主自治同盟总部改名为台湾民主自治同盟中央委员会，台盟天津分部于1987年12月随之更名为台盟天津市委员会。属台盟中央领导。

四、历次盟员大会及历届委员会重要简况

（一）台盟天津分支部盟员会议及委员会（1949.9—1955.1）简况

1949年9月18日，台盟天津分支部成立大会在天津利华大楼召开，参加会议的台胞、盟员共30人。台盟总部秘书长杨克煌，华北总支部林汉民、郭炤烈参加了成立大会。会上成立台盟天津分支部，推选了分支部委员会，并通过《台湾民主自治同盟华北总支部天津分支部章程》。

天津分支部委员会主任委员：张秋海，副主任：吴一民。

委员会根据《章程》定期组织盟员学习、活动。后随着吴一民、张秋海两位同志先后离开天津，支部工作暂时停顿。

（二）台盟天津小组盟员会议及领导成员（1955.1—1966）简况

1955年1月16日，根据台盟华北总支部决定，将台盟华北总支部天津分支部重新整编为台盟华北总支部天津小组，并召开台盟华北总支部天津小组盟员会议，出席会议有6名盟员。台盟台北总支部主任陈炳基到会并报告重新整编成天津小组的意义和活动范围，并传达台盟总部关于台盟组织方针的重要指示。

台盟天津小组组长：陈锦堦 ，副组长：叶炳照。

天津小组没有办公地点，活动经费由华北总支部提供，学习文件由华北总支部直接寄来，每次学习都在盟员的家中进行。每年华北总支部都会派人到天津组织一次较大型的活动。1966年，“文化大革命”开始，台盟天津小组被迫中止活动。

（三）台盟天津市支部第一次盟员大会及第一届委员会（1979.12—1982.10）简况

1979年12月24日，召开台盟天津市第一次盟员大会，会上选举产生台盟天津市支部第一届委员会。

第一届委员会主委：廖灿辉，副主委：黄连有、周朗、蔡铭熹。

支部成立后，对天津的盟员及台胞情况进行了摸底登记造册。同时，积极协助有关单位党委落实党的政策，得到有关领导的认可和盟员的称赞。

（四）第二次盟员大会及第二届委员会（1982.10—1984.3）简况

1982年10月20日至21日，召开台盟天津市第二次盟员大会，出席盟

员 40 人，会上对上一届委员会工作进行了总结，并选举产生台盟天津市支部第二届委员会，台盟总部陈炳基同志到会。

第二届委员会主委：廖灿辉，副主委：黄连有、周朗、蔡铭熹、曾明如、乐锦煌。

本届委员会发挥盟员、台胞积极作用，为四化建设和祖国统一做出了贡献。

（五）第三次盟员大会及第三届委员会（1984.3—1987.8）简况

1984 年 3 月 5 日至 9 日，召开台盟天津市第三次盟员大会。会议总结了第二届委员会任期内的工作，部署今后工作任务，并选举产生了台盟天津市分部第三届委员会。台盟总部副主席钱福星、林盛中到会。

第三届委员会主委：廖灿辉，副主委：黄连有、吕水深、蔡铭熹、乐锦煌。

本届委员会，积极参与祖国四化建设的各项工作并取得了一定成绩。一批年轻有为的青年台胞被吸纳到台盟组织中来，为台盟注入了新鲜的血液。

（六）第四次盟员大会及第四届委员会（1987.8—1992.3）简况

1987 年 8 月 25 日至 28 日，召开台盟天津市第四次盟员大会，会议对第三届委员会工作进行了总结，对今后的工作进行了部署，选举产生台盟天津市分部第四届委员会，选举出席台盟第四次全盟代表大会代表。

第四届委员会主委：廖灿辉，副主任委员：吕水深、徐振文、蔡世彦。

本届委员会，组建了以职业为划分的“工程技术”、“文教”、“医疗卫生”、“离退休”四个支部的台盟基层组织，使台盟市委会组织建设有所延伸。台盟市委会的工作进入了新的阶段，对盟员更有针对性地进行培养。

（七）第五次盟员大会及第五届委员会（1992.3—1997.4）简况

1992 年 3 月 3 日至 5 日，召开台盟天津市第五次盟员大会，台盟中央主席团委员吴克泰到会并致辞，大会审议通过了台盟天津市第四届委员会工作报告；选举产生台盟天津市第五届委员会。

第五届委员会主委：廖灿辉，副主委：吕水深、蔡世彦、陈荣光（女）。

本届委员会在台盟中央和中共天津市委的领导下，带领在津盟员和所联系台胞，认真贯彻中共中央 14 号文件精神，围绕中共天津市委的中心工作，积极发挥参政议政和民主监督作用，积极参与天津市重大方针、政策的协商与贯彻，为政府决策出谋献策。

（八）第六次盟员大会及第六届委员会（1997.4—2002.5）简况

1997 年 4 月 14 日至 17 日，召开台盟天津市第六次盟员大会。台盟中央主席蔡子民、组织部部长蔡铭熹到会并致贺词。会议审议通过了第五届委员会题为《高举建设有中国特色社会主义的伟大旗帜，继续为统一祖国、振兴中华而奋斗》的工作报告。并选举产生台盟第六届委员会。

第六届委员会主委：蔡世彦，副主委：李小和（女）、游丽珍（女）、吴洪明（2001 年增补）。

本届市委会，将台盟市委会规模确定为 13 人，市委会机关内设办公室、组织人事处、宣传调研处、联络处、人事处一室四处。修订了《会议制度》《领导班子议事规则》等相关制度，在领导班子内部形成民主、协商、沟通、协作的良好工作氛围。1999 年 11 月，在纪念台盟天津地方组织成立 20 周年大会上，台盟市委会对 3 个先进集体和 47 名优秀盟员进行了表彰。

本届委员会，台盟天津市委会组织建立了河北区支部、南开区工委、和平区工委以及直属支部，实现了组织向下延伸。

（九）第七次盟员大会及第七届委员会（2002.5—2007.6）简况

2002 年 5 月 6 日至 9 日，召开台盟天津市第七次盟员大会。全国政协主席、台盟中央主席张克辉专程到会祝贺，台盟中央副主席李敏宽出席大会并致贺词。市政协副主席、台盟市委主委蔡世彦同志代表台盟天津市第六届委员会作了题为《承前启后，继往开来，新世纪开创新天地》的工作报告。会议选举产生台盟天津市第七届委员会，同时选举出席台湾民主自治同盟第七次全盟代表大会的代表。

第七届委员会主委：蔡世彦，副主委：李小和（女）、游丽珍（女）、吴洪明、叶惠丽（女）（2006 年增补）。

本届委员会在台盟中央和中共天津市委领导下，带领在津盟员始终坚持以邓小平理论和“三个代表”重要思想为指导，深入贯彻落实科学发展观，坚持以盟员为主体，认真做好盟员发展、培训工作，推动台盟事业发展。紧紧围绕天津发展的中心工作，最大限度地发挥广大盟员的积极性、能动性和创造性，在参政议政、社会服务、自身建设上都取得了优异的成绩。

（十） 第八次盟员大会及第八届委员会（2007.6—2012.6）简况

2007 年 6 月 27 日至 29 日召开台盟天津市第八次盟员大会。全国政协常委、台盟中央副主席李敏宽出席并致贺词。

大会听取和审议了市政协副主席、台盟市委会主委蔡世彦代表台盟天津市第七届委员会所作的题为《继往开来，锐意进取，谱写台盟事业新篇章》

的工作报告；选举产生了台盟天津市第八届委员会；同时选举产生了出席台盟第八次全盟代表大会的代表。

第八届委员会主委：叶惠丽（女），副主委：刘朝霞（女）、张肇毅。

本届委员会以理论学习为主线，加强盟员思想建设，强化政治意识、大局意识、责任意识，围绕天津经济建设和社会发展履职建言，促进参政议政、社会服务、自身建设等工作迈上新台阶。经研究，台盟天津市委会从第八届市委会开始不再设立“顾问”一职。2011年8月28日，台盟天津市委会召开“同心同行 展风采、树典型、学先进”事迹报告暨表彰会，共有13名盟员获得“先进个人”称号，滨海新区工委和河北区支部获“优秀组织奖”。

经台盟中央批复，2009年9月18日，台盟天津市委召开了地方组织成立60周年纪念大会，台盟中央副主席吴国祯到会作了重要讲话，台盟主委叶惠丽代表市委会回顾了60年历史长河中天津台盟和每一位盟员与中国共产党“长期共存、互相监督、肝胆相照、荣辱与共”，在思想建设、组织建设、制度建设、机关建设等方面的光辉历程。特别是1989年中国共产党制定了《中共中央关于坚持和完善中国共产党领导的多党合作和政治协商制度的意见》即中共中央14号文件，2005年颁布的《中共中央关于进一步坚持和完善中国共产党领导的多党合作和政治协商制度建设的意见》即中共中央5号文件，进一步阐明了中国共产党领导的多党合作事业的重要原则，更加明确了民主党派的参政党地位、作用和任务，推动统一战线工作和多党合作事业进入了新的发展阶段。天津台盟和盟员以及所联系的广大台胞，以经济建设为中心，以服务于改革发展稳定大局和祖国统一大业为己任，以建设适应时代发展要求的参政党为目标，继承传统，凝心聚力，奋发进取，与中华人民共和国共同成长、共同经历风雨、共同创造辉煌的经历。会上还有6位盟员代表做了发言。

同时编辑出版了《天津台盟60年历程》纪念画册，以教育后人，继承传统，开创未来。

（在树立和践行社会主义核心价值体系学习教育活动中，市委会以“展风采、树典型、学先进”为主题举行了“同心同行先进盟员事迹报告会及表彰会”，共有14位盟员受到表彰，其中1位盟员荣获天津市统一战线十大典型人物光荣称号。在中国共产党成立90周年之际，机关有四名干部荣获“统战系统和机关党委优秀共产党员”先进称号。）

（十一）第九次盟员大会及第九届委员会（2012.6— ）简况

2012年6月6日至7日，召开台盟天津市第九次盟员大会。全国政协副主席、台盟中央主席林文漪向大会发来贺信。全国人大常委会委员、台盟中央常务副主席汪毅夫出席并致贺词。

大会听取台盟市委会主委叶惠丽代表台盟天津市第八届委员会所作的题为《务实创新结硕果 履职尽责谱新篇》的工作报告；选举产生台盟市委会第九届委员会，并选举产生了出席台盟第九次全盟代表大会的代表。

第九届委员会主委：叶惠丽（女），副主委：刘朝霞（女）、董卫红（女）、孙昌隆、高翔。

本届委员会以邓小平理论和“三个代表”重要思想为指导，深入贯彻落实科学发展观，在中共天津市委和台盟中央的领导下，团结带领广大盟员，认真落实胡锦涛总书记对天津工作提出的一系列重要要求，努力践行社会主义核心价值体系，牢牢把握主题主线主攻方向，解放思想，务实创新，履职尽责，为天津的经济社会发展，为促进津台两地交往交流做出新成绩。

五、历届组织机构组成名单

（一）台盟华北总支部天津分支部（1949.9.18—1955）

主 任 委 员：张秋海

副主任委员：吴一民

委　　　员：林尚德　曾光彩　叶炳照

（二）台盟天津小组（1955.1—1966）

组　长：陈锦堦

副组长：叶炳照

（三）台盟天津市第一届支部委员会（1979.12—1982.10）

主 任 委 员：廖灿辉

副主任委员：黄连有　周　朗　蔡铭熹

秘　书　长：蔡铭熹（兼）

委　　　员：乐锦煌　吕水深　周　朗　黄连有　曾明如　蔡铭熹　廖灿辉

（四）台盟天津市第二届支部委员会（1982.10—1984.3）

主 任 委 员：廖灿辉
副主任委员：黄连有　周　朗　蔡铭熹　曾明如　乐锦煌
秘　书　长：蔡铭熹（兼）
委　　　员：卢翠云（女）　卢积诚　乐锦煌　吴醒民　周　朗
黄连有　蔡铭熹　曾明如　廖灿辉

（五）台盟天津市第三届分部委员会（1984.3—1987.8）

主 任 委 员：廖灿辉
副主任委员：黄连有　吕水深　蔡铭熹　乐锦煌
顾　　　问：曾明如
秘　书　长：蔡铭熹（兼）
委　　　员：吕水深　卢翠云（女）卢积诚　陈荣光（女）　乐锦煌
吴醒民　黄连有　高仁生　蔡铭熹　蔡世彦
廖灿辉

（六）台盟天津市第四届委员会（1987.8—1992.3）

主 任 委 员：廖灿辉
副主任委员：吕水深　徐振文　蔡世彦
顾　　　问：曾明如　黄连有　陈　亨
秘　书　长：蔡世彦（兼）
委　　　员：吕水深　李小和（女）卢翠云（女）高仁生　吴醒民
叶武贤　徐振文　郭允复　杨和子（女）陈荣光（女）
陈敬贤　廖灿辉　蔡世彦

（七）台盟天津市第五届委员会（1992.3—1997.4）

主 任 委 员：廖灿辉
副主任委员：高仁生　蔡世彦　陈荣光（女）
顾　　　问：曾明如　黄连有　陈　亨　吕水深　徐振文
秘　书　长：蔡世彦（兼）
委　　　员：叶　亮　叶武贤　李小和（女）吴醒民　高仁生
吴洪明　陈敬贤　陈荣光（女）杨和子（女）郭允复
游丽珍（女）廖灿辉　蔡世彦

（八）台盟天津市第六届委员会（1997.4—2002.5）

主 任 委 员：蔡世彦
副主任委员：李小和（女） 游丽珍（女） 吴洪明（2001 年增补）
顾　　　问：陈　亨 高仁生 徐振文 陈荣光（女）
副 秘 书 长：叶　亮
委　　　员：叶　亮 叶武贤 叶惠丽（女）（2001 年增补）
吕晓明（女）李小和（女）苏则诚 吴洪明
梁燕君（女）游丽珍（女）蔡世彦
孙昌隆（2001 年增补） 张永全（2001 年增补）

（九）台盟天津市第七届委员会（2002.5—2007.6）

主 任 委 员：蔡世彦
副主任委员：李小和（女） 游丽珍（女） 吴洪明
叶惠丽（女）（2006 年增补）
顾　　　问：陈　亨 高仁生 徐振文 陈荣光（女）
秘　书　长：叶惠丽（女、兼）
委　　　员：叶　亮 叶惠丽（女） 吕晓明（女） 孙昌隆
李小和（女）吴洪明 苏则诚 张永全
梁燕君（女）游丽珍（女） 蔡世彦

（十）台盟天津市第八届委员会（2007.6—2012.6）

主 任 委 员：叶惠丽（女）
副主任委员：刘朝霞（女） 张肇毅
副 秘 书 长：张永全
委　　　员：叶惠丽（女）吕晓明（女）孙昌隆 刘朝霞（女）
林民旗 张永全 张肇毅 郑月晨（女）
徐　方 程　光 徐建萩（女）黄　萍（女）

（十一）台盟天津市第九届委员会（2012.6—　）

主 任 委 员：叶惠丽（女）
副主任委员：刘朝霞（女） 董卫红（女） 孙昌隆 高　翔
秘　书　长：董卫红（兼）
委　　　员：叶惠丽（女）孙昌隆 刘朝霞（女）刘　群 庄映辉
闫　安 张永全 郑月晨（女）陈　欣（女）

徐　方　　徐建萩（女）　　高　翔
董卫红（女）

六、历届主委简历

（一）张秋海（1899.9.15—1988.8.19）

▲张秋海

张秋海，男，汉族，1899 年 9 月 15 日出生，台湾省台北县人，台盟盟员，大学学历，台盟华北总支部天津分支部主委，台湾著名画家，中央工艺美术学院教授。

少年时取得总督府公费赴日留学资格，进东京高等师范图画手工科就读。1922 年进东京美术学校油画科，1927 年毕业，又进研究科继续两年学。1938 年，带着妻儿回到祖国大陆，在北平师范大学任教。1949 年至 1957 年，积极参加天津分支部的筹建工作，为台盟天津地方组织的初期建立做出了重要贡献。1957 年被下放。1964 年后任中央工艺美术学院教授，作品有《妇女像》《海青鱼》《木匠》等，作品被中国美术馆等收藏。

1988 年 8 月 19 日，张秋海同志在北京逝世，终年 89 岁。

（二）陈锦堦（1910—1992.8.9）

▲陈锦堦

陈锦堦，男，汉族，台湾省新竹市人，台盟盟员，台盟华北总支部天津小组组长，初在天津电业局工作，后离开天津，前往河北省邢台地区工作。1992 年 8 月 9 日，陈锦堦同志因病医治无效在邢台逝世，享年 82 岁。

（三）廖灿辉（1923—1996.6.10）

▲廖灿辉

廖灿辉，男，汉族，1923 年出生，台湾省南投县人，台盟盟员，大学学历，台盟天津市第一至五届委员会主委。

1952年毕业于横滨关东学院大学工学部建筑系，在日期间，先后任日本东京都港湾局技术员、横滨暖气设计事务所工程师。1953年回国后，任建筑工程部天津市建筑设计院工程师、天津城市煤气工程设计院工程师。1961年后，任天津市建筑工程局副局长、工程师，天津石油化工总厂工程指挥部工程师、副指挥、高级工程师，天津市建筑工程业余大学校长，天津市人民代表大会常务委员，全国侨联副主席，天津市侨联第一至六届主席。1980年后，任第四至七届全国人大代表，政协第八届全国委员会委员，台盟中央常务委员，政协第七至九届天津市委员会副主席等职务。

1996年6月10日，廖灿辉同志因胃癌医治无效在北京逝世，终年73岁。

（四）蔡世彦（1941.12—2015.8.16）

▲蔡世彦

蔡世彦，男，汉族，1941年12月生，台湾省嘉义县人，大学本科，高级工程师，中共党员、台盟盟员，台盟天津市委第六、七届主委。

1964年8月毕业于太原工学院（现为太原理工大学）机械制造及工艺专业。先后在机械部天津工程机械研究所任技术员、工程师、编辑、高级工程师，1987年9月，因工作需要，调任台盟天津市委先后任台盟天津市委第四、五届副主委兼秘书长，第六、七届委员会主委 ，1998年起担任天津市第十、十一届政协副主席，2002年9月起任第六、七届天津市台湾同胞联谊会会长。兼任全国人大第八、九、十届代表；全国台联第七、八届副会长；台盟中央第四、五届委员，第六、七届常委。

2015年8月，蔡世彦同志因病医治无效在天津逝世，终年73岁。

▲叶惠丽

（五）叶惠丽（1952.12—　　）

叶惠丽，女，汉族，1952年12月生，台湾省新竹市人，大学本科，中共党员、台盟盟员，任台盟天津市第八、九届委员会主委。

1969 年 8 月担任天津市工程液压件厂任团书记、通用公司团委委员，1981 年 8 月在天津市水利勘测设计院政治部任干部，1981 年 10 后进入天津市台联会任干部，台盟天津市委任干部、副主任科员、主任科员、副处长、处长（1984 年 9 月至 1986 年 7 月在天津市南开大学中文系学习， 2001 年增补为台盟天津市第六届委员会委员， 2003 年 12 月中央党校函授学院行政管理专业本科毕业），2002 年担任台盟天津市第七届委员会秘书长，2006 年 9 月届中增补为台盟市委副主委兼秘书长，2007 年 5 月起担任台盟天津市委主委。

兼任全国第十一届政协委员，第十一届天津市政协副秘书长、十二届政协常委，第八届台盟中央常委。

七、历任全国人大代表、全国政协委员、省部级职务盟员名单

（一）历届全国人大代表

第四届全国人大代表：廖灿辉

第五届全国人大代表：廖灿辉

第六届全国人大代表：廖灿辉

第七届全国人大代表：廖灿辉

第八届全国人大代表：蔡世彦

第九届全国人大代表：蔡世彦　梁燕君（女）

第十届全国人大代表：蔡世彦

第十一届全国人大代表：张肇毅

（二）历届全国政协委员

第六届全国政协委员：曾明如　涂添凤

第七届全国政协委员：徐振文　涂添凤

第八届全国政协委员：高仁生　廖灿辉（常委）

第九届全国政协委员：陈　亨　高仁生　李小和（女）

第十届全国政协委员：叶　亮　李小和（女）　梁燕君（女）

第十一届全国政协委员：叶惠丽（女）　梁燕君（女）

第十二届全国政协委员：叶惠丽（女）　刘朝霞（女）

（三）历任省部级职务的盟员

1983.3——1988.5 廖灿辉任第七届天津市政协副主席

1988.5——1993.6 廖灿辉任第八届天津市政协副主席

1993.6——1996.6 廖灿辉任第九届天津市政协副主席

1998.5——2003.1 蔡世彦任第十届天津市政协副主席

2003.1——2008.1 蔡世彦任第十一届天津市政协副主席

台盟天津市和平区工委组织发展沿革

一、成立的历史背景

台盟天津市支部委员会于1979年12月25日成立至1998年4月直接在天津市各区、局、大专院校、科研单位发展盟员（因当时无区级组织，盟员均在台盟天津市委会过组织生活）。1988年4月至1998年4月这十年期间，台盟天津市委根据工作需要按盟员所在界别划分为四个支部，后又调整为三个支部，在和平区的盟员分别在上述支部参加活动。台盟天津市委员会依据《台湾民主自治同盟章程》和盟务工作的需要，于1998年4月召开了台盟天津市委六届六次全委（扩大）会议，会上决定，台盟的基层组织，按照盟员所在工作单位的坐落区域进行重新划分和调整。同年8月初，台盟天津市委会在河北省秦皇岛市南戴河黄金海岸举办了暑期干部培训班。在培训期间组织基层干部认真学习台盟天津市委的决定，统一思想、统一认识，认为成立台盟区级组织的条件已成熟，为填补台盟在各区无区级组织的空白，更有利于台盟区级组织在中共区委的领导下，更好地发挥参政议政作用，能紧紧围绕各区的中心工作发挥应有的作用。会上成立了筹备组，正式宣布台盟天津市内六个区及市直属支部的临时召集人，并确定各区级组织临时召集人。游丽珍、吴洪明、郑成龙三人被指定为台盟天津市和平区工委（筹备组）临时召集人。

二、成立过程及初期活动

在台盟市委的直接领导下，自1998年8月至1999年6月的十个月期间，召开全区盟员会议，广泛听取了全区盟员的意见和建议，并对台盟天津市和平区第一届工作委员会领导班子组成人员进行酝酿和协商。1999年6月26日上午9时，在中共和平区委大会议室隆重召开台盟天津市和平区工委成立大会。至此，台盟天津市和平区工委（筹备组）圆满地完成了各项工作。

三、历次盟员大会及历届委员会重要简况

（一）第一次盟员大会及第一届委员会（1999—2001）简况

1999年6月26日，台盟天津市和平区工委成立大会隆重召开。任命游丽珍同志担任主任委员、吴洪明和郑成龙同志任副主任委员。时有盟员39人。

成立大会由台盟天津市委会副秘书长叶亮主持，市政协副主席、台盟天津市委会主委蔡世彦代表台盟天津市委会作了《建设天津台盟和平区工委》的讲话。

（二）第二次盟员大会及第二届委员会（2001—2006）简况

2001年为了与和平区其他七个民主党派换届同步进行，并依照《台湾民主自治同盟章程》规定，经台盟天津市委会审议通过，决定提前召开台盟天津市和平区第二次盟员大会，进行换届。2001年6月9日，召开“台湾民主自治同盟天津市和平区第二次盟员会议”。台盟天津市和平区工委第二届委员会主委：游丽珍（女）。副主委：吴洪明、郑成龙、刘朝霞（女、届中增补）。

▲ 2006年台盟和平区工委第三次盟员大会

（三）第三次盟员大会及第三届委员会（2006—2011）

2006 年 6 月 16 日，召开台盟和平区工委第三次盟员会议。

天津市政协副主席、天津台联会长蔡世彦出席并讲话。台盟天津市和平区工委主委游丽珍作工作报告。台盟天津市和平区工委第三届委员会主委：刘朝霞（女）。副主委：高翔、陈欣（女）。

台盟和平区工委把树立和践行社会主义核心价值体系作为思想建设的主线，开展了“走进盟史，牵手前辈，承接传统，坚定信念”为主题的教育活动，取得了非常好的效果。

（四）第四次盟员大会及第四届委员会（2011— ）简况

2011 年 5 月 7 日，召开台盟和平区工委第四次盟员大会。市级老同志、市台联会长蔡世彦，台盟市委会主委叶惠丽、副主委张肇毅，和平区委、区政协领导，区各民主党派、工商联领导，台盟区级组织领导出席大会。台盟天津市和平区工委主委刘朝霞作工作报告，高翔副主委主持会议，陈欣副主委致开幕词。

大会听取并审议通过了刘朝霞主委代表台盟天津市和平区第三届工作委员会向大会作的工作报告。台盟天津市和平区工委第四届委员会主委：刘朝霞（女）。副主委：陈欣（女）、尹泉（女）。

在政协和平区第十三届委员会第一次会议上，台盟和平区工委主委刘朝霞当选区政协副主席。尹泉副主委于 2014 年任区监察局副局长，实现了台盟盟员在政府机关处级实职安排上零的突破。

▲台盟和平区工委第四次盟员大会

四、历届组织机构组成名单

（一）台盟和平区工委第一届委员会（1999—2001）

主　委：游丽珍（女）

副主委：吴洪明　郑成龙

（二）台盟和平区工委第二届委员会（2001—2006）

主　委：游丽珍（女）

副主委：吴洪明　郑成龙　刘朝霞（女、届中增补）

（三）台盟和平区工委第三届委员会（2006—2011）

主　委：刘朝霞（女）

副主委：高　翔　陈　欣

（四）台盟和平区工委第四届委员会（2011—　）

主　委：刘朝霞（女）

副主委：陈　欣（女）　尹　泉（女）

五、历届主委简历

（一）游丽珍（1947. 4. 6—）

游丽珍，女，汉族，1947年4月6日生，台湾新竹人，1982年9月加入台盟。大专学历，台盟和平区工委第一、二届委员会主委。

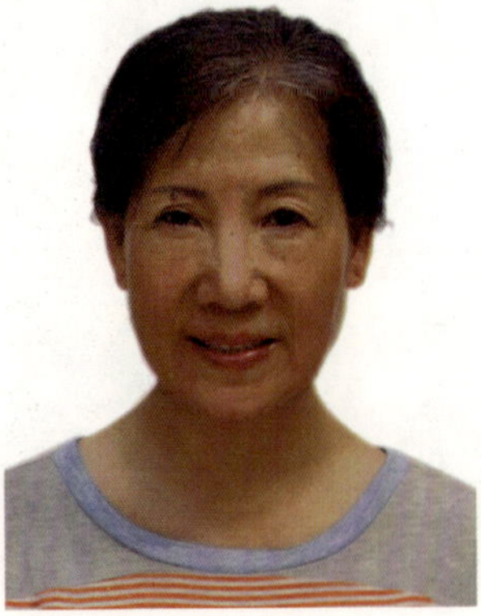

▲游丽珍

1966年高三毕业分配到百货修配公司先后做宣传、财会和医务工作。1973年经个人申请、群众推荐，领导批准上师大速专。自1974年始分配天津一中任教，中教高级职称。

兼任第十四届天津市人大常委，第十届天津市政协常委，第六、七届台盟中央委员，第六、七届台盟天津市委员会副主委。

（二）刘朝霞（1959. 12—　）

刘朝霞，女，汉族，1959年12月生，台湾省淡水县人，1998年10月加入台盟。大学本科，学

▲刘朝霞

士学位，1976 年 9 月参加工作。现任天津医科大学基础医学院计算机教研室教授。台盟和平区工委第三、四届委员会主委。

1976 年 9 月始在天津市渤海无线电厂工作。1978 年 9 月至 1979 年 7 月在天津大学第二分校无线电专业学习。1979 年 7 月至 1983 年 7 月在南开大学分校数学系软件工程专业学习。自 1983 年 7 月始在天津市计算机研究所（中环软件公司）任助理工程师、工程师。1993 年 9 月始在天津医科大学（第二医学院）影像系计算机教研室任讲师。1997 年 11 月任天津医科大学基础医学院（影像系）计算机教研室副教授。2010 年 10 月晋升天津医科大学基础医学院计算机教研室教授。

兼任第十二届全国政协委员，第十五届天津市人大常委、第十六届天津市人大代表，第八、九届台盟中央委员，第八、九届台盟天津市委员会副主委、政协和平区第十三届委员会副主席、天津市妇联执委。

六、历任全国人大代表、全国政协委员、省部级职务的盟员名单

（一）历届全国人大代表：

第八届全国人大代表：蔡世彦

第九届全国人大代表：蔡世彦

第十届全国人大代表：蔡世彦

（二）历届全国政协委员：

第七届全国政协委员：徐振文

第九届全国政协委员：陈　亨

第十届全国政协委员：叶　亮

第十一届全国政协委员：叶惠丽（女）

第十二届全国政协委员：叶惠丽（女）　刘朝霞（女）

（三）历任省部级职务的盟员

1998.5—2003.1 蔡世彦任第十届天津市政协副主席

2003.1—2008.1 蔡世彦任第十一届天津市政协副主席

台盟天津市南开区工委组织发展沿革

一、成立的历史背景

1998 年 8 月，台盟天津市委会经研究认为成立台盟区级组织的条件基本成熟，为了更好地开展此项工作，成立了各区级组织组建筹备组，正式宣布台盟天津市内六区及市直属支部的临时召集人。继台盟河北区支部、台盟和平区工委成立之后，2000 年在台盟天津市委会领导下成立筹备组，拟成立台盟天津市南开区工委，设主委 1 人，副主委 2 人，办公室兼职干部 1 人，负责南开区全体盟员的组织、宣传、学习、联络、参政议政等工作。

二、成立过程及初期活动

2000 年初，台盟南开区工委筹备组成立，组长苏则成，副组长孙昌隆、罗象。

2000 年 12 月 23 日，台盟南开区工委正式成立，时有盟员 26 人，其中女盟员 12 人，有高级职称的 7 人。全区盟员中有天津市教育督导员 1 人，南开区政协委员 1 人，南开区海联会理事 2 人。

三、历次盟员大会及历届委员会重要简况

（一）第一次盟员大会及第一届委员会（2000—2006）简况

2000 年 12 月 23 日召开台盟南开区第一次全体盟员会议，中共南开区委、台盟市委会领导到会并分别致辞。会上，由台盟天津市委员会任命领导班子。

第一届委员会主委：孙昌隆，副主委：苏则成、罗象。

这届工委制定了《台盟南开区工委办公室工作职责》《公章使用制度》和《经费管理制度》等各项规章制度。

2001 年，台盟天津市各区级组织换届，由于台盟南开区工委 2000 年刚刚成立，班子任职期不满，台盟市委会决定领导班子成员继续留任。

（二）第二次盟员大会及第二届委员会（2006—2011）简况

2006 年 5 月 20 日召开台盟南开区第二次全体盟员会议。中共南开区委领导、台盟市委会秘书长叶惠丽到会并分别致辞。会上，台盟南开区工委主委孙昌隆代表第一届委员会作工作报告。会议由台盟市委会任命台盟南开区工委第二届委员会领导班子。

第二届委员会主委：孙昌隆，副主委：罗象、程光、闫安（2009 年 11 月增补）。

本届工委制定《区工委会议制度》，并规定各项制度每五年修订一次。2009 年 11 月，增补闫安同志为台盟南开区工委副主委。

另外，本届工委在 2010 年按照中央统战部关于在各民主党派中开展学习践行社会主义核心价值体系学习活动的部署要求，结合自身特点，开展富有特色的以“树立核心价值观念，弘扬爱国主义精神”为主题的学习教育活动。使盟员感受伟大祖国取得的巨大成就，树立正确的社会主义核心价值观，增强爱祖国、爱家乡的意识。通过各种活动，帮助盟员明确新时期统一战线的方针政策，从而把握正确的政治方向，树立与中国共产党真诚合作的坚定信心。

（三）第三次盟员大会及第三届委员会（2011—　　）简况

2011 年 4 月 22 日，台盟南开区工委召开第三次盟员大会。台盟市委会主委叶惠丽到会并致辞，台盟南开区工委主委孙昌隆代表第二届委员会作工作报告。会上，由台盟市委会任命台盟南开区工委第三届委员会领导班子。

第三届委员会主委：孙昌隆，副主委：罗象、闫安。

◀ 2006 年台盟南开工委第二次盟员大会

本届工委至2015年时有盟员30人（发展8名，调出1名，病逝4人），其中女盟员14人，本科及以上学历23人，具有中高级职称21人，市人大代表1人，市政协委员3人，区政协委员3人。

四、历届组织机构组成名单

（一）第一届委员会（2000—2006）

主　委：孙昌隆

副主委：苏则成　罗象

（二）第二届委员会（2006—2011）

主　委：孙昌隆

副主委：罗象　程光　闫安（届中增补）

（三）第三届委员会（2011—　　）

主　委：孙昌隆

副主委：罗象　闫安

五、历届主委简历

▲孙昌隆

（一）孙昌隆（1961. 7—　　）

孙昌隆，男，1961年7月生，汉族，台湾省高雄市人，大学本科，学士学位，1984年8月参加工作。1997年8月加入台盟，现任天津晟航通广科贸有限公司经理。

1979年9月至1984年7月清华大学学生，1984年8月至1990年9月任天津市第一半导体器件厂助理工程师，1990年10月至1993年1月任天津华盛齿轮有限公司工程师，1993年2月至1998年2月任深圳清华中银公司经理，1998年3起任天津晟航通广科贸有限公司总经理。

兼任：台盟市委会第九届委员会副主委，天津市政协第十一、十二、十三届委员，台盟天津市第八届市委会委员（2001年10月参加台盟中央第一、二、三期中青年干部培训；2006年9月参加中央统战部16期进修班培训；2010年4月9日至6月11日参加天津市民主党派中青年干部培训班培训），第七届天津市台联副会长，南开区政协第十三届委员会常委、第十四届委员会副主席，台盟南开区工委第一、二、三届委员会主委。

台盟天津市滨海新区工委组织发展沿革

一、成立的历史背景

台盟天津市滨海新区工委成立于 2010 年，是台盟天津市委会三个区工委中成立时间最晚的一个。2010 年为积极响应和配合天津市滨海新区管理体制改革的整体部署，按照《各民主党派市委会关于组建滨海新区组织有关问题的纪要》要求，经台盟市委会研究，将在时有台盟滨海新区直属支部的基础上组建台盟滨海新区工作委员会，成立时共有盟员 13 人。

二、成立的过程及初期活动

台盟滨海新区工委领导机构为：主委 1 人，副主委 2 人。工委领导班子人选采用任命制。领导班子人选的推荐工作，按照《台盟市委会关于组建滨海新区工作委员会方案》中规定的任命条件，充分考虑年龄结构、知识结构和在本专业本行业工作领域中有一定的代表性。并兼有考虑到要为 2011 年基层组织换届打好基础，与天津市滨海新区的人大、政协和台盟市委会换届相衔接。经台盟市委会八届十八次主委扩大会议通过。

3 月 23 日，召开了台盟天津市委会主委扩大会议，通报成立台盟滨海新区工委的筹备工作情况。3 月 31 日，召开台盟滨海新区工作委员会成立大会（即：台盟滨海新区全体盟员会议）。

三、历次盟员大会及历届委员会重要简况

（一）第一次盟员大会及第一届委员会（2010—　　）简况

2010 年 3 月 31 日，台盟滨海新区工委召开成立会议，台盟市委会主委叶惠丽同志，参加了成立会议并讲话。参加会议的还有台盟市委会副主委刘朝霞、张肇毅。会议由台盟市委会副主委刘朝霞主持，台盟南开区工委主委孙昌隆代表台盟各区级组织致贺词。

会上，任命台盟滨海新区工委第一届委员会主委。郑月晨同志代表台盟滨海新区工委第一届委员会领导班子发言。

第一届委员会主委：郑月晨（女），副主委：徐建萩（女）、蔡斌。

2011 年台盟天津市区级组织换届，由于台盟滨海新区工委于 2010 年 3 月成立，2011 年班子任职期不满，台盟市委会决定领导班子成员继续留任。

台盟滨海新区工委自成立以来，专注组织建设、参政议政及社会服务工作。积极发展盟员，注重盟员培养，选派盟员参加各级学习培训。

▲台盟滨海新区工委第一次盟员大会

四、历届组织机构组成名单

（一）第一届委员会（2010—　　）

主　委：郑月晨

副主委：徐建萩　蔡　斌

五、历届主委简历

（一）郑月晨（1963—　　）

▲郑月晨

郑月晨，女，1963 年 4 月出生，汉族，台湾省台北人，天津师范大学数学系本科毕业，理科学士。1999 年 1 月加入中国共产党，1994 年 6 月加入台盟。1985 年 8 月参加工作，现任天津国土资源和房屋职业学院副教授。

任天津市第十一、十二、十三届政协委员，台盟天津市第八、九届市委会委员，天津市台湾同胞联谊会第七、八届理事会理事，天津市中华职教社理事，台盟滨海新区工委主委。

台盟上海市委组织发展沿革

一、成立的历史背景

台盟上海市委员会的前身是台盟华东总支部，成立于1949年7月31日。1955年4月，根据台盟总部指示，撤销台盟华东总支部，成立台盟上海市支部；1983年11月底，台盟上海市支部改名为台盟上海市分部；1987年11月底，台盟第四次全国代表大会召开，会议修改了《台湾民主自治同盟章程》（以下简称《盟章》），《盟章》规定，台盟总部改为中央委员会，各地分部改为省、市委员会，自此台盟上海市分部改名为台盟上海市委员会。

二、成立过程及初期活动

台盟华东总支部是最早成立的台盟地方组织之一，在其存续的5年9个月里，台盟总部在上海有5年4个月的时间，台盟华东总支部与台盟总部合署办公有一年多的时间，台盟华东总支部无疑是台盟早期最重要的地方组织之一。

台盟华东总支部在总部的领导下，与各民主党派地方组织一起参与人民政权建设工作，号召并推动盟员及台胞完成社会主义改造任务、投身解放台湾、参加保卫和平的斗争中起到一定的号召和推动作用；代表台湾人民的正当利益，与全国人民一起坚决反对帝国主义和蒋介石统治集团毒害台湾人民的罪行，同美帝国主义制造的“托管派”、“独立派”企图分离台湾和祖国大陆的阴谋活动进行斗争。在这些活动中，台盟华东总支部团结盟员和台胞，忠实地表达了誓死反对外国武力统治的意志与决心；组织盟员和台胞进行时事政策的学习和座谈，激发他们参加社会主义建设的热情，宣传、贯彻国家各项政策法令和中心工作成为党和群众的桥梁。

（一）台盟华东总支部成立过程

1949 年 6 月 19 日，新政治协商会议筹备会明确，台盟列为新政协的一个参加单位，这标志着台盟从地方性政治团体转型为全国性政治团体。台盟即积极在全国各地着手建立地方组织，发展盟员。台盟华东总支部正是在这一时期成立的，是台盟在祖国大陆成立的第二个地方组织。

1949 年 5 月 27 日，上海解放。6 月，根据台盟主席谢雪红的意见，并征得中共华东局同意，李伟光和谢雪堂以旅沪台湾同乡会中的中共党员为骨干，筹组台盟华东总支部。1949 年 7 月 31 日，台湾民主自治同盟华东总支部在上海南国酒家三楼召开成立大会，参加者约 60 人（缺席 13 人）。台盟华东总支部成立大会由李伟光主持。台盟总部主席谢雪红出席会议并讲话，总部代表杨克煌作组织经过报告。李伟光、谢雪堂及杨克煌作大会发言。会议提出了“反封建、反官僚、反帝国主义，建设新民主主义的中国，政治民主，地方自治”的口号，确定台盟华东总支部的任务是解放台湾，建设新民主主义的中国，积极支援人民解放军解放广东、福建，在上海参加劳军活动。会议选举第一届总支部委员会，李伟光、谢雪堂、何非光、刘火祥（刘毅）、李乔松、赖文滨、童桂麟、詹明芳、蔡两全当选为台盟华东总支部委员，林政汉、王万德为候补委员。

1949 年 8 月 7 日上午，台盟华东总支部第一次委员会议，在武进路 514 号旅沪台湾同乡会会馆召开，会议选举李伟光为台盟华东总支部主任委员，蔡两全为秘书长，童桂麟、李乔松为副处长；谢雪堂为组织组组长，赖文滨、李乔松为副组长；刘火祥（刘毅）为教育组组长，李伟光、王东来为副组长；张月华为妇女组组长，詹明芳、王明玲为副组长。会议决定台盟办事处暂借旅沪台湾同乡会会馆，不挂牌，新委员会还发表了《告台湾同胞书》。不久又成立了台盟华东总支部党组，李伟光、谢雪堂、李乔松等三人为党组成员。

台盟华东总支部设址在武进路 514 号旅沪台湾同乡会楼上，楼下是同乡会办的台光小学。台盟华东总支部成立后，便带领盟员和所联系的台胞积极为迎接新中国的诞生、台湾的解放开展工作。1949 年 9 月 13 日，台盟华东总支部出版《华东总支部通讯》，向盟员和台湾乡亲介绍国际国内发展时事，号召大家积极支援人民解放军解放台湾，建设新的中国。

台盟华东总支部主委李伟光以出席一届政协的台盟代表的身份于 1949 年 9 月 21 日至 30 日，参加了中国人民政治协商会议第一届全体会议，参与了制定《共同纲领》、选举中央人民政府等工作。10 月 1 日，李伟光参加了中华人民共和国的开国典礼。

1949 年 10 月 28 日，台盟华东总支部发表《告台湾乡亲和盟员同志书》，号召台胞和盟员“学习新民主主义的理论，来迎接新时代的潮流，来实现共同纲领”。

1949 年 11 月，台盟总部从北京迁到上海。1950 年春，台盟华东总支部迁至延安中路 720 弄 7 号与台盟总部合署办公。各项活动由台盟华东总支部与台盟总部联合举办。由于华东地区是对台工作的前沿，在这一特定时期，台盟华东总支部发挥了极其重要的作用。

（二）参加筹备解放台湾，纪念“二·二八”三周年

1950 年，除台湾、西藏外，全国大部分地区已经解放。为此，中共中央决定“一定要解放台湾”，责成华东党政军做好解放台湾的准备工作。为配合这项工作，台盟加强对台湾进行宣传号召，组织稿件，通过华东人民广播电台对台湾广播，组织在祖国大陆的台胞参加学习，提高认识，争取为解放台湾做贡献；积极介绍台湾青年到华北军政大学台湾队和三野九兵团台湾干部训练团参军学习，为解放台湾准备干部。

1950 年 2 月 14 日，为了使全国各地盟组织步调一致，配合当时的形势纪念“二·二八”三周年，台盟总部专门印发《台盟纪念“二·二八”革命办法》，要求各地方根据当地情况召开“二·二八”三周年纪念活动。《办法》开篇即阐明纪念活动的要旨：“华东区今年的首要任务是集中一切力量迅速解放台湾，解放台湾的事业今天已经从一般的口号进入了实际行动的阶段，而且愈来愈紧迫地要求我们抓紧一切机会动员人力物力财力来完成这一项准备工作。在这样的情况下举行这个纪念是具有与以往不同的重要意义的。”

华东方面，1950 年 2 月 10 日，台盟总部主席谢雪红以中共华东局台委会统战科的名义向华东局台委会及刘晓同志（时任中共华东局委员兼组织部长、上海市委第二书记，1950 年 3 月至 1952 年 9 月兼任华东局台湾工作委员会书记）报送了《统战科关于纪念二·二八革命三周年工作计划》。从这份工作计划中我们可以清楚地看出这次纪念活动的主旨、活动安排、筹备委员

会人员等内容。

工作计划：

1. 台盟总部：以台盟名义发表《纪念二•二八告台湾同胞书》；通知各地方台盟支部按当地情况召开“二•二八”三周年纪念会。

2. 广播：由宣教科负责配合在沪宣传工作布置“二•二八”纪念广播。

3. 报纸：请在沪各大报纸于“二•二八”当日发表社论或纪念特刊。另请军政各首长于当日发表短文。除由纪念会筹备会向各报馆及各首长（陈市长、宋时轮司令等）另发邀请外，请上级组织帮助促进配合推动。

4. 在上海的工作：以台盟和同乡会为中心，邀请在沪进步台胞组织“二•二八革命纪念大会筹备会”，拟定于二月廿八日召开盛大纪念会，并在筹备期间多作宣传教育工作。

纪念大会筹备委员会名单：

台　盟：谢雪红、杨克煌、李伟光、谢雪堂、李乔松、钟逢甲（以上党员）、王万得、林政汉（工）、刘毅（商）、李上根、王思翔、张月华。

同乡会：林世昌（医）、管富（工）、张添梅（商）、杨树荫（医）、王丽明（医）。

其他各界：郭子春（工）、林有泉（医）、简德旺、杨锡周（医）、张锡祺（医）、范竹如、杨昆荣（医）、蔡啸（台干团）、李纯青、苏新、刘绍光。

共 28 人，内含党员 10 人。

1950 年 2 月 28 日下午 6 时，在国立上海商学院大礼堂，台盟与台湾旅沪同乡会共同举行“二•二八”三周年纪念活动，饶漱石（时任中共华东局第一书记兼华东军政委员会主席）、刘晓、蔡啸（九兵团团长）宋时轮（时任三野九兵团司令员）、郭化若（时任三野九兵团政委）等华东党政军主要负责人出席纪念大会并讲话。谢雪红、李伟光以及后来长期担任台盟总部副主席的李纯青也到会讲话。会议谴责美国扶持蒋介石势力，强调解放台湾是当务之急，台湾同胞要发扬“二•二八”精神，与全国人民一起为完成解放台湾这一伟大任务而努力。

1950 年 3 月 6 日的《统战科二•二八纪念运动的总结报告》指出：“二•二八纪念会开得相当盛大，出席者约有一千人，超过了预定数目，到会者成分包括各方面，有如各界代表会议的内容，在沪名人召开这样大的集会算是空前的。”纪念活动基本完成各项预定的目标，以此为代表台盟华东总支部积极参与到解放台湾的准备工作中。

（三）投身抗美援朝运动

抗美援朝是新中国成立后，全国人民在中国共产党领导下进行的一场反帝爱国运动。1950 年 10 月 25 日，台盟总部同其他党派联合与中国共产党发表宣言“誓以全力拥护全国人民的要求，拥护全国人民在支援基础上为着抗美援朝保家卫国的神圣任务而奋斗”。台盟华东总支部和其他台盟地方组织一起积极响应中央的号召，动员盟员和台胞，把解放台湾的热情同抗美援朝、保家卫国联系起来，以实际行动响应中国人民抗美援朝总会的号召。

1951 年 6 月，抗美援朝总会“六一”号召发表后，台湾旅居上海同胞便纷纷来台盟总部和华东总支部提出响应号召的意见。5 日，台盟总部发表谈话，号召旅居大陆各地台湾同胞大力开展捐献武器运动后，上海台胞情绪更加高涨，经过数日酝酿和协商，于 10 日由台盟华东总支部邀请同乡组成“台湾旅居上海同胞抗美援朝捐献武器运动委员会”。委员会在盟内和在沪台胞间开展抗美援朝捐献活动，所有盟员都捐了款；虹口区的台籍医生还义务应诊，半价收费，所得全部用于捐献；从事家务的女盟员和女台胞，积极参加缝纫组赶制蚊帐用于捐献等；深入发动旅居上海台胞捐献武器。12 日召开第一次常务委员会，确定委员会宗旨、组织及人选并决定若干具体工作。6 月 15 日和 17 日两天，发动和组织台湾同乡共约百人，参加欢迎赴朝慰问团归来的大会。20 日晚上，再次组织同乡和盟员百余人开会，听取参加赴朝慰问团的台盟代表周明同志作关于中朝人民英勇抗美战争情况的报告，苏新同志作关于台湾近况和台湾人民盼望早日解放情形的报告。经过数次集会，盟员和台胞普遍认识到抗美援朝和解放台湾的密切关系，提高了抗美援朝的决心。

在这项运动中，李伟光同志拍卖了一辆汽车，款项用于捐献，起了带头作用。上海共有 235 位盟员和台胞参加捐献，共捐献 62850 万元（旧制人民币）。一些盟员（丁光辉、斐裴、荣才、陈合来随九兵团赴朝参战）参加志愿军赴朝作战，还有的参加了朝鲜运输队与志愿军医疗队。台盟盟员、中国医学科学研究院研究员，细菌专家谢知母参加美帝国主义细菌战罪行调查团的工作，在反细菌战中为中朝人民贡献了力量，获朝鲜民主主义人民共和国二级国旗勋章。盟员丁光辉获中国人民志愿军三等功。

杨克煌与李伟光等代表台盟亲赴各军属家中，送锦旗和鲜花，表示慰问，对有困难者送慰问金。台盟总部与华东总支部还一起召开纪念“八一”建军节大会，台盟总部主席谢雪红同志报告了庆祝建军节的伟大意义，勉励台胞响应党的号召，完成三大任务（抗美援朝、土地改革和镇压反革命运动），彻底打败美帝国主义。

台盟华东总支部、华东地区的盟员及所联系的台胞，作为新生的共和国的一分子，为抗美援朝运动做出了应有的贡献。

（四）社会主义革命和建设时期的组织活动和发展状况

1950 年 6 月，台盟总部印发《台盟章程》。台盟华东总支部据此制定了总支部的章程，共十七条。1950 年登记时台盟华东总支部有盟员 162 人。1951 年 4 月，华东总支部进行组织整顿，根据党派不在军队中发展成员的原则，取消了在军队中任职的盟员的盟籍，重新登记后盟员减为 63 人。

1951 年底，根据上海市人代会《关于开展“三反”运动的决议》，台盟华东总支部与台盟总部一起开展“三反”运动，随后开展“五反”运动的学习。1952 年 6 月“三反”、“五反”运动基本结束，盟员重新登记后总人数为 50 多人。8 月，台盟开始对整个组织进行整理和巩固（至 1954 年结束）。

1952 年 11 月 2 日，台盟华东总支部举行改选大会，40 人出席，会议选举产生第二届总支部委员会。李伟光、谢雪堂、谢知母、王万德、林田烈、刘毅、赖文滨、李乔松、叶绿云等 9 人当选为总支部委员，新的总支部委员会选举李伟光为主任委员。

李伟光于 1954 年 10 月 2 日在上海逝世，12 月 9 日，台盟华东总支部开会选举谢雪堂为总支部代主任委员。

1954 年 12 月 25 日，台盟华东总支部传达相关决定：台盟属整理组织，紧缩机构，教育盟员，不作任何发展，在必要时参加些对国内外包括岛内进行政治号召等活动。

1955 年 2 月，台盟总部迁往北京。同年 4 月，国家决定撤销行政大区，台盟总部决定，撤销台盟华东总支部，成立台盟上海市支部。新的市支部的工作重点是：在上海的台湾省籍资产阶级和知识分子中的中上层人士，团结、教育、改造组织成员和所联系的台湾同胞，参加反帝斗争，为建设社会主义祖国服务，为解放台湾而斗争。台盟总部还要求台盟上海市支部：参加市的各种政治活动；组织成员和部分台胞进行形势教育和爱国主义教育；联系成员和部分台胞；反映阶级动态；组织“二·二八”、“五·二四”台湾人民反美蒋斗争的纪念活动；组织对台湾宣传稿件供中国人民解放军上海警备区政治部联络部和中央人民广播电台审用等。

根据台盟总部指示，支部对组织机构进行缩编，新成立的上海市支部不再设立组织、宣传、秘书等组，只留专职干部 2 人，通讯员 1 人，负责日常工作。

台盟华东总支部撤销后，华东地区六省一市先后有 6 个省市成立了台盟组织，7 个省市全部都有台盟盟员，盟员数量占到全盟盟员总数的四成多。

自 1958 年台盟上海市支部正式开展对台宣传活动至 1966 年“文革”开始为止，台盟上海市支部共组织了各类宣传稿件 600 多篇，被中央电台、福建中国人民解放军前线台、上海电台及香港、日本等地的报纸分别采用 400 多篇。在这期间，举行过各种报告会、经验交流会数十次，还举行了各种参观、访问活动。每一年的“二・二八”起义纪念日，春节、国庆节、中秋节都举行各种规模的庆祝纪念活动。

1966 年 8 月，“文革”开始，台盟组织活动被迫停止。

三、组织变迁

（一）台盟华东总支部委员会（1949. 7—1955. 4）

1949 年 7 月 31 日，台盟华东总支部在上海成立，办公地址设在武进路 514 号原台湾旅沪同乡会。1954 年，华东总支部与台盟总部在上海延安中路 720 弄 7 号合署办公。

（二）台盟上海市支部（1955. 4—1983. 11）

1954 年，国家撤销行政大区，1955 年 4 月，台盟总部决定撤销台盟华东总支部，成立台盟上海市支部。

（三）台盟上海市分部（1983. 11—1987. 11）

根据 1983 年 11 月台盟总部第三次全国代表大会通过的新章程，台盟上海市支部于 1983 年 11 月改名为台盟上海市分部。

1. 内设机构：办公室

2. 设立专委会情况：妇女工作委员会（1985. 5 设立）

（四）台盟上海市委（1987. 11—　　）

1987 年 11 月 30 日，根据台盟第四次全国代表大会通过的修改后的《台湾民主自治同盟章程》规定，台盟总部改名为台盟中央委员会，台盟上海市分部改名为台盟上海市委员会。

1. 下设基层组织情况：台盟徐汇区支部（1994.5—1996.11），台盟徐汇区委（1996.11—　　）；台盟浦东新区联络处（1993.7—2001.6），台盟浦东区委（2001.6—　　）；台盟杨浦区支部（1997.12—2008.3），台盟杨浦区委（2008.3—　　）；台盟黄浦区支部（2000.8—2013.2），台盟黄浦区委（2013.2—　　）；台盟上海市委直属一支部（1998.4—　　）；台盟上海市委直属二支部（1998.4—　　）。

2. 内设机构：台盟上海市委员会成立时，机关工作机构仅设办公室；1992 年 5 月，台盟上海市第七届委员会机关内设机构为办公室、组织宣传处；1994 年 4 月增设研究室；2004 年，台盟上海市第九届委员会调整机关内设机构为办公室、宣传研究处、组织人事处；2011 年 11 月，台盟上海市第十届委员会调整机关内设机构为：办公室（联络部）、宣传研究部、组织人事部。

3. 设立专委会情况：妇女工作委员会（建国初期设立妇女小组，1985.12 改为工作委员会）、台情研究委员会（1997.10 设立台情研究小组，2002.1 改为台情研究委员会）、老年委员会（2007.7 设立）、青年委员会（2002.8 设立）、参政议政委员会（2007.7 设立）、联络服务委员会（2007.7 设立）。

四、历次盟员大会及历届委员会重要简况

（一）成立大会及第一届台盟华东总支部委员会（1949.7—1952.11）简况

1949 年 7 月 31 日在上海南国酒家举行，60 余人出席。会议宣告台盟华东总支部成立，选举产生第一届台盟华东总支部委员会（台盟上海市委员会的前身）。台盟总部主席谢雪红出席并讲话。会议提出“反封建、反官僚、反帝国主义，建设新民主主义的中国，政治民主，地方自治”的口号，确定台盟华东总支部的任务是解放台湾，建设新民主主义的中国，积极支援人民解放军解放广东、福建，在上海参加劳军活动。

第一届台盟华东总支部委员会主委：李伟光。

这一时期，台盟华东总支部委员会主要开展了以下工作：一是和各民主

党派地方组织一起参与了人民政权和政治协商工作及必要的政治号召；二是在盟员和台胞自愿的基础上，通过开展组织生活，组织时事政策的学习和座谈，帮助他们进行思想改造，提高思想认识和政治觉悟；三是积极联系盟员及台胞，向国家有关机关反映盟员和台胞的正当要求，提出建议。

（二）第一次盟员大会及第二届华东总支部委员会（1952.11—1955.4）、第一届台盟上海市支部委员会（1955.4—1961.6）简况

1952年11月2日举行，出席盟员40人。谢雪堂作工作报告。会议动员全体盟员响应政府号召，参加各种政治活动，加强联系，为新中国的建设而努力。大会选举产生台盟第二届华东总支部委员会。

第二届台盟华东总支部主委：李伟光（1954.10止）、谢雪堂（1954.12起）。

1952年8月华东总支部与总部合署办公，在总部的正确领导下，本着巩固盟的组织，教育盟员的方针开展工作，取得了一定的成绩。如与各民主党派一道在政治上起了一定的配合号召作用，推动成员并团结在沪台胞参加各项爱国运动，清除了一批反革命分子和严重违法分子，使大部分盟员受到了教育，并基本上划清了敌我思想界限，加强了守法爱国观念。

1955年4月，台盟总部撤销台盟华东总支部，成立第一届台盟上海市支部委员会。

第一届台盟上海市支部委员会主委：谢雪堂。

第一届台盟上海市支部委员会成立后，按照总部决定的工作方针，着重于整理、组织、教育盟员，在组织上不再进行发展。参与了配合与必要的政治号召。“长期共存、互相监督”方针提出后，为了进一步摸清在沪台胞、归侨的政治情况和思想动态开展工作，以便调动一切积极因素，并为今后加强联系、进行教育打下基础。

（三）第二次盟员大会及第二届支部委员会（1961.6—1964.12）简况

1961年6月12至13日在中山东一路15号举行，出席盟员30人。林田烈代谢雪堂作工作报告。会议确定了支部的中心工作，选举产生了台盟上海市第二届支部委员会。

第二届支部委员会主委：谢雪堂，副主委：林田烈。

本届委员会的主要工作是：组织盟员和所联系台胞学习有关时事政策

文件，开展爱国主义和社会主义教育；推动盟员服务与改造；积极开展对台宣传工作，反对美帝国主义侵略我国领土台湾和制造“两个中国”的阴谋活动。

（四）第三次盟员大会及第三届支部委员会（1964.12—1978.11）简况

1964年12月11至12日在中山东一路15号举行，出席盟员31人。谢雪堂作工作报告。会议提出“今后要把三个主义（爱国主义、社会主义、国际主义）教育运动作为台盟支部相当长时期的中心任务，要努力学习毛泽东著作，积极投入社会主义教育运动，深入开展三大革命运动，以实际行动为祖国伟大的革命和建设事业服务，为解放台湾贡献力量”。大会选举产生了台盟上海市第三届支部委员会。

第三届支部委员会主委：谢雪堂（至1976.2），副主委：林田烈。

本届委员会历时近十四年，经历了三个阶段：

第一阶段，1964年12月第三届支部委员会组成至1966年“文化大革命”开始前，主要是组织盟员和所联系的台胞进行爱国主义和社会主义教育，积极开展对台宣传。

第二阶段，1966年“文化大革命”开始后，支部被迫中止活动。这段时期内，部分台盟盟员参与了相关对台工作，主要是：对台宣传组稿工作、在沪台胞工作、对蒋方人员在沪家属的工作。

第三阶段，1978年下半年，支部恢复活动后，积极配合有关部门做好台胞政策的落实工作。

（五）第四次盟员大会及第四届支部委员会（1978.11—1984.4）简况

1978年11月27日在北京西路860号上海市政协东厅举行，出席盟员27人。这次会议标志着“文化大革命”结束后台盟活动的恢复。大会传达全国人大、政协和市人大、政协会议精神，台盟总部理事会精神，号召全体盟员努力为现代化建设和祖国统一服务，做好对台宣传和接待工作，宣传党和政府的政策，积极参与国家大事的协商，发挥民主监督作用。大会选举产生了台盟上海市第四届支部委员会。

第四届支部委员会主委：许文思，副主委：林田烈、李乔松（1981年4月止）、郭炤烈、范新发（1983年1月起）。

粉碎“四人帮”以后，特别是十一届三中全会以来，爱国统一战线得到了恢复和发展。这一时期，台盟上海市支部委员会在台盟总部的领导下，经过全体盟员的共同努力，对四化建设、对祖国统一及其他工作做出了积极的贡献。主要有如下六个方面：1. 通过思想政治工作，引导广大盟员在思想上拨乱反正，提高为社会主义建设服务的积极性；2. 调动盟员和所联系的台籍人士的积极因素，为建设两个文明贡献力量；3. 开展促进祖国统一工作；4. 协助中国共产党和政府落实政策，调动台籍知识分子的积极性；5. 参加国家政治生活，发挥民主监督作用；6. 建立和健全盟的机构，恢复和发展组织。

（六）第五次盟员大会及第五届分部委员会（1984. 4—1987. 10）简况

1984 年 4 月 12 日至 14 日在上海市陕西北路 186 号举行，出席盟员 105 人。范新发作工作报告。大会选举产生台盟上海市第五届分部委员会，委员 11 人。会议通过了大会决议，确定了今后三年的主要任务。

第五届分部委员会主委：林田烈，副主委：范新发、周光远、欧国藩。

台盟上海市第五届分部在台盟总部的领导支持下，经过全体盟员的共同努力，在领导和工作班子上都得到了加强，初步形成了新老合作交替的新格局，在盟务工作上加强了计划性，给分部的工作带来了活力，较快地树立起立足国内、面向台湾、面向港澳、面向海外的统战工作新观念，在发挥台盟的特有优势和效率上都有所提高，并取得了一定的成绩。

（七）第六次盟员大会及第六届委员会（1987. 10—1992. 5）简况

1987 年 10 月 16 日至 17 日在北京西路 860 号上海市政协礼堂举行，出席盟员 135 人。台盟总部副主席林盛中到会祝贺。林田烈作工作报告。会议确定了今后一段时间的主要任务，选举产生了台盟上海市第六届分部委员会（1987 年 11 月起改为台盟上海市委员会）。

第六届分部委员会主委：郑励志，副主委：范新发、周光远、欧国藩，名誉主委：林田烈。

本届委员会坚持四项基本原则，围绕中国共产党的中心工作，为推动改革开放、维护社会安定团结、促进社会主义精神文明建设发挥了积极作用。1989 年政治风波期间，台盟上海市委立场坚定，始终与中共中央保持一致。本届委员会加强了国情台情的研究，调动盟员和台胞的积极性，为推进海峡两岸“三通”和各方面的交流创造了有利条件。本届委员会还利用广泛的海外关系，牵线搭桥、吸引外资，开展咨询、办学等活动，多渠道、多方位地为四化建设服务。

（八）第七次盟员大会及第七届委员会（1992.5—1997.7）简况

1992 年 5 月 28 日至 30 日在北京西路 860 号上海市政协江海厅举行，出席盟员 170 人。台盟中央主席团委员陈仲颐代表盟中央向大会祝贺，郑励志代表第六届委员会作工作报告。会议还邀请上海市副市长、浦东新区管委会主任赵启正作了浦东开发的情况报告。大会选举产生台盟上海市第七届委员会，选举出席台盟第五次全盟代表大会的代表，通过大会决议。

第七届委员会主委：郑励志，副主委：范新发、周光远、黄瑞霖、石四箴（女）（1996.11 起）、潘孝彰（1996.11 起）。

本届委员会经历的五年中，我国取得了改革和发展的重大胜利：香港、澳门相继回到祖国的怀抱，国民生产总值保持持续增长，经过努力中国加入了世界贸易组织，申办奥运取得成功……在“和平统一、一国两制”基本方针和江泽民总书记“为实现祖国统一大业的完成而继续奋斗”重要讲话指导下，海峡两岸关系和祖国统一事业有了进一步发展。时代的发展也给台盟上海市委的工作开展带来了极好的机遇。本届委员会在台盟中央的领导和支持下，带领全体盟员，以邓小平理论为指导，坚持和完善中国共产党领导的多党合作和政治协商制度，紧跟时代步伐，锐意进取，开拓创新，努力发挥参政党作用，取得了一定成绩。

（九）第八次盟员大会及第八届委员会（1997.7—2002.5）简况

1997 年 7 月 10 日至 12 日在北京西路 860 号市政协江海厅举行。168 名盟员出席大会，列席人员 9 名。台盟中央主席蔡子民出席开幕式。蔡子民代表台盟中央致贺词。郑励志代表第七届委员会作工作报告。大会审议通过了工作报告；选举产生台盟上海市第八届委员会；宣读了向离任同志的致敬信，推举许文思为台盟上海市第八届委员会名誉主委，郭炤烈、黄瑞霖为名誉副主委，周光远、廖炯模为顾问；选举产生台盟上海出席台盟第六次全盟代表大会代表；通过了大会决议。

第八届委员会主委：郑励志（1997.7—1999.8）、石四箴（女）（1999.8 起），副主委：石四箴（女）（至 1999.8）、潘孝彰、许佩琴（女）、王中、石重明（2001.5 起）。

本届委员会在台盟中央的领导和支持下，认真履行参政党职能，在政治协商、民主监督、参政议政中，积极地发挥作用；贯彻中国共产党对台工作方针和政策，发挥台盟自身优势，为促进祖国和平统一大业作贡献；以邓小平理论为指导，推进自身建设，更好地担负起参政党的重任。

（十）第九次盟员大会及第九届委员会（2002.5—2007.4）简况

2002 年 5 月 18 日至 20 日在重庆南路 227 号上海市第二医科大学新科技楼举行。202 名盟员出席大会，列席人员 12 名。台盟中央副主席吴国祯出席开幕式。吴国祯代表台盟中央致贺词。石四箴代表第八届委员会作工作报告。大会审议通过了工作报告；选举产生台盟上海市第九届委员会，委员 15 人；宣读了向离任同志的致敬信；选举产生台盟上海市出席台盟第七次全盟代表大会代表；通过了大会决议。

第九届委员会主委：石四箴（女），副主委：王中、石重明、梁国扬、高美琴（女）。

本届委员会在台盟中央的领导下，团结和带领全体成员坚持走中国特色社会主义政治发展道路，重视加强自身建设，认真履职，在发挥参政党作用方面取得了突出成绩，委员会坚持围绕中心，服务大局，在拓展上海海洋经济，开展沪台农业合作与交流，推动崇明岛发展等方面提出了许多具有前瞻性的意见建议，有力推动了有关方面的工作，充分发挥自身优势，认真贯彻中央对台工作方针政策，推动沪台交流合作和人员往来，在反独促统的斗争中做了大量工作，关注民生，奉献爱心，热情开展社会服务工作，赢得了良好的社会声誉。

（十一）第十次盟员大会及第十届委员会（2007.4—2012.4）简况

2007 年 4 月 13 日至 15 日在上海展览中心召开。241 名盟员出席大会，列席人员 7 名。台盟中央主席林文漪，本市各民主党派、工商联、市台联等有关负责同志应邀出席开幕式。林文漪代表台盟中央向上海市委致贺词。石四箴代表第九届委员会作工作报告。大会审议通过了工作报告；选举产生台盟上海市第十届委员会；宣读了向离任同志的致敬信；选举产生台盟上海市委出席台盟第八次全盟代表大会代表；通过了大会决议。

第十届委员会主委：杨健，副主委：王中、高美琴（女）、吴敏（女）。

第十届委员会在台盟中央的正确领导下，团结和带领广大盟员及所联系的台胞，高举邓小平理论和“三个代表”重要思想伟大旗帜，深入学习贯彻科学发展观，增进共识教育、巩固思想基础；广泛凝聚力量、积极建言献策；把握世博机遇、深化沪台交流；加强队伍建设、完善运行机制；各方面工作在继承中创新、在创新中发展，取得了新的进展。本届市委把参政议政作为各项工作的重中之重，重视发挥盟员的主体作用，在履职实践中发现和培养人才，坚持凝全盟之智、聚全盟之力开展各项工作。

（十二）第十一次盟员代表大会及第十一届委员会（2012.4— ）简况

2012年4月20日至22日在上海展览中心召开。此次大会首次采用代表制，共217名代表出席大会，列席人员19名。台盟中央主席林文漪，本市各民主党派、工商联、市台联等有关负责同志应邀出席开幕式。杨健代表第十届委员会作工作报告。大会审议通过了工作报告；选举产生台盟上海市第十一届委员会；宣读了向离任同志的致敬信；选举产生台盟上海市委出席台盟第九次全盟代表大会代表；通过了大会决议。闭幕式上，台盟中央副主席黄志贤到会并讲话。

第十一届委员会主委：杨健，副主委：王中、高美琴（女）、吴敏（女）、刘艳（女）。

五、历届组织机构组成名单

（一）台盟华东总支部第一届委员会（1949.7—1952.11）

主　　委：李伟光

委　　员：李伟光　谢雪堂　何非光　刘火祥　李乔松　赖文滨
　　　　　童桂麟　詹明芳　蔡两全

候补委员：林政汉　王万得

（二）台盟华东总支部第二届委员会（1952.11—1955.4）

主　　委：李伟光（至1954.10）
　　　　　谢雪堂（1954.12起）

委　　员：李伟光　谢雪堂　谢知母　李乔松　王万得　刘　毅
　　　　　林田烈　赖文滨　叶绿云（女）　陈秋生（1954.12止）
　　　　　吴丁福

（三）台盟上海市第一届支部委员会（1955.4—1961.6）

主　　委：谢雪堂

委　　员：谢雪堂　林田烈　李乔松　谢知母　叶绿云（女）　赖文滨　吴丁福　王万德　刘火祥（刘毅）

（四）台盟上海市第二届支部委员会（1961.6—1964.12）

主　　委：谢雪堂

副 主 委：林田烈

委　　员：李乔松　吴丁福　叶绿云（女）　谢雪堂　林田烈

候补委员：洪山海　范发镇　黄憨潭

（五）台盟上海市第三届支部委员会（1964.12～1978.11）

主　　委：谢雪堂（1976.2 止）

副 主 委：林田烈

委　　员：叶绿云（女）　李乔松　吴丁福　林田烈　洪山海　范发镇　谢雪堂

候补委员：李进守　黄憨潭

（六）台盟上海市第四届支部委员会（1978.11—1984.4，1983.11 改称分部）

主　　委：许文思（1983.1 止）　林田烈（1983.11 起）

副 主 委：林田烈　李乔松（1981.4 止）　郭炤烈（1983.11 止）　范新发（1983.1 起）

秘 书 长：陈晓帆（1982.9 起 1983.1 止）　周光远（1983.3 起）

委　　员：许文思　林田烈　李乔松　郭炤烈　范发镇　朱　实　黄戆潭　范新发（1983.1 起）　周光运（1983.1 起）　李进守（1983.1 起）　李宝珠（女，1983.1 起）

（七）台盟上海市第五届分部委员会（1984.4—1987.10）

主　　委：林田烈

副 主 委：范新发　周光远　欧国藩

秘 书 长：周光远（兼）

委　　员：叶　青（女）　朱　实　李进守　李宝珠（女）　林田烈　林　亮　陈文彬　周光远　欧国藩　范新发　廖炯模

（八）台盟上海市第六届分部委员会（1987.10—1992.5，1987.11 改称委员会）

主　　委：郑励志

副 主 委：范新发　周光远　欧国藩

秘 书 长：欧国藩（兼）

委　　员：林田烈（1988.6 止）　郑励志　范新发　周光远　欧国藩
陈文彬　林　亮　李进守　刘黛莉（女）　叶　青（女）
庄传霖　李　丽（女）廖炯模　许佩琴（女，1989.4 起）

名誉主委：林田烈（1988.6 止）

（九）台盟上海市第七届委员会（1992.5—1997.7）

主　　委：郑励志

副 主 委：范新发（1995.1 止）　周光远　黄瑞霖
石四箴（女，1996.11 起）潘孝彰（1996.11 起）

秘 书 长：许佩琴（女）

委　　员：王　中　叶　青（女）　许佩琴（女）　庄传霖
刘黛莉（女）　周光远　郑励志　欧国苏
林　亮　范新发（1995.1 止）　黄瑞霖　谢黎明
廖炯模　潘孝彰（1996.1 起）　石学耕（1996.1 起）
石四箴（女，1996.11 起）　林义雄（1997.4 起）

顾　　问：郭炤烈

（十）台盟上海市第八届委员会（1997.7—2002.5）

主　　委：郑励志（1999.8 止）　石四箴（女，1999.8 起）

副 主 委：石四箴（女，1999.8 止）　潘孝彰　许佩琴（女）
王　中　石重明（2001.5 起）

秘 书 长：许佩琴（女）（兼，2000.7 止）

委　　员：王　中　石四箴（女）　石学耕　许佩琴（女）　刘黛莉（女）
李伟文　余碧娥（女）　郑励志（1999.8 止）　林义雄
林真意（女）　欧国苏　姚小远　梁素霞（女）
谢黎明　潘孝彰　石重明（2001.5 起）

名誉主委：许文思　郑励志（1999.8 起）

名誉副主委：郭炤烈　黄瑞霖

顾　　问：周光远　廖炯模

（十一）台盟上海市第九届委员会（2002.5—2007.4）

主　委：石四箴（女）

副主委：王　中　石重明　梁国扬　高美琴（女）

秘书长：暂缺（由副秘书长凤懋伦代行，2006.7止，由副秘书长李碧影代行2006.7起）

委　员：王　中　石四箴（女）　石学耕　石重明　吴　敏（女）
张莉菁（女）　孙荣华　余碧娥（女）　陈　宁　李伟文
林真意（女）　姚小远　柯丽珠（女）　高美琴（女）　梁国扬
杨　健（2006.7起）　李碧影（女，2006.7起）

名誉主任委员：许文思　郑励志

名誉副主任委员：郭炤烈　黄瑞霖

（十二）台盟上海市第十届委员会（2007.4—2012.4）

主　委：杨　健

副主委：王　中　高美琴（女）　吴　敏（女）

秘书长：李碧影（女）

委　员：杨　健　王　中　高美琴（女）　吴　敏（女）　李碧影（女）
廖志豪　刘　艳（女）　孙荣华　陈　宁　李伟文　姚小远
庄振文　林慧军　石　威　郑南越

（十三）台盟上海市第十一届委员会（2012.4—　　）

主　委：杨　健

副主委：王　中　高美琴（女）　吴　敏（女）　刘　艳（女）

秘书长：李碧影（女）

常　委：杨　健　王　中　高美琴（女）　吴　敏（女）
刘　艳（女）李碧影（女）廖志豪　庄振文　陈　宁

委　员：杨　健　王　中　高美琴（女）　吴　敏（女）
刘　艳（女）李碧影（女）廖志豪　庄振文
陈　宁　李伟文　姚小远　林慧军　石　威
林丽平（女）陈　乐（女）陈　旭　许静之（女）
王巨成　庄峻斐（女）张　錡　杜倩文（女）

注：2015.04增选李碧影（女）、吴珍美（女）为台盟上海市委专职副主委，吴珍美

为常委、委员。高美琴、王中先后于2015年到龄不再任副主委。

六、历届主委简历

（一）李伟光（1897—1954）

▲李伟光

原名李应章，台湾台中（今彰化）人。台盟华东总支部成立后，当选为台盟总部理事和华东总支部主任委员，曾参加台湾文化启蒙运动和农民运动，担任台湾文化协会理事。台湾二林蔗农事件领导人。1932年加入中国共产党。“七七事变”爆发后，组织了台湾革命大同盟。抗战胜利后，他在上海成立台湾旅沪同乡会，担任理事长。上海解放后，担任上海市卫生局顾问。曾作为台盟代表之一，出席中国人民政治协商会议第一届全体会议。1954年被选为上海市第一届人民代表大会代表等。

（二）谢雪堂（1904—1976）

▲谢雪堂

第二届台盟华东总支部委员会主委，第一至三届台盟上海市支部委员会主委。台湾台南人，曾任上海医药公司副经理。1946年担任台湾旅沪同乡会理事、会长。1947年加入中国共产党。1949年加入台湾民主自治同盟，台盟华东总支部党组成员，台盟华东总支部委员，1954年12月当选为代主任委员。在庆祝新中国成立10周年和台盟上海市支部举行的上海台胞中秋对台广播晚会上，向台湾同胞、金门马祖的台湾省籍士兵发表讲话，并致以乡亲之情。曾先后担任过上海市第一届和第二届各界人民代表会议代表、上海市第二届各界人民代表会议协商委员会委员、第一至第五届市人大代表、第二和第三届全国人大代表、第一届市政协常务委员、第二届全国政协委员等。

▲许文思

（三）许文思（1925-2004）

第四届台盟上海市支部委员会主委。台湾高雄人，我国著名微生物药物学家，首批中国工程院院士，国务院学位评定委员会药学组委员。1947年毕业于日本帝国大学。回国后在中央卫生部生物制品研究所任技师。1952年至1975年参加上海第三制药厂筹建工作，历任技术员、研究室副主任、生产技术科科长、总工程师、副厂长。其间曾作为专家组组长，赴印尼、越南援建抗生素厂。1986年起任上海医药工业研究院名誉院长。1954年、1955年两度获上海市劳动模范称号，1956年获全国劳动模范称号。先后任台盟中央第五、六届评议委员会副主席，台盟上海市委第八、九届名誉主委。上海市第五届政协副主席，市第八至十届人大常委，市第五届侨联副主席。

▲林田烈

（四）林田烈（1906—1988）

第五届台盟上海市分部委员会主委。又名林殿烈，台湾台北人。1922年毕业于台北市简易商业学校。1931年加入台共台湾民族支部，从事抗日爱国活动。抗战胜利后，林田烈同台湾进步人士一起投入民主运动。1947年香港参加台盟创建工作。1948年在香港加入中国共产党，担任中共地下组织的交通联络工作。1950年携带家眷到上海。曾任鼎橡胶厂、联一橡胶二厂供销、财务和副厂长等职。1978年林田烈为台盟上海市支部专职干部，后任台盟上海市支部副主委、台盟上海市分部主委、台盟上海市委员会名誉主委、台盟总部常务理事和台盟中央评议委员会委员。曾任第五、六届全国政协委员，第一届至第五届上海市人大代表、第二至七届上海市政协常委，以及中华全国工商业联合会第四、五届常务委员。

（五）郑励志（1924—　　）

第六至八届台盟上海市委主委。曾用名郑添火，台湾台北人，教授。1943年毕业于台北第二商业学校。1949年经香港到北京，在中国人民解放军华北军政大学预科和华东革命大学台湾干部班学习。1951年后历任台盟总部、中共中央华东局统战部、上海中兴海运公司政治处、上海海运局政治部干事。1956 年至 1961 年就读于复旦大学经济系，后历任复旦大学世界经济研究所日本经济研究室主任，世界经济研究所副所长、所长，校务委员会委员，日本研究中心主任、理事长，在经济学方面有着较深造诣。曾任第七届全国政协委员第八、九届全国政协常委，第七至九届市政协副主席，第四至六届中央委员、常委，台盟第八、九届上海市委名誉主委，上海市日本学会会长、名誉会长，中华全国日本经济学会常务理事，中华日本学会顾问，中国和平统一促进会理事等。

▲郑励志

（六）石四箴（1940— ）

第八、九届台盟上海市委主委。女，台湾台南人，教授、博士生导师。我国著名儿童口腔医学专家，多年来致力于我国儿童口腔医学事业发展，成就显著。曾任同济大学口腔医学院院长兼儿童口腔医学研究所所长，日本九州齿科大学齿学博士、日本东京齿科大学客座教授、松本齿科大学名誉教授，第二届亚洲小儿齿科学会会长，第三届中华口腔医学会副会长，第一、二届中华口腔医学会儿童口腔医学专委会主任委员，第二十三、二十四届中华医学会理事，第三十三、三十四届上海市医学会常务理事，澳门儿童牙科医学会永久名誉会长，沪港澳台口腔医学交流协会创会会长、名誉会长等。第九、十一届全国政协委员，第十届全国政协常委，第九、十届上海市政协副主席，第八届市政协委员，第十一届上海市人大常委，台盟第五届中央委员第六、七届中央常委，第四、五届上海市台湾同胞联谊会副会长等。

▲石四箴

（七）杨健（1953— ）

第八、九届台盟中央副主席，第十、十一届台盟上海市委主委。台湾台南人，教授、博士生导师。现任上海市水务局副局长，长期从事市政工程和环境工

▲杨健

程专业的教学、科研工作。历任同济大学环境科学与工程学院助教、讲师、高级工程师、研究员、博士生导师、工会主席，同济大学校务委员会委员，同济大学研究院副院长，同济大学校务委员会副主任；上海市台联专职副会长兼秘书长；第十一、十二届全国政协常委，第十届上海市政协委员，第十一、十二届上海市政协常委。第九届台盟上海市委副主委（补）。2007 年 12 月至今任台盟中央副主席，两岸台胞民间交流促进会副会长等。

七、历任全国人大代表、全国政协委员、省部级职务的盟员名单

（一）历届全国人大代表

第二届：谢雪堂

第三届：谢雪堂

第四届：李　丽

第五届：林敏敏

第十一届：梁国扬（常委）

（二）历届全国政协委员

第一届：李伟光

第二届：谢雪堂

第五届：李乔松　林田烈

第六届：林田烈　范新发

第七届：郑励志　范新发

第八届：郑励志（常委）　范新发

第九届：郑励志（常委）　石四箴

第十届：梁国扬（常委）　石四箴（常委）

第十一届：杨健（常委）　石四箴

第十二届：梁国扬（常委）　杨健（常委）

（三）历任省部级职务的盟员名单

许文思：	1979.12—1983.3	第五届上海市政协副主席
郑励志：	1988.4—1993.2	第七届上海市政协副主席
	1993.2—1998.2	第八届上海市政协副主席
	1998.2—2001.2	第九届上海市政协副主席
石四箴：	2001.2—2003.2	第九届上海市政协副主席
	2003.2—2008.2	第十届上海市政协副主席
梁国扬：	2005.1—2012.12	全国台联会长
	2012.12—	全国台联党组书记

台盟上海市徐汇区委组织发展沿革

一、成立的历史背景

1994 年 5 月 25 日台盟徐汇区支部成立，根据台盟上海市委开展建立台盟区级支部试点工作的精神，1994 年初，筹备建立台盟徐汇区支部并成立徐汇区支部筹备工作组，李韶东任召集人。后经各方共同努力，徐汇区于 1994 年 5 月 25 日，召开台盟徐汇区支部成立大会，时任台盟中央评议委员会副主席许文思、台盟上海市委主委郑励志等领导为台盟徐汇区支部授章、揭牌。大会选举产生台盟徐汇区支部，这是台盟在全国直辖市中建立的第一个区级组织。

二、成立过程及初期活动

为进一步发挥台盟区级组织的作用，经台盟上海市委批准，台盟徐汇区

▶ 1994 年 5 月 25 日徐汇支部成立大会“第一次盟员大会”（区政协大礼堂）

支部升格为台盟徐汇区委员会，并成立台盟徐汇区委筹备领导小组，黄瑞霖任组长。1996 年 11 月 10 日，徐汇区召开台盟徐汇区委成立大会，台盟徐汇区支部升格为台盟徐汇区委。

三、组织变迁

（一）台盟上海市徐汇区支部

1994 年 5 月 25 日，台盟上海市徐汇区支部正式成立，这是台盟在全国直辖市中建立的第一个区级组织。

◀ 1996 年 11 月 10 日台盟徐汇区委成立

（二）台盟上海市徐汇区委

1996 年 11 月 10 日，台盟上海市徐汇区委员会召开成立大会，台盟徐汇区支部升格为台盟徐汇区委。

四、历次盟员大会及历届委员会重要简况

（一）第一次盟员大会及台盟上海市徐汇区支部委员会（1994. 5—1996. 11）简况

1994 年 5 月 25 日，台盟徐汇区支部成立大会正式召开，时任台盟中央评议委员会副主席许文思、台盟上海市委主委郑励志等领导为台盟徐汇区支部授章、揭牌。大会选举产生了台盟上海市徐汇区支部委员会。

台盟上海市徐汇区支部委员会主委：林胜兴，副主委：潘孝彰。

本届支部任期内，徐汇支部推进盟员政治素养培养，广泛联系徐汇区内台胞台属，开展联谊，涉台调研等工作，以区政协委员，人大代表为主体，大力推进参政议政工作的开展，为以后的工作开展奠定良好基础。

（二）第二次盟员大会及台盟徐汇区委第一届委员会（1996. 11—2001. 11）简况

1996 年 11 月 10 日，台盟首届徐汇区委选举成立大会正式召开，台盟徐

汇区支部升格为台盟徐汇区委，大会选举台盟徐汇区委第一届委员会。

台盟徐汇区委第一届委员会主委：潘孝彰，副主委：柯丽珠，秘书长：张岚。

在这一届区委任内，台盟区委全面加强各项建设，发挥台盟区委在参政议政、两岸交流、社会服务等方面的作用。在自身建设方面，自 1997 年开始，区委开展每年一次的“读书活动”，并以此为抓手，加强区委思想建设，提升盟员自身素质，注重开展社会服务工作，自 1997 年开始，台盟区委与董李凤美康健学校结对共建，每年共同举办活动，支持特殊教育。

获奖情况：

中共上海市委统战部“2000 年度上海统一战线为两个精神文明建设服务先进集体”。

中共徐汇区委统战部 1998 年台盟区委第二支部获徐汇区民主党派人民团体基层工作先进集体。

台盟上海市委 2001 年统战理论知识竞赛第一、二名。

（三）第三次盟员大会及台盟徐汇区委第二届委员会（2001. 11—2006. 7）简况

2001 年 11 月 11 日，台盟徐汇区委召开第三次盟员大会，总结了第一届委员会主要工作并改选产生了第二届委员会。

台盟徐汇区委第二届委员会主委：石重明，副主委：柯丽珠、廖志豪（2005. 12 起），秘书长：张岚。

在本届委员会任期内，台盟区委各项工作进一步发展。2004 年起，台盟区委开始长期定向资助贫困学生，至今已有三名受助学生完成中学学业，进一步深造、走上工作岗位。

获奖情况：徐汇区教育局 2001—2003 年度特殊工作先进集体。

2006 年，台盟徐汇区委被中央统战部评为各民主党派工商联无党派人士为全面建设小康社会作贡献先进集体。

▲2001 年 11 月 11 日台盟徐汇区第三次盟员大会

（四）第四次盟员大会及台盟徐汇区委第三届委员会（2006.7—2011.7）简况

2006 年 7 月 9 日，台盟徐汇区委召开第四次盟员大会，总结了第二届委员会主要工作并选举产生了第三届委员会。

台盟徐汇区委第三届委员会主委：廖志豪，副主委：柯丽珠、兰海凤，秘书长：林丽平。

▲ 2006 年 7 月 9 日区台盟第四次盟员大会（区人民政府北厅会议室）

▲ 2008 年 4 月 26 日区台盟座谈会“纪念《五一口号》”（统战大楼 701 会议室）

在第三届委员会任内，台盟徐汇区委作为全盟开展“以坚持走中国特色社会主义政治发展道路为主题的政治交接学习教育活动”试点单位之一，在台盟中央、台盟市委的领导下，全面推进台盟区委的建设。开展了走访老盟员，重走台盟办公旧址，主旋律书籍阅读交流，“政治交接学习教育活动”图片展等一系列主题活动；并以调查问卷、座谈会等方式征求意见，查找自身不足，积极整改并建立长效机制，巩固和深化政治交接学习教育活动的成果，使得台盟区委的各项工作更上一层楼。

获奖情况：

2002—2007 年台盟市委提案工作先进集体。

区委第一支部获 2007—2008 年度徐汇区各民主党派“服务中心，服务社会”优秀基层组织。

台盟上海市委纪念改革开放三十周年知识竞赛二等奖（2008 年）。

台盟中央 2010 年度地市级组织参政议政先进集体称号。

台盟中央 2011 年度地市级组织参政议政先进集体称号。

台盟上海市委 2011 年度参政议政先进集体二等奖。

（五）第五次盟员大会及台盟徐汇区委第四届委员会（2011.7— ）简况

2011 年 7 月 16 日，台盟徐汇区委召开第五次盟员大会，总结了第三届委员会主要工作并改选产生了第四届委员会。

台盟徐汇区委第四届委员会主委：廖志豪，副主委：兰海凤、石威，秘书长：林丽平。

2011年换届后，台盟区委更加重视青年盟员工作，以参政议政工作为突破，积极组织青年盟员与参政议政能手结对，动员广大青年盟员撰写社情民意及参与工作调研，多篇社情民意、调研得到中央、市区组织的采纳和领导批示。

获奖情况：

台盟中央2012年度地市级组织参政议政先进集体称号。

台盟上海市委2012年度参政议政先进集体二等奖。

2007—2012年度台盟上海市委参政议政荣誉集体。

纪念台盟成立六十五周年知识竞赛一等奖。

五、历届组织机构组成名单

（一）台盟徐汇区支部委员会（1994.5—1996.11）

主　　委：林胜兴

副 主 委：潘孝彰

委　　员：张岚（女）　林蔚菁（女）　甘锦凯

名誉主委：李韶东

（二）台盟徐汇区委第一届委员会（1996.11—2001.11）

主　　委：潘孝彰

副 主 委：柯丽珠（女）

秘 书 长：张　岚（2000.3起）

委　　员：林蔚菁（女）　甘锦凯

名誉主委：林胜兴

（三）台盟徐汇区委第二届委员会（2001.11—2006.7）

主　　委：石重明

副 主 委：柯丽珠（女）　廖志豪（2005.12起）

秘 书 长：张　岚（女）

委　　员：石朝俊　洪万里（女）　林丽平（女）（2004.9起）　兰海凤（女）（2005.12起）

名誉主委：潘孝彰

（四）台盟徐汇区委第三届委员会（2006.7—2011.7）

主　　委：廖志豪

副 主 委：柯丽珠（女）　兰海凤（女）

秘 书 长：林丽平（女）

委　　员：洪万里（女）

（五）台盟徐汇区委第四届委员会（2011.7—　　）

主　　委：廖志豪

副 主 委：兰海凤（女）　石　威

秘 书 长：林丽平（女）

委　　员：洪万里（女）

　　　　　陈　旭（女）　陈　乐

六、历任主委简历

（一）林胜兴（1926—　　）

▲林胜兴

台盟徐汇区支部主委，台湾台北市人，1948年来到祖国大陆，同年9月至1951年入天津南开大学工商管理系学习，1951年至1952年中国人民大学代培训，1952年至1953年中国人民解放军俄语专科学校学习，1954年至1955年上海造船学院筹备处担任筹备处主任的秘书工作，1955年至1991年上海交通大学科技外语系主任、党支部书记、教授享受国务院津贴。第五、六、七、八届上海市政协委员，徐汇区第十二届人民代表，徐汇区第十一届政协委员等。

（二）潘孝彰（1938—　　）

▲潘孝彰

台盟第一届徐汇区委主委，台湾新竹人，1957年至1962年上海第一医学院医疗系学习，1962年至1966年上海第一医学院医学系研究生班学习，1966年至1978年重庆医学院附一院住院医生、主治医生，1978年至1989年上海医科大学华山医院讲师、副教授，1989年至1993年美国斯隆·凯特琳癌症中心访问研究员，1994年至2004年10月，复旦大学附属华山医院传染病学教授。历任上海市政协第九届委员第六届台盟中央委员，第七届台盟上海市委副主委等。

（三）石重明（1943— ）

▲石重明

台盟第二届徐汇区委主委，台湾宜兰人。现任上海美之源整形外科医院院长，主任医师；上海市第十二届人大代表。1960年至1968年上海第二医学院医疗系学习；1968年至1978年四川省平昌县兰草医院外科医生；1978年至1981年上海第二医学院研究生班学习，获硕士学位；1981年至1987年上海第九人民医院整复外科工作，从事显微外科和颅颌面外科的临床和研究工作。1987年日本留学，在日本顺天堂大学医学部获博士学位，主要从事“生长因子”和“创伤愈合”的研究工作。1997年回上海后，上海中医药大学附属曙光医院时光整形外科医院任副院长，主任医师。上海市第十一、十二届人大代表，第八、九届台盟上海市委副主委等。

（四）廖志豪（1968— ）

▲廖志豪

台盟第三、四届主委，台湾台北人。上海大学美术学院设计系副主任、副教授，第十一届上海市政协委员，第十四届上海市人大代表，台盟中央第八、九届中央委员，台盟上海市委第十届委员，第十一届常委等。

台盟上海市浦东区委组织发展沿革

一、成立的历史背景

经台盟上海市委研究决定，于 1993 年 7 月 30 日成立台盟上海市浦东新区联络处，范新发任联络处主任，盟员 8 人。1995 年初，范新发同志因病逝世。同年 10 月 30 日，由时任台盟上海市委秘书长许佩琴同志兼任台盟上海市委浦东新区联络处主任。1996 年 4 月 19 日，由联络处联络员李伟文担任联络处副主任。

二、成立过程与初期活动

台盟浦东区委的成立过程始于 1997 年。当时，为适应浦东新区进一步开

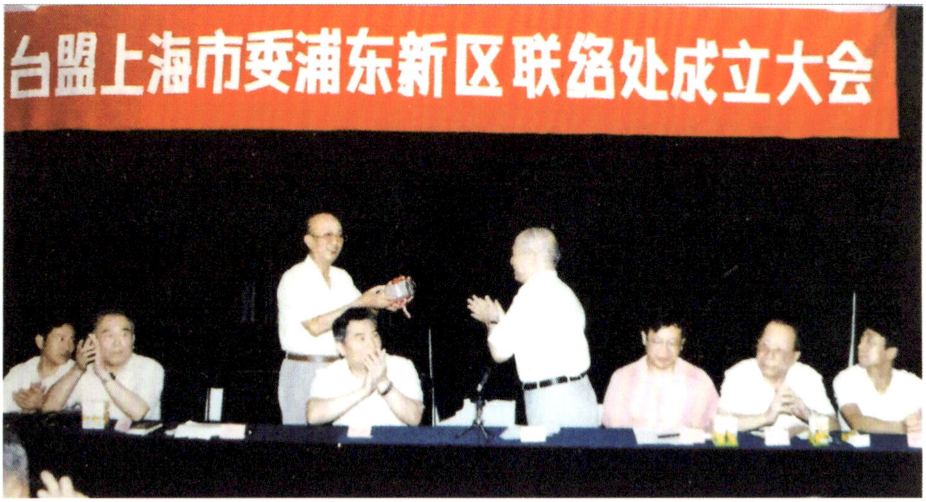

▲台盟上海市委浦东新区联络处成立

▲范新发（右二）时任台盟中央常委、台盟上海市委副主任委员、上海市政府参事

发开放的需要，更好发挥参政党的作用，经台盟上海市委研究，决定成立台盟上海市浦东新区区委（筹）。1997 年 8 月 1 日，召开台盟浦东区委（筹）成立大会，台盟上海市委副主委石四箴、潘孝彰到会，并代表台盟市委宣读了任命书。台盟浦东区委（筹），主委石学耕，副主委李伟文。出席大会的有浦东新区各民主党派的负责人，台盟徐汇区委的领导等。

2000 年 6 月 29 日，召开台盟浦东区委第一次盟员大会，自此台盟浦东新区第一届委员会正式成立。

三、历次盟员大会及历届委员会重要简况

（一）第一次盟员大会及第一届委员会（2000.6—2001.7）简况

2000 年 6 月 29 日，台盟浦东区第一次盟员大会在中油大厦（东方路 969 号）举行。台盟上海市委石四箴主委、潘孝彰副主委到会，并宣布台盟上海市浦东新区第一届委员会，主委石学耕，副主委李伟文。同年 11 月，任命魏巧巧为秘书长。

第一届委员会认真学习邓小平理论和江泽民同志“三个代表”重要思想，坚持中国共产党领导的多党合作和政治协商制度，认真履行政治协商、参政

▲1997年8月1日，区委（筹）正式成立

议政、民主监督职能；发挥自身优势，为上海两个文明建设献计献策；团结和组织全体盟员和所联系的台胞、台属，广泛开展爱国爱乡教育，为促进祖国统一大业贡献自己力量。

（二）第二次盟员大会及第二届委员会（2001.7—2006.8）简况

2001年7月26日，台盟浦东区委在浦东大道141号召开第二次盟员大会，选举产生了第二届委员会，主委石学耕，副主委李伟文，秘书长魏巧巧。2004年11月，增补庄振文为副主委。

第二届委员会针对本区的经济建设和社会热点，深入实际，积极做好专题调研工作，多件提案受到了相关部门的高度重视。发挥自身特点和优势，开展“五个一”活动，密切与台胞的联系，并针对岛内形势做好对台宣传；团结互助，发扬先进，开展扶贫济困、捐资助学活动，体现了盟员的社会责任感；注重发挥盟员的积极性和智慧，坚持以思想建设为核心、组织建设为基础、制度建设为保障，不断推进自身建设。

（第二届委员会荣获2001—2003年上海统一战线为三个文明建设服务先进集体（2004年3月中共上海市委统战部颁发）、2003—2005年上海市统一战线（工作）先进集体（2006年11月中共上海市委统战部颁发），《关于在浦东新区进一步规范业主自治管理的建议》荣获浦东新区政协二届一次会议以来的优秀提案。）

▲台盟浦东区委第二次盟员大会

（三）第三次盟员大会及第三届委员会（2006.8—2011.6）简况

2006 年 8 月 27 日，台盟浦东区委在汇商大厦（民生路 1286 号 5 楼多功能厅）召开第三次盟员大会，选举产生了第三届委员会，主委李伟文，副主委庄振文。

第三届委员会团结带领全体盟员，加强政治思想学习，注重青年盟员的培养，积极参政议政，为浦东的开发开放贡献力量；在对台工作中，主动联系震旦博物馆、翡翠文化公司、喜玛拉雅美术馆中的台湾文化界青年工作人员，形成相互联谊交往的工作特色，扩大台盟在两岸交流交往中的影响；在社会服务中，发挥和交大医学院（原二医大）台联会长期合作的优势，与陆家嘴街道开展医疗服务等文明共建活动，凝聚盟员积极参与贵州毕节地区的扶贫帮困工作，顺利有序地开展并完成各项工作。

（第三届委员会荣获了台盟中央 2010 年、2011 年地市级组织参政议政先进集体称号，台盟上海市委 2009 年、2010 年和 2011 年参政议政先进集体，2010 年上海世博会台盟上海市委先进集体，《关于努力搭建平台，开展好青少年科技教育的建议》被评为浦东新区政协二届三次会议以来的优秀提案、《关于最大程度利用、共享城市管理实时监控系统的建议》被评为浦东新区政协三届一次会议以来的优秀提案、《关于新区对养老统筹落实措施的建议》被评为浦东新区政协三届二次会议以来的优秀提案、《关于进一步完善浦东“迎搏”法治环境的建议》被评为浦东新区政协三届三次会议以来的优秀提案。）

（四）第四次盟员大会及第四届委员会（2011.6— ）简况

2011 年 6 月 12 日，台盟浦东区委在汇商大厦召开第四次盟员大会，选举产生了第四届委员会，主委李伟文，副主委庄振文、王巨成，任命黄旭为秘书长。

第四届委员会以思想建设为核心，以组织建设为基础，以参政议政为重点，以对台工作为特色，各方面工作在继承中创新、在创新中发展，取得新进展。

（第四届委员会荣获了台盟中央 2012 年地市级组织参政议政先进集体称号、上海市统一战线（工作）先进集体（2012 年 4 月中共上海市委统战部、上海市人力资源和社会保障局共同颁布发）、台盟上海市委 2012 年参政议政先进集体、2007—2012 年度台盟上海市委参政议政工作先进集体、2011 年浦东新区四届政协反映社情民意信息工作先进单位、《关于浦东进一步协调推进台资项目的建设》被评为浦东新区政协四届三次会议以来的优秀提案、《关于进一步加强浦东新区生态环境建设的建议》被评为浦东新区政协五届一次会议以来的优秀提案。）

四、历届组织机构组成名单

（一）第一届委员会（2000.6—2001.7）

主　委：石学耕

副主委：李伟文

秘书长：魏巧巧（女）

委　员：石学耕　李伟文　庄振文　魏巧巧（女）

（二）第二届委员会（2001.7—2006.8）

主　委：石学耕

副主委：李伟文　庄振文（2004.11 起）

秘书长：魏巧巧（女）

委　员：石学耕　李伟文　庄振文　魏巧巧（女）

（三）第三届委员会（2006.8—2011.6）

主　委：李伟文

副主委：庄振文

秘书长：王巨成（2010.1 起）

委　员：李伟文　庄振文　王巨成

增补委员（2008.08 起）　黄　旭　殷剑琴（女）　林晓红（女）

（四）第四届委员会（2011.6—　　）

主　委：李伟文

副主委：庄振文　王巨成

委　员：李伟文　庄振文　王巨成　　黄　旭
　　　　殷剑琴（女）　林晓红（女）　姜　琦

六、历届主委简历

（一）石学耕（1945—　　）

台盟浦东区委（筹）、第一、二届主委。台湾宜兰人，研究员，长期从事生物物理研究工作。历任上海交通大学医学院（原上海第二医科大学）助理研究员、副研究员、研究员、生物物理教研室副主任；上海市第九、十届政协委员，浦区新区政协第一、二届副秘书长，第七、八、九届台盟上海市委委员，上海市台联会理事，上海第二医科大学台联会会长。

▲石学耕

（二）李伟文（1955.5—　　）

台盟浦东区委第三、四届主委。台湾台北人，历任台盟上海市委组织宣传处副主任科员、主任科员（期间在浦区新区社会发展局教育处挂职任处长助理）、浦区新区潍坊街道办事处副主任、浦东新区城市监察执法管理总队副总队长、上海陆家嘴金融贸易中心区城市管理委员会办公室副主任、社会管理处副处长、综合事务协调处副处长、调研员；上海市第十三届人大代表、第十二届政协委员。第三、四、五届浦东新区政协副秘书长，第八、九、十、十一届台盟上海市委委员等。

▲李伟文

台盟上海市杨浦区委组织发展沿革

一、成立的历史背景

台湾民主自治同盟上海市杨浦区委员会前是台盟杨浦区支部，成立于1997年12月23日。在台盟市委的大力支持下，梁素霞等台胞积极投入组建台盟杨浦区支部的各项筹备工作中，从物色组建区支部领导班子的人选，到起草报告、准备资料等各项具体事务，为组建台盟区支部做了大量基础性工作。

二、成立过程及初期活动

1997年12月23日，台盟杨浦区支部成立当天，台盟市委主委郑励志等领导出席。盟杨浦区支部成为继徐汇区、浦东新区之后第三个上海市台盟区、县基层组织。

台盟杨浦区支部成立后，在台盟上海市委的领导下，在全体盟员的共同努力下，坚持中国共产党领导的多党合作制度，认真履行政治协商、民主监督、参政议政三大职能，区支部以调研小组为骨干，认真调查研究，积极建言献策，向区政协提交党派提案，如："关于进一步改善杨浦区投资环境，加强吸引台资力度的建议"；"关于依法治理和宣传教育并举，改善杨浦公共环境的建议"；"关于杨浦商业向特色商业发展的建议"；"关于建立杨浦区护工培训中心的建议"；"关于整治杨浦区河道，改善生态环境的建议"；"关于改革现有高中升学考试制度的建议"；"关于中、小学生减负的几点建议"等。其中，"关于建立杨浦区护工培训中心的建议"和"关于整治杨浦区河道，改善生态环境的建议"等得到了落实；"关于中、小学生减负的几点建议"

一文获得区委统战部评选的民主党派调研三等奖，为积极参政议政，为推进杨浦的经济发展知情出力、献计献策做出贡献。

三、组织变迁

（一）台盟杨浦区支部

1997 年 12 月 23 日，台盟杨浦区支部正式成立。

▲台盟杨浦区支部成立及第二次盟员大会

（二）台盟杨浦区委员会

2008 年 3 月 22 日，台盟上海市杨浦区委员会成立大会召开，台盟杨浦区支部升格为台盟杨浦区委员会。

◀台盟杨浦区委员会成立大会

四、历次盟员大会及历届委员会重要简况

（一）第一次盟员大会及第一届区支部委员会（1997.12—2001.11）简况

1997年12月23日，台盟杨浦区支部第一次盟员大会举行，选举产生第一届区支部委员会。

第一届区支部委员会主委：梁素霞。

（第一届区支部委员会主要开展了以下工作：

一、加强学习和建设，提高盟员整体素质；二、认真学习调研，积极参政议政；三、探索支部与延吉街道共建精神文明活动；四、围绕市委工作重心，积极开展盟务活动。）

（二）第二次盟员大会及第二届区支部委员会（2001.11—2006.7）简况

2001年11月，台盟杨浦区支部召开第二次盟员大会，改选产生第二届区支部委员会。

第二届区支部委员会主委：吴敏，副主委：梁杰。

（第二届区支部委员会主要开展了以下工作：

一、坚持理论学习，加强思想建设，使盟员进一步坚定正确的政治方向；二、围绕中心工作，认真开展调研，进一步发挥政党作用；三、加强组织建设，开展温馨工程，进一步增强区支部的凝聚力；四、完善制度建设，热心协会服务，进一步提升对社会的贡献力。）

（三）第三次盟员大会及第三届区支部委员会（2006.7—2008.3）简况

2006年7月，台盟杨浦区支部召开第三次盟员大会，改选产生第三届区支部委员会。

第三届区支部委员会主委：吴敏，副主委：梁杰、庄峻斐。

（第三届区支部委员会主要开展了以下工作：

一、加强政治理论学习，扎实推进“政治交接学习教育活动”；二、紧扣杨浦发展大局，不断开创议政工作局面；三、发挥对台工作优势，促进两岸民间交流；四、明确队伍建设目标，夯实基层组织凝聚力建设；五、坚持

立足实际，逐步拓宽社会服务渠道。）

（四）第四次盟员大会及第一届区委员会（2008.3—2011.4）简况

2008 年 3 月，台盟上海市杨浦区委员会成立大会召开，台盟杨浦区支部升格为台盟杨浦区委员会。

第一届区委员会主委：吴敏，副主委：梁杰、庄峻斐、刘亚伟。

（第一届区委会主要开展了以下工作：

一、围绕中心、服务大局，切实提高参政议政工作新水平；二、充实队伍、夯实基础，努力建设适应新世纪要求的参政党；三、整合资源，合作共建，推动社会服务工作新进展；四、发挥优势，把握主题，积极开创对台工作新局面。）

（五）第五次盟员大会及第二届区委员会（2011.4—）简况

2011 年 4 月，台盟杨浦区委召开第五次盟员大会，改选产生第二届区委员会。

第二届区委员会主委：吴敏，副主委：梁杰、庄峻斐、刘亚伟。

▲台盟杨浦区第五次盟员大会

▲台盟杨浦区第五次盟员大会合影

五、历届组织机构组成名单

（一）第一届支部委员会（1997.12—2001.11）

主　委：梁素霞（女）

委　员：吴　敏（女）　李铭台（女）　梁素霞（女）

（二）第二届支部委员会（2001.11—2006.7）

主　委：吴　敏（女）

副主委：梁　杰（女）

委　员：庄峻斐（女）　吴　敏（女）　梁　杰（女）

（三）第三届支部委员会（2006.7—2008.3）

主　委：吴　敏（女）

副主委：梁　杰（女）　庄峻斐（女）

委　员：刘亚伟　庄峻斐（女）　吴　敏（女）　梁　杰（女）

（四）第一届委员会（2008.3—2011.4）

主　委：吴　敏（女）

副主委：梁　杰（女）　庄峻斐（女）　刘亚伟

委　员：刘亚伟　庄峻斐（女）　吴　敏（女）　张　菊（女）
杨方刚　沈白杨（女）　梁　杰（女）

（五）第二届委员会（2011.4—　　）

主　委：吴　敏（女）

副主委：梁　杰（女）　庄峻斐（女）　刘亚伟

委　员：张　菊（女）　沈白杨（女）

六、历届主委简历

（一）梁素霞（1943.2—　　）

台盟杨浦区支部第一届主委，女，汉族，中学高级教师，台湾高雄人。1987年3月加入台盟。

1963年8月至1971年3月在上海市霍山中学任教师；1971年3月至1983年10月在上海市沪东中学任教师（1980年9月至1984年7月在上海教育学院数学系就读）；1983年10月至1999年2月在上海市东辽阳中学任副校长。

▲梁素霞

杨浦区政协第六、第八至十一届常委、副秘书长，杨浦区第九届人大代表，台盟上海市委第八届委员。历任杨浦区台胞台属联谊会第一至第六届会长，杨浦区第八届妇联兼职副主席等。

（二）吴敏（1960.3—　　）

台盟杨浦区支部第一届委员，第二、三届主委，台盟杨浦区委第一、二

▲吴敏

届主委。女，汉族，1995年6月加入台盟。现任上海交通大学医学院附属新华医院中医科主任、主任医师、教授、博士生导师。

1983年7月至1986年10月在上海中医药大学附属曙光医院任住院医师；1986年10月至今，历任上海交通大学医学院附属新华医院住院医师、主治医师、副主任医师、主任医师、中医科主任。

上海市第十三、十四届人大代表，担任杨浦区政协第九至十三届常委，台盟中央第八、九届委员，台盟市委第九届委员、第十、十一届副主委等。

台盟上海市黄浦区委组织发展沿革

一、成立的历史背景

2000年6月，经国务院批准，上海市撤销黄浦区、南市区设立新的黄浦区。同年7月至12月，“撤二建一”工作从组织体制上启动并完成。2000年8月24日召开黄浦区台盟第一次盟员大会，成立台盟黄浦区支部委员会。

二、成立过程及初期活动

经台盟上海市委批准，2000年8月24日召开黄浦区台盟第一次盟员大会，成立台盟黄浦区支部委员会，任命主委姚小远，区支部成立初期，盟员13人。

2001年11月6日，召开黄浦区台盟第二次盟员大会，产生台盟区支部第二届委员会，主委姚小远、副主委高美琴。2003年11月4日，召开区支部扩大会议，会议同意高美琴因工作需要原因，不再担任区支部委员会工作，会议选举增补支部委员王铿华。2005年8月15日，召开区支部扩大会议，会议通过增补支部委员林文，提名副主委王铿华。

2006年9月11日，召开黄浦区台盟第三次盟员大会，产生台盟区支部第三届委员会，主委姚小远、副主委王铿华。至2011年5月，盟员23人。

2011年6月12日，原黄浦区、卢湾区撤销，建立新的黄浦区。经台盟市委批准，成立台盟黄浦区第一届支部委员会筹备工作领导小组，组长李碧影，组员刘艳、杜倩文、张錡、石羽、黄晔。台盟市委将原黄浦区盟员与台盟市委直属二支部内的卢湾区属盟员进行合并，共有盟员41名。8月27日，召开台盟黄浦区第一次盟员大会，产生台盟区支部第一届委员会，主委刘艳，

▲原黄浦、卢湾“撤二建一”后支部大会

副主委杜倩文、张錡，秘书长张錡（兼）。2012 年 12 月 22 日，召开台盟黄浦区支部盟员大会，选举增补支部委员李伟海。

随着黄浦区支部履职能力的日益提高，尤其是参政议政工作成绩显著，组织规模逐步扩大，支部班子的自身建设不断完善等各项条件的日趋成熟。为进一步适应民主党派基层组织发展要求，充实台盟市委基层组织力量，更好发挥基层组织作用，经台盟中央和台盟市委批准，成立台盟黄浦区委员会（筹），筹备期一年。2012 年 12 月 22 日，召开台盟黄浦区委员会（筹）成立大会。经台盟市委批准，刘艳为主委，杜倩文、张錡为副主委，秘书长张錡（兼）。

三、组织变迁

（一）台盟黄浦区支部（2000.8—2011.8）

原黄浦、南市两区“撤二建一”后，2000 年 8 月 24 日召开黄浦区台盟第一次盟员大会，成立台盟黄浦区支部委员会。

▲区委筹委会成立大会

（二）台盟黄浦区支部（2011.8—2012.12）

原黄浦、卢湾两区“撤二建一”后，将原黄浦区盟员与台盟市委直属二支部内的卢湾区属盟员进行合并。2011年8月27日，召开台盟黄浦区盟员大会。

（三）台盟黄浦区委筹委会（2012.12—　　）

经台盟中央和台盟市委同意，成立台盟黄浦区委员会筹委会，筹备期一年。2012年12月22日，召开台盟黄浦区委员会筹委会成立大会。

四、历次盟员大会及历届委员会重要简况

（一）第一次盟员大会及第一届支部委员会（2000.8—2001.11）简况

2000年8月24日召开黄浦区台盟第一次盟员大会，成立台盟黄浦区支部委员会，主委姚小远，委员杜倩文、管海蛟。

区支部积极参与台盟市委组织的读书活动，中共区委统战部组织的统战知识竞赛活动、区政协组织的“协助党和政府做好化解矛盾工作”征文活动以及中国共产党建党80周年纪念活动等，充实了支部成立初期活动内容，增

强支部组织凝聚力和影响力。

（二）第二次盟员大会及第二届支部委员会（2001.11—2006.9）简况

2001年11月6日，召开黄浦区台盟第二次盟员大会，产生台盟区支部第二届委员会，主委姚小远、副主委高美琴。2003年11月4日，召开台盟黄浦区支部扩大会议，会议同意高美琴因工作需要原因，不再担任区支部委员会工作，选举增补支部委员王铿华。2005年8月15日，召开台盟黄浦区支部扩大会议，会议通过增补支部委员林文，提名副主委王铿华。

区支部积极投入纪念台湾光复60周年、邓小平诞辰100周年纪念活动，支部撰写的《新世纪民主党派开展思想政治教育的意义》和《论提高民主党派的参政能力》等在区统战系统评比中获得一等奖，《参政党在人民政协中更好履地职能繁荣思考》获得二等奖。

（三）第三次盟员大会及第三届支部委员会（2006.9—2011.8）简况

2006年9月11日，召开黄浦区台盟第三次盟员大会，产生台盟区支部第三届委员会主委姚小远、副主委王铿华。

区支部以“纪念改革开放三十周年”为契机深入开展政治交接学习教育活动，结合中共中央“五一口号”发布六十周年、辛亥革命100周年系列活动，组织参观各民主党派政治交接学习教育图片展览，对照老前辈的优良传统，总结学习成果。在学习和践行社会主义核心价值体系活动中，鼓励盟员投入迎世博作贡献的活动。支部撰写的《关于进一步整合统战资源，做好化解矛盾理顺关系的工作》一文，在区统战系统论文评比中获得一等奖，《关于进一步提高人民政协参政议政实效的思考》一文获得了黄浦区统战调研论文优胜奖。.

（四）盟员大会及第一届支部委员会（2011.8—2012.12）简况

2011年8月27日，原黄浦、卢湾两区“撤二建一”，召开台盟黄浦区盟员大会。产生台盟区支部第一届委员会，主委刘艳，副主委杜倩文、张錡，秘书长张錡（兼）。2012年12月22日，召开台盟黄浦区支部委员会盟员大会，选举增补支部委员李伟海。

区支部开展“同心”活动，做好参政议政工作区支部获得台盟中央2011年度市地级组织参政议政先进集体称号。

（五）盟员大会及第一届区委（筹）委员会（2012.12—　　）简况

2012 年 12 月 22 日，召开台盟黄浦区委员会（筹）成立大会，成立台盟黄浦区委员会（筹），筹备期一年。经台盟市委批准，主委刘艳，副主委杜倩文、张錡，秘书长张錡（兼）。

区委（筹）获得台盟中央 2012 年度参政议政工作先进集体，获得的台盟市委 2012 年度参政议政先进集体二等奖。

五、历届组织机构组成名单

（一）台盟黄浦区支部第一届委员会（2000.8—2001.11）

主　委：姚小远

委　员：姚小远　杜倩文（女）　管海蛟

（二）台盟黄浦区支部第二届委员会（2001.11—2006.9.）

主　委：姚小远

副主委：高美琴（女）（2003.11 止）　王铿华（2005.8 起）

委　员：姚小远　高美琴（女）（2003.11 止）　杜倩文（女）　管海蛟　王铿华（2003.11 起）　林　文（女）（2005.8 起）

（三）台盟黄浦区支部第三届委员会（2006.9—2011.8）

主　委：姚小远

副主委：王铿华

委　员：姚小远　王铿华　杜倩文（女）　林　文（女）

（四）台盟黄浦区支部第一届委员会（2011.8—2012.12）

主　委：刘　艳（女）

副主委：杜倩文（女）　张　錡

秘书长：张　錡（兼）

委　员：刘　艳（女）　杜倩文（女）　张　錡　石　羽　黄　晔　李伟海（2012.12 起）

（五）台盟黄浦区第一届委员会筹委会（2012.12—　　）

主　委：刘　艳（女）

副主委：杜倩文（女）　张　錡

秘书长：张　錡（兼）

委　员：刘　艳（女）杜倩文（女）

　　　　张　錡　石　羽　黄　晔　李伟海

六、历届主委简历

▲姚小远

姚小远（1957—　），台盟黄浦区支部第一、二、三届委员会主委。台湾台南人，副教授，硕士生导师。历任上海师范大学助教、讲师、副教授。第十一届上海市政协委员，第八、九、十、十一届台盟上海市委委员等。

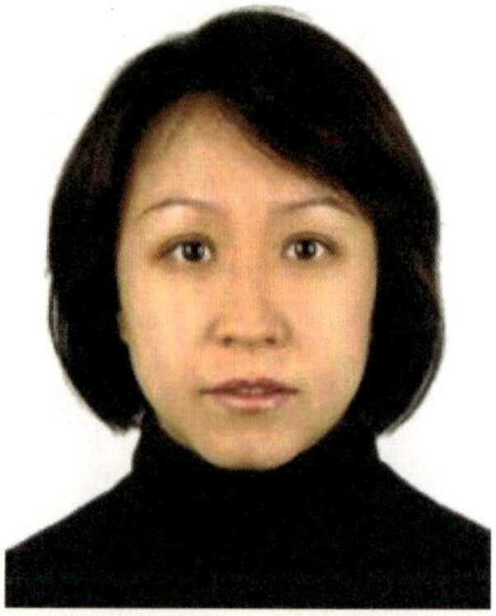

▲刘　艳

刘艳（1970—　），台盟黄浦区支部第一届委员会主委，台盟黄浦区委（筹）第一届主委。台湾彰化人，主任医师、硕士生导师。历任上海交通大学医学院附属瑞金医院主治医师、副主任医师、临床医学院副院长（挂职），工会副主席，临床医学院内科教研室副主任，主任医师。上海市第十届政协委员，黄浦区第一届政协常委，第八届台盟中央委员、台盟上海市委第十届委员，第十一届副主委，市台联会第七届理事、第八届常务理事，黄浦区第一届台联会副会长等。

台盟重庆市委组织发展沿革

一、成立的历史背景

作为战时首都，重庆是抗日民族统一战线的前哨地，是中国民主党派的主要发祥地，是中国“政治协商”一词的得名地，是一座具有统一战线光荣历史传统的城市。同时，重庆在抗战时期的特殊历史地位和作用形成了与台湾之间密不可分的历史渊源。

抗战期间，国民政府适时地把收复台湾确定为重要国策，努力争取国际上的同情与支持，认真做好接收台湾的各项准备工作。中共南方局极力敦促同国民政府尽早把收复台湾提上重要议事日程，热情帮助台湾同胞建立武装和统一组织，旗帜鲜明地为台湾重新回到祖国怀抱制造舆论。

1940 年 3 月和 1941 年 2 月，由旅居祖国大陆的台湾同胞组成的反日爱国组织“台湾革命团体联合会”和“台湾革命同盟会”相继在重庆宣告成立。这些组织先后多次在重庆举行声势浩大的台湾光复运动和斗争，踊跃参与国民政府接收台湾的各项具体准备工作。

1943 年《开罗宣言》发表后，国民政府在重庆积极筹划台湾的收复工作。1945 年 8 月日本正式宣布投降后，国民政府加快了接收台湾的准备工作，8 月 29 日，蒋介石任命陈仪为“台湾省行政长官”，不久又兼任台湾警备总司令。同年 9 月 1 日，陈仪在重庆成立了台湾省行政长官公署及警备总司令部临时办事处，10 月，国民政府先后两批派员赴台接受日方投降代表受降仪式。

在战时首都时期，重庆还聚集了一大批在两岸间有重大影响的泰斗级人物。不少后来由大陆迁移至台湾的国民政府相关机构、科研院所、文化学术团体及大批国民党军政人员都曾在重庆留下过足迹，与重庆有着不解之缘，至今血脉乡情仍联系着渝台两地近 8 万多个家庭。

鉴于重庆丰富的统战历史资源及与台湾深厚的历史渊源，为了适应统一战线新形势的需要，1988 年，台盟中央派主席团成员与中共四川省委和重庆市委统战部领导协商，谋划成立台盟重庆地方组织。

二、成立过程及初期活动

1988 年 6 月，台湾民主自治同盟中央主席团成员吴克泰来重庆调研发展盟员与建立基层组织事宜，开展台盟重庆小组成立筹备工作。

▶台盟重庆小组筹备工作委员会合影，从左到右依次是：连英俊、陈雪志（女）、吴克泰、陈维新、陈英英（女）、陈颂德

1988 年 7 月 14 日，台盟中央批复同意成立台盟重庆小组。

1988 年 10 月 10 日，台盟重庆小组正式成立，陈维新任小组组长。

1989 年 2 月 14 日，台盟小组开会补选许由为台盟小组副组长。

台盟重庆小组自成立以来，努力加强自身建设，逐步发展成员，积极开展各项工作。盟员中有省政协委员 1 人，市政协委员 2 人，区政协委员 1 人。

盟员针对重庆市对台工作实际情况，向政协会议及有关部门提出了《关于进一步贯彻落实中央对台胞的[1981]38 号文件精神，改善台商投资环境》以及《尽早公布优惠政策以吸引台资》等意见和建议，在参政履职方面做出了应有贡献。

在联络工作中，台盟小组接待来自海外和台湾岛内各界人士、台胞隶属等，接待来渝参观学习的其他省市台胞。在接待过程中，他们认真按照“一国两制”的原则，积极向台胞宣传祖国大陆的对台方针政策，介绍大陆改革开放以来的建设成就，通过交换意见，增进了在爱国主义旗帜下，争取用和平方式实现台湾和大陆的统一的共识。

此外，一些盟员还利用自身亲友关系，为重庆市经贸部门牵线搭桥，共引进台资 22 万美元，为重庆市的经济社会发展做出了贡献。

三、组织变迁

（一）台盟重庆小组（1988. 10. 10—1991. 3. 20）

1988 年 10 月 10 日，台盟重庆小组正式成立，直属台盟中央委员会领导，陈维新任小组组长。

（二）台盟重庆市支部（1991. 3. 20—2003. 10. 17）

台盟重庆小组历经三年的发展后，1991 年 3 月 20 日，台盟重庆市支部成立大会召开，标志着台盟重庆市支部委员会正式诞生。支部主委先后由陈维新、许由担任。

隶属于台盟重庆市支部的台盟重庆大学小组于 1993 年 2 月成立，第一任小组组长贺荣贵，1997 年换届，吕荣中任小组长，2002 年换届，李玉莲任小组长。

（三）台盟重庆市工委（2003. 10. 17—2008. 3. 24）

1. 下设地方组织（基层组织）情况

历经台盟重庆市支部十三年的发展历程后，台盟重庆地方组织在履行参政党职能和加强自身建设等方面取得了新的成效。为便于台盟工作的发展，

◀1996 年 5 月，中共中央政治局常委、全国政协主席李瑞环（右一）在重庆渝州宾馆接见各民主党派、工商联负责人，与台盟重庆市支部主委许由（左一）亲切握手

◀ 2003 年 10 月 17 日，台盟重庆市工作委员会成立，连英俊（左）任主委，台盟中央秘书长张华军（右）授牌

台盟重庆市支部亟待升级为工委。

2003 年 10 月 17 日，台盟重庆市工作委员会在重庆市渝州宾馆召开成立大会，宣告台盟重庆市工委正式成立。连英俊、李钺锋先后担任台盟重庆市工委第一届、第二届委员会主委。

2. 人员编制和内设机构情况

经重庆市编办批复同意，台盟重庆市工委机关有行政编制 3 名，其中副

◀2006 年 1 月，中共重庆市委书记、重庆市人大常委会主任汪洋（右二）走访台盟重庆市工委

局级领导职数 1 名，处级领导职数 1 名，内设机构办公室 1 个，机关后勤服务人员事业编制 1 名。

3. 设立专委会情况

2003 年 11 月 5 日，台盟重庆市工作委员会召开一届二次全委扩大会，决定成立台盟重庆市工作委员会“参政议政委员会”，推选吕荣中为主任，王钟为顾问。许沛（女）、吕荣中、李玉莲（女）、李钺锋、连英俊、连明源、骆亚非（女）、曾燕（女）为委员。

（四）台盟重庆市委（2008. 3. 24— ）

1. 下设地方组织（基层组织）情况

（1）台盟重庆市委（2008. 3. 24— ）

为适应新形势的发展与需要，更好地发挥台盟的特殊作用，2007 年 10 月 12 日，台盟重庆市工委向台盟中央提出了关于成立台盟重庆市委员会的请示。经 2008 年 3 月台盟中央会议研究决定，同意成立台盟重庆市委员会。鉴于台盟重庆市工作委员会于 2007 年 4 月刚刚完成换届，现任第二届工作委员会及

▲2010 年 3 月，十一届三次全国政协会议期间，中共中央政治局常委、全国人大常委会委员长吴邦国（右一）与全国政协委员、台盟中央常委、台盟重庆市委主委李钺锋亲切握手

其领导班子直接过渡为台盟重庆市委员会及其领导班子，不再重新进行选举。以后的换届，与台盟各省级组织同步进行。

2008 年 3 月 24 日，台盟重庆市委员会召开了成立大会，标志着台盟重庆市委员会正式成立。鉴于从第二届工委到第一届市委，时间间隔较短，故台盟重庆市委第一届委员会的领导班子直接由工委过渡，未再进行新的选举。李钺锋当选为台盟重庆市第一届委员会主委，骆亚非（女）、许沛（女）当选为副主委。

2012 年 4 月 18 日，台盟重庆市第三次盟员大会召开，换届选举产生了台盟重庆市第二届委员会。李钺锋当选为台盟重庆市第二届委员会主委，骆亚非（女）、许沛（女）当选为副主委。

（2）台盟重庆大学支部（2010. 12. 22— ）

2010 年，经台盟重庆市委与中共重庆大学党委统战部协商，同意台盟重庆大学小组升格为支部。2010 年 12 月 22 日，台盟重庆市委正式下达批文，台盟重庆大学支部宣告成立，李玉莲（女）任第一届支部主委。

（3）台盟重庆市巴南区工委（2011. 2. 22— ）

为加快台盟地方组织建设步伐，2010 年 12 月，台盟重庆市委向台盟中央报送了关于成立台盟重庆市巴南区工委的请示。2011 年 1 月，台盟中央同意成立台盟重庆市巴南区工委。2011 年 2 月初，台盟重庆市委批复同意成立台盟重庆市巴南区工委。2011 年 2 月 22 日，台盟巴南区第一次盟员大会召开，选举产生台盟巴南区第一届工作委员会。在同日台盟巴南区工委第一次全体会议上，邱献锋当选主委，连明源、林丹当选副主委。2011 年 4 月 20 日，经台盟重庆市委批准，台盟重庆市巴南区第一届工作委员会召开了成立大会。

2. 人员编制和内设机构情况

台盟重庆市委成立不久，经重庆市编办批复，2008 年 8 月，同意，核定台盟重庆市委机关行政编制 7 名，其中领导职数 2 名（含秘书长），处级领导职数 2 名，机关后勤服务人员事业编制 2 名。2010 年 4 月，市编办批复台盟重庆市委机关行政编制增至 10 名，处级领导职数增至 3 名。2012 年 6 月，台盟重庆市委机关行政编制增至 12 名。

为充分发挥重庆丰富的涉台资源优势，认真做好台情研究工作，台盟重庆市委建议在渝设立台湾研究所。在中共重庆市委的关心支持下，2011 年 11

月，重庆市编办批复，同意设立隶属于台盟重庆市委的“重庆两岸经济研究所”，该所为处级事业单位，核定事业编制5名。2013年5月16日，重庆两岸经济研究所正式成立。重庆两岸经济研究所的宗旨为：开展两岸经济研究，促进渝台经济交流合作。其主要职责任务为：承担渝台经济研究、学术交流、人才培训等工作。重庆两岸经济研究所所长由李钺锋主委兼任。

3. 设立专委会情况

根据台盟中央关于在民主党派中建立监督委员会的相关要求，2010年12月28日，在台盟重庆市委召开的一届四次全会（扩大会）上，台盟重庆市委全委会审议通过了《台盟重庆市委员会监督工作办法》和监督委员会组成人员名单，台盟重庆市委监督委员会正式成立。第一届台盟重庆市委监督委员会主任：许沛（女）；委员：王虹锦、连明源、邱献锋、吕军（女）。监督委员会下设办公室，负责承办日常事务。

四、历次盟员大会及历届委员会重要简况

（一） 第一次盟员大会及台盟重庆市工委第一届委员会（2003.10.16—2007.4.3）简况

2003年10月16日，台盟重庆市支部召开台盟重庆市第一次盟员大会。大会总结了过去十三年的工作，规划了今后的工作，为更好地发挥台盟参政党的职能作用奠定了扎实基础。

大会认真学习了“三个代表”重要思想和中共十六届三中全会精神；听取并审议台盟重庆市支部工作报告；选举产生台盟重庆市工作委员会领导班子；通过了台盟重庆市第一次盟员大会决议；通过了台盟重庆市第一次盟员大会给离任老委员许由、陈英英、吕荣中的致敬信。

台盟中央领导、中共重庆市委、市人大、市政协、市级各民主党派、工商联领导到会祝贺并讲话。

台盟重庆市支部主委许由代表台盟重庆市支部向大会作了以《团结进取、开拓创新，努力开创台盟工作的新局面》为主题的工作报告。大会通过民主选举，产生了台盟重庆市工委第一届委员会。

台盟重庆市工委第一届委员会主委：连英俊。

副主委：李钺锋、骆亚非（女）。

委　员：连英俊、李钺锋、骆亚非（女）、许沛（女）、李玉莲（女）、曾燕（女）

本届委员会在三年多的任期里，坚持以邓小平理论和“三个代表”重要思想为指导，团结带领全体盟员认真学习了中共中央十六大以来历次全会精神、胡锦涛同志“七一”重要讲话和关于社会主义荣辱观等重要论述，学习了《中共中央关于进一步加强中国共产党领导的多党合作和政治协商制度建设的意见》《中共中央关于加强人民政协工作的意见》等重要文件，围绕中心、服务大局，认真履行职能，积极参政议政；突出台盟工作特点，广泛团结和联系岛内外台胞，积极为促进重庆经济社会发展和海峡两岸民间交流交往做出了应有的贡献。

（二）第二次盟员大会及台盟重庆市工委第二届委员会（2007.4.3—2008.3.24）简况

2007 年 4 月 3 日，台盟重庆市工委召开台盟重庆市第二次盟员大会。出席大会的盟员共 33 人。

大会认真学习了中共中央两个 5 号文件精神及中共十六届六中全会和中共重庆市委二届十次全委会议精神；听取并审议台盟重庆市工委第一届委员会工作报告；民主选举产生了台盟重庆市工委新一届领导班子；选举出席台盟第八次全盟代表大会代表；通过了台盟重庆市第二次盟员大会给离任老主委连英俊的致敬信。

台盟中央领导、中共重庆市委、市政协、市级各民主党派、工商联领导到会祝贺讲话。

台盟工委主委连英俊代表台盟重庆市工委第一届委员会作换届工作报告。

大会通过民主选举，产生了台盟重庆市工委第二届委员会。

台盟重庆市工委第二届委员会主委：李钺锋。

副主委：骆亚非（女）、许沛（女）。

委员（以姓氏笔画为序）：王虹锦、许沛（女）、李玉莲（女）、李钺锋、连明源 、骆亚非（女）、曾燕（女）。

大会还选举产生了出席第八次全盟代表大会代表，他们是（以姓氏笔画为序）：吕军（女）、许沛（女）、李钺锋、骆亚非（女）。

本届委员会期间，台盟重庆市工委顺利实现了新老交替，圆满完成了换届，并根据台盟中央的要求，切实开展以走中国特色政治发展道路为主题的政治交接学习教育活动。台盟工委领导班子带领盟员深入学习中国特色社会主义理论、台盟盟史、章程和优良传统，学习中共十七大精神、重庆市第三次党代会精神、《中国的政党制度》白皮书等，加强了思想建设，提高盟员的理论水平和政治修养，在组织建设、参政议政、渝台交流、社会服务各方面取得了较好成绩，为重庆市经济社会发展做出了贡献。

（三）台盟重庆市委第一届委员会（2008.3.24—2012.4.18）简况

自2007年换届以来，在台盟中央、中共重庆市委的关心重视下，在中共重庆市委统战部的帮助下，台盟重庆地方组织的工作有了长足进步，参政议政成果丰硕，自身建设得到较快发展，工作机制运转良好，促使台盟工作形成特色。统一战线各方面对台盟重庆地方组织的工作给予肯定，成立台盟重庆市委的条件已基本具备。

2007年10月，台盟重庆市工委向台盟中央提出了关于成立台盟重庆市委员会的请示。经台盟中央批准，2008年3月24日，台盟重庆市委员会召开了成立大会，标志着台盟重庆市委员会正式成立。鉴于台盟重庆市工作委员会于2007年4月刚刚完成换届，时间间隔较短，因此成立台盟重庆市委员会时，现任第二届工作委员会及其领导班子直接过渡为台盟重庆市委员会及其领导班子，不再重新进行选举。

台盟重庆市委第一届委员会主委：李钺锋。

副主委：骆亚非（女）、许沛（女）。

委员（以姓氏笔画为序）：王虹锦、许沛（女）、李玉莲（女）、李钺锋、连明源 、骆亚非（女）、曾燕（女）。

本届委员会任期五年，全体盟员在台盟重庆市委领导班子的带领下始终牢记政治责任，紧跟时代发展步伐，主动用心参政议政，在促进经济发展、关注民生等方面积极建言献策，形成的调研成果连续多年获得中共中央领导重要批示，并实现了多层面参与高层协商；在对台联络交流方面，注重发挥涉台优势，助推渝台交流合作成绩显著；在贯彻“同心”思想方面，推动台盟中央率先与重庆市人民政府签订“盟渝合作协议”，打造社会服务品牌成绩斐然。通过在参政议政、对台工作和社会服务等方面取得的一大批有影响、有实效的成果展示，真正做到了“组织小，声音不小；力量小，作用不小”，实现了重庆台盟工作的跨跃式发展。

（四）第三次盟员大会及台盟重庆市委第二届委员会（2012.4.18—）简况

2012 年 4 月 18 日，台盟重庆市委召开台盟重庆市第三次盟员大会。出席大会的盟员共 50 人。

大会坚持以邓小平理论和“三个代表”重要思想为指导，深入贯彻落实科学发展观，着眼于多党合作事业的可持续发展，切实加强领导班子建设，健全完善后备干部队伍建设工作机制，进一步巩固和发展社会主义和谐政党关系，为推动台盟工作持续健康发展奠定基础。大会听取并审议通过了台盟重庆市第一届委员会工作报告。

为推动台盟重庆市委科学民主决策、促进盟内后备干部培养锻炼、充分调动盟员参政议政积极性，2011 年 11 月，台盟重庆市委向台盟中央提出适度扩大市委会规模、设立常委会的请示。2012 年 2 月经台盟中央批复，同意台盟市委在 2012 年换届时领导班子副职职数增加 1 名，并同意设立常委会，常委会人数为 7 人，委员会规模 11 人。

大会通过民主选举，产生了台盟重庆市委第二届委员会。

台盟重庆市委第二届委员会主委：李钺锋。

副主委：骆亚非（女）、 许沛（女）。

常务委员（以姓氏笔画为序）：王虹锦、 许沛（女）、李钺锋、邱献锋、骆亚非（女）。

委员（以姓氏笔画为序）：马晓芹（女）、王虹锦、吕军 （女）、 许沛（女）、李玉莲（女）、李钺锋、 连明源、吴桂英（女）、邱献锋、 骆亚非（女）。

大会还选举产生了出席第九次全盟代表大会代表，他们是（以姓氏笔画为序）：王虹锦、吕军（女）、许沛（女）、李玉莲（女）、李钺锋、张宁、骆亚非（女）。

全国政协副主席、台盟中央主席林文漪向大会发来了贺信。台盟中央领导、中共重庆市委领导到会祝贺并讲话。市人大、市政府、市政协，市级各民主党派、工商联领导应邀出席大会。

台盟重庆市委第二届委员会在台盟中央和中共重庆市委领导下，始终坚守政治责任，认真履行参政党职能，充分发挥台盟特色优势，锐意进取，务实工作，积极做好参政议政、对台工作和社会服务等各项工作。

五、历届组织机构组成名单

（一）台盟重庆小组（1988.10—1991.3）

组　长：陈维新

副组长：许　由

（二）台盟重庆市支部（1991.3—2003.10）

第一届委员会（1991.3—1992.5）

主　委：陈维新

委　员：许　由　陈英英（女）

第二届委员会（1992.9—1996.8）

主　委：许　由

委　员：陈英英（女）　连英俊

第三届委员会（1996.8—2003.10）

主　委：许　由

副主委：连英俊　陈英英（女）

委　员：骆亚非（女）　吕荣中

（三）台盟重庆市工委第一届委员会（2003.10—2007.4）

主　委：连英俊

副主委：李钺锋　骆亚非（女）

委　员：许　沛（女）　李玉莲（女）　曾燕（女）

（四）台盟重庆市工委第二届委员会（2007.4—2008.3）

主　委：李钺锋

副主委：骆亚非（女）　许　沛（女）

委　员：李玉莲（女）　曾　燕（女）　连明源　王虹锦

（五）台盟重庆市委第一届委员会（2008.3—2012.4）

主　委：李钺锋

副主委：骆亚非（女）　许　沛（女）

委　员：李玉莲（女）　曾　燕（女）　连明源　王虹锦

（六）台盟重庆市委第二届委员会（2012.4—　　）

主　委：李钺锋

副主委：骆亚非（女）　许　沛（女）
常　委（按姓氏笔画为序）：王虹锦　邱献锋
委　员（按姓氏笔画为序）：马晓芹（女）　吕　军（女）　李玉莲（女）
连明源　　吴桂英（女）

六、历届主委简历

▲陈维新

（一）陈维新（1912—1992）

陈维新，男，汉族，台湾台北人，1912 年 1 月出生于台北市一个普通工人家庭，台盟盟员、民建会员。历任台盟重庆小组、台盟重庆市支部主任委员。

抗战时期，创办了重庆中南橡胶厂，为抗战大动脉滇缅公路提供汽车轮胎，为前方抗战将士提供军用胶鞋。直至解放后，先后担任昆明、贵阳、重庆中南橡胶厂经理及厂长等职务，为抗击日军侵略和保存发展民族工业做出了贡献。解放后先后担任重庆市工商联常委、重庆市橡胶同业工会主委。

1988 年 7 月，在台盟中央特派主席团成员吴克泰来渝筹备成立台盟重庆小组期间，陈维新成为重庆市第一批加入台盟的成员。先后担任全国台湾同胞联谊会理事，四川省台湾同胞联谊会副会长、名誉会长，重庆市台湾同胞联谊会会长；政协四川省第六届委员会常委，重庆市人大代表，重庆市政协委员，台盟重庆小组组长，台盟重庆市支部委员会主委，重庆市侨联会顾问，重庆市工商联顾问，民主建国会重庆中南橡胶厂支部副主委等职务。

▲许　由

（二）许由（1932—2007）

许由，男，汉族，台湾台南人，1932 年 9 月出生于湖北武汉市，台盟盟员。台盟重庆市支部第二、三届委员会主委。1955 年 11 月从四川大学农学院毕业后，一直在西南农业大学从事教育和科研工作，历任该校养殖学院副主任、副教授。

1988 年 12 月加入台盟。先后担任第九届全国人大代表、四川省第七届政协常委、重庆市第九届政协常委、重庆市第一届政协常委；台盟第六届中央委员，台盟重庆市支部第二、三届委员会主委，台盟重庆市工委第一届名誉主委，全国台联第六届理事，重庆市台联第二届理事，重庆市台联第三、四届副会长；1992 年被评为重庆市民主党派、工商联为“四化”服务先进个人，1993 年被评为全国智力支边扶贫先进个人，同年获国务院特殊津贴，2003 年被评为重庆市各民主党派为“三个文明”建设服务经验交流暨表彰大会先进个人。

（三）连英俊（1954.2— ）

连英俊，男，汉族，台湾台北人，1954 年 2 月出生于日本大阪，台盟盟员。中共重庆市委党校经济管理专业本科班毕业，经济师。第二届台盟重庆市支部委员、第三届台盟重庆市支部副主委、第一届台盟重庆市工委专职主委、第一届重庆市台湾同胞联谊会副会长、重庆市人民政府参事室副主任。

▲连英俊

1972 年 2 月在四川省巴中县花丛公社当知青；1979 年 8 月在四川省机械局职工大学机械制造专业学习；1982 年 12 月任重庆红岩机器厂技术员、质量管理员；1984 年 9 月起任重庆市台湾同胞联谊会干事、副秘书长、秘书长；2003 年 10 月起任第一届台盟重庆市工委专职主委、第一届重庆市台湾同胞联谊会副会长、顾问；2007 年 4 月起任重庆市人民政府参事室副主任。

1988 年 7 月加入台盟。曾任第十届全国政协委员，第七届台盟中央委员会委员，第六届、第十届重庆市政协委员（直辖前），四川省青联常委（直辖前），重庆市青联常委（直辖前），第一届重庆市政协委员，第二届重庆市政协常委，第二届重庆市政协港澳台侨和外事委员会委员，第二届重庆市人民检察院特约检察员，第二届重庆市高级人民法院特邀监督员，重庆市扶贫协会名誉副会长。

（四）李钺锋（1958.7— ）

李钺锋，男，汉族，台湾中坜人，1958 年 7 月出生于重庆渝中区，台盟盟员。

▲李钺锋

重庆大学高级管理人员工商管理专业硕士，二级高级律师、国家二级大检察官，重庆市人民检察院副检察长，台盟中央常委，第一届台盟重庆市工委副主委，第二届台盟重庆市工委主委，第一、二届台盟重庆市委主委。

1976年6月在重庆市大阳沟工业公司工作；1986年12月在重庆市第一律师事务所当律师；1997年9月任重庆永和律师事务所主任；2002年任重庆市律师协会常务理事；2004年11月任重庆市人民检察院第一分院副检察长。

2001年11月加入台盟。先后担任第二届重庆市人大代表、重庆市人大民族宗教侨务外事委员会委员；第十一届全国政协委员、全国政协社会法制委员会委员；第三届重庆市政协常委；重庆市人民政府特邀监督员、重庆多党合作历史研究中心副理事长、重庆市城乡统筹发展学会常务副会长、重庆社会科学院台湾问题研究中心主任、重庆两岸经济研究所所长。

2006年9月，被中央统战部评为“各民主党派、工商联、无党派人士为全面建设小康社会做贡献”先进个人。2010年12月，在中央统战部组织开展的“身边的榜样——树立和践行社会主义核心价值体系先进人物事迹报告会”上，作为全国台盟组织唯一代表作了汇报发言。

七、历任全国人大代表、全国政协委员、省部级职务的盟员名单

（一）历届全国人大代表

第九届全国人大代表：许　由

（二）历届全国政协委员

第十届全国政协委员：连英俊

第十一届全国政协委员：李钺锋

第十二届全国政协委员：李钺锋

（三）历任省部级职务的盟员

李钺锋：2013.1—　　政协重庆市第四届委员会副主席

台盟重庆市巴南区工委组织发展沿革

一、成立的历史背景

台盟重庆市委自2008年成立以来，参政议政和自身建设工作均有了长足发展，形成了较好的工作基础，也为重庆台盟加快地方组织建设步伐提供了坚实保障。但是，与其他台盟地方组织相比，重庆的地方组织建设发展相对滞后，未建立与台盟重庆市委相配套的区委员会或区工作委员会。

为更好地履行党派职能、发挥党派作用，台盟重庆市委通过与盟员相对集中的巴南区有关党政部门的沟通协调后，认为，在巴南区设立台盟区工委的条件已基本成熟：一是中共巴南区委十分关心台盟基层组织建设；二是巴南区所属的盟员队伍相对集中，参政议政热情较为高涨，凝聚力较强；三是台盟市委主要领导十分关心巴南区盟员队伍建设，有设立基层组织的良好基础条件。四是为了能够让盟员锻炼成长、发挥作用有一个更好的平台，很多盟员认真考虑巴南区盟员队伍的实际，呼吁尽快研究在巴南区设立台盟区级组织。

二、成立过程及初期活动

为加快巴南区台盟地方组织建设步伐，台盟市委根据《台盟章程》的相关规定，拟确定以巴南区的盟员为主体，将相邻区县的部分盟员纳入，在此基础上成立台盟巴南区工作委员会。

2010年7月，台盟市委成立台盟巴南区工委筹备领导小组，筹备领导小组由台盟重庆市委主委李钺锋任组长，骆亚非、许沛任副组长，邱献锋等3

名盟员为成员。筹备领导小组下成立筹备工作小组，由邱献锋任组长，连明源、林丹任副组长。

由于台盟盟员数量和分布情况的特殊性，台盟市委拟采取划片的方式，将巴南区、南岸区、江津区、永川区、璧山县等区县的15名台盟盟员划为一片，设置为台盟巴南区工委。

在各方面的支持帮助下，台盟巴南区工委的机关编制、工作经费和办公用房等基本条件得以落实，拟成立的台盟工委内设办公室1个，机关行政编制1名。

2011年2月初，台盟重庆市委同意成立台盟重庆市巴南区工委。

2011年2月22日，台盟巴南区第一次盟员大会召开，选举产生台盟巴南区第一届工作委员会，组成人员为刘家祥、连明源、陈亮、邱献锋、林丹。在同日台盟巴南区工委第一次全体会议上，邱献锋当选主任委员，连明源、林丹当选副主任委员。2011年4月20日，经台盟重庆市委批准，台盟重庆市巴南区第一届工作委员会召开成立大会。台盟重庆市委领导、中共巴南区委领导、中共重庆市委统战部领导到会祝贺并讲话。

▲2011年2月22日，台盟巴南区第一次盟员大会召开，选举产生台盟巴南区第一届工作委员会

▲ 2011 年 4 月 20 日，出席台盟巴南区工委成立大会的人员合影

台盟巴南区工委第一届委员会切实加强学习，坚持贯彻民主集中制原则，维护班子团结，认真履行参政党职能，着力提高参政议政水平，发挥台盟联系台胞多的独特优势，为推动巴南和台湾的交流合作做出了贡献。

李钺锋对台盟巴南区第一届工委提出了要求：一是要牢记使命，不负重托；二是要认真履职，助推发展；三是要加强建设，凝聚力量；四是要群策群力，共谋发展。

三、组织变迁

1. 组织情况：

2010 年 12 月 21 日，台盟重庆市委向台盟中央报送《关于成立台盟重庆市巴南区工委的请示》；2011 年 1 月，台盟中央同意成立台盟重庆市巴南区工委。

2011 年 4 月 20 日，经台盟重庆市委批准，台盟重庆市巴南区第一届工作委员会召开了成立大会。

2. 内设机构：

内设办公室。机关行政编制 1 名，办公室主任（正科级）领导职数 1 名。实有专职干部 1 名。

四、历届盟员大会及历届委员会重要简况

2011年2月22日，台盟巴南区第一次盟员大会召开，选举产生台盟巴南区第一届工作委员会，组成人员为刘家祥、连明源、陈亮、邱献锋、林丹。在同日台盟巴南区工委第一次全体会议上，邱献锋当选主任委员，连明源、林丹当选副主任委员。

第一届工作委员会期间，台盟巴南区工委在思想建设、组织建设、参政议政和对台交流中都取得了较好成绩。在思想建设方面，台盟巴南区工委组织全体盟员深入学习和实践“同心思想”、科学发展观、社会主义核心价值体系和中共十八大报告精神，通过不同形式的学习教育和实践活动，进一步增强了参政党的历史使命感，也增强了台盟盟员坚持走中国特色社会主义发展道路的信心和决心。

在组织建设方面，台盟巴南区工委主动联系一些区台胞，与他们交流谈心，了解他们的生活和思想动态，为台盟区工委的组织发展奠定了基础。2011年成立之初有盟员15人，通过考察，2012年新发展盟员1人。截至2012年12月31日，有盟员16人，其中主任委员1人，副主任委员2人，工委委员5人。盟员中有台盟重庆市委常委1人，重庆市人大代表1人、巴南区人大代表1人、区县政协委员4人、重庆市台联理事4人、重庆市青联委员1人；盟员平均年龄40.6岁。

◀2012年3月5日，台盟巴南区工委一届二次全委扩大会召开，许沛（左三）副主委出席并讲话

五、历届组织机构组成名单

台盟重庆市巴南区工委第一届委员会（2011.2— ）

主任委员：邱献锋

副主任委员：连明源　林　丹

委员（按姓氏笔画为序）：刘家祥、陈亮

六、历届主委简历

邱献锋（1976.11— ）

邱献锋，男，汉族，台湾高雄人，1976 年 11 月出生于重庆江津区，台盟盟员。重庆大学工商管理 MBA 硕士研究生，台盟重庆市委第二届委员会常委、台盟重庆市巴南区工委第一届委员会主委，重庆典雅酒店有限公司总经理，重庆典雅物业公司总经理。

▲邱献锋

1996 年 6 月在重庆市江津旅行社工作；2002 年 3 月担任重庆典雅饮食文化有限公司经理；2004 年 9 月至 2006 年 6 月在清华大学 MIA 创新管理高级研习班学习，同年任重庆饮食行业协会副会长、巴南区餐饮商会副会长；2007 年 4 月至 2010 年 7 月任重庆典雅物业管理有限公司总经理、法人代表，2007 年 9 月起兼任共青团典雅产业集团委员会书记；2010 年 7 月至今任重庆典雅酒店有限公司总经理，重庆典雅物业管理有限公司总经理、法人代表。

2007 年 3 月加入台盟。2011 年，牵头组织成立重庆台盟的第一个区工委组织台盟巴南区工委，使巴南区在重庆各区县中率先实现八大民主党派的全覆盖。先后担任重庆市侨青会常务理事，巴南区侨联委员，重庆市第三、四届青联委员，巴南区青年联合会第二届青联委员，重庆市巴南区第十七届人大常委，台盟重庆市委监督委员会委员。曾被评为第三届巴南区花溪镇十佳杰出青年、2008 年度巴南区优秀团干部，新中国成立 60 周年重庆市优秀团干部。

台盟吉林省委组织发展沿革

一、成立的历史背景

中共十一届三中全会后，我国进入以社会主义现代化建设为中心的新的历史时期，我国爱国统一战线工作也进入一个新的发展阶段。为适应形势的发展，1980 年 7 月 1 日，吉林省台盟筹备组在长春正式成立。筹备组由蔡启运、林圭、谢玉林、孙钦明和陈森吉 5 人组成，组长蔡启运，副组长林圭。筹备组成立后，加强台胞的社会联系工作，在长春、吉林、四平、辽源四市有重点地走访了台胞，宣传新时期台盟的性质、任务和作用，对居住在吉林省的八十户台胞，进行了一次比较全面的调查。当时吉林省有台湾省籍同胞 80 户，家庭人口 296 人，其中台胞 203 人，非台籍家属 93 人。他们散居在全省 6 个地区的 8 个市、5 个县，其中长吉两市占 80%。全部台湾省籍同胞中高山族 6 户 13 人。在吉林省台湾省籍同胞中，一代台胞 28 人，占台胞总数的 13.7%。

台湾省籍同胞在吉林省定居大体有 3 种情况：一是日伪时期由于生活所迫，从台湾到祖国大陆谋生的占 70%；二是解放战争时期，被国民党抓兵到大陆的占 20%；三是东北光复后（新中国成立前），从台湾辗转来大陆的占 10%。全省在职台胞 93 名，其中医务工作者 22 名，文教工作者 12 名，工程技术人员 11 名，干部 10 名，工人 35 名，其他 3 名。中共党员 9 名，预备党员 2 名，共青团员 19 名，台盟盟员 19 名。新中国成立后，在党和政府的关怀下，居住在吉林省的台胞同全国各族人民一样，政治地位明显提高，生活也有了一定的改善。

二、成立过程及初期活动

按照台盟章程的有关规定，发展了 13 名盟员，在长春、吉林、四平建立了四个盟员联系小组；建立工作机构，配备专职人员，着手进行了召开第一次盟员大会的各项筹备工作，为成立台湾民主自治同盟吉林省支部（以下简称吉林省台盟），做了必要的思想和组织准备。

吉林省台盟筹备期间，由中共吉林省委统战部协助，在吉林省民主党派现有编制中调剂 3 人，筹备组下设办公室；1981 年 8 月吉林省台盟成立后，省台盟机关编制 4 人。1983 年，吉林省台盟编制，增至 7 人。吉林省台盟机关成立之初，只设置一个办公室。现在，盟机关设置二处一室，调研处、组宣处和办公室。行政编制 10 人，工勤编制 2 人。

三、组织变迁

（一）台盟吉林省支部（1981. 8—1984. 1）

1981 年 8 月 3 日，经台盟总部批准，正式成立台盟吉林省支部。

（二）台盟吉林省分部（1984. 1—1988. 1）

1984 年 1 月，根据台盟中央第三次全盟代表大会通过的《台湾民主自治同盟章程》（简称《盟章》）规定，改名为台盟吉林省分部。

（三）台盟吉林省委员会（1988. 1—　　）

1988 年 1 月，根据台盟中央第四次全盟代表大会通过的《盟章》规定，改名为台盟吉林省委员会。

四、历次盟员大会及历届委员会重要简况

（一）第一次盟员大会及第一届委员会（1981. 8—1984. 4）简况

1981 年 8 月 3 日至 6 日，在长春召开台盟吉林省第一次盟员大会，蔡启运代表吉林省台盟筹备组在大会上作了《关于台湾民主自治同盟吉林省支部筹备工作的报告》；大会选举产生了台盟吉林省第一届委员会。至此，经过一年紧张、有序的筹备，在长春正式成立了台盟吉林省支部。

第一届委员会主任委员：蔡启运，副主任委员：谢玉林。

本届委员会任期内，我国正处于社会主义现代化建设的新的历史时期；1981 年 10 月以来，中国共产党和国家领导人先后发表讲话、谈话，进一步阐明了实现祖国和平统一的方针、政策；1982 年，中共召开第十二次全国代表大会，提出全面开创社会主义现代化建设新局面的任务。吉林省台盟自筹备以来特别是 1981 年 8 月正式成立后，认真学习贯彻中共十一届三中全会以来的路线、方针和政策，紧紧围绕两个文明建设和统一祖国的光荣任务，协助党和政府落实台胞政策；认真学习贯彻对台方针政策，开展对台宣传联络工作；面向社会，开展智力支边和咨询服务工作；参加国家政治生活，发挥民主监督作用，促进了吉林省台盟工作健康、稳步的发展。

（二）第二次盟员大会及第二届委员会（1984.4—1987.5）简况

1984 年 4 月 8 日至 11 日，在长春召开台盟吉林省第二次盟员大会，蔡启运代表第一届委员会在大会上作了题为《团结奋斗，为振兴中华、统一祖国作出新的更大的贡献》的工作报告；大会选举产生第二届委员会。

第二届委员会主任委员：蔡启运，副主任委员：谢玉林、柳光春。

本届委员会任期内，我国正处在经济体制改革的新的历史时期。1984 年，中共先后作出《关于经济体制改革的决定》和《中共中央关于社会主义精神文明建设指导方针的决定》；在中共中央关于加强海外统战工作有关文件精神的指导下，海外联络工作也出现了新的形势。吉林省台盟认真贯彻中共第十二次全国代表大会精神，紧紧围绕统一祖国、振兴中华的总目标，积极参政议政，发挥民主监督作用；发挥优势，为促进祖国统一出力；面向社会，为物质文明和精神文明建设服务；适应形势，加强台盟的自身建设，开展各项工作，为吉林省改革、开放和两个文明建设服务，开创了省台盟工作的新局面。

（三）第三次盟员大会及第三届委员会（1987.5—1992.4）简况

1987 年 5 月 10 日至 11 日，在长春召开台盟吉林省第三次盟员大会，蔡启运代表第二届委员会在大会上作《台湾民主自治同盟吉林省第二届委员会工作报告》；大会选举产生了吉林省台盟第三届委员会。

第三届委员会主任委员：蔡启运，副主任委员：袁柏雄、谢玉林、柳光春、陈森吉，秘书长：吴庆宗。

本届委员会任期内，国际风云变幻，世界形势动荡不安。1987 年，中共召开第十三次全国代表大会，制定了建设有中国特色社会主义的基本路线；1987年，台湾当局开放民众到大陆探亲、旅游，海峡两岸出现了难得的新局面。1989年末，颁发了《中共中央关于坚持和完善中国共产党领导的多党合作和政治协商制度的意见》（以下简称中共中央《意见》）。面对复杂、变幻的新形势，吉林省台盟认真学习贯彻中共十三大精神和中共中央的《意见》，围绕祖国统一、振兴中华的总目标，贯彻落实中共吉林省委五大精神，积极参政议政，发挥民主监督作用；适应新形势，开展对台宣传联络接待工作；建立健全基层组织，加强盟的自身建设，为吉林省经济的发展和维护社会的稳定，为促进祖国和平统一大业，发挥了应有的作用。

（四）第四次盟员大会及第四届委员会（1992.4—1997.6）简况

1992年4月22日至24日，在长春召开台盟吉林省第四次盟员大会，袁柏雄代表第三届委员会作了《台湾民主自治同盟吉林省第三届委员会工作报告》；大会选举产生了吉林省台盟第四届委员会。

第四届委员会主任委员：袁柏雄，副主任委员：谢玉林、柳光春、陈森吉、吴庆宗，秘书长：吴庆宗（兼）。

本届委员会任期内，正是全国上下振奋精神，为实现国民经济和社会发展十年规划和“八五”计划而努力奋斗的关键时期，也是海峡两岸关系正朝着有利祖国和平统一方向发展的新时期。1992年，中共中央召开第十四次全国代表大会，作出加快改革开放和现代化建设步伐的战略部署，建设有中国特色的社会主义事业正在蓬勃发展；海峡两岸人员交往、交流增多，两岸关系在曲折中前进。面对新的形势，吉林台盟认真学习贯彻中共十四大精神和中共吉林省六大精神，自觉服从和服务于全国工作的大局，围绕全省的中心工作，加强理论政策的学习和研究，提高自身素质；探索提高参政议政质量和水平的新途径，认真履行参政党职能；适应新形势，拓宽对台联络工作的渠道；发挥自身优势，开展科技扶贫工作，为落实吉林省建设发达的边疆近海省的战略，以及该省“九五”计划和2010年远景目标纲要提出的“三大一强”的跨世纪的工程，为促进祖国和平统一大业，做出了应有的贡献。

（五）第五次盟员大会及第五届委员会（1997.6—2002.7）简况

1997年6月20日至22日，在长春召开台盟吉林省第五次盟员大会，袁柏雄代表第四届委员会在大会上作了《台湾民主自治同盟吉林省第四届委员会工作报告》；大会选举产生了吉林省台盟第五届委员会。

第五届委员会主任委员：袁柏雄，副主任委员：陈森吉、吴庆宗、谢秀娘（女）、刘宗楠，秘书长：张永钧。

本届委员会任期内，我国正处在世纪之交，是全面实施“九五”计划和2010年远景目标纲要的关键时期；我国相继对香港、澳门恢复行使主权，实现祖国完全统一大业也进入一个重要时期。1997年中共召开的第十五次全国代表大会，把建设有中国特色的社会主义伟大事业向下个世纪全面推进。面对跨世纪的新形势，吉林省台盟以建设有中国特色社会主义理论和党的基本路线为指导，认真学习贯彻中共十五大精神和中共吉林省七大精神，坚持和完善共产党领导的多党合作和政治协商制度，以经济建设为中心，以促进祖国统一为重点，围绕落实“科教兴省、开放带动、县域突破、人才兴业”的战略，加强调查研究，提高参政议政水平；适应新形势，积极开展对台联络工作；努力探索开展科技扶贫、智力支边的新途径；坚持不懈地加强台盟的自身建设，为实现吉林省跨世纪的宏伟目标和维护社会稳定，为促进祖国和平统一大业做出了新的贡献。

（六）第六次盟员大会及第六届委员会（2002.7—2007.6）简况

2002年7月15日至18日在长春春谊宾馆召开了台盟吉林省第六次盟员大会。袁柏雄代表台盟吉林省第五届委员会在大会上作了题为《承前启后与时俱进，为促进吉林跨越式发展和祖国完全统一做出新的贡献》的工作报告；大会选举产生了吉林省台盟第六届委员会。

第六届委员会主任委员：王天戈，副主任委员：雷献禾、张永钧、蔡国铭、蔡胜（女），秘书长：张永钧（兼）。

本届委员会任期内，我国在处于改革开放不断深入发展，经济建设取得积极成果，两岸关系发展出现新的势头，跨世纪发展战略迈出坚定步伐的关键时期。台盟吉林省委以中共十六大精神和中共省委八次会议精神为指针，认真履行参政议政、民主监督和政治协商的职能，紧紧围绕统筹兼顾，落实科学发展观，认真投入到构建社会主义和谐社会建设的实践中；积极开展多种形式的调查研究，努力在提高参政议政质量，加强深度上下工夫；通过对社会帮贫扶困、深入农村、深入基层，体察社情、民情，探索科技扶贫、智力支边的新办法；适应两岸关系的新发展，积极开展吉台两地的交流，努力促进吉台两地的人员往来，使对台联络工作有新的起色；积极创造条件，推动全盟的自身建设不断深入发展，以适应新世纪新任务的要求。为进一步实现吉林省的振兴，促进社会精神文明和物质文明和谐发展，保持经济社会全面可持续稳定发展，进一步推动两岸关系继续不懈地努力工作。

（七）第七次盟员大会及第七届委员会（2007.6—2012.6）简况

2007年6月4日至6日在长春召开台盟吉林省第七次盟员大会，台盟省委主委王天戈代表台盟吉林省第六届委员会作了题为《继往开来 团结奋进 为推进吉林全面振兴和祖国完全统一再立新功》的工作报告。

第七届委员会主任委员：王天戈，副主任委员：雷献禾、蔡国铭、蔡胜（女）、郑吉虎。

本届委员会认真贯彻中共十六大和台盟中央七大会议精神，全面贯彻落实科学发展观，高举爱国主义和社会主义伟大旗帜，坚决贯彻“和平统一、一国两制”方针和新形势下发展两岸关系的四点意见，团结和带领全省盟员和所联系台胞，紧紧围绕全省中心工作，积极发挥参政党作用，较好地完成了各项任务。

（八）第八次盟员大会及第八届委员会（2012.6—　　）简况

2012年6月18日至20日在长春召开台盟吉林省第八次盟员大会，台盟吉林省委主委王天戈代表台盟吉林省第七届委员会作《同心同德 助力发展 立足特色 勇于实践 为促进地方经济社会发展和实现两岸和平统一做出新贡献》的工作报告。

▶台盟吉林省委领导出席台盟八大会议

第八届委员会主任委员：王天戈，副主任委员：雷献禾、郑吉虎、庄萌（女）、孔令智。

本届委员会在中共吉林省委和台盟中央的领导下，以邓小平理论和“三个代表”重要思想为指导，深入贯彻落实科学发展观和构建社会主义和谐社会的重大部署，以中共十七大、盟中央八大和中共吉林省第九次代表大会精神为指针，进一步坚持和完善中国共产党领导的多党合作和政治协商制度，深入贯彻“和平统一、一国两制”方针，团结和带领广大盟员及所联系的台胞，认真履行参政议政、民主监督职能，不断加强自身建设，积极参与社会服务，持续加强对台工作，圆满地完成了台盟吉林省第八次盟员大会确定的各项任务。

五、历届组织机构组成名单

（一）第一届委员会（1980.7—1984.4）

主 任 委 员：蔡启运

副主任委员：谢玉林

省 委 委 员：蔡启运　谢玉林　林　圭　孙钦明　陈森吉　谢秀娘（女）　吴庆宗

（二）第二届委员会（1984.4—1987.5）

主 任 委 员：蔡启运

副主任委员：谢玉林　柳光春

秘　书　长：袁柏雄

省 委 委 员：孙钦明　吴庆宗　陈森吉　柳光春　袁柏雄　谢玉林　谢秀娘（女）　蔡启运

注：1985年6月16日，召开台盟吉林省委第二届委员会第五次扩大会议，增补林圭同志为委员

（三）第三届委员会（1987.5—1992.4）

主 任 委 员：蔡启运

副主任委员：袁柏雄　谢玉林　柳光春　陈森吉

秘　书　长：吴庆宗

省 委 委 员：孙钦明　刘宗楠　吴庆宗　张永钧　陈森吉　林　圭　柳光春　袁柏雄　谢玉林　谢秀娘（女）　蔡启运

（四）第四届委员会（1992.4—1997.6）

主 任 委 员：袁柏雄

副主任委员：谢玉林　柳光春　陈森吉　吴庆宗

秘　书　长：吴庆宗（兼）

省 委 委 员：孙钦明　刘宗楠　吴庆宗　张永钧　陈森吉　郑康元
柳光春　袁柏雄　陶　川　谢玉林　谢秀娘（女）

注：1995年7月增补谢秀娘（女）为第四届委员会副主任委员，张永钧为第四届委员会秘书长

（五）第五届委员会（1997.6—2002.7）

主 任 委 员：袁柏雄

副主任委员：陈森吉　吴庆宗　谢秀娘（女）　刘宗楠

秘　书　长：张永钧

省 委 委 员：孙秋文　刘宗楠　吴庆宗　张永钧　陈森吉　袁柏雄
陶　川　谢玉书　谢秀娘（女）　蔡　胜（女）
蔡国铭

名誉副主任委员：柳光春

注：2001年12月，增补王天戈为第五届委员会委员，王天戈、张永钧为第五届委员会副主任委员

（六）第六届委员会（2002.7—2007.6）

主 任 委 员：王天戈

副主任委员：雷献禾、张永钧、蔡国铭、蔡胜（女）

秘　书　长：张永钧（兼）

省 委 委 员：王天戈　孔令智　孙秋文　庄　萌（女）　张永钧
郑吉虎　陶　川　谢玉书　雷献禾　蔡　胜（女）
蔡国铭

名誉主任委员：袁柏雄

（七）第七届委员会（2007.6—2012.6）

主 任 委 员：王天戈

副主任委员：雷献禾　蔡国铭　蔡　胜（女）　郑吉虎

秘　书　长：蔡　胜（女）（兼）

省 委 委 员：王天戈　孔令智　庄　萌（女）　张永欣　吴静波（女）

郑吉虎　姜　黎　韩　梅（女）　雷献禾　蔡国铭
蔡　胜（女）

（八）第八届委员会（2012. 6—　　）

主 任 委 员：王天戈
副主任委员：雷献禾　郑吉虎　孔令智　庄　萌（女）
省 委 委 员：王天戈　孔令智　庄　萌（女）李劲松　张永欣　吴　超
郑吉虎　姜　黎　修　远　　韩　梅（女）　雷献禾

六、历届主委简历

（一）蔡启运（1916. 8. 11—1991. 9. 1）

蔡启运，男，汉族，台湾省台北市人 ，民盟盟员、台盟盟员。台盟吉林省第一至第三届委员会主任委员。

1916 年 8 月 11 日出生于日本东京，1921 年随伯父迁居台湾省 ;1934 年台湾省台北市州立第一中学肄业；1939 年日本东京第一高等学校特设高等科毕业；1941 年，毕业于日本东京帝国大学农学部，获农学士学位，后回到祖国东北。先后任伪满克山县国民高等（商业）学校教员、克山县人民政府司法科秘书、克山县农业试验场技士兼农学教员；1949 年 9 月后，历任黑龙江省农业专科学校代理科主任、讲师，北安农学院系主任、副教授。1958 年到长春农学院（吉林农业大学前身）任教，历任吉林农业大学特产园艺系主任、副教授、教授；1984 年后，任吉林农业大学特产园艺名誉系主任、教授。1956 年，加入中国民主同盟，1980 年 6 月 25 日，经台湾民主自治同盟总部（现台湾民主自治同盟中央委员会）批准，加入台盟组织。因长期患病医治无效，于 1991 年 9 月 1 日在长春逝世，终年 75 岁。

▲蔡启运

全国政协第六、七届委员会委员；吉林省四届人大代表、五届常委；吉林省政协第五、六届委员会委员、副主席；长春市政协第四届委员会常务委员；民盟长春市委员会第三、四次代表大会常务委员；民盟吉林省委员会第二次代表大会委员；台盟总部第三次代表大会代表、常务理事，台盟中央第四次代表大会代表、常务委员；台盟吉林省分部、支部、委员会一、二、三届委员会主任委员；吉林省台联会第一、二次代表大会代表、名誉会长；中国科协第二、三次代表大会代表，吉林省科协第二次代表大会代表、三次代表大会常务委员，长春市科协第二、三次代表大会常委，第四次代表大会代表、副主席；中国园艺学会第三、四次代表大会理事，吉林省园艺学会第三、四、五次代表大会理事长，长春市园艺学会第一次代表大会理事长；吉林省农学会第二、三、四次代表大会副理事长，长春市农学会第一次代表大会理事长；吉林省农业局科技委员会委员。

1978 年出席了全国科学大会，荣获先进个人奖和优秀教师奖，1979 年晋升为教授，1986 年被评为省劳动模范。

▲袁柏雄

（二）袁柏雄（1928. 12. 12—　　）

袁柏雄，男，汉族，1928 年 12 月 12 日生于台湾省台中县，1933 年到大陆，1935 年 4 月至 1941 年 3 月就读新京三笠小学。1941 年 4 月至 1945 年 3 月就读新京第二中学。1945 年 4 月至 1945 年 8 月就读哈尔滨满赤学院。1945 年 10 月至 1946 年 7 月就读长春医学院。1946 年 8 月至 1949 年 1 月长春大学医学院学生。1949 年 4 月至 1950 年 2 月中国医科大学学生。1950 年 3 月至 1953 年 3 月东北区卫生部工作人员。1953 年 4 月至 1956 年 4 月长春第一汽车制造厂职工医院医师。1956 年 4 月至 1983 年 6 月长春市卫生局主任医师。1983 年 6 月至 1992 年 4 月吉林省台联会副会长、会长，台盟吉林省委秘书长、副主委。1992 年 4 月至 1993 年 1 月吉林省台联会会长、台盟吉林省委主委。1993 年 1 月至 2002 年 6 月吉林省第八届人民代表大会常务委员会副主任、吉林省台联会会长、台盟吉林省委主委。

第八、九届全国人大代表，第六、七届吉林省人大常委，吉林省第八届人民代表大会常务委员会副主任。

1980 年 5 月《河豚毒素及其解毒方法》发表在《国外医学卫生学分册》（国家级）。1983 年 11 月《精神科的新进展》发表在长春市医学科学“医学情报”。

▲王天戈

（三）王天戈（1963.2.5—　　）

王天戈，男，汉族，1963年2月生，台湾苗栗人，1984年11月参加工作，1995年8月加入台盟。吉林大学法学院法学专业毕业，法学学士学位。台盟吉林省第六至八届委员主任委员。

1984年11月至1991年7月任吉林省农安县农业机械化学校教师。1991年7月至1995年10月任吉林省农安县哈拉海镇乡企办副主任。1995年10月至1996年3月任吉林省农安县哈拉海镇副镇长。1996年3月至1997年3月任吉林省农安县哈拉海镇副镇长兼长春市第一水泵厂厂长。1997年3月至2001年12月任吉林省农安县县长助理、副县长。2001年12月至2002年5月任吉林省农安县副县长、台盟吉林省委副主委（兼职）。2002年5月至2002年7月任吉林省乡企局副局长（副厅长级）、台盟吉林省委副主委。2002年7月至今任台盟吉林省委专职主委。

第十届全国人大代表、第十一届全国政协委员（2010年10月22日政协第十一届全国委员会常务委员会第十一次会议被增补为全国政协委员）、第十二届全国政协常委。第七、八、九届台盟中央常委。第十、十一、十二届吉林省人大常委。

1986年曾发明设计“三相电机缺相保护接触器”获国家专利；1987年获农安县政府授予的“全县十大青年标兵”称号；1992年、1995年被县政府授予发展乡镇企业先进工作者；2000年被长春市政府评为“赴两省一市经贸交流活动先进个人”；2001年作为台胞先进个人出席全国台胞联谊会在北京召开的经验交流会，受到表彰；2006年获中央统战部“为全面建设小康社会作贡献”先进个人。

七、历任全国人大代表、全国政协委员、省部级职务的盟员名单

（一）历届全国人大代表

第五届：谢玉林

第六届：谢玉林

第七届：谢玉林

第八届：袁柏雄（省人大副主任） 谢玉林

第九届：袁柏雄（省人大副主任） 张永钧

第十届：王天戈 张永钧

第十一届：孔令智

第十二届：孔令智

（二）历届全国政协委员

第六届：蔡启运（省政协副主席）

第七届：蔡启运

第八届：陈森吉

第九届：陈森吉

第十届：雷献禾

第十一届：王天戈 雷献禾

第十二届：王天戈 雷献禾

（三）历任省部级职务的盟员名单

蔡启运：第六届省政协副主席

袁柏雄：第八、九届省人大副主任

台盟辽宁省委组织发展沿革

一、成立的历史背景

从 1895 年中日甲午战争到 1945 年日本战败，台湾经历了五十年的殖民统治。在日本高压统治下，台湾人纷纷出走大陆。

辽宁省位于我国东北南部，南抱渤海、东濒黄海，地理位置优越。民国时期，张氏父子主政东北，将建设重点放在辽宁，使辽宁的工业尤其是重工业发展在二十世纪二三十年代位居全国领先地位；“九一八”事变之后，伪满洲国时期，日本当局为满足战争及掠夺需要，将辽宁的工业进一步延续发展。辽宁能够吸引大量台湾人移居的原因，除了优越的地理位置和相对发达的经济，还有以下两个重要原因：

一是受过高等医学教育的台湾青年寻求出路。由于日本殖民当局限制，台湾人的职业选择局限性很大，最多是教师和医生，而在台湾医生的就业机会有限。于是，一批出身贫寒，在台湾接受了高等医学教育的台湾人来到辽宁寻求出路。最早来到辽宁大连的孟天成、简仁南、徐荣等人最具代表性。

二是有接受高等教育的机会。当时台湾只有一所台北帝国大学（今台湾大学），又是向日本人开放的。而辽宁有多所水平很高的大学，如南满医学堂、旅顺工业大学等。一批失业失学的台湾青年人，来到辽宁后或升入各类学校，或考取专业资格，后来成为医师、护士、技工、职员等。

1945 年 8 月，日本无条件投降，台湾回归祖国怀抱。在台湾人中，产生了一股思乡怀旧之情，加上许多人面临失业、失学的威胁，于是纷纷要求归台。但也有一批台胞留在辽宁，投身到新民主主义革命事业中。

1947 年 11 月，台湾民主自治同盟在香港成立后，使岛内外台胞有了一个公开的政治团体，台盟得到了台湾的进步团体和许多台籍人士的支持和帮助，生活在大连的简仁南等台胞加入了台盟。1950 年 4 月 2 日，台盟旅大特别支部成立。台盟旅大特别支部不仅是辽宁最早的台盟组织，也是台盟在东北地区最早建立的地方组织，同时是大连地区第一个成立的民主党派地方组织。1954 年台盟旅大特别支部改为台盟旅大市支部。1966 年 6 月，“文化大革命”开始后，大连市台盟组织被迫停止活动。粉碎“四人帮”后，大连市台盟组织于 1978 年 9 月恢复活动。1982 年 12 月，台盟沈阳市支部第一次盟员大会在沈阳召开，宣布台盟沈阳市支部成立。

二、成立过程及初期活动

改革开放以后，台盟在辽宁的组织得到健康发展。1997 年，辽宁有台盟盟员 122 人，分属沈阳、大连两个市级组织领导。

一直以来，台盟沈阳、大连市委和在辽台盟盟员积极呼吁成立台盟省级组织，台盟中央几位负责人如时任台盟中央主席蔡子民、副主席张克辉，先后表示希望辽宁成立台盟省级组织。中共辽宁省委参考各方意见，经过认真研究，同意成立台盟辽宁省委。其理由概括如下：一是台盟作为参政党，在国家政治、经济生活中发挥了很好的作用。尤其是它联系着海内外一部分台胞，在开展对台工作，促进祖国统一大业中做了大量卓有成效的工作，这是其他任何部门、组织代替不了的。二是台盟在辽宁有一定的基础。辽宁是台胞居住的大省，约有 1500 人。早在 20 世纪 50 年代初，就在大连成立了基层组织。台盟组织的未来发展还有巨大空间。三是成立台盟省级组织便于规范领导，有利于工作。在中共辽宁省委统战部的大力支持和具体指导下，经过认真筹备，成立台盟辽宁省委条件已经具备，时机已经成熟。四是辽宁省的八个民主党派中有七个，仅缺台盟。

1995 年 12 月 14 日，辽宁省台湾同胞联谊会会长孙桂芬、名誉会长黄启章等人专程进京向台盟中央汇报筹备成立省级组织的情况。12 月 15 日，向中共中央统战部一局汇报筹备情况。

1996 年 11 月 26 日，台盟中央、中共中央统战部原则上同意成立台盟辽宁省委；1997 年 1 月 29 日，中共辽宁省委常委会讨论通过中共辽宁省委统战部关于成立台盟辽宁省委的请示报告。

1997 年 10 月 27 日，台盟中央下发《关于同意成立台湾民主自治同盟辽宁省委员会事》（台盟中组发（ 1997 ）44 号）。原文如下：“辽台盟筹发（1997）3 号函悉。同意台湾民主自治同盟辽宁省第一届委员会由五名成员组成，孙桂芬为主委候选人，杨宗泰、简国树为副主委候选人，王光华、苏振瑛为委员候选人。此复。”

▲1997 年 11 月，台盟中央主席蔡子民（右二）与台盟辽宁省第一届领导班子成员在辽宁友谊宾馆亲切交谈

台盟辽宁省委成立之初，台盟省委机关和省台联合署办公，一套人马，两块牌子；领导班子设主委 1 人，副主委 2 人。其中，包括 2 名兼职副主委，1 名专职副主委暂空。2000 年，台盟辽宁省委有了机关编制 5 人，设专职主委 1 人，兼职副主委 2 人，内设机构包括办公室和组织宣传部。

三、组织变迁

台盟辽宁省委员会（1997.11— ）

1997 年 11 月，台盟辽宁省第一次代表大会召开，台湾民主自治同盟辽宁省委员会正式成立，直属台盟中央领导。成立之初，台盟辽宁省委和省台联合署办公。2000 年，台盟辽宁省委有了机关编制 5 人。

自 1997 年 11 月起，台盟沈阳、大连市委员会由台盟辽宁省委员会直接领导。

四、历次盟员大会及历届委员会重要简况

（一）第一次盟员大会及第一届委员会（1997.11—2002.5）简况

1997 年 11 月 4 日，台湾民主自治同盟辽宁省第一次代表大会在沈阳召开，共有 47 名盟员代表参加大会。大会听取并审议台湾民主自治同盟辽宁省第一次代表大会筹备工作报告；选举产生台湾民主自治同盟辽宁省第一届委员会

▲台湾民主自治同盟辽宁省第一次代表大会合影

委员；审议通过台湾民主自治同盟辽宁省第一次代表大会决议。

第一届委员会主任委员：孙桂芬（女），副主任委员：杨宗泰、简国树。

台盟辽宁省委成立之后，受到台盟中央、中共辽宁省委、省政府的关怀与帮助，台盟中央历届领导、中共辽宁省委历届书记以及中共省委、省政府、省人大、省政协的领导同志都先后到台盟省委视察工作，对台盟的建立和发展给予了亲切的关怀和巨大的鼓舞。

（二）第二次盟员大会及第二届委员会（2002.5—2007.4）简况

2002年5月10日，台盟辽宁省第二次代表大会在沈阳召开。大会听取并审议台盟辽宁省第一届委员会工作报告，选举产生出席台盟第七次全盟代表大会代表，选举产生台盟辽宁省第二届委员会审议通过台盟辽宁省第二次代表大会决议。

第二届委员会主任委员：孙桂芬（女），副主任委员：简国树、吴庆元。

台盟辽宁省第二届委员会在台盟中央和中共辽宁省委的领导下，坚持以邓小平理论和“三个代表”重要思想为指导，全面贯彻落实中共十六大精神和台盟七大确定的任务，团结和带领全体盟员及所联系的台胞，同心同德、开拓创新，扎实奋进，履行职能，较好地完成了各项工作任务。

（三）第三次盟员大会及第三届委员会（2007.4—2012.6）简况

2007年4月26日，台盟辽宁省第三次代表大会在沈阳召开。大会听取和审议台盟辽宁省第二届委员会工作报告，选举产生台盟辽宁省第三届委员会，选举产生出席台盟第八次全盟代表大会代表，审议、通过台盟辽宁省第三次代表大会决议。

第三届委员会主任委员：王松，副主任委员：王光华（女）、胡军。

在台盟中央和中共辽宁省委的正确领导下，台盟辽宁省第三届委员会高举中国特色社会主义伟大旗帜，认真贯彻中共十七大和十七届三中、四中、五中、六中全会精神，以及台盟八大确定的各项任务，团结和带领全省盟员及其所联系的台胞，紧紧围绕中共辽宁省第十次党代会确定的发展目标和战略部署，致力于实现辽宁老工业基地全面振兴，全面加强思想政治建设，不断提高参政议政能力，务实推进社会服务工作；致力于准确把握对台工作的深刻内涵，坚定信心，认真做好争取台湾民心工作，完成了台盟辽宁省第三次代表大会提出的各项任务，为实现辽宁老工业基地全面振兴和两岸关系和平发展做出了不懈的努力，写就了辉煌的篇章。其间，辽宁台盟基层组织建设取得突破。2007年，台盟大连市委先后成立了台盟西岗区、中山区、沙河区支部、甘井子区支部。2010年，台盟省委直属鞍山、抚顺支部成立。领导班子和后备干部队伍建设得到加强。2012年5月，台盟中央批准了台盟辽宁省省委委员职数由5人增加到13人，副主任委员职数由2人增加到4人。

▲2011年5月台盟中央林文漪主席率团来辽进行大调研

（四）第四次盟员大会及第四届委员会（2012.6—　　）简况

2012年6月5日，台盟辽宁省第四次代表大会召开。大会听取和审议台盟辽宁省第三届委员会工作报告，选举产生台盟辽宁省第四届委员会，选举产生辽宁省出席台盟第九次全盟代表大会代表，审议通过台盟辽宁省第四次代表大会决议。

第四届委员会主任委员：王松，副主任委员：胡军、柯英明、林永中、吴利薇（女）。

五、历届组织机构组成名单

（一）第一届委员会（1997.11—2002.5）

主　委：孙桂芬（女）

副主委：杨宗泰　简国树

委　员：王光华（女）　孙桂芬（女）　杨宗泰　苏振瑛　简国树

（二）第二届委员会（2002.5—2007.4）

主　委：孙桂芬（女）

副主委：简国树　吴庆元

委　员：王光华（女）　孙桂芬（女）　吴庆元　苏振瑛　简国树

（三）第三届委员会（2007.4—2012.6）

主　委：王　松

副主委：王光华（女）　胡　军

委　员：王　松　王光华（女）　胡　军　柯英明　林永中

（四）第四届委员会（2012.6—　　）

主　委：王　松

副主委：胡　军　柯英明　林永中　吴利薇（女）

委　员：王　松　孙　宏（女）　孙　强　李小娟（女）　杨志峰
吴利薇（女）　邹淑红（女）　林永中
赵文江　胡　军　柯英明　黄　为　黄建华

六、历届主委简历

孙桂芬（1942.8.15—　　）

女，汉族，台湾省新竹人，台盟盟员。台盟辽宁省第一、二届委员会主任委员。

1965年8月毕业于吉林大学化学系，1965年8月至1982年8月任中国

▲孙桂芬

▲王松

科学院金属研究所实习员、助理研究员。1978年11月加入中国共产党。1982年9月开始参与筹备建立辽宁省台湾同胞联谊会，任筹备组副组长。1983年至2007年，历任省台联副秘书长，第二、三、四届副会长，第五届会长，第六届会长、名誉会长。1997年11月，当选台盟中央第六届常委。2002年11月当选中国共产党第十六届全国代表大会代表。2003年1月当选为政协辽宁省第九届委员会副主席。历任第九、十届全国政协委员，第三、四、五、六、七届全国台联常务理事，第六届省政协委员，第七、八届省政协常委。

王松（1953.6.7—　　）

男，汉族，台湾省新竹人，研究生学历。台盟辽宁省第三、四届委员会主任委员。

王松1970年9月参加工作，1979年11月加入中共，2000年11月加入台盟。现任全国政协委员、台盟中央常委、全国台联副会长、辽宁省政协副主席、台盟辽宁省委主委。1992年6月，任辽宁省锦州市台湾同胞联谊会第三届会长；1999年9月进入辽宁省台湾同胞联谊会工作，历任办公室副主任、主任、秘书长、副会长；2004年2月至2016年1月任辽宁省台湾同胞联谊会第六、七、八届会长；2006年12月任台盟辽宁省委副主委、辽宁省台湾同胞联谊会会长；2007年4月至今任台盟辽宁省委主主委；2007年12月至今任台盟中央常委、中华全国台湾同胞联谊会第八届副会长；2013年1月至今任政协辽宁省第十一届委员会副主席。历任中国共产党第十七次全国代表大会代表，第十一、十二届全国政协委员，第九、十届省政协委员。

七、历任全国人大代表、全国政协委员、省部级职务的盟员名单

（一）历届全国政协委员

第九届：孙桂芬

第十届：孙桂芬

第十一届：王　松

第十二届：王　松

（三）历任省部级职务的盟员名单

孙桂芬：2003.1—2008.1 任政协辽宁省第九届委员会副主席

王　松：2013.1— 任政协辽宁省第十一届委员会副主席

台盟辽宁省大连市委组织发展沿革

一、成立的历史背景

自 1895 年日本侵占台湾时起，就不断遭到台湾人民的反抗。在日本的高压统治下，大批台湾人被迫流亡大陆。据调查，移居大连的台湾人，从 20 世纪初到 1945 年 8 月日本投降为止，约有七百余人。移居的主要原因：

首先，一批受过高等医学教育的青年来大连寻找出路。

最早来大连的一批人中，有孟天成、简仁南、徐荣等人。这些人出身贫寒，经个人奋斗，选择了在殖民地被认为较为自由的职业——医生。在他们之后又相继有一批医学院的学生在大连立业安家。因此，在大连老一代的台湾人中，从事医务工作的人占很大的比重。

其次，一批失业失学的青年人，来大连投亲靠友。

这批台湾人主要是二十世纪三四十年代来的。有些来到大连后，在台湾人开的医院里学习工作，后来成为医师、护士、技工、职员等；有些经过工作，并在亲友资助下，升入各类学校，或考取专业资格，这部分人数也不少。

再次，大连与台湾通航后，一批台湾人来大连经商。

1906 年 9 月“关东都督府”（后改为关东州厅）成立，宣布大连为自由贸易港，从此大连进出口贸易发展迅速。大连与台湾直接通航后，有一批商人从台湾到大连经商。他们主要经营、批发台湾的土特产。规模多为中小型，有的设门店，有的携家眷在大连驻地，地点多集中在西岗商业区。

最后，就是有少部分青年在大连高等学校读书的学生，主要是旅顺工科大学、大连南满洲工业专门学校和旅顺医专等。他们毕业后有的留在大连工作。

大连解放前，在大连的台湾人的地位，有一定的特殊性。例如，配给细粮与日本人相同，子女可入日本人学校。这是日本统治者采取以华制华，分而治之的一贯方法。日统时期的大连，居民是分等级的，内地人（日本人）、朝鲜人、满支人和外国人四类。这里把台湾人放在满支人当中，构成了大连地区台湾人一定的特殊地位。在大连的台湾人中，从职业来看，从事医务和贸易的占大多数。当时在社会上被尊重和有一定地位的职业算是医生了。解放前在大连医院及其分院当医生的有十余人。许多医生在有一定资历后，大多走上了独立开业的道路。自1917年孟天成开设博爱医院后，陆续开业的有二十多家私人医院或诊所。他们的事业给大连人民留下了深刻的印象。

1945年8月，日本帝国主义宣布无条件投降，广大台胞拍手称快。当时在大连的台湾人中，产生了一股思乡怀旧之情，加上许多人面临失业、失学的威胁，于是纷纷要求归台。

为了增进同乡友谊，帮助克服困难，1945年9月6日，一部分台胞自发筹建“大连市台湾省同乡会”，并确定9月9日正式成立。但由于种种原因直到1946年12月2日，才向当时的大连市政府上报创立同乡会的《呈请书》，12月9日得到正式批准。民主选举会长孟天成，副会长简仁南。参加台湾同乡会的台胞（包括家属），总计388人。同乡会每月集体活动一次，并按月向大连市政府上报《工作呈报表》。主要内容是：会员变动情况和组织活动情况。主要是关于救济生活困难户及赞助回乡贫民的情况。

台湾同乡会成立后，积极帮助生活困难、家乡有事的台胞办理回乡手续。从1946年3月至1947年7月，经同乡会向市政府提出106次申请，85%以上在大连的台湾人离开了大连。只有少数医务工作人员因工作需要未能成行。

新中国成立前后，许多留在大连的台湾同胞陆续投身到社会主义建设事业中，作为同乡会形式存在的社团，已经跟不上时代的发展需要，在完成本会历史任务后，于1949年3月15日向政府呈请解散，3月18日正式得到批准。

大连市台湾省同乡会与台盟旅大特别支部没有传承关系，同乡会只是一个以同乡为联系纽带的社会团体，主要致力于帮助在大连的台胞返乡、解决台胞的生活困难。如果说有一定的联系的话，那就是参加同乡会的部分台胞，在后来台盟旅大特别支部成立后参加了盟的组织。

▲简仁南卢淑贤夫妇

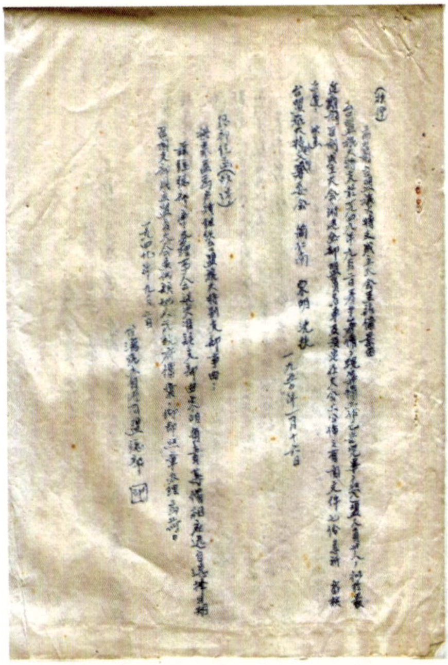

▲台盟总部关于筹建旅大特别支部的公函

二、成立过程及初期活动

台盟旅大特别支部的成立，始于1948年。当时苏子蘅同志携带家眷从河北出发北上工作，途径大连时旧病复发，便留在大连养病。中共旅大区党委鉴于旅大市正在筹建大连大学需要人才，就留下苏子蘅同志参加大连大学的筹建工作。苏初到大连时经常到在大连当地台胞中很有威望的简仁南先生家中拜访，结识了许多在大连的台湾同乡，了解到大连的台胞较多，基础较好。

当时在旅大地区的台胞约20户、70多人，大都是日本投降后，没有回台湾而留下来的。这些台胞中间医务工作者较多，还有一些技术人员和工人，他们都拥护人民政府，愿意在共产党的领导下做好各自的工作。而原来的“台湾省同乡会”已经解散，台胞之间没有什么团体组织。1949年4月，苏子蘅同志的夫人甘莹女士回到北京，担任台盟总部主席谢雪红的秘书，大连台胞的情况得以反映到台盟总部，总部希望在旅大地区成立台盟支部。苏子蘅同志在征求了简仁南、许义松、李辰、陈文等台胞的意见后，认为在大连成立台盟支部的条件已经存在。

1949年9月2日台盟总部寄来公函委托苏子蘅同志负责筹建工作。

公函原文如下：“兹经总部常务理事会议决准，该支部（指台盟旅大特别支部）由宋明负责筹备相应迅自选择日期召开支部成立盟员大会并向该地人民政府备案，仰即照章办理为荷。”

9月2日正式成立台盟旅大支部筹备会，会上大家推举苏子蘅同志为筹备会主任，简仁南同志为副主任，其他筹备委员有：许义松、苏茂寅、李辰、周辉、陈文、黄清琴6位同志。卢淑贤、蔡行铸等同志虽然不是筹备委员，但也积极参加筹备工作。9月17日，中共旅大区党委派遣当时已在大连工作的台籍党员沈扶和黎舒林夫妇参加筹备工作（沈、黎夫妇均为从延安派来的台籍干部）。筹备会推举沈扶同志担任筹备会副主任，黎舒林同志为筹备会委员，并通过台盟旅大支部工作规程及宣言。9月18日，筹备会召开台湾同胞座谈会，向大家说明成立台盟支部的意义，介绍筹备经过，欢迎大家入盟，提出入盟申请的期限为9月25日前。

台盟旅大特别支部成立大会于1950年4月2日在旅大饭店隆重举行。这是台盟在全国成立较早的一个地方组织，也是大连第一个成立的民主党派地方组织。除全体盟员（23人）和十多位非盟员台胞（16人）出席大会外，旅大地区党政机关以及各界代表和从台湾来大连大学工作的同志、新闻媒体的同志约30位来宾出席大会。成立大会上许义松同志宣布开会后，苏子蘅同志报告筹备经过，简仁南同志致辞。中共旅大区党委傅忠海部长代表区党委、旅大行政公署梁明德厅长代表行政公署致贺词。

大会选举9名支部委员，他们是：简仁南、沈扶、宋明（即苏子蘅）、李辰、周辉、黎舒林、许义松、卢淑贤、陈俊贵。由特别支部委员会选举简仁南同志为主任委员，沈扶同志和宋明同志为副主任委员。组织机构上设秘书处、组织部、宣教部和妇女部。

台盟旅大特别支部正式成立后，除了进行经常性的政治学习，根据工作岗位和居住地区，把盟员分成四个小组：

第一组铁路医院组，组长：林呈瑞；

第二组大连医学院组，组长：周辉；

第三组综合组，组长：黄清琴，副组长：蔡行铸；

第四组妇女和工人组，组长：卢淑贤，副组长：陈素梅。

1950年4月以前，即台盟旅大特别支部筹备委员会期间，无正式办公地址，其临时办公地点为：大连市沙河口区护政坊大连大学第九宿舍（即宋明同志的宿舍）。4月2日第一次盟员大会闭幕后，台盟的办公地点设在市中苏友好协会办公楼内（现大连渤海饭店二部）。直至1951年9月，又先后迁至大连市西岗区大公街18号、大连市中山区中山广场7号。其间未设专职工作人员。

◀台盟旅大特别支部早期办公地点之一：大公街 18 号

在台盟旅大特别支部筹备、成立的过程中，有几位重要的人物也在这里做一个简要的介绍：苏子蘅同志、简仁南同志和沈扶同志。

苏子蘅（1945 年至 1952 年曾用名宋明），台湾彰化人，中共党员。1949 年 6 月参加台盟，1949 年 9 月受台盟总部委托，负责筹建台盟旅大特别支部，任筹备委员会主任委员。台盟旅大特别支部成立后，任第一、二届委员会副主任委员。后调到北京。

他早年留学日本，1927 年考入仙台日本东北帝国大学。留学期间积极参加留学生反帝爱国活动，于 1928 年初加入中国共产党。在留学期间因参与反帝活动被捕，与党组织失去联系。1937 年毕业回台，在工厂担任研究院和工程师。1941 年应邀携妻儿北上，曾任北京大学理学院化学系副教授，参加了晋察冀城工部工作。1945 年进入华北解放区，历任张家口晋察冀军区军工部化学研究所研究员、研究室主任。1949 年参加大连大学筹建工作，建校后任大连大学科学研究所研究员兼主任。1951 年作为台湾同胞代表参加中华全国自然科学工作者代表会议，1952 年调任中国科学院计划局数理化组组长，1955 年任中国科学院化学研究所研究员，1975 年任中国科学院感光化学研究所研究员。1978 年作为台湾省代表团团员参加全国科学大会，为新中国化学研究事业做出卓越贡献。

1979 年任台盟第二届总部理事会副主席；1983 年任台盟第三届理事会主席；1987 年和 1992 年连任台盟第四、五届中央委员会名誉主席。

1956 年 2 月为全国政协二届三次会议台盟列席代表。1956 年后历任北京市政协常委，第三至八届全国政协委员，第四、五、六届全国政协常委。

1996 年 5 月 31 日病逝，终年 91 岁。

简仁南，字静邨，1897 年 9 月 2 日出生于台湾省台南市，台盟盟员。曾任台盟大连市第一届至第七届委员会主任委员。大连医学院外科和解剖学教授。

他出身贫寒，1916 年考进台湾医学专科学校。在校时加入“台湾文化协会”，宣传爱国主义思想。1921 年毕业后到台南市立医院工作，1922 年 4 月，因参加抗议日本殖民统治的活动而被撤职。

1923 年被迫流亡大连，在南满铁道株式会社大连总医院任外科医师，中国人病房主任。1925 年赴日本参加东京医学专门学校考试，获医学学士学位，同时取得日本全国开业证书，1928 年自己开设仁和医院。

1925 年至 1937 年间还从事病理学和法医学的研究工作。1940 年以《动脉硬化症的实验研究》为主要论文，获满洲医科大学博士学位。

大连解放（注：1945 年 8 月，日本投降后大连获得解放，同年 10 月，在中共中央东北局的领导下成立了中共大连市委员会，并组成大连市政府。大连是东北地区较早解放的城市。）后，于 1945 年 9 月主动将自己的两所医院献给国家，为大连解放初期的文教卫生事业做出了贡献。1945 年 9 月至 1946 年 7 月，先后任大连医师公会副会长、市政府卫生局科长、考试委员会委员、大连医学会监察委员。1946 年 12 月被聘为大连临时医学专门学校外科教授和关东医学院解剖学教授。1948 年 8 月沈阳解放前夕，他参加了大连第三批赴辽南军区手术队任小队长，抢救了大批伤员，直接支援了东北解放战争。1949 年，任大连医学院解剖学教授。抗美援朝战争期间，先后任大连市医管处所属第一、四、五医院医务主任等职，积极参加大连后方医院的抢救治疗工作，受到党组织和伤病员的好评。

“大连市台湾省同乡会”1946 年 12 月得到大连市政府的正式批准，他被选为副会长。1949 年至 1950 年初，积极参加了台盟旅大特别支部的筹建工作，支部成立后，作为支部的主要领导成员，为市台盟的初期建设做出了重要贡献。

他在 1951 年被选为旅大市各界人民代表会议协商委员会委员，1955 年起被选为政协旅大市第一届至第四届委员，辽宁省人大第一届代表。1954 年当选为第二届全国政协委员，1956 年出席全国政协会议时，受到毛泽东、刘少奇、周恩来、朱德等党和国家领导人的亲切接见。1969 年 4 月 20 日病逝，终年 72 岁。

沈扶，又名王文庶 ，1913 年出生于台湾省台北市。抗日时期到延安参加革命。中共党员，台盟盟员。曾任台盟大连市第一届至第八届委员会副主任委员。台盟总部副秘书长辽宁美协副主席。

1929年他在台北市日新公学校毕业后，因不愿受日本的奴化教育，来到大陆，就读于厦门同文中学。1932年，在鼓浪屿英华中学念书时，参加党的外围组织——中国革命互济会。后来入上海新华艺专、厦门美专读书，并曾在苏州美专攻读研究生课程。1937年抗日战争爆发，他毅然投军从戎，从香港辗转赴延安，参加抗日斗争。1938年以后，在延安鲁迅艺术学院、中共中央党训班、延安抗日大学学习，于1938年加入中国共产党。1939年4月，被派往八路军总政治部敌工科工作，三年后至中共中央海安训练班学习并工作。抗战胜利后，1945年，他与同乡妻子黎舒林从延安被派往当时被国民党军队包围的辽南工作，历任大连市政府日侨科副科长、关东公署农林厅秘书科长、关东技术研究会秘书长、大连市工业局技研所秘书长、旅大试验农场副场长、旅大市中苏友协秘书长等职。他在此期间，加入台盟，热心指导台盟旅大特别支部的筹建工作和盟务工作。黎舒林则在大连女中任教导主任，后任旅大市教育局副局长。沈扶则于1954年奉调在最高检察院东北工作团任办公室副主任，参加了对日战犯的查审工作。1957年后任大连市文化局副局长、辽宁省文联秘书长兼省美协、摄影学会分会主席、党组书记。“文革”期间，他遭严酷冲击，被“下放”辽宁省朝阳地区。

1979年调任台盟总部副秘书长，曾当选为全国政协第五届委员会委员、全国文联理事、中国美术家协会第三届常务理事。1982年他离休后，还担任台盟中央评议委员会委员。1991年7月25日病逝，终年78岁。

三、组织变迁

（一）台盟旅大特别支部

1950年4月2日台盟旅大特别支部正式成立，直属台盟总部领导。

（二）台盟旅大市支部

1954年，国家撤销行政大区，撤销旅大直辖市，根据台盟总部决定，台盟旅大特别支部于1955年4月第五届委员会起改称为台盟旅大市支部。

（三）台盟旅大支部

根据1979年10月台盟第二次全盟代表大会决定，台盟旅大市支部于1980年1月31日改称为台盟旅大支部，直属台盟总部领导。

（四）台盟大连支部

1981 年 2 月国务院批准旅大市改称大连市，台盟旅大支部亦随之改称为台盟大连支部。

（五）台盟大连市分部

根据 1983 年 11 月台盟第三次全盟代表大会通过的新章程，台盟大连支部于 1984 年 1 月 5 日改称为台盟大连市分部，直属台盟总部领导。

（六）台盟大连市委员会

根据 1987 年 11 月台盟第四次全盟代表大会通过的章程规定，台湾民主自治同盟总部改名为台湾民主自治同盟中央委员会，台盟大连市分部于 1988 年 1 月 10 日随之更名为台湾民主自治同盟大连市委员会，直属台盟中央领导。

自 1997 年 11 月起，台盟大连市委员会由新成立的台盟辽宁省委员会直接领导。

四、历次盟员大会及历届委员会重要简况

（一）第一次盟员大会及第一届委员会（1950. 4—1951. 7）简况

1950 年 4 月 2 日，台盟旅大特别支部第一次盟员大会于大连饭店举行。参加大会的盟员有 23 人。大会主要任务，选举支部委员会，成立台盟旅大特别支部。大会主要议程，报告了台盟旅大特别支部筹备经过，学习了《台湾民主自治同盟章程》，选举产生了第一届台盟旅大特别支部委员会，通过了大会通电和声明，正式宣告台盟旅大特别支部成立。

第一届委员会主委：简仁南，副主委：宋明、沈扶。委员会下设组织部、宣传部、妇女部、秘书处。

委员会根据 1950 年《台湾民主自治同盟章程》第十七条规定的盟支部四项经常工作（推动和组织盟员及群众积极实行各级人民政府所决定的任务与政策；讨论与执行本盟的指示和决议，定期向盟支部大会及盟总部作工作报告；组织盟员的学习和进行文化娱乐体育等活动；随时注意吸收新盟员）开展活动。

（二）第二次盟员大会及第二届委员会（1951. 7—1952. 1）简况

1951 年 7 月 1 日，台盟旅大特别支部第二次盟员大会举行。大会主要学习了中国共产党三十年来的光荣历史，总结了第一届支部委员会的工作，改选产生了第二届支部委员会，讨论并通过了《爱国公约》。

第二届委员会主委：简仁南，副主委：沈扶、宋明。

本届委员会任期半年，通过委员会换届、召开盟员大会、举行报告会、座谈会、重大节日庆祝活动，提高了盟员的政治觉悟。召开第二届委员会的同时，举行了庆祝中国共产党成立30周年和台盟旅大特别支部成立一周年活动，提高了盟员对中国共产党是中国社会主义事业的领导核心，台盟必须在中国共产党领导下才能发挥它应有作用的认识。

（三）第三次盟员大会及第三届委员会（1952.1—1953.8）简况

1952年1月28日，台盟旅大特别支部第三次盟员大会举行。大会主要总结了支部委员会半年来的工作，改选产生了第三届支部委员会，听取并座谈了中共旅大市委统战部领导作的开展“三反”运动的报告。

第三届委员会主委：简仁南，副主委：沈扶、黄启章。

配合全市开展的“三反”、“五反”运动，多次召开支部委员和盟员大会，组织盟的干部和盟员学习座谈。在抗美援朝伟大斗争中，多次举行报告会和座谈会。沈扶同志还参加了赴朝慰问团到前线慰问中国人民志愿军。

（四）第四次盟员大会及第四届委员会（1953.8—1955.4）简况

1953年8月30日，台盟旅大特别支部第四次盟员大会举行。大会主要总结了支部委员会的工作，布置了下半年的工作任务，改选产生了第四届支部委员会。

第四届委员会主委：简仁南，副主委：沈扶、黄启章。

全体盟员就党的社会主义建设总路线和宪法草案多次听取有关报告和进行学习讨论。支部负责人还参加了旅大市协商委员会召开的各民主党派、各界代表人士的座谈会，协商讨论宪法草案。及时传达学习全国人民代表大会一届一次会议、全国政协会议及省市人民代表大会会议精神。委员会还就解放台湾问题，多次组织盟员听取有关报告，进行座谈讨论。

（五）第五次盟员大会及第五届委员会（1955.4—1956.4）简况

1955年4月10日，台盟旅大市第五次盟员大会举行。大会主要总结了支部委员会一年多来的工作，讨论了1955年的工作计划，改选产生了第五届支部委员会。

第五届委员会主委：简仁南，副主委：沈扶、黄启章。

1955年7月，政协旅大市第一届委员会举行第一次全体会议，正式成立了中国人民政治协商会议辽宁省旅大市委员会。台盟盟员简仁南、周辉被推选为市政协委员，简仁南还被选为市政协常委，参与了政协的工作。此期间，传达讨论了全国、省、市政协会议精神，并重点传达学习了全国人大一届二次会议和全国政协二届二次会议精神。学习了周恩来总理关于知识分子问题的讲话，听取了有关当前亚洲局势和国际形势的报告。举行了纪念"台湾光复"十周年座谈会，举行了纪念台湾人民"二·二八"起义九周年大会，这些纪念活动进一步表达了盟员及其家属对台湾亲友、同胞的关怀和思念，表达了盟员要努力做出自己的贡献，争取早日解放台湾的决心。

（六）第六次盟员大会及第六届委员会（1956.4—1957.5）简况

1956年4月22日，台盟旅大市第六次盟员大会举行。大会主要报告和讨论了支部委员会一年来的工作和1956年的工作计划，改选产生了第六届支部委员会。

第六届委员会主委：简仁南，副主委：沈扶、黄启章。

从本届委员会起，就和平解放台湾的可能性进行了多次座谈、探讨。在纪念台湾人民"二·二八"起义十周年座谈会上，沈扶副主委介绍了台湾现状与和平解决台湾的问题。简仁南主委代表台盟支部在《旅大日报》上，以"台湾一定要解放"为题发表了纪念文章。

（七）第七次盟员大会及第七届委员会（1957.5—1958.10）简况

1957年5月12日，台盟旅大市第七次盟员大会举行。中共旅大市委统战部部长代表中共旅大市委致贺词，市民主党派代表向大会致贺词。大会主要讨论了支部委员会1956年工作总结和1957年的工作计划，改选产生了第七届支部委员会，通过了大会决议。

第七届委员会主委：简仁南，副主委：沈扶、黄启章。

组织盟员学习中共中央《关于整风运动的指示》，提高自我改造的自觉性。举行纪念台湾人民"二·二八"起义11周年报告会，组织座谈讨论。

（八）第八次盟员大会及第八届委员会（1958.10—1961.11）简况

1958年10月5日，台盟旅大市第八次盟员大会举行。大会主要总结了开展整风和反右斗争的经验教训，讨论并通过了台盟旅大市支部组织改造规划，选举产生了第八届支部委员会，通过了大会决议。

第八届委员会主委：陈文，副主委：沈扶、黄启章。

市台盟支部围绕国民经济"八字方针"和安排好人民群众生活开展活动，举行相关内容的报告会、座谈会，使广大盟员和所联系的台胞及家属，及时了解党和政府的方针政策，树立艰苦奋斗、克服困难的信心。在一些重大节日，如纪念台湾人民“二·二八”起义和“五·二四”爱国反美大示威、郑成功收复台湾300周年、国庆10周年、中国共产党建党40周年和纪念辛亥革命50周年等均举行了纪念活动。

（九）第九次盟员大会及第九届委员会（1961.11—1965.8）简况

1961年11月4日，台盟旅大市第九次盟员大会举行。大会主要讨论并通过了第八届支部委员会工作报告，改选产生了第九届支部委员会，通过了大会决议。

第九届委员会主委：陈文，副主委：黄启章。

根据中共旅大市委的部署和台盟全盟工作会议精神，组织盟员和所联系台胞学习中共中央关于农村社会主义教育运动的两个文件，学习关于两个阶级、两条道路和思想改造问题，学习中采取“回忆对比”、“现身说法”和“自我革命”的方法，检查思想言论和行动。为了加深盟员对文件的理解，还组织了一些报告会、座谈会以及学习经验交流会等。

（十）第十次盟员大会及第十届委员会（1965.8—1980.4）简况

1965年8月14日，台盟旅大市第十次盟员大会举行。大会主要任务，是总结四年来工作和盟员的思想情况，认清形势，进行自我改造，积极为社会主义服务，选举第十届支部委员会。大会讨论了第九届支部委员会工作报告，选举产生了第十届支部委员会。

第十届委员会主委：陈文，副主委：黄启章。

本届委员会历时十四年多，经历了三个阶段：

第一，1965年8月第十届委员会组成至1966年6月“文华大革命”开始前，主要是组织盟员参加城乡社会主义教育运动。还组织部分盟员参加了农村社会主义教育运动中组织的医疗队，进行为期四个月的巡回医疗。

第二，1966年6月“文化大革命”开始，市台盟支部被迫中止活动。

第三，1976年10月粉碎“四人帮”，市台盟支部于1978年9月恢复活动。恢复活动后，立即对旅大地区盟员及台胞的情况进行了普查。同时积极协助有关单位党委落实党的政策，做好在“文化大革命”中受迫害的盟员和台胞的三案平反工作，从而密切了党与台胞的关系，增强了安定团结，提高了广大台胞的政治热情。

（十一）第十一次盟员大会及第十一届委员会（1980.4—1984.6）

简况

1980年4月7日至9日，台盟旅大市第十一次盟员大会于大连饭店举行。出席盟员15人。大会主要任务为，坚持四项基本原则，认真学习党的十一届五中全会公报、邓小平副主席《目前的形势和任务》的报告及有关文件，提高认识；总结工作；选举第十一届支部委员会；部署今后工作任务，进一步动员盟员和所联系的台胞，同心同德、群策群力，为实现四化和统一祖国大业做出更大的贡献。大会主要审议并通过了第十届支部委员会工作报告，学习、讨论了中共党的十一届五中全会公报和邓小平《目前的形势和任务》，通过了第十一届盟员大会决议。

第十一届委员会主委：黄启章，副主委：黄垂柳、李锡光。

在中国共产党十一届三中全会的指引下，全党重新确立了马克思主义的思想路线、政治路线和组织路线，国家出现了政治上安定团结、经济上健康发展、各项事业都在前进的局面。台盟大连市支部在这四年中，为四化建设、祖国统一和其他工作都做出了许多贡献。

（十二）第十二次盟员大会及第十二届委员会（1984.6—1987.6）

简况

1984年6月15日至17日，台盟大连市第十二次盟员大会于人民文化俱乐部举行。出席盟员62人。大会主要任务为，在中共党的十二大路线指引下，团结和带领全体盟员和所联系的台胞，认真贯彻台盟第三次全盟代表大会精神，进一步开创盟务工作新局面，为二十世纪八十年代三大任务而努力奋斗。大会主要学习了台盟第三次全盟代表大会决议和邓颖超主席在全国政协会议上的讲话，审议通过了第十一届委员会工作报告，选举产生了第十二届台盟大连市分部委员会，通过了大会决议。

第十二届委员会主委：黄启章，副主委：甘丽娟（女）、黄清琴、李锡光。

三年来，市分部主要领导多次出席中共大连市委召开的由各民主党派、有关团体领导参加的双月座谈会和有关重要会议、其他有关会议以及协商讨论，提出了一些建议和意见，发挥了政治协商、参政议政和民主监督作用。市分部把协助党和政府落实各项政策作为参加国家政治生活的一项重要工作。市分部重视“自我教育”，加强思想政治工作。分部还进行了基层支部的组建工作，按照盟员的专业，成立了文教、科技、医卫和综合四个支部。

（十三）第十三次盟员大会及第十三届委员会（1987.6-1992.5）

简况

1987 年 6 月 12 日至 13 日，台盟大连市第十三次盟员大会在市政协礼堂举行，出席 56 人，列席 4 人。大会主要审议了第十二届分部委员会的工作报告；选举产生了第十三届分部委员会；选举产生了出席台盟第四次全盟代表大会的代表；讨论台盟章程（草案）。

第十三届委员会主委：黄启章，副主委：甘丽娟（女）、黄清琴、李锡光、简国树。

本届委员会以邓小平同志建设有中国特色社会主义理论为指导，认真贯彻《中共中央关于坚持和完善中国共产党领导的多党合作和政治协商制度的意见》，紧密围绕以经济建设为中心，坚持四项基本原则，坚持改革开放，积极探索，努力创新，并结合台盟特点开展各项工作，取得了较好成绩，为大连市改革开放和祖国统一大业做出了一定的贡献。

（十四）第十四次盟员大会及第十四届委员会（1992.5—1996.8）

简况

1992 年 5 月 15 日至 16 日，台盟大连市第十四次盟员大会于大连仲厦客舍举行，出席 57 人，来宾 20 人。大会主要任务：听取和审议台盟大连市第十三届委员会工作报告；选举产生台盟大连市第十四届委员会；选举出席台盟第五次全盟代表大会的代表；讨论通过台盟大连市第十四次盟员大会决议。

第十四届委员会主委：黄启章，副主委：甘丽娟（女）、李锡光、简国树、施初美（女）、苏振瑛（1994 年 5 月增补）。

本届委员会在四年多的任期里，在台盟中央和中共大连市委的领导和关怀下，带领全市盟员和所联系台胞，高举爱国主义和社会主义旗帜，以邓小平同志建设有中国特色社会主义理论和党的十四大精神为指导，坚持党的基本路线，认真贯彻落实党领导的多党合作和政治协商制度，自身建设不断得到加强，参政议政的质量和水平有了明显提高，对台工作更加深入，为改革开放、经济建设和祖国统一大业做出了应有的贡献。

（十五）第十五次盟员大会及第十五届委员会（1996.8—2001.8）

简况

1996 年 8 月 13 日至 15 日，台盟大连市第十五次盟员大会于大连仲厦客舍举行，出席 58 人，来宾 18 人。大会的主要任务：听取和审议台盟大连市第十四届委员会工作报告；选举产生台盟大连市第十五届委员会；讨论通过台盟大连市第十五次盟员大会决议。

第十五届委员会主委：简国树，副主委：苏振瑛、叶寿丹、林绍斌、林永中。

本届委员会经历了香港、澳门的回归，党的十五大的胜利召开，中国共产党建党 80 周年，大连建市 100 周年，大连台盟创建 50 周年等重大事件。台盟大连市委员会在台盟中央、台盟辽宁省委和中共大连市委的正确领导下，在全体盟员和所联系台胞的共同努力下，高举邓小平理论的伟大旗帜，认真贯彻党的基本路线和方针、政策，贯彻全国统战工作会议精神，按照台盟中央六大提出的要求，切实履行参政党职责，以务实、进取、开拓、创新的精神，大力开展各项工作，为加快大连市的经济建设和增进海峡两岸的交流交往作出了贡献。

（十六）第十六次盟员大会及第十六届委员会（2001.8—2006.12）简况

2001 年 8 月 22 日至 23 日，台盟大连市第十六次盟员大会于大连恒元大酒店举行，出席盟员 74 人。大会主要任务，听取和审议台盟大连市委第十五届委员会工作报告；选举产生台盟大连市委第十六届委员会；选举产生出席辽宁省第二次盟员大会代表；讨论通过台盟大连市第十六次盟员大会决议。

第十六届委员会主委：简国树，副主委：苏振瑛、林绍斌（2005 年 11 月免去）、林永中、胡军、林绍贤（2001 年 11 月增补）、黄为（2004 年 12 月增补）。

本届委员会切实履行政治协商、民主监督、参政议政职能，为大连的经济建设和社会发展建言献策，提出了一些比较有见地、有价值的意见和建议，参政议政的质量和水平有了明显提高，较好地发挥了参政党作用。盟市委根据中央 14 号、5 号文件及盟中央关于加强自身建设意见的精神，努力加强自身建设；根据中央对台工作的基本方针和政策，本届市委会十分注重发掘和利用自身优势，在对台争取人心工作方向做了积极努力，同时结合大连的发展和建设开展招商引智工作；积极开展“四个一”活动。

（十七）第十七次盟员大会及第十七届委员会（2006.12—2011.11）简况

2006 年 12 月 12 日至 13 日，台盟大连市第十七次盟员大会在大连棒棰岛宾馆举行。大会听取审议了简国树同志代表台盟大连市第十六届委员会所作的工作报告，选举产生了台盟大连市第十七届委员会。

第十七届委员会主委：胡军，副主委：李小娟（女）、林永中、黄为、蔡丽杰（女）。

本届委员会在台盟中央、台盟省委和中共大连市委的正确领导下，团结带领全市广大盟员，坚持以经济建设为中心，以服务改革发展稳定大局和祖国统一大业为己任，以建设适应时代要求的参政党为目标，在履行参政党职责、为大连市的建设和发展服务、加强自身建设、开展对台工作等方面取得了一定的成绩，较好地完成了本届委员会的各方面工作。这五年，我国经历了较多的重大自然灾害。盟市委发动广大盟员和机关干部积极参与到“赈灾捐助，奉献爱心”的活动中，尽显了盟员的善良品质和爱祖国、爱人民的优良传统，也体现了盟员深厚的人道主义精神。

（十八）第十八次盟员大会及第十八届委员会（2011.11-）简况

2011 年 11 月 17 日至 18 日，台盟大连市第十八次盟员大会在大连棒棰岛宾馆举行。大会认真审议并通过了胡军同志代表台盟大连市第十七届委员会所作的题为《同心同德 求真务实 为建设富庶美丽文明大连做贡献》的报告，选举产生了台盟大连市第十八届委员会。

第十八届委员会主委：胡军，副主委：孙强、李小娟（女）、林永中、黄为。

五、历届组织机构组成名单

（一）第一届委员会（1950.4—1951.7）

主　委：简仁南

副主委：宋　明　沈　扶

委　员：许义松　李　辰　陈俊贵　沈　扶　宋　明　简仁南　黎舒林（女）

候补委员：卢淑贤（女）　周　辉

（二）第二届委员会（1951.7—1952.1）

主　委：简仁南

副主委：沈　扶　宋　明

委　员：许义松　李　辰　沈　扶　宋　明　黄清琴　简仁南

黎舒林（女）

候补委员：周　辉　黄启章

（三）第三届委员会（1952.1—1953.8）

主　委：简仁南

副主委：沈　扶　黄启章

委　员：卢淑贤（女）李　辰　沈　扶　周　辉　黄启章
简仁南　黎舒林（女）

（四）第四届委员会（1953.8—1955.4）

主　委：简仁南

副主委：沈　扶　黄启章

委　员：卢淑贤（女）沈　扶　周　辉　黄启章　简仁南

候补委员：李　辰

（五）第五届委员会（1955.4—1956.4）

主　委：简仁南

副主委：沈　扶　黄启章

委　员：卢淑贤（女）李　辰　陈　文　沈　扶　周　辉
黄启章　简仁南

候补委员：黄垂柳

（六）第六届委员会（1956.4—1957.5）

主　委：简仁南

副主委：沈　扶　黄启章

委　员：卢淑贤（女）李　辰　陈　文　沈　扶　黄启章
黄垂柳　简仁南

候补委员：吴　彬

（七）第七届委员会（1957.5—1958.10）

主　委：简仁南

副主委：沈　扶　黄启章

委　员：李　辰　陈　文　杜庆钟　邱宝云（女）　沈　扶
黄启章　简仁南

候补委员：卢淑贤（女）　黄垂柳

（八）第八届委员会（1958.10—1961.11）

主　委：陈　文

副主委：沈　扶　黄启章

委　员：陈　文　邱宝云（女）　沈　扶　周　辉　黄启章
　　　　黄垂柳　简仁南

（九）第九届委员会（1961.11—1965.8）

主　委：陈　文

副主委：黄启章

委　员：李　辰　陈　文　邱宝云（女）周　辉　黄启章
　　　　黄垂柳　简仁南

（十）第十届委员会（1965.8—1980.4）

主　委：陈　文

副主委：黄启章

委　员：李　辰　陈　文　邱宝云（女）周　辉　黄启章
　　　　黄垂柳　简仁南

（十一）第十一届委员会（1980.4—1984.6）

主　委：黄启章

副主委：黄垂柳　李锡光

秘书长：蔡鸿振

委　员：李锡光　陈素梅（女）黄启章　黄垂柳
　　　　黄清琴　蔡鸿振　甘丽娟（女）（1980.12 增补）

（十二）第十二届委员会（1984.6—1987.6）

主　委：黄启章

副主委：甘丽娟（女）　黄清琴　李锡光

顾　问：林呈瑞

秘书长：李锡光（兼）

委　员：甘丽娟（女）　卢桂枝（女）叶寿丹　李锡光
　　　　陈素梅（女）　孟元兴　施初美（女）　黄启章　黄清琴

（十三）第十三届委员会（1987.6—1992.5）

主　委：黄启章

副主委：甘丽娟（女）　黄清琴　李锡光　简国树

秘书长：李锡光（兼）

委　员：甘丽娟（女）　卢桂枝（女）　叶寿丹　李锡光
陈素梅（女）　孟元兴　施初美（女）　徐贵美（女）
黄启章　黄清琴　简国树

（十四）第十四届委员会（1992.5—1996.8）

主　委：黄启章

副主委：甘丽娟（女）　李锡光　简国树　施初美（女）
苏振瑛（1994年5月增补）

顾　问：黄清琴

秘书长：苏振瑛

委　员：甘丽娟（女）　卢桂枝（女）　叶寿丹　刘佩兰（女）
李锡光　苏振瑛　施初美（女）徐贵美（女）
黄立萍（女）　黄启章　简国树

（十五）第十五届委员会（1996.8—2001.8）

名誉主委：黄启章

主　委：简国树

副主委：苏振瑛　叶寿丹　林绍斌　林永中

秘书长：苏振瑛（兼）

委　员：王连功　卢　馨（女）　叶寿丹　苏振瑛　林永中
林绍斌　胡　军　徐贵美（女）　唐子季
黄立萍（女）　简国树

（十六）第十六届委员会（2001.8—2006.12）

主　委：简国树

副主委：苏振瑛　林绍斌　林永中　胡　军
林绍贤（2001年11月增补）　黄为（2004年12月增补）

秘书长：苏振瑛（兼）（2004年8月林永中接任）

委　员：王连功　卢　馨（女）　苏振瑛　林永中　林绍斌
周　琪　胡　军　唐子季　黄　为　黄立萍（女）
简国树　蔡丽杰（女）　蔡思台（女）

（十七）第十七届委员会（2006.12—2011.11）

主　委：胡　军

副主委：李小娟（女） 林永中 黄 为 蔡丽杰（女）
秘书长：林永中（兼）
委 员：卢 婕（女） 叶雍俭 孙 强 李小娟（女）
邹淑红（女） 杜紫阳 林永中 周 琪
陈 蕴（女） 张晓兰（女） 胡 军 黄 为 蔡丽杰（女）

（十八）第十八届委员会（2011.11— ）

主 委：胡 军
副主委：孙 强 李小娟（女）林永中 黄 为
委 员：卢 婕（女）孙 强 李小娟（女） 杜紫阳
张晓兰（女）林永中 邹淑红（女） 周 琪
陈 蕴（女）胡 军 黄 为 颜 丽（女）
戴 蓉（女） 李长庆（2015年1月增选）
简 俊（2015年1月增选）蔡 睿（2015年1月增选）

六、历届主委简历

▲简仁南

（一）简仁南（1897.9.2—1969.4.20）

简仁南，字静邨，男，汉族，1897年9月2日出生于台湾省台南市，台盟盟员。台盟大连市第一届至第七届委员会主任委员，大连医学院外科和解剖学教授。1949年至1950年初，积极参加台盟旅大特别支部的筹建工作，作为支部的主要领导成员，为市台盟的初期建设做出了重要贡献。

1951年被选为旅大市各界人民代表会议协商委员会委员，1955年起被选为政协旅大市第一届至第四届委员，辽宁省人大第一届代表。1954年当选为第二届全国政协委员，1956年出席全国政协会议时，受到毛泽东、刘少奇、周恩来、朱德等党和国家领导人的亲切接见。

（二）陈文（1915.5.30—2005.7）

陈文（曾用名：王经绥），男，汉族，1915年5月30日生于台湾省台北市，台盟盟员。台盟大连市第八届至第十届委员会主任委员。

▲陈　文

1941 年春毕业于台北帝国大学医学部，1945 年 10 月在台北帝国大学获医学博士。1949 年 2 月经沈其震、夏衍介绍，与李辰、周辉一起从台湾经香港来大连参加革命工作。1949 年 4 月，任大连大学医学院（大连医学院前身）副教授，1949 年至 1969 年任大连医学院副教授、妇产科教研组副主任。1969 年至 1979 年任遵义医学院副教授、教授、妇产科教研组主任。

曾任政协大连市第二、三届委员会常委，第三、四、五届全国政协委员。

（三）黄启章（1922.1.14—1997.4.2）

▲黄启章

黄启章，男，汉族，1922 年 1 月 14 日生于台湾省彰化县线西乡。1949 年 9 月加入台湾民主自治同盟，1979 年 2 月加入中国共产党。台盟大连市第三届至第十届委员会副主任委员，第十一届至第十四届主任委员，第十五届名誉主任委员。

1945 年 10 月任旅顺市立医院副院长兼外科主任；1947 年 8 月任中长铁路大连总医院上级医师；1950 年 12 月抗美援朝期间，任东北军区第六医管局旅大医管处第四、第十一战伤四肢医院副院长、院长；1954 年 11 月至 1992 年 5 月历任沈阳铁路局大连医院副院长兼外科主任、革委会副主任兼外科主任、第一院长兼党委副书记、名誉院长。

先后被选为第五、六届全国政协委员，第七、八届全国政协常务委员；政协辽宁省第一、二、三届委员会常务委员，政协大连市第五、六、七、八届委员会副主席；台盟第二、三届总部理事会（后改为中央委员会）理事，台盟第四、五届中央委员会常务委员，辽宁省台湾同胞联谊会第一至第四届理事会会长，第五届名誉会长，中华医学会大连分会副会长，中华医学会外科委员会委员，大连海外联谊会副会长。

▲简国树

（四）简国树（1939.12.31—　　）

简国树，男，汉族，1939年12月31日生，台湾省台南市人，台盟盟员。台盟大连市第十三、十四届委员会副主任委员，第十五、十六届委员会主任委员。

1957年至1963年就读北京大学物理系、无线电电子学系、无线电物理专业。毕业后相继于北京中国科学院电子所、成都中国科学院四川分院电子所、西安航天部504研究所工作。1983年至1985年赴英国伦敦市立大学应用物理系进修；1985年回国，在大连理工大学物理系任教，讲授计算机课程及“微物信号检测”课程，1987年任高级工程师。

台盟第四届中央委员会候补委员，第五、六、七届中央委员会委员，政协辽宁省第六、七届委员，第八、九届常委，政协大连市第八、九届常委。台盟辽宁省第一、二届委员会副主任委员。

▲胡　军

（五）胡军（1958.7.31—　　）

胡军，男，汉族，1958年7月31日出生于辽宁省大连市，原籍台湾省新竹市，台盟盟员。大连锅检院总工程师、教授级高级工程师、高级检验师。台盟大连市第十七、十八届委员会主任委员。2011年10月任大连市副局级干部，2013年 11月任大连市正局级干部。

1976年在大连市新金县莲山公社当知青，1978年1月考进大连理工大学学习，1982年2月毕业进入大连玻璃纸厂任技术员、助工，1984年4月始在大连锅检所工作相继担任检验师、责任工程师、所长助理、总工程师、教授级高级工程师、高级检验师。1993年12月任大连锅检所蓝地检验技术公司经理、高级工程师。任辽宁省第十届人大代表，政协辽宁省第十、十一届委员会常务委员，政协大连市第十、十一、十二届委员会常务委员；台盟第八、九届中央委员会委员，辽宁省第三、四届副主任委员。

七、历任全国人大代表、全国政协委员、省部级职务的盟员名单

历届全国政协委员：

第二届：简仁南

第三届：陈　文　苏子蘅

第四届：陈　文　苏子蘅（常委）

第五届：陈　文　苏子蘅（常委）　沈　扶　黄启章

第六届：苏子蘅（常委）　黄启章

第七届：苏子蘅　黄启章（常委）

第八届：苏子蘅　黄启章（常委）

台盟辽宁省沈阳市委组织发展沿革

一、成立的历史背景

二十世纪三四十年代，陆续有台胞来到东北沈阳，因不满日本殖民者对台湾的殖民统治、在台湾受到不公的待遇等，他们离开家乡远赴东北沈阳求生存、求发展，这其中包括部分到沈阳求学读书的青年台胞，还有一部分台胞先从台湾到日本等海外留学（就业）后，选择到沈阳安身谋生，这其中学医、从医的台胞占了一定的比重。此后的十几年间，又陆续有台胞从家乡到沈阳投亲靠友，就业谋生。在当年那些背井离乡、不远万里到沈阳“讨生活”的台胞中，很多最终选择在沈阳安家、立业，而再也没有回自己的家乡，这便构成了沈阳“第一代老台胞”这一特殊群体。在第一代老台胞中，还有一部分是台湾“老兵”，1945 年台湾光复后，他们在台湾从军，内战爆发后被派至东北，被俘后经改编加入解放军，转业（退伍）后留在了沈阳。

1945 年台湾光复、抗战胜利后，为加强在沈台胞的联系，台胞何子安联系了一批在沈阳的台湾老乡，成立了在沈台胞同乡会的民间组织，在沈台胞通过这一组织建立了日常联系，并在生活上相互关照，在情感上相互沟通，这期间，何子安在“同乡会”中发挥了积极作用。何子安 1910 年 9 月 25 日出生于台湾省嘉义县，1929 年台北高等商业学校毕业，1934 年日本东北帝国大学法律系毕业，毕业后在校任助教，1944 年 12 月何子安只身一人来到沈阳。1948 年 11 月沈阳解放后，在沈台胞“同乡会”完成了其历史使命而停止活动，但在沈台胞建立起来的联系并没有中断。后来因“文革”等特殊历史原因，沈阳有部分台胞受到了迫害，还有部分台胞被迫离开了沈阳下放到农村等，受此影响，在此后相当长的一段时间内，在沈台胞之间的联系也越来越少。

二十世纪六十年代末，沈阳市开始不定期举办全市台胞春节、中秋茶话（座谈）会，在沈台胞何子安、刘家房、柯云麒、张光明、张登山、陈琼兰、吴素英、赵荣立、吴永福、蔡本勇、陈启贤等都曾先后受邀参加活动，这也为在沈台胞提供了一个新的联络、沟通和交流的平台。当时受条件所限，很多在沈台胞都是通过这个平台相互认识，相互了解，相互熟悉的。也是从那时开始，在沈台胞都希望沈阳也能够像大连一样，成立一个属于台胞自己的党派组织，1978 年 12 月，中国共产党十一届三中全会胜利召开，在沈台胞也终于看到了能够成立自己组织的希望。

1979 年 4 月，时任中共中央委员、中国人民解放军总政治部联络部副部长、台盟总部领导小组组长蔡啸同志来到沈阳，在沈阳军区招待所（今金华园宾馆），与在沈台胞刘家房、何子安、张光明、施锡钦、黄华芬、蔡本勇等见面，沈阳军区联络部陈立强同志向蔡啸同志分别介绍了与会的台胞，并详细介绍了在沈台胞的基本情况和近年来落实党的台胞政策的情况。听了陈立强的情况介绍后，蔡啸同志表示，中共中央正在研究制定落实台胞政策的措施，希望陈立强同志要更深入细致地了解沈阳台胞的基本情况，并做好中央政策出台前政策落实的准备工作。蔡啸同志还特别向刘家房和张光明表示，台盟总部已经收到了他们的来信，来信中所反映希望成立台盟组织的愿望，经台盟总部研究，完全同意并支持沈阳市成立台盟组织。蔡啸同志还介绍了全国目前有台盟组织的地方都恢复台盟组织的活动，大连市台盟已恢复了活动。蔡啸同志在询问了在沈台胞的相关情况后，希望在沈台胞要能够继续保持住这种乡情、亲情，为沈阳台盟组织的成立多做工作。此后，沈阳台盟组织筹建的各项前期准备工作陆续展开。

二、成立过程及初期活动

1980 年 12 月 28 日，经过前期的准备，台盟沈阳支部筹备组成立会议在沈阳迎宾馆召开。经台盟总部同意，吴勋任筹备组组长，陈水任副组长，委员有：刘家房、陈水、吴勋、何子安、施锡钦。

筹备组成立以来，在中共沈阳市委和台盟总部的正确领导下，遵照中共十一届三中全会以来的路线、方针和政策，紧密围绕为“四化”建设服务、为祖国统一作贡献的任务，先后召开了27次支部筹备组会议，讨论研究筹备组工作，开展了许多有益的活动，为筹备召开盟员大会、正式成立台盟沈阳市支部，做了大量的前期准备工作。

1981年中共中央下发了关于落实台湾省籍同胞政策的“38号文件”，中共沈阳市委为了切实落实台胞政策成立了专设机构，台盟筹备组协助市委、市政府，配合市法院、公安局、统战部、民政等部门，经过两年多艰苦细致的内查外调工作，为40多户台胞落实了政策。全市台胞的历史遗留案、错划右派案件4起，在政治上已全部纠正；“文革”期间的6起冤、假、错案也都平反昭雪、恢复名义；有2名台胞恢复了党籍，有的台胞在“文革”期间被查抄的钱物也被归还。在此期间，共有14名盟员及所联系台胞在政治上得到了安排，其中全国人大代表1人，全国政协委员1人，省人大代表2人，市人大代表3人，市政协委员4人。还有14人分别晋升了中、高级职称，有5人担任了行政领导职务，有14户解决了住房困难。至此，台胞们逐步消除了心中的余悸，焕发了为祖国统一、为“四化”建设贡献力量的热情。

台盟筹备组通过宣传报道、家庭走访和举办座谈会等形式，宣传了台盟的性质和任务，扩大了台盟的社会影响，增进了台胞对台盟组织的认识和了解。按照台盟章程的有关规定，贯彻以中上层为主、坚持自愿参加的发展原则，筹备组先后分6批，发展了20余名成员，他们中既有二十世纪三四十年代从台湾故乡为谋生、求学、投身革命而来到大陆的老台胞，又有从国外回国参加祖国建设的中年台胞，还有在祖国大陆成长起来的台胞青年，绝大多数是各行各业的技术和业务骨干，为台盟组织的发展打下了坚实的基础。

为了更好地开展工作，1981年5月，中共沈阳市委、市政府批给台盟办事机构2个临时编制，同年11月，台盟总部正式下达编制为3名。购置了办公设备，配备了专职工作人员，解决了办公地点，为组建台盟支部，顺利开展工作，创造了必要的条件。

1982年初，台盟筹备组先后召开了三次领导成员、盟员和所联系台胞会议，传达了台盟总部二届二次理事会精神，全盟为“四化”建设、祖国统一服务经验交流会和全国台胞第一次代表大会精神和盛况，并组织盟员学习典型人物的事迹材料。1979年、1980年两年荣获全国、省、市、区的“三八”红旗手、先进工作者19人次；1981年全市台胞中涌现出各级先进人物和立功受奖者20人，4人有发明创造或发表重要著作、成果。陈水、何子安等4名盟员作为代表光荣地出席了台盟为“四化”建设、祖国统一服务经验交流大会。

◀1982年12月台盟沈阳市支部第一次盟员大会

通过组织台胞和盟员学习中央领导同志有关祖国和平统一的讲话，加深了对台工作重要性的认识。两年来，支部筹备组先后组织盟员及所联系台胞收听了3次台湾形势报告；并与市政协、民革市委共同召开了2次对台宣传工作会议，动员大家利用各种方式与家乡亲人联系，宣传党的对台方针政策。

三、组织变迁

（一）台盟沈阳市支部筹备组

1980年12月28日台盟沈阳市支部筹备组成立。

（二）台盟沈阳市支部委员会

1982年12月24日，台盟沈阳市支部委员会正式成立，直属台盟总部领导。

（三）台盟沈阳市分部委员会

1983年12月，根据1983年11月台盟第三次全盟代表大会通过的新章程，台盟沈阳市支部委员会更名为台盟沈阳市分部委员会，直属台盟总部领导。

（四）台盟沈阳市委员会

1988年1月12日，根据1987年12月召开的台盟第四次全盟代表大会通过的新章程，台盟总部正式更名为台湾民主自治同盟中央委员会，台盟沈阳市分部正式更名为台湾民主自治同盟沈阳市委员会，直属台湾民主自治同盟中央委员会领导。

1997年11月，台盟辽宁省委正式成立，自此，台盟沈阳市委由台盟辽宁省委员会直接领导。

四、历次盟员大会及历届委员会重要简况

（一）第一次盟员大会及第一届委员会（1982.12—1985.12）简况

1982年12月23—24日，台盟沈阳市支部第一次盟员大会在沈阳市工商联小礼堂召开，台盟总部秘书长徐萌山同志出席台盟沈阳市支部第一次盟员大会并讲话。

参加大会的盟员共36名，列席人员有10名，总计46人参加大会。

会议主席团成员：刘家房、陈水、邱宝云、何子安、吴永福、吴勋、施锡钦、杨宗泰

秘书长：杨宗泰

大会的主要议程：

（1）听取、审议台盟沈阳市支部筹备组工作报告；

（2）按照台盟章程规定，通过民主协商，选举产生台盟沈阳市支部第一届领导班子；

（3）交流我市盟员及台胞为四化服务的经验。

正式成立台盟沈阳市支部委员会，选举产生第一届委员会。大会推选陈水为主任委员，吴勋、杨宗泰为副主任委员，杨宗泰为秘书长，委员为陈水、吴勋、吴永福、杨宗泰、施锡钦。

（二）第二次盟员大会及第二届委员会（1985.12—1988.12）简况

1985年12月18—19日，台盟沈阳市分部第二次盟员大会在沈阳市工商联召开。

参加大会的盟员有49名，列席人员13名，共有62人参加会议。

会议主席团成员是：陈水、陈启贤、吴勋、吴永福、施锡钦、杨宗泰、王光华（女）

秘书长：杨宗泰

大会的议程主要有：

（1）听取、审议台盟沈阳市分部第一届委员会工作报告；

（2）选举台盟沈阳市分部第二届委员会。

经选举，陈水当选为主任委员，吴勋、杨宗泰为副主任委员，杨宗泰为秘书长，委员为王光华（女）、陈水、陈启贤、吴勋、吴永福、杨宗泰、施锡钦。

在本届委员会开展工作的三年中，台盟沈阳市分部积极参与政治协商、发挥民主监督作用。盟员中有16人被推荐担任了各级人大代表和政协委员，占盟员总数的40%，还有5人担任群众团体职务。他们积极参与国家和地方制定方针政策的协商，在各级人大、政协和群团会议上，以主人翁的责任感履行自己的职责，分别就“七五”规划、对台工作、教育体制改革、精神文明建设、市政建设等方面提出了许多有价值的提案和中肯的建议。

（三）第三次盟员大会及第三届委员会（1988.12—1992.1）简况

1988年12月5日，台湾民主自治同盟沈阳市第三次盟员大会在辽宁大厦召开。

参加大会的盟员有53人、列席11人，共计参加人员为64人。

会议主席团成员：陈水、何子安、邱宝云（女）、吴勋、吴永福、杨宗泰、施锡钦

秘书长：杨宗泰

大会主要议程：

（1）学习、贯彻中共十三届三中全会精神；

（2）审议通过第二届委员会工作报告；

（3）选举产生第三届委员会。

经过选举，陈水当选为主任委员，吴勋、杨宗泰为副主任委员，杨宗泰为秘书长，委员为王光华（女）、陈水、吴勋、吴永福、吴庆元、杨宗泰、施锡钦。

本届委员会以邓小平同志建设有中国特色社会主义理论为指导，认真贯彻《中共中央关于坚持和完善中国共产党领导的多党合作和政治协商制度的意见》，紧密围绕以经济建设为中心，坚持四项基本原则，坚持改革开放，积极探索，努力创新，并结合台盟自身特点开展各项工作，取得了较好成绩，为沈阳市的改革开放和祖国统一做出了应有的贡献。

（四）第四次盟员大会及第四届委员会（1992.1—1996.10）简况

1992年1月10日—11日，台湾民主自治同盟沈阳市第四次盟员大会在沈阳金城宾馆召开。

参加这次大会的盟员50名，来宾19名，列席人员11名，总计80人参加会议。

会议主席团成员：叶寿彭、陈水、邱宝云（女）、吴勋、吴永福、杨宗泰、施锡钦

大会主要议程：

（1）听取、审议台盟沈阳市第三届委员会工作报告；

（2）传达并讨论台盟中央四届五中全会精神；

（3）选举产生台盟沈阳市第四届委员会；

（4）讨论通过台盟沈阳市第四次盟员大会决议。

通过选举，陈水同志当选主任委员，吴勋、杨宗泰、叶寿彭同志当选副主任委员，秘书长由杨宗泰兼任，委员会由王光华（女）、叶寿彭、陈水、吴勋、吴永福、吴庆元、杨宗泰、施纯一（按姓氏笔划为序）等8人组成。

1993年3月29日，陈水主委因病医治无效，在沈阳逝世，享年62周岁。1994年12月7日，台湾民主自治同盟沈阳市第四届十二次委员会在台盟机关召开，杨宗泰同志当选主任委员，吴勋、叶寿彭、王光华同志当选副主任委员，王光华兼任秘书长。在台盟中央和中共沈阳市委的关怀下，1994年底解决了盟市委长期无驻会领导的问题，充实了机关干部，补充修订了《台盟沈阳市委会各项工作制度》，制定了《台盟机关工作人员行为规范》，进一步加强了机关建设。

（五）第五次盟员大会及第五届委员会（1996.10-2001.9）简况

1996年10月25日—26日，台湾民主自治同盟沈阳市第五次盟员大会在沈阳七月宾馆举行。

参加大会的盟员有45名、来宾16名，共有61人出席大会。

会议主席团成员：王光华（女）、叶寿彭、吴勋、吴庆元、吴永福、邱宝云（女）、杨宗泰、赵文江、施纯一

秘书长：王光华（兼）

大会的主要议程：

（1）听取并审议台盟沈阳市第四届委员会工作报告；

（2）学习和领会中共十四届六中全会精神；

（3）选举产生台盟沈阳市第五届委员会；

（4）讨论并通过大会决议。

通过选举，杨宗泰同志当选主任委员，王光华、吴庆元同志当选副主任委员，秘书长由王光华兼任，委员会由王光华（女）、吴庆元、杨宗泰、施纯一、赵文江、柯英明（按姓氏笔划为序）等6人组成。

（六）第六次盟员大会及第六届委员会（2001.9—2006.11）简况

2001年9月10日—12日，台湾民主自治同盟沈阳市第六次盟员大会在金城宾馆召开。

参加大会的盟员有56名、来宾32名，共有88人出席大会。

会议主席团成员：王光华（女）、孙桂芬（女）、吴勋、吴庆元、邱宝云（女）、杨宗泰、赵文江、柯英明、施纯一

秘书长：王光华（兼）

大会的主要议程：

（1）听取并审议台盟沈阳市第五届委员会工作报告；

（2）学习和领会江泽民同志“七一”讲话精神，贯彻中共沈阳市第十次党代会精神；

（3）选举产生台盟沈阳市第六届委员会；

（4）讨论并通过大会决议。

通过选举，吴庆元同志当选主任委员，王光华、赵文江、柯英明同志当选副主任委员，秘书长由王光华兼任，委员会由王光华（女）、吴庆元、吴利薇（女）、赵文江、柯英明、黄信义（按姓氏笔划为序）等6人组成。

（七）第七次盟员大会及第七届委员会（2006.11—2011.11）简况

2006年11月13日—14日，台湾民主自治同盟沈阳市第七次盟员大会在金城宾馆召开。

参加大会的盟员有57名、来宾30名，共有87人出席大会。

会议主席团成员：王光华（女）、叶寿彭、孙桂芬（女）、吴勋、吴庆元、邱宝云（女）、杨宗泰、赵文江、柯英明

秘书长：王光华（兼）

会议的主要议程：

（1）听取并审议台盟沈阳市第六届委员会工作报告；

（2）学习和领会中共十六届六中全会精神；

（3）选举产生台盟沈阳市第七届委员会；

（4）讨论并通过大会决议。

通过选举，王光华同志当选主任委员，柯英明、赵文江同志当选副主任委员，秘书长由王光华兼任，委员会由王光华（女）、柯英明、赵文江、吴利薇（女）、黄春丽（女）、吴滔等6人组成。

（八）第八次盟员大会及第八届委员会（2011. 11—　　）简况

2011 年 11 月 28 日—29 日，台湾民主自治同盟沈阳市第八次盟员大会在金华园宾馆召开。

▲ 2011 年 11 月台盟沈阳市第八次盟员大会

参加大会的盟员有 52 名、来宾 23 名，共有 75 人出席大会。

会议主席团成员：王光华（女）、吴勋、吴庆元、吴利薇（女）、杨晓健、赵文江、柯英明（按姓氏笔画为序）

秘书长：王光华（女）

大会主要议程：

（1）听取、审议台盟沈阳市第七届委员会工作报告；

（2）选举产生台盟沈阳市第八届委员会和出席“台湾民主自治同盟辽宁省第四次代表大会”的沈阳市代表；

（3）审议、通过“台湾民主自治同盟沈阳市第八次盟员大会决议”。

通过选举，柯英明同志当选主任委员，赵文江、吴利薇同志当选副主任委员，秘书长由赵文江兼任，委员会由柯英明、赵文江、吴利薇（女）、黄春丽（女）、吴滔、黄建华等 6 人组成。2012 年 7 月 19 日，经台盟沈阳市委八届五次会议通过，增补机关干部王琦（女）为市委委员。2015 年 8 月 13 日，经中共沈阳市委常委会通过，报请台盟辽宁省委同意，8 月 19 日，台盟沈阳市委八届十七次会议通过，吴滔同志任台盟沈阳市第八届委员会专职副主委。

五、历届组织机构组成名单

（一）筹备组（1980.12—1982.12）

组　长：吴　勋

副组长：陈　水

成　员：刘家房　陈　水　吴　勋　何子安　施锡钦

（二）第一届委员会（1982.12—1985.12）

主　委：陈　水

副主委：吴　勋　杨宗泰

委　员：陈　水　吴　勋　吴永福　杨宗泰　施锡钦

（三）第二届委员会（1985.12—1988.12）

主　委：陈　水

副主委：吴　勋　杨宗泰

委　员：王光华（女）　陈　水　陈启贤　吴　勋　吴永福
杨宗泰　施锡钦

（四）第三届委员会（1988.12—1992.1）

主　委：陈　水

副主委：吴　勋　杨宗泰

委　员：王光华（女）　陈　水　吴　勋　吴永福　吴庆元
杨宗泰　施锡钦

（五）第四届委员会（1992.1—1996.10）

主　委：陈　水

副主委：吴　勋　杨宗泰　叶寿彭

委　员：王光华（女）　叶寿彭　陈　水　吴　勋　吴永福
吴庆元　杨宗泰　施纯一

因 1993 年 3 月 29 日陈水病故，经盟市委四届十二次委员会进行了届中调整：

主　委：杨宗泰

副主委：吴　勋　叶寿彭　王光华（女）

委　员：王光华（女）　叶寿彭　吴　勋　吴永福　吴庆元　杨宗泰　施纯一

（六）第五届委员会（1996. 10—2001. 9）

主　委：杨宗泰

副主委：王光华（女）　吴庆元

委　员：王光华（女）　吴庆元　杨宗泰　施纯一　赵文江　柯英明

（七）第六届委员会（2001. 9—2006. 11）

主　委：吴庆元

副主委：王光华（女）　赵文江　柯英明

委　员：王光华（女）　吴庆元　吴利薇（女）　赵文江　柯英明　黄信义

（八）第七届委员会（2006. 11—2011. 11）

主　委：王光华（女）

副主委：柯英明　赵文江

委　员：王光华（女）　柯英明　赵文江　吴利薇（女）　黄春丽（女）　吴　滔

（九）第八届委员会（2011. 11—　　）

主　委：柯英明

副主委：赵文江　吴利薇（女）　吴　滔（2015 年 8 月 19 日任职）

委　员：柯英明　赵文江　吴利薇（女）　黄春丽（女）　吴　滔　黄建华　王　琦（2012 年 11 月 19 日增补）

六、历届主委简历

吴　勋（1925. 3-2013. 2）

▲吴　勋

男，汉族，台盟沈阳市支部筹备组组长、台盟沈阳市第一、二、三、四届委员会副主任委员。1925 年 3 月出生于台湾省台南县。1948 年毕业于长春大学医学院医疗专业，曾在沈阳市中山诊所、东北军区公安部队医院等担任医生，

1955 年参与沈阳市第八人民医院筹建工作，之后担任主治医师、副主任医师、主任医师，内科教研室主任、内科主任等职务。

曾任辽宁省政协第四、五、六届委员会常务委员，沈阳市科学会委员、中华医学会辽宁分会理事等社会职务。

▲陈　水

陈　水（1931.9—1993.3）

男，汉族，台盟沈阳市第一、二、三届委员会主任委员。1931 年 9 月出生于台湾省台北市。系 1965 年回国的台籍留美博士研究生。曾任辽宁大学物理系教授、理论物理研究室主任、全国政协委员、市政协副主席、省人大代表、市人大常委、台盟沈阳市支部筹备组副组长、全国物理学会理事、省物理学会常务理事、市物理学会副理事长、市科协常委、省科协常委、翻译协会副理事长等社会职务。

回国后全身心投入到社会主义建设和民主党派参政议政、民主监督及祖国统一的伟大事业之中。曾多次被评为省、市劳动模范，省、市先进工作者，市精神文明先进个人、市侨务工作先进个人等。

▲杨宗泰

杨宗泰（1934.8—2015.10）

男，汉族，籍贯台湾省彰化市，台盟沈阳市第四、五届委员会主任委员。1962 年毕业于华东化工学院。毕业后，在沈阳东北制药总厂担任技术员、助理工程师、工程师、高级工程师。由于在项目设计、技改工作中成果显著，多次荣获东药集团先进工作者荣誉称号，并获得省、市医药科技进步一等奖。连续当选为台盟市第一、二、三、四届委员会副主委（兼秘书长）。1994 年 12 月，担任台盟沈阳市委主任委员。2001 年 5 月，为了台盟事业的长远发展，主动辞去了台盟沈阳市委主委的职务，为沈阳台盟的发展做出了积极贡献。

曾任辽宁省政协第七届委员会委员、第八届委员会常委、副秘书长，沈阳市人大第九、十、十一、十二届常务委员会委员，在参政议政、建言献策等方面做出了积极贡献。

▲吴庆元

吴庆元（1941.5— ）

男，汉族，1941年5月出生，籍贯台湾省台南县，台盟沈阳市第六届委员会主任委员。辽宁省水文水资源勘测局沈阳分局总工程师，高级工程师。

历任辽宁省沈阳水文勘测大队党总支书记、队长；台盟沈阳市委副主委、主委；台盟中央委员，台盟辽宁省委副主委、辽宁省政协副秘书长、常委等。2001年1月，被沈阳市人民政府聘为政府参事。

在1994、1995年沈阳抗洪抢险期间，日夜奋战在抗洪抢险的第一线，胜利完成洪水的测报任务，确保了国家、省、市、县防汛指挥部门指挥决策所必需的各项水文数据的及时、准确，为确保沈阳市的城市安全、减少洪水造成的损失做出了重要贡献，多次被省水利厅授予沈阳市抗洪抢险工作先进集体和先进个人荣誉称号。在担任省、市政协委员和市政府参事期间，积极参与调研，撰写的多篇提案被省、市政协评为优秀提案和优秀调研成果等，1996年荣获全国各民主党派“两个文明建设先进个人”；2006年，荣获中央统战部“为全面建设小康社会做出贡献先进个人”；2006、2008年被市委统战部授予“参政议政十佳人物”。

▲王光华

王光华（1947.11— ）

女，汉族，1947年11月出生，台湾省嘉义市人，台盟沈阳市第七届委员会主委。

历任沈阳市台盟机关办公室主任、副秘书长、副主委兼秘书长、主委兼秘书长，台盟中央委员，台盟辽宁省委副主委，辽宁省政协副秘书长、常委，沈阳市政协副秘书长、常委等。

自台盟沈阳市委成立以来，在台盟机关的工作岗位上勤勤恳恳工作了30年，协助党和政府落实台胞政策做了大量工作，为台盟组织的组建和发展做出了重要贡献，为台盟赢得了荣誉。在担任盟市委主、副主委期间，团结带领市委会成员在参政议政、民主监督、对台联络和自身建设等方面做了大量有价值、有成效的工作。以高度的政治责任感，组织协调并身体力行，积极深入调研，提出了许多有价值的建议、提案和信息，受到有关决策部门的重视与采纳。撰写的多件提案被省、市政协评为优秀提案；多次荣获优秀市政协委员、委员信箱反映社情民意工作先进个人、市委统战系统参政议政先进个人和宣传工作先进个人等。

▲柯英明

柯英明（1955.12—　　）

男，汉族，1955年12月出生，台湾省台南县人，台盟沈阳市委第八届委员会主任委员，历任辽宁省建设科学研究院设计分院高级工程师、教授级高级工程师、副总工程师，辽宁省建筑智能学术委员会委员，台盟沈阳市第六、七届委员会副主委、第八届委员会主委、台盟中央委员、台盟辽宁省委副主委，辽宁省政协副秘书长、常委、沈阳市政协常委等。

长期致力于全省建筑项目的电气设计工作，在所从事的领域有一定的影响。多年来，累计完成了近40个项目、近20万平方米的建设项目的电气设计工作，并在《建筑技术综论》等杂志上发表了多篇论文。

议政履职经验丰富，积极参与省市党委、政协、统战部召开的协商会、专题研讨会、座谈会、约谈会、通报会及视察调研活动，并围绕党和政府的中心工作，和人民群众关心的热点和难点问题，积极建言。2012年，被市政协十三届委员会授予优秀政协委员荣誉称号。

七、历任全国人大代表、全国政协委员、省部级职务的盟员名单

（一）历届全国人大代表

第六届：邱宝云

（二）历届全国政协委员

第七届：陈水

台盟陕西省委组织发展沿革

一、成立的历史背景

台盟在陕西建立组织的酝酿筹备工作发端于1988年初。随着我国改革开放和海峡两岸形势的发展，在陕西建立台盟组织，将会进一步发挥在陕中高级知识分子台胞积极参政议政和促进海峡两岸各项交流的重要作用，为地方的社会发展和经济建设献计出力。

二、成立过程及初期活动

1988年，台盟中央有关领导来到陕西，对长期居住在陕西地区的台胞情况进行全面深入地考察了解（1988年陕西台湾省籍同胞103户，309人），提出了在西北五省（区）首先建立台盟陕西省直属支部的建议，经台盟中央同意，并经台盟中央主席团委员、台盟中央常委吴克泰和陕西省老盟员李淑珍（女、台盟中央评议委员会委员）的考察和介绍，先后在陕西省发展了洪涛、吴庆洲、方碧云（女）、庄牧溪、林传录、黄礼顺、周苓仲7名盟员，于当年12月8日成立了台盟陕西省直属支部（简称：台盟陕西省支部），隶属台盟中央领导。洪涛任主任委员，李淑珍（女）任组织委员，吴庆洲任宣传委员。直属支部在西安市建国路信义巷14号办公。

台盟陕西省直属支部成立后，开始了有计划地组织发展工作，到1991年底已发展盟员32人，其中，恢复了一位老盟员的盟籍，经研究吸收了三名有一定影响的老台胞配偶。盟员中，具有中、高级职称的24人，占总数70.6%。32位盟员中，从事教育、科技工作的20人，在企业内工作的8人，在机关工作的4人。盟员中居住西安的28人，其他4人分别在渭南、宝鸡、咸阳等地市。这批盟员都是所在单位的工作骨干，在群众中有一定的影响。

随着形势的发展和盟员数量的增多，1991年8月5日成立台盟陕西省委员会筹备组。洪涛任组长，吴庆洲、卢翠雪（女）任副组长。筹备组在西安市建国路信义巷14号办公。经过近半年的筹备，台盟陕西省第一次盟员大会于1991年12月25日在西安隆重召开。会议选举产生了台盟陕西省第一届委员会，台湾民主自治同盟陕西省委员会（简称：台盟陕西省委）成立。洪涛当选主任委员，吴庆洲、卢翠雪（女）当选副主任委员。吴庆洲兼任秘书长。办公地点：西安市西新街70号（今西新街22号）陕西省暨西安市民主党派工商联办公大楼七层、九层。

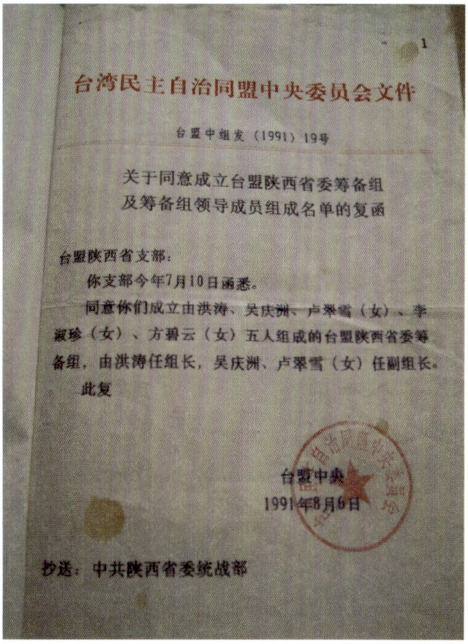
1

台湾民主自治同盟中央委员会文件

台盟中组发（1991）19号

关于同意成立台盟陕西省委筹备组
及筹备组领导成员组成名单的复函

台盟陕西省支部：

你支部今年7月10日函悉。

同意你们成立由洪涛、吴庆洲、卢翠雪（女）、李淑珍（女）、方碧云（女）五人组成的台盟陕西省委筹备组，由洪涛任组长，吴庆洲、卢翠雪（女）任副组长。

此复

台盟中央
1991年8月6日

抄送：中共陕西省委统战部

▲台盟中央关于同意成立台盟陕西省委筹备组及筹备组领导成员组成名单的复函

1988年台盟陕西省直属支部成立到1989年底，由于盟员人数的增加，台盟陕西省支部研究决定成立四个台盟小组。1990年5月，台盟陕西省支部为了便于盟员就近参加组织活动，决定将原来四个小组按盟员分布地区划分为五个小组，分别为第一组（西工大组），组长曹华（女）；第二组（南片组），组长孟邻（女，以后为方碧云）；第三组（东片组），组长陈益群；第四组（机关组），组长林传录；第五组（外地组，西安市以外的省内盟员），组长黄礼顺。1991年8月，台盟陕西省直属支部根据几年来小组活动的实际情况，研究决定将原来五个小组调整合并为三个。第一组，组长曹华（女）；第二组，组长陈益群；第三组，组长黄礼顺。

在发展盟员工作中，台盟陕西省直属支部、台盟陕西省委认真学习贯彻《各民主党派关于发展组织问题座谈会纪要》（1983年纪要）和台盟中央关于发展盟员的有关规定，坚持以居住在祖国大陆的台湾省人士为发展范围，以中上层为主，注意在有代表性的中青年中发展盟员的原则。发展地区以大中城市为主，一般不在县级城市发展。在发展程序中，坚持本人提出申请、两位盟员介绍、基层支部讨论通过、省委审查批准，并报台盟中央几个步骤。发展工作中，各支部和台盟陕西省委还特别注意考察培养，向申请人介绍台盟的宗旨和任务、盟员的权利和义务，组织申请人学习台盟的章程。通过严格发展程序，保证了盟员发展的质量。

三、组织变迁

（一）台盟陕西省支部（1988.12—1991.8）

1988年12月8日成立了台盟陕西省支部，直属台盟中央领导。

（二）台盟陕西省委员会筹备组（1991.8—1991.12）

随着形势的发展和盟员数量的增多，经台盟陕西省直属支部协商、研究并报台盟中央批准，1991年8月5日成立台盟陕西省委员会筹备组。

（三）台盟陕西省委员会（1991.12— ）

台盟陕西省委员会筹备组成立后，经过近半年的筹备，台盟陕西省第一次盟员大会于1991年12月25日在西安隆重召开。会议选举产生了台盟陕西省第一届委员会，台湾民主自治同盟陕西省委员会成立。

四、历届盟员大会及历届委员会重要简况

（一）第一次盟员大会及第一届委员会（1991.12—1997.6）简况

1991年12月25日至27日，台盟陕西省第一次盟员大会在西安召开。出席大会的盟员27人（应到32人），列席台胞代表5人。台盟中央秘书长潘渊静出席大会开幕式。

台盟陕西省委员会筹备组组长洪涛致开幕词，副组长吴庆洲向大会作《台盟陕西省委员会筹备组工作报告》。大会确定今后的工作任务是：在中共中央的领导下，坚持“一个中心，两个基本点”的基本路线，深入学习贯彻《中共中央关于坚持和完善中国共产党领导的多党合作和政治协商制度的意见》精神，积极参政议政，密切关注台湾形势，加强反对“台独”的斗争；为实现“八五计划”“十年规划”和按照“一国两制”实现祖国的和平统一贡献力量。

大会选举产生了台盟陕西省第一届委员会。方碧云（女）、卢翠雪（女）、吴庆洲、洪涛、陈益群等5人为台盟陕西省委委员。

第一届委员会主委：洪涛，副主委：卢翠雪（女）、吴庆洲。

1995年10月30日，台盟陕西省一届十四次全体委员会议决定，台盟陕西省委员会换届工作推迟至1997年上半年。

1995年12月26日至28日，台盟陕西省第一届委员会举行第五次全体盟员会议，增补2人为台盟陕西省第一届委员会委员。至此，台盟陕西省第

一届委员会委员增至 7 人。

1991 年 12 月台盟陕西省委员会成立后，由于大多数盟员分布在西安市区，经台盟陕西省委会决定，不再向省内各市设立基层委员会及成立支部，并将原三个台盟小组改为支部。第一支部，主任委员曹华（女）；第二支部，主任委员陈益群；第三支部，主任委员周苓仲。

台盟陕西省委员会机关内设机构为 1 个：办公室；人员编制 4 名，其中副主委或秘书长 1 名，处级领导职数 1 名。

（二）第二次盟员大会及第二届委员会（1997.6—2002.6）简况

1997 年 6 月 20 日至 22 日，台盟陕西省第二次盟员大会在西安召开。出席大会的盟员 33 人（应到 44 人）。本次大会与陕西省台胞第五次代表大会同期召开，参加会议的盟员、台胞代表相互列席了盟员大会和台胞代表大会。台盟中央副主席、全国台联会会长张克辉等到会祝贺并讲话。陕西省人大常委会副主任李天文以及陕西省各民主党派和有关单位负责人到会祝贺。洪涛致开幕词，吴庆洲代表台盟陕西省第一届委员会向大会作了题为《团结奋斗，开拓前进，为振兴陕西、统一祖国作贡献》的工作报告。大会选举产生由洪涛、吴庆洲、周苓仲、马克宁（女）、简文华（女）、吴志红（女）、黄春龙等 7 人组成的台盟陕西省第二届委员会。

第二届委员会主委：洪涛，副主委：吴庆洲、周苓仲。

2000 年 12 月 23 日至 25 日，台盟陕西省第二届委员会举行第五次盟员会议，增补蔡勉为台盟陕西省第二届委员会委员。台盟陕西省第二届委员会委员增至 8 人。

2001 年 11 月 4 日至 9 日，台盟中央副主席李敏宽、组织部人事处处长廖继英来陕，就台盟陕西省委员会 2002 年换届筹备工作，分别与省委会领导班子成员及部分盟员进行座谈。

2001 年 12 月 24 日，台盟陕西省委员会成立 10 周年纪念大会在西安召开。百余位盟员、台胞及各界人士代表参加大会，主委洪涛在纪念会上作题为《团结一致，开拓进取，为把台盟建成新世纪的参政党而奋斗》的讲话。台盟中央副主席吴国祯到会祝贺并讲话。陕西省人大常委会副主任、民盟陕西省委员会主委桂中岳等到会祝贺。台盟中央及全国 20 多个省、市台盟组织发来贺电。

台盟陕西省第二届委员会设置妇女工作委员会。

台盟陕西省第二届委员会机关职能部门沿用上届设置。

台盟陕西省第二届委员会时期，对 3 个支部进行换届选举，产生了各支部主任委员。高佩琴（女）为第一支部主任委员，林贵华（女）为第二支部主任委员，周苓仲为第三支部主任委员。

（三）第三次盟员大会及第三届委员会（2002.6—2007.7）简况

2002年6月22日至24日，台盟陕西省第三次盟员大会暨陕西省台胞第六次代表大会在西安陕西宾馆召开。盟员39人及台胞代表70余人出席大会。台盟中央副主席吴国祯，全国台联会副会长陈贵州出席会议并讲话。陕西省人大常委会副主任刘揆楚及陕西省各民主党派、工商联负责人应邀出席会议。大会由主席团执行主席吴庆洲主持，洪涛致开幕词。周苓仲代表台盟陕西省第二届委员会向大会作题为《继往开来，团结奋进，为把陕西建成西部经济强省作贡献》的工作报告。

大会选举产生台盟陕西省第三届委员会。选举马克宁（女）、王二虎、吴庆洲、吴志红（女）、陈碧珠（女）、黄春龙、蔡勉（女）7人为台盟陕西省第三届委员会委员。

台盟陕西省第三届委员会主委：吴庆洲，副主委：马克宁（女）、蔡勉（女），名誉主委：洪涛。

2003年1月，副主委蔡勉因工作调动，申请辞去台盟陕西省第三届委员会副主委职务。

2005年2月20日，台盟陕西省第三届委员会举行第十、十一次全体委员会议，接受吴庆洲辞去台盟陕西省第三届委员会主任委员、委员的请求；选举继任领导班子。

台盟陕西省第三届委员会继任主委：马克宁（女），副主委：王二虎。名誉主委：洪涛、吴庆洲。

2005年2月20日，台盟中央副主席刘亦铭来陕出席台盟陕西省第三届委员会第四次盟员会议。台盟中央联络部部长张宁、组织部部长助理郑世凯出席开幕式。刘亦铭在会上作了“关于台盟陕西省委员会领导班子届中调整的说明”，并参加了台盟陕西省三届十次、十一次全体委员会议，指导省委会领导班子届中调整工作。

2006年12月30日，台盟陕西省委员会成立15周年纪念大会在西安召开，副主委王二虎主持大会。台盟中央办公厅主任黄志贤出席会议并讲话，台盟陕西省委员会主委马克宁作主题讲话。政协陕西省委员会副主席、民革陕西省委员会主委陆栋等以及在陕台胞、盟员百余人出席大会。大会收到台盟中央及兄弟省、市台盟等发来的贺电、贺信40余封。大会向15年来为台盟事业发展、为陕西经济建设、社会进步和祖国统一大业做出贡献的老盟员颁发了荣誉证书。

台盟陕西省第三届委员会设置参政议政工作委员、妇女工作委员会。

台盟陕西省第三届委员会机关职能部门沿用上届设置。

台盟陕西省第三届委员会时期，按照有关规定，对各支部进行换届选举，产生各支部主任委员。吴志红（女）为第一支部主任委员，杨远（女）为第二支部主任委员，陈玉玲（女）为第三支部主任委员。

2005年台盟陕西省第三届委员会进行届中调整后对各支部的盟员状况进行了分析研究，决定将原来的3个支部合并成为2个支部，各支部增加支委2名。吴志红（女）为第一支部主任委员，陈玉玲（女）、简伟斌为支委。谷宁秋（女）为第二支部主任委员，何秦（女）、杨远（女）为支委。

（四）第四次盟员大会及第四届委员会（2007.7—2012.7）简况

2007年7月1日至3日，台盟陕西省第四次盟员大会在西安召开。出席大会的盟员39人（应到44名）。台盟中央副主席汪毅夫出席大会并讲话。陕西省人大常委会副主任陈再生以及台胞列席代表百余人应邀出席大会开幕式。马克宁代表台盟陕西省第三届委员会向大会作题为《坚定信念，团结奋进，为把陕西建成西部强省做贡献》的工作报告。

大会选举产生台盟陕西省第四届委员会。马克宁（女）、王二虎、吴志红（女）、陈玉玲（女）、王清叶（女）、谷磊、陶怡秀（女）7人当选台盟陕西省第四届委员会委员。

台盟陕西省第四届委员会主委：马克宁（女），副主委：王二虎、吴志红（女）。

2011年12月25日，台盟陕西省委员会成立20周年纪念大会在西安举行，副主委王二虎主持大会。台盟中央秘书长张宁代表台盟中央，政协陕西省委员会副主席代表省政协、中共陕西省委统战部部长周一波代表中共陕西省委出席会议并讲话，台盟陕西省委员会主委马克宁作主题讲话。政协陕西省委员会副主席、九三学社陕西省委员会主委周卫健等以及在陕台胞、盟员百余人出席大会。大会收到台盟中央及兄弟省、市台盟组织等发来的贺电、贺信近30封。大会向20年来为台盟事业发展、为陕西经济社会发展和促进祖国统一大业做出贡献的老盟员颁发了荣誉证书。

台盟陕西省第四届委员会内设专委会、机关职能部门及下设基层组织均沿用上届设置。

（五）第五次盟员大会及第五届委员会（2012.7— ）简况

2012年7月29日至30日，台盟陕西省第五次盟员大会在西安召开。出席大会的盟员30人（应到盟员45人）。全国政协副主席、台盟中央主席林文漪致书面贺信，台盟中央副主席汪毅夫出席会议并讲话。陕西省人大常委会副主任白阿莹应邀出席大会开幕式。马克宁代表台盟陕西省第四届委员会向大会作题为《同心同行，与时俱进，为全面建设西部强省做出新贡献》的工作报告。

大会选举产生台盟陕西省第五届委员会。王二虎、吴志红（女）、陈玉玲（女）、王清叶（女）、谷磊、陶怡秀（女）、赖咸亮、杨远（女）8人当选台盟陕西省第五届委员会委员。王二虎、吴志红当选副主委。2015年11月27日，台盟陕西省委召开五届十四次全体会议，对领导班子进行调整。经选举，王二虎同志当选为台盟陕西省第五届委员会主任委员，陈玉玲同志当选为专职副主任委员。

台盟陕西省第五届委员会主委：王二虎，副主委：吴志红（女）、陈玉玲（女）。

台盟陕西省第五届委员会内设专委会、机关职能部门及下设基层组织均沿用上届设置。

五、历届组织机构组成名单

（一）第一届委员会（1991.12—1997.6）

主　　委：洪　涛

副 主 委：卢翠雪（女）　吴庆洲

秘 书 长：吴庆洲（兼）

副秘书长：方碧云（女）

委　　员：洪　涛　卢翠雪（女）　吴庆洲　方碧云（女）　陈益群

1995年12月增补周苓仲、简文华（女）

（二）第二届委员会（1997.6—2002.6）

主　委：洪　涛

副主委：吴庆洲　周苓仲

秘书长：马克宁（女）

委　员：洪　涛　吴庆洲　周苓仲　马克宁（女）　吴志红（女）

黄春龙　简文华（女）

2000 年 12 月增补蔡勉（女）

（三）第三届委员会（2002.6—2007.7）

名誉主委：洪　涛

主　　委：吴庆洲

副 主 委：马克宁（女）　蔡　勉（女，2003 年元月因工作调动，辞去副主委职务）

秘 书 长：王二虎

委　　员：吴庆洲　马克宁（女）　蔡　勉（女）　王二虎
吴志红（女）　黄春龙　陈碧珠（女）

2005 年 2 月 20 日第三届委员会届中调整：

名誉主委：洪　涛　吴庆洲

主　　委：马克宁（女）

副 主 委：王二虎

秘 书 长：王二虎（兼）

委　　员：马克宁（女）　王二虎　吴志红（女）　黄春龙
陈碧珠（女）

（四）第四届委员会（2007.7—2012.7）

主　　委：马克宁（女）

副 主 委：王二虎　吴志红（女）

秘 书 长：陈玉玲（女）

委　　员：马克宁（女）　王二虎　吴志红（女）　陈玉玲（女）
王清叶（女）　谷　磊　陶怡秀（女）

（五）第五届委员会（2012.7—　　）

主　　委：王二虎（2012.7—2015.11 专职副主委，2015.11 主委）

副 主 委：吴志红（女）　陈玉玲（女，2012.7—2015.11 专职秘书长，2015.11—　专职副主委）

秘 书 长：陈玉玲（女，兼）

委　　员：王二虎　吴志红（女）　陈玉玲（女）　王清叶（女）
谷　磊　陶怡秀（女）　赖咸亮　杨　远（女）

六、历届主委简历

▲洪　涛

（一）洪涛（1932.1—　　）

洪涛，男，汉族，1932年1月出生，台湾省淡水县人。大学文化程度，教授。1954年8月参加工作，1984年12月加入中国共产党，1988年11月加入台湾民主自治同盟。台盟陕西省第一、二届委员会主任委员，第三届委员会名誉主任委员，西北工业大学教授。1993年被批准享受国务院特殊津贴。

1954年7月毕业于北京航空学院飞机系；1954年8月至1956年8月在南京华东航空学院飞机系工作，历任助教、系秘书；1956年9月至1957年9月在北京俄语学院研究生班学习，研究生肄业；1957年10月至1996年3月，在西北工业大学工作，历任助教、讲师、副教授、教授。1996年3月退休。

曾任第四、五届陕西省政协委员，第七届全国政协委员；第八、九届全国人大代表；第九届陕西省人大常委；第五、六届台盟中央常委；第二、三、四届陕西省台联会长；陕西省海外联谊会副会长；陕西省航空联谊会副会长兼秘书长；全国高等教育学会理事。

（二）吴庆洲（1935.11—　　）

吴庆洲，男，汉族，1935年11月出生，台湾台南人。大学文化程度，工程师。1962年9月参加工作，1979年10月加入中国共产党，1988年11月加入台湾民主自治同盟。台盟陕西省第一、二届委员会副主任委员，第三届委员会主任委员、继任名誉主任委员，陕西省台联会长。

▲吴庆洲

1962年8月毕业于哈尔滨工业大学；1962年8月至1983年10月在872厂机动科工作，任技术组长（技术员、工程师）；1983年10月至2007年7月在陕西省台联工作，历任秘书长、副会长、会长。

曾任第六届陕西省政协委员，第八、九、十

届全国政协委员；第八届陕西省人大代表；第七届台盟中央委员；全国台联常委理事。

（三）马克宁（1952.6— ）

马克宁，女，汉族，1952年6月出生，台湾新竹人，大学文化程度，副教授。1968年12月参加工作，1987年3月加入中国共产党，1996年10月加入台湾民主自治同盟。台盟陕西省第三届委员会副主任委员、主任委员，第四届委员会主任委员。

▲马克宁

1968年12月至1973年9月在陕西省千阳县插队；1973年9月至1976年7月在西安外国语学院学习；1976年7月至1995年6月在西安公路交通大学工作，历任讲师、统战部副部长（1992年4月至1994年5月借调中国远洋总公司，随丈夫驻德国汉堡中远欧洲公司工作）；1995年6月至1997年7月任西安市侨务办公室副主任、市侨联副主席；1997年7月至2002年6月任省台盟秘书长、省台联副会长；2002年6月至2005年2月任台盟陕西省委专职副主委、陕西省台联副会长；2005年2月至2007年6月任台盟陕西省委专职主委、陕西省台联副会长；2007年7月至2012年7月任台盟陕西省委专职主委、陕西省台联顾问。

曾任第九、十、十一届全国人大代表，第十、十一届陕西省人大常委；第六、七、九届台盟中央委员，第八届台盟中央常委；陕西省台联副会长、顾问。

（四）王二虎（1958.11— ）

王二虎，男，汉族，台湾桃园人，1958年11月出生于陕西省渭南市，1976年2月参加工作，1988年1月加入中国共产党，1996年10月加入台盟。中央党校大学学历。现任台盟陕西省委主委，陕西省台联专职副会长，全国政协委员，台盟中央委员，陕西省政协副秘书长。

▲王二虎

1976年2月至1980年4月在渭南市辛市公社插队。1980年4月至1984年2月在兰田县农业银行工作。1984年2月至1997年6月历任陕西省台联副主任科员、主任科员、办公室副主任（1987年9月至1990年7月在陕西省委党校学习，大学专科毕业）。1997 年 6 月至 2000 年 12 月任陕西省台联秘书长。2000 年 12 月至 2002 年 6 月任台盟陕西省委办公室主任。2002 年 6 月至 2005 年 2 月任台盟陕西省委秘书长（2002 年 9 月至 2004 年 11 月在中央党校函授学院经济管理专业学习，大学本科毕业）。2005 年 2 月至 2007 年 6 月任台盟陕西省委专职副主委兼秘书长；2007 年 6 月至 2015 年 11 月任台盟陕西省委专职副主委、陕西省台联专职副会长（2011 年 7 月至 2012 年 7 月作为全国党外代表人士实践锻炼基地首批挂职干部，挂职任上海市侨务办公室副主任）。2015 年 11 月至今任台盟陕西省委主委、陕西省台联专职副会长。

曾任第八、九届台盟中央委员。第十一、十二届全国政协委员。第九届陕西省政协委员、陕西省政协祖国统一外事侨务委员会副主任，第十、十一届陕西省政协副秘书长。

七、历任全国人大代表、全国政协委员、省部级职务的盟员名单

（一）历届全国人大代表

第 八 届：洪涛、容汉诠、卢翠雪（女，民盟界）

第 九 届：洪涛、马克宁（女）、容汉诠

第 十 届：马克宁（女）

第十一届：马克宁（女）

（二）历届全国政协委员

第 七 届：洪涛

第 八 届：吴庆洲

第 九 届：吴庆洲

第 十 届：吴庆洲

第十一届：王二虎

第十二届：王二虎

台盟湖北省委组织发展沿革

一、成立的历史背景

1949 年 5 月 20 日，中共湖北省委成立。同年 9 月，湖北省委统战部正式挂牌办公。同年 10 月，湖北省委成立统战工作委员会，与湖北省委统战部合署办公。1950 年 10 月，湖北省第一届各界人民代表会议选举产生湖北省协商委员会，揭开了湖北省人民政协事业发展的历史新篇章。

20 世纪 50 年代中期，在三大改造胜利完成的基础上，中国共产党与各民主党派之间的合作日益巩固，与此同时，台湾民主自治同盟大陆各地的地方组织逐步发展。

二、成立过程及初期活动

1956 年秋，台盟总部主席谢雪红代表总部来武汉会见在汉盟员，与中共湖北省委协商筹建台盟湖北省地方组织事宜。经协商决定，筹备成立台盟湖北省直属小组。1956 年 10 月在武昌都府堤原革命大学旧址召开成立大会，正式成立台盟总部湖北省直属小组，曾重郎任组长，林树枝任副组长。湖北省台盟是继湖北省民革、湖北省民盟之后成立的第三个省级民主党派组织。

湖北省台盟是在中共湖北省委的大力支持和具体协助下成立起来的。自成立之日起，始终坚持中国共产党的领导，坚持社会主义方向，成为中国共产党的诤友。湖北省台盟不断加强思想、作风和组织建设，发挥自身优势，履行参政党职能，努力为地方经济社会发展贡献力量。始终坚持一个中国原则，贯彻“和平统一、一国两制”基本方针，坚决反对“台独”，为维护国家主权和领土完整、实现祖国和平统一作贡献。协助中共湖北省委和省政府做好对台工作，加大与岛内外台胞和在鄂台商、台生的联系，为台资企业排忧解难，维护台商合法权益，促进鄂台经贸交流。

三、组织变迁

（一）台盟总部湖北省直属小组（1956.10—1979.11）

1956年10月在武昌都府堤原革命大学旧址召开成立大会，正式成立台盟总部湖北省直属小组，1957年4月至1979年7月，台盟湖北省直属小组停止活动。党的十一届三中全会以后，在新时期统一战线方针指导下，1979年8月，台盟湖北省直属小组在停止活动长达22年后，恢复活动。

（二）台湾民主自治同盟湖北省支部（1979.11—1984.4）

1979年11月29日，台盟总部湖北省直属小组召开盟员大会，更名为台湾民主自治同盟湖北省支部。

（三）台湾民主自治同盟湖北省分部（1984.4—1987.11）

1983年11月台盟第三次全盟代表大会通过新章程，此次会议以后，1984年4月，经总部同意正式成立台盟湖北省分部。

（四）台湾民主自治同盟湖北省委员会（1987.11—　　）

根据1987年11月台盟第四次全盟代表大会通过的章程规定，台湾民主自治同盟总部改为台湾民主自治同盟中央委员会，台盟湖北省分部改名为台盟湖北省委。

四、历次盟员大会及历届委员会重要简况

（一）台盟总部湖北省直属小组（1956.10—1979.11）简况

曾重郎任组长，盟员有曾重郎、林树枝、江水生、林春水、戴见能、杨源英。1957年2月28日，直属小组在汉口举行“二·二八”起义十周年纪念会，曾重郎发表讲话，在汉台胞一百多人参加了大会。反右派斗争以后，特别是“文革”期间，民主党派组织停止活动。

（二）台盟湖北省支部第一次盟员大会及第一届委员会（1980.2—1982.2）简况

台盟湖北省支部第一次盟员大会在武昌洪山宾馆召开，大会选举产生了

湖北省台盟支部委员会，委员有：曾重郎、江水生、戴见能、康清泉、林春水，曾重郎任主委，江水生任副主委，林春水任秘书长。1981 年 2 月 20 日湖北省台盟召开在汉盟员大会，补选支部委员，补选后的委员共有 8 名：江水生、林春水、康清泉、郭水烟、曾重郎、廖美雪、潘家成、戴见能。曾重郎任主委，江水生、戴见能任副主委，林春水任秘书长，郭水烟任副秘书长（专职）。

台盟湖北省支部组织盟员、台胞传达了中共中央（1981）38 号文件《中共中央关于落实居住在祖国大陆台湾同胞政策的指示》，在各级党委、政府的支持下，协助解决盟员、台胞的历史遗留问题。

（三）台盟湖北省支部第二次盟员大会及第二届委员会（1982. 2—1984. 4）简况

1982 年 2 月 11 日至 13 日，台盟湖北省支部第二次盟员大会召开，选举产生了台盟湖北省支部第二届委员会，委员有：叶炳辉、戴见能、林春水、陈水清、范子唐、洪志贤、郭水烟、康清泉、潘家成。戴见能任主委，林春水、康清泉、潘家成任副主委，郭水烟任秘书长。

本届委员会积极围绕人民群众生活开展活动，使广大盟员和所联系的台胞及家属，能及时了解党和政府的方针政策，并联合湖北省台联召集在汉部分台胞座谈《廖承志致蒋经国先生信》，希望早日实现祖国统一。

（四）台盟湖北省分部第三次盟员大会及第三届委员会（1984. 4—1987. 8）简况

1984 年 4 月 9 日至 13 日，台盟湖北省分部第三次全体盟员大会在武昌召开。会议选举产生了台盟湖北省分部第三届委员会，委员有：戴见能、康清泉、潘家成、林春水、叶炳辉、郭水烟、刘惠敏、陈水清、杨源英。戴见能任主委，康清泉、潘家成、林春水任副主委，郭水烟任秘书长。1986 年 6 月 26 日，任命陈良才为副秘书长。

1985 年 10 月 25 日，湖北省台盟邀请在汉台胞代表 30 多人举行座谈会，纪念台湾光复 40 周年。

1986 年 9 月 4 日，湖北省台盟召开第十三次委员会议，传达学习《中共中央批转中央统战部〈关于新时期对民主党派工作的方针任务的报告〉的通知》。

（五）台盟湖北省分部第四次盟员大会及第四届委员会（1987. 8—1992. 5）简况

1987 年 8 月 17 日至 22 日，台盟湖北分部第四次盟员大会在武昌召开，选举产生了第四届委员会，委员有：戴见能、林春水、潘家成、叶炳辉、陈良才、陈水清、廖杰、江中群、刘惠敏。戴见能任主委，林春水、潘家成、叶炳辉任副主委，陈良才任秘书长。同年 11 月，台盟湖北省分部更名为台湾民主自治同盟湖北省委员会。

1989 年 2 月 25 日，湖北省台盟在武昌举行座谈会，纪念“二·二八”起义 42 周年，共有盟员 30 多人出席会议

1989 年 6 月 30 日，湖北省台盟召开主副委、顾问会议，学习中共十三届四中全会公报和《邓小平同志关于坚持四项基本原则，反对资产阶级自由化的论述》。

1990 年 2 月 6 日，湖北省台盟召开主副委、秘书长及顾问会议，学习传达中共中央中发 [1989]14 号文件《中共中央关于坚持和完善中国共产党领导的多党合作和政治协商制度的意见》及中共中央统战部副部长宋堃同志的讲话。

1991 年 2 月 27 日，湖北省台盟、湖北省市台联会在黄鹤楼紫竹苑联合举行在汉台胞纪念“二·二八”起义 44 周年会议。

（六）台盟湖北省委第五次盟员大会及第五届委员会（1992.5—1997.5）简况

1992 年 5 月 18 日至 21 日，台盟湖北省委召开第五次盟员大会，选举产生了台盟湖北省委第五届委员会，委员有：陈水清、陈良才、张荣国、林春水、廖杰、戴见能、江中群。戴见能任主委，林春水、张荣国任副主委，陈良才任秘书长。会议推举曾重郎为名誉主委，郭水烟、潘家成、康清泉、叶炳辉为顾问。

1993 年 9 月 17 日，湖北省台盟召开在汉盟员骨干学习会，学习国务院台湾事务办公室和国务院新闻办公室发表的《台湾问题与中国的统一》白皮书。

1995 年 10 月 25 日，湖北省台盟、湖北省台联召开湖北台胞纪念台湾光复 50 周年大会。

1996 年 11 月 20 日，湖北省台盟召开全省盟员大会，学习贯彻中共中央十四届六中全会决议，传达台盟中央常委会《关于中央和省级组织换届的决定》。

（七）台盟湖北省委第六次盟员大会及第六届委员会（1997.5—2002.5）简况

1997 年 5 月 6 日至 9 日，台盟湖北省委第六次盟员大会在武昌召开，选举产生了台盟湖北省委第六届委员会，委员有：张荣国、江水生、陈良才、吴秀凤、江中群、张天弓、施建茨、彭立川、廖杰。张荣国任主委，江水生、陈良才、吴秀凤任副主委，江中群任秘书长。

本届委员会高举邓小平理论的伟大旗帜，认真学习贯彻党的十五大精神，切实履行参政党职责，为加快湖北省的经济建设和增进海峡两岸的交流交往做出了贡献。

1999 年 2 月 12 日，湖北省台盟召开在汉盟员学习会，传达省市人大、政协会议精神，纪念江泽民主席《为促进祖国统一大业的完成而继续奋斗》重要讲话发表四周年和全国人大常委会《告台湾同胞书》发表 20 周年。

（八）台盟湖北省委第七次盟员大会及第七届委员会（2002.5—2007.5）简况

2002 年 5 月 11 日至 14 日，台盟湖北省委第七次盟员大会在武昌东湖碧波宾馆召开，选举产生了台盟湖北省委第七届委员会，委员有：张荣国、陈良才、吴秀凤、胡霜红、江中群、张天弓、施建茨、彭立川、罗强。张荣国任主委，陈良才、吴秀凤、胡霜红任副主委，江中群任秘书长。2005 年 11 月 27 日，在台盟湖北省第七届委员会届中调整会议上，吴秀凤当选为主委。

本届委员会的提案多件被评为湖北省政协优秀提案，第九届全国政协委员曾重郎提出的《关于高度重视环保问题的建议案》被评为全国政协优秀提案。

（九）台盟湖北省委第八次盟员大会及第八届委员会（2007.5—2012.6）简况

2007 年 5 月，台盟湖北省委第八次盟员大会在武昌召开，选举产生了台盟湖北省委第八届委员会，委员有：吴秀凤、江中联、刘江东、张天弓、罗强、林翠红、钟国祥、胡霜红、曾玲、江利平。吴秀凤任主委，江中联、胡霜红、张天弓、江利平任副主委，张天弓兼任秘书长。

本届委员会认真履行了政治协商、民主监督、参政议政职能；发挥亲情乡情优势，热情接待来访台胞，主动联系在鄂台商，注重做好在湖北的台湾学生工作，加深了台商、台生对祖国大陆的了解，在促进两岸人民的沟通、理解和互信方面发挥了桥梁与纽带作用，为湖北省经济、政治、文化和社会各项事业发展，为推进祖国统一大业做出了积极贡献。

（十）台盟湖北省委第九次盟员大会及第九届委员会（2012.6— ）简况

2012 年 6 月，台盟湖北省委第九次盟员大会在武昌召开，选举产生了台盟湖北省委第九届委员会，委员有：江中联、刘江东、江利平、吴明华、张天弓、张晓东、林颖、罗强、赵晓河、胡霜红、钟国祥、雷敏捷。江利平任主委，江中联、胡霜红、张天弓、刘江东任副主委，张天弓兼任秘书长。2015 年 6 月增补陈浩为委员。

自台盟湖北省委第八次盟员大会以来，台盟湖北省委团结全体盟员，坚持以邓小平理论和“三个代表”重要思想为指导，深入贯彻落实科学发展观，自觉服从服务于中央和地方中心工作，认真履行职能，积极建言献策，大力推动鄂台产业合作，关注、推动鄂台交流交往，各项工作取得了可喜的成绩。

五、历届组织机构组成名单

（一）第一届委员会（1980.2—1982.2）

主　委：曾重郎

副主委：江水生　戴见能（1981 年 2 月增补为副主委）

秘书长：林春水　郭水烟（1981 年 2 月增补为专职副秘书长）

委　员：江水生　林春水　康清泉　郭水烟　曾重郎
廖美雪　潘家成　戴见能

（二）第二届委员会（1982.2—1984.4）

主　委：戴见能

副主委：林春水　康清泉　潘家成

秘书长：郭水烟

委　员：叶炳辉　戴见能　林春水　陈水清　范子唐
洪志贤　郭水烟　康清泉　潘家成

（三）第三届委员会（1984.4—1987.8）

主　委：戴见能

副主委：林春水　康清泉　潘家成

秘书长：郭水烟　张良才（1986 年 6 月增补为专职副秘书长）

委　员：戴见能　林春水　康清泉　潘家成　叶炳辉
郭水烟　刘惠敏　陈水清　杨源英

（四）第四届委员会（1987.8—1992.5）

主　委：戴见能

副主委：林春水　潘家成　叶炳辉

秘书长：陈良才

委　员：戴见能　林春水　潘家成　叶炳辉　陈良才
　　　　陈水清　廖　杰　江中群　刘惠敏

（五）第五届委员会（1992.5—1997.5）

主　委：戴见能
副主委：林春水　张荣国
秘书长：陈良才
委　员：陈水清　陈良才　张荣国　林春水　戴见能
　　　　廖　杰　江中群

（六）第六届委员会（1997.5—2002.5）

主　委：张荣国
副主委：江水生　陈良才　吴秀凤
秘书长：江中群
委　员：张荣国　江水生　陈良才　吴秀凤　江中群
　　　　张天弓　施建茨　彭立川　廖杰

（七）第七届委员会（2002.5—2007.5）

主　委：张荣国　（吴秀凤 2005 年 11 月届中调整为主委）
副主委：陈良才　吴秀凤　胡霜红
秘书长：江中群
委　员：张荣国　陈良才　吴秀凤　胡霜红　江中群
　　　　张天弓　施建茨　彭立川　罗　强

（八）第八届委员会（2007.5—2012.6）

主　委：吴秀凤
副主委：江中联　胡霜红　张天弓　江利平
秘书长：张天弓（兼）
委　员：吴秀凤　江中联　刘江东　胡霜红　张天弓　罗强
　　　　林翠红　钟国祥　曾玲　江利平

（九）第九届委员会（2012.6—　　）

主　委：江利平
副主委：江中联　胡霜红　张天弓　刘江东
秘书长：张天弓（兼）
委　员：江利平　江中联　胡霜红　张天弓　刘江东　罗　强

张晓东　吴明华　林　颖　赵晓河　钟国祥　雷敏捷
陈浩（2015.6 增补）

六、历届主委简历

▲曾重郎

（一）曾重郎（1929.2—　　）

曾重郎，男，汉族，1929 年 2 月出生于台湾新竹市。台湾“二·二八”起义参加者，台盟湖北省委会主要创始人。台盟中央顾问、全国台联副会长。曾任台盟总部第二届理事，台盟中央第四、五届评议委员会副主席，湖北省支部第一届主任委员，台盟湖北省委名誉主委。全国台联七人筹备小组成员，历任全国台联一至六届理事、常务理事、副会长，湖北省台联一至六届会长。中共十三大代表。湖北省两届人大代表，省政协第四届常委，第五届常委、秘书长，第六届副主席。全国政协第八、九届委员。

▲戴见能

（二）戴见能（1924.9—2015.11）

戴见能，男，1924 年 9 月生，台湾台南云林人。台盟湖北省委会创始人之一。1940 年于台湾台南市专修工业学校机械科肄业。1946 年随第六十二军到天津，1949 年参加中国人民解放军，总后勤部工厂管理部第 3303 工厂副厂长、总工程师、高级工程师。台盟中央委员，第六、七、八届全国政协委员，1994 年 3 月当选湖北省第七届政协副主席。从 1982 年到 1997 年，连续四届担任台盟湖北省委主委。先后多次参加高层领导人的协商会、对话会、座谈会，参与国家大政方针的制定，参与湖北地区政治、经济事务的管理。2015 年 11 月病逝。

（三）张荣国（1935.1—　　）

张荣国，男，1935 年 1 月生，台湾高雄人。水利专家，教授级高工，1991 年起获国务院政府特殊津贴。1988 年加入台盟，1992 年起曾先后任台盟湖北省委第五届副主委，第六、七届主委；台盟中央第六、七届常委，第八、九、十届全国人大代表；湖北省政协第八、九届副主席。此外还曾任湖北省台联会副会长、会长，全国台联常务理事等职务。1956 年毕业于华东水利学院水工结构系水能利用专业，分配到水利部长江水利委员会，在长江水利委员会工作长达 54 年，先后任工程师、副科长、处级副总工程师等技术职务及规划处处长、规划局副局长、长江勘测规划设计研究院副院长、武汉水利电力学院兼职教授，中国力学学会、中国水利学会委员，长江技术经济学会常务理事、主任。2003 年退居二线任长江委科学技术委员会委员、顾问，长江委设计院专家委员会副主任委员，2009 年底退休。

▲张荣国

（四）吴秀凤（1947.2— ）

▲吴秀凤

吴秀凤，女，汉族，台湾台南人，1947 年出生于日本大阪。1963 年 1 月参加工作，1979 年 2 月加入中共，1979 年 12 月加入台盟。1979 年、1983 年两次被评为全国“三八”红旗手，2005 年 11 月，届中调整任台盟湖北省委主委。2006 年 5 月当选台盟湖北省委第八届委员会主委。2006 年 6 月至 2012 年 6 月任台盟湖北省委专职主委。2006 年 12 月届中增补为第七届台盟中央委员。2007 年 12 月至 2012 年，任台盟中央常委、全国台联常务理事、省台湾同胞联谊会会长。十届省人大常委。2008 年 1 月当选省政协十届委员会副主席。2008 年 2 月当选为第十一届全国人大代表。

（五）江利平（1963.12— ）

▲江利平

江利平，男，汉族，1963 年 12 月出生，台湾台南人，1983 年 12 月参加工作，1988 年 5 月加入中国共产党，2008 年 12 月加入台盟。武汉市委党校在职研究生学历。现任台盟湖北省委专职主委，湖北省台湾同胞联谊会会长，湖北省政协委员、常委，全国政协委员。曾任武汉化工厂计划科调度员、计划员、计划科副科长，武汉化工厂香皂分厂厂长、党支部书记，武汉化工厂厂长、党委书记。2007 年 1 月至 2007 年 5 月任武汉市机电工程学校党委书记、2007 年 5 月至2012年6月任湖北省台联专职副会长兼秘书长，2008年10月至2011年1月任鄂州市政府党组成员、副市长（挂职），2012年5月开始任台盟湖北省委主委、湖北省台联会会长、省政协常委，2013年7月任台盟湖北省委专职主委。

七、历任全国人大代表、全国政协委员、省部级职务的盟员名单

（一）历届全国人大代表

第七届：潘家成

第八届：江水生　张荣国

第九届：张荣国　吴秀凤

第十届：张荣国

第十一届：吴秀凤

第十二届：胡霜红　张晓东

（二）历届全国政协委员

第六届：戴见能

第七届：戴见能

第八届：曾重郎　戴见能

第九届：曾重郎

第十届：江中联

第十二届：江利平

（三）历任省部级职务的盟员名单

曾重郎：第六届湖北省政协副主席

戴见能：第七届湖北省政协副主席

张荣国：第八、九届湖北省政协副主席

吴秀凤：第十届湖北省政协副主席

台盟湖北省武汉市委组织发展沿革

一、成立的历史背景

居住在武汉市的台湾同胞，已占到湖北省台湾同胞总人数的2/3。为联络台湾岛内和境外的台湾同胞，协调湖北省武汉市台湾同胞工作，团结和带领广大台湾同胞，为促进武汉经济建设、祖国和平统一，1982年底启动组建武汉市台联筹备工作。1983年正式纳入中共武汉市委、武汉市人民政府的议事日程。在中共武汉市委统战部支持、协调和帮助下，1984年6月，武汉市台联筹备小组正式成立。组长江水生，副组长李芳宁、廖献祥，组员吴秀凤、林海、杨胜龙、廖杰等。1984年9月，召开武汉市台湾同胞第一次代表大会。正式成立武汉市台联，选举产生武汉市台联第一届理事会。市台联成立后，积极团结和联系定居在武汉的台胞，宣传贯彻大陆对台工作方针政策，切实维护台胞的合法权益。

1980—1984年，武汉市台盟盟员通过学习邓小平理论，积极投身参政议政、民主监督，为经济建设和祖国统一大业出谋献策。在武汉市、有关区县人民代表大会全体会议、政协委员会全体会议上，武汉市台盟盟员提出议案、提案、意见和建议76件。其中35件得到各级党委、人民政府的采纳，为台盟在武汉成立市一级地方组织创造一定的条件。

1992年，邓小平同志发表南方讲话，在国内外引起了强烈反响，有力地促进了武汉市改革开放的历史进程。全市台盟盟员在参政议政、民主监督，在促进两个文明建设，在推动两岸交往交流的实践中，队伍逐渐壮大，盟员的思想素质、政策水平不断提高，台盟在武汉成立市级组织具备了一定的客观条件。

二、成立过程及初期活动

1982—1984 年，武汉市台盟盟员为组建台盟武汉市委开展调查研究，逐步形成倾向性意见和建议。1985 年武汉市台盟盟员在政协武汉市委员会全体会议上，正式提出《关于成立市一级台盟组织的建议》提案，引起中共武汉市委、武汉市人民政府的重视。

1986 年台盟中央领导来湖北省视察工作，了解到居住在武汉市台盟盟员情况，以及武汉市与台湾岛内开展各项民间交流情况，即与中共湖北省委统战部、台盟湖北省委领导多方协商。拟在武汉成立台盟市一级地方组织，并提出机构设置、人员编制等初步设想。由于种种原因，此建议当时未能付诸实施。但组建台盟在武汉的市一级组织，已纳入台盟中央“地方组织发展”的议事日程。

1993 年 11 月，中国共产党召开全国统一战线工作会议，全国统一战线呈现出新气象，邓小平理论及新时期统一战线论述日益深入人心。武汉市台盟盟员在政协武汉市委员会全体会议上，再次呼吁和正式提出《关于成立市一级台盟组织的提案》，得到中共武汉市委、武汉市人民政府及有关部门的高度重视和采纳。在新形势的推动下，特别是在中共武汉市委统战部的大力支持、帮助和协调下，组建台盟武汉市委工作迅速展开。

1994 年上半年，台盟湖北省委就筹备台盟武汉市委的工作，请示台盟中央，并与中共湖北省委、中共武汉市委及有关部门进行充分细致的协商，拟先行成立“台盟武汉市委筹备小组”。

1994 年 10 月 26 日，台盟中央发文批准，“台盟武汉市委筹备小组”正式成立。台盟武汉市委筹备小组由江水生、吴秀凤、江中群 3 人组成，江水生任组长，吴秀凤任副组长。

台盟武汉市委筹备小组成立后，立即全面开展工作。1994 年 11 月 4 日，台盟武汉市委筹备小组召开第一次全体会议。会议就成立台盟武汉市委的指导思想，台盟武汉市委的地位、性质、工作任务，台盟武汉市委筹备小组的工作安排，以及具体分工等问题，进行认真研究讨论。会议决定，拟在 1994 年 12 月中旬，召开台盟武汉市第一次盟员大会，选举产生台盟武汉市第一届委员会。

台盟武汉市委筹备小组一方面起草台盟武汉市第一次盟员大会文件，协商台盟武汉市第一届委员会候选人。另一方面与中共武汉市委、武汉市人民政府及有关部门联系，落实台盟武汉市委机关编制、办公地点、设施、经费等。

台盟武汉市委筹备小组召开武汉市台盟盟员系列座谈会，学习《中共中央关于坚持和完善中国共产党领导的多党合作和政治协商制度的意见》，传达台盟中央［1994］13 号文件。用台盟中央主席蔡子民在全国台盟组织工作会议《工作报告》、台盟中央常委会（扩大）会议精神，统一武汉市台盟盟员的思想认识。

武汉市台盟盟员分别就台盟武汉市委规模、组织原则、委员条件等问题进行深入讨论，提议增设台盟武汉市委荣誉职务，对台盟武汉市委思想建设、组织发展、基层组织建设、机关工作机构、联络宣传等提出建议和要求。

台盟武汉市委筹备小组在中共武汉市委、武汉市人民政府及有关部门支持协助下，圆满完成其预定方案。1994 年 12 月 17—18 日，台盟武汉市第一次盟员大会在汉口召开。大会选举产生台盟武汉市第一届委员会。

三、组织变迁

（一）台盟武汉市委筹备小组（1994. 10—1994. 12）

1994 年 10 月 26 日，台盟中央发文批准，“台盟武汉市委筹备小组”正式成立。

（二）台盟武汉市委员会（1994. 12—　　）

1994 年 12 月 17—18 日，台盟武汉市第一次盟员大会在汉口召开。台盟武汉市委员会正式成立，台盟武汉市委员会由台盟湖北省委员会直接领导。

四、历次盟员大会及历届委员会重要简况

（一）第一次盟员大会及第一届委员会（1994. 12—1998. 11）简况

台盟武汉市第一次盟员大会，于 1994 年 12 月 17 至 18 日在汉口召开。大会审议通过台盟武汉市委筹备小组《筹备工作报告》，选举产生了台盟武汉市第一届委员会。

第一届委员会主委：江水生，副主委兼秘书长：吴秀凤（女），推选廖献祥、张厚恺为顾问。委员会下设综合办公室、组织部（宣传部）。

1996 年 10 月成立第一个基层组织——台盟硚口区支部委员会。

1997 年 3 月 27 日，市台盟召开一届二次盟员大会，增补李祖良、林翠红（女）为台盟市委委员。

（二）第二次盟员大会及第二届委员会（1998.11—2002.1）简况

台盟武汉市第二次盟员大会，于 1998 年 11 月 24—26 日在汉口召开。大会审议通过台盟武汉市第一届委员会《工作报告》，选举产生了台盟武汉市第二届委员会。

第二届委员会主委：吴秀凤（女），副主委：康振扬、林翠红（女）、江燕萍（女），秘书长：杨胜龙。推选江水生为名誉主任委员，廖献祥、张厚恺为顾问。

后因吴秀凤主委调到省侨联工作，2000 年 4 月 22 日，市台盟召开第二届二次盟员大会，进行了届中调整。在这次会议上，江中联（女）、张梦麟（女）增补为台盟市委委员，江中联（女）当选为主委，张梦麟（女）当选为副主委。

（三）第三次盟员大会及第三届委员会（2002.1—2006.9）简况

2002 年 1 月 16—18 日，台湾民主自治同盟武汉市第三次盟员大会在汉口召开。省市领导张荣国、曾重郎、杨世洪、单大年、吴玉梅、段轮一、刘彩木等出席大会，来自全市各条战线的台盟盟员、台胞代表 110 余人参加了这次大会。在这次会议上，选举产生了台盟武汉市第三届委员会。

第三届委员会主委：江中联（女），副主委：康振扬、林翠红（女）、江燕萍（女），秘书长：杨胜龙。

（四）第四次盟员大会及第四届委员会（2006.9—2011.9）简况

2006 年 9 月 29—30 日，台湾民主自治同盟武汉市第四次盟员大会在汉口召开。省市领导吴秀凤、张荣国、程康彦、岳勇、李云飞、贾震涛、郑心穗等出席大会，来自全市各条战线的台盟盟员、台胞代表 140 余人参加了这次大会。在这次会议上，选举产生了台盟武汉市第四届委员会。

第四届委员会主委：江中联（女），副主委：张晓东、江燕萍（女），秘书长：杨胜龙。

2007 年，主委江中联当选政协武汉市十一届委员会副主席。

（五）第五次盟员大会及第五届委员会（2011.9—　　）简况

2011年9月9—10日，台盟武汉市第五次盟员大会在循礼门宾馆举行。省、市领导吴秀凤、冯记春、张河洁、马旭明、黄卫国等出席大会。大会认真审议并通过了江中联同志代表台盟武汉市第四届委员会所作的题为《全面贯彻科学发展观　切实履行参政党职能　为实现武汉跨越式发展作出新贡献》的报告，选举产生了台盟武汉市第五届委员会。

第五届委员会主委：江中联（女），副主委：张晓东、江燕萍（女），副秘书长：赵晓河

五、历届组织机构组成名单

（一）台盟武汉市第一届委员会（1994.12—1998.11）

主　委：江水生

副主委：吴秀凤（女）

秘书长：吴秀凤（兼）

委　员：江水生　江中群（女）　吴秀凤（女）　赵晓东　康振扬

顾　问：廖献祥　张厚恺

（二）台盟武汉市第二届委员会（1998.11—2000.4）

主　委：吴秀凤（女）

副主委：康振扬　林翠红（女）　江燕萍（女）

秘书长：杨胜龙

委　员：江燕萍（女）　李祖良　杨胜龙　陈中疆　吴秀凤（女）
林翠红（女）　康振扬

名誉主委：江水生

（三）台盟武汉市第二届委员会届中调整（2000.4—2002.1）

主　委：江中联（女）

副主委：康振扬　林翠红（女）　江燕萍（女）　张梦麟（女）

秘书长：杨胜龙

委　员：江中联（女）　江燕萍（女）　李祖良　陈中疆
林翠红（女）　杨胜龙　张梦麟（女）　康振扬

名誉主委：江水生

顾　　问：廖献祥　张厚恺

（四）台盟武汉市第三届委员会（2002.1—2006.9）

主　委：江中联（女）

副主委：康振扬　　　林翠红（女）　　江燕萍（女）

秘书长：杨胜龙

委　员：江中联（女）　江燕萍（女）　李祖良　杨胜龙
陈中疆　　　林翠红（女）　康振扬　廖怡辉

（五）台盟武汉市第四届委员会（2006.9—2011.9）

主　委：江中联（女）

副主委：张晓东　江燕萍（女）

秘书长：杨胜龙

委　员：江中联（女）　林翠红（女）　江燕萍（女）　张晓东
杨胜龙　　　李　雯（女）　李祖良　　　雷敏捷
廖怡辉

（六）台盟武汉市第五届委员会（2011.9—　　）

主　委：江中联（女）

副主委：张晓东　江燕萍（女）

副秘书长：赵晓河

委　　员：江中联（女）　江燕萍（女）　吴明华（女）　张晓东
林　颖（女）　赵晓河　　　李　雯（女）
朱　珊（女）　雷敏捷　　　廖怡辉

六、历届主委简历

▲江水生

（一）江水生（1928.3—　　）

江水生，男，汉族，1928年3月生，台湾省台南市人。1949年1月参加革命工作。1949年9月加入台湾民主自治同盟，1959年6月加入中国共产党。机械专业毕业，大专学历。高级工程师。

1940年在台湾台南义和铁工厂当工人。1946年在天津国民党62军修械所任技工、技师。1949

年后任解放军武汉 3303 厂技术员、技师、工程师、党支部委员。1966 年任解放军武汉 3604 厂工程师、副总工程师、总工程师、厂党委委员。1983 年后任中共武汉市委统战部副部长、部党总支书记、中共武汉市委对台工作小组副组长。1985 年离休。曾任全国人大第五至八届代表，第九、十届全国总工会执委，全国台联第一至五届理事，湖北省台联一至六届副会长，台盟湖北省委员会第一至六届副主委，中共武汉市第六届委员会委员，武汉市第六届人大常委会常委，政协武汉市第七至九届委员会常委，武汉市台联会第一至四届会长，台盟武汉市第一届委员会主委。

政协武汉市第六、七、八、九届委员会常委。

（二）吴秀凤（1947.2—　　）

▲吴秀凤

吴秀凤，女，汉族，台湾台南人，1947 年 2 月出生于日本大阪。1963 年 1 月参加工作，1979 年 2 月加入中共，1979 年 12 月加入台盟。1985 年 9 月至 1987 年 7 月在江汉大学中文秘书系学习。

1963 年任武汉市五金综合商店营业员。1979 年后任武汉市友谊商店、友谊公司副主任、公司副经理。1983 年任武汉市政府侨办副主任，市侨联副主席、党组成员，武汉市台联第一、四至六届理事。1993 年任市台联副会长。1994 年任台盟武汉市第一届委员会副主委兼秘书长。1997 年台盟湖北省委副主委。1998 年任台盟武汉市第二届委员会专职主委，武汉市台联专职会长，武汉市妇联执委，中共武汉市委统战部直属机关党委委员，中共武汉市民主党派机关联合党支部书记。政协武汉市第七届委员会委员，第五、六、八、九届委员会常委，第九届委员会副秘书长。1999 年 5 月至 2006 年 5 月任湖北省侨联副主席、党组副书记。2005 年 11 月，届中调整任台盟湖北省委主委，2006 年 5 月当选台盟湖北省第八届委员会主委及湖北省台联会会长。2008 年 1 月当选湖北省政协第十届委员会副主席、十届省人大常委。2008 年 2 月当选为第十一届全国人大代表。曾任第六届台盟中央委员，第六届全国台联理事。2006 年 12 月届中增补为第七届台盟中央常委，2007 年 12 月任全国台联常务理事。

（三）江中联（1954.7—　　）

江中联，女，汉族，1954 年 7 月生，台湾省台北市人。1993 年 4 月加入

▲江中联

中国共产党，2000 年 2 月加入台湾民主自治同盟。1974 年 8 月参加工作。1978 年毕业于武汉大学中文系，大学普通班学历。主任记者。

现任台盟武汉市第五届委员会主委、武汉市台联第八届理事会会长。1978 年后历任长江日报社记者、编辑、主任记者，《少年文学周刊》主编，《楚才杯》竞赛委员会办公室主任。武汉市台联第三至八届理事会理事。2000 年 4 月届中调整任台盟武汉市委主委、武汉市台联会长至今。第十届全国政协委员。台盟中央委员，全国台联理事。湖北省台联副会长。台盟湖北省副主委。

政协武汉市第七、八届委员会委员，第九、十届委员会常委，第十一、十二届副主席。

七、历任全国人大代表、全国政协委员、省部级职务的盟员名单

（一）历届全国人大代表

第五至八届：江水生

第十二届：张晓东

（二）历届全国政协委员

第十届：江中联

台盟浙江省委组织发展沿革

一、成立的历史背景

浙江地处东南沿海，自 1979 年《告台湾同胞书》发表后，居住在浙江的台胞在中共浙江省委、省委统战部的领导和支持下，率先成立了全国第一个台湾同胞联谊会。

省台联成立后，立即组织人员内查外调，摸清全省台胞状况，积极协助省委统战部平反台胞中的冤假错案，大大调动了广大台胞的政治热情。省台联还积极组织和推动全省广大台胞学习党的路线、方针、政策，鼓励全省广大台胞努力搞好本职工作，认真参加社会主义现代化建设。浙江省台胞还充分发挥自身优势，广泛联络海外与岛内台胞，宣传党的对台政策，特别是 1987 年 11 月开放赴大陆探亲后，省台联积极为来大陆的台胞排忧解难，获得他们的信任，广交朋友、沟通渠道。省台联作为台胞的群众团体，发挥了不可替代的作用。

1995 年 1 月 30 日，江泽民发表了《为促进祖国统一大业的完成而继续奋斗》的重要讲话，他在重申了党和邓小平同志根据“和平统一，一国两制”的基本方针制定的一系列对台政策之后，就现阶段发展两岸关系、推进祖国和平统一进程提出八项主张。在对台工作的新形势和新任务下，浙江作为对台工作重点省份，很有必要成立台盟，民主党派的职能和作用是台胞群众团体难以取代的。

有鉴于此，台盟中央非常支持在浙江成立台盟组织，曾两次派组织部门负责同志到杭州调查了解全省情况，探讨建立台盟组织事宜。台盟中央还利用中共浙江省委相关领导到京开会的机会，沟通意见，得到大力支持。

二、成立过程及初期活动

1995年2月，在政协浙江省七届三次会议上，浙江省台湾同胞联谊会会长陈昭典代表省台联向大会呼吁：建立浙江台盟组织，以推动对台工作的开展。这一建议得到中共浙江省委领导的支持。2月28日，省台联正式向台盟中央提出报告，获得允准后，即开始积极投入筹备工作。9月16日，台盟中央组织部蔡铭熹部长和王华晖处长专程赴杭州，就成立浙江台盟组织事宜与省委统战部进行磋商。9月18日，批准发展了陈昭典、张华军、石志明、赖中和、石志谦、刘伟文、张泽熙、郑博光、刘徐生、林芸华和蔡惠华等11位同志为台盟盟员。9月21日，台盟中央中发[1995]9号文件批准建立台盟浙江省委员会筹备小组。经盟员会议协商推荐，由陈昭典任组长，张华军任副组长，石志明、郑博光、刘伟文为组员。

筹备小组成立后，按照“注重素质、稳步发展，坚持以大中城市中上层、有一定代表性人士为主”的组织原则发展新盟员，到10月下旬，加上原有的2名老盟员，全省已有盟员42名。10月20日，根据台盟浙江省委筹备小组关于召开台盟浙江省第一次盟员大会和成立台盟浙江省委员会的要求，11月17日，得到了有关部门同意。

11月25日至26日，台盟浙江省第一次盟员会议在杭州之江饭店召开。台盟中央主席蔡子民，常务副主席、全国台联会会长张克辉到会祝贺并作了重要讲话。中共浙江省委、省政府、省政协、省委统战部领导以及省级各民主党派、工商联的主要负责同志出席了会议开幕式，兄弟省、市台盟和海外台胞、华侨团体共26个单位向会议发来贺电。会议选举产生了台盟浙江省第一届委员会，陈昭典当选为主委，张华军、石志明当选为副主委，郑博光为秘书长，石志谦、袁立宜和刘伟文为委员，聘请赖中和为顾问。

三、历次盟员大会及历届委员会重要简况

（一）第一次盟员大会及第一届委员会（1995.11—2002.6）简况

1995 年 11 月 25 日至 26 日，台盟浙江省第一次盟员会议在杭州之江饭店召开，41 名盟员参加会议。大会的主要议程是听取台盟浙江省委筹备组工作报告，选举产生台盟浙江省第一届委员会等。

第一届委员会主委：陈昭典

▲ 1995 年 11 月台盟浙江省第一次盟员会议

副主委：张华军　石志明　张泽熙（2000 年 2 月增补）

秘书长：郑博光

本届委员会按照《台盟章程》规定的组织原则，积极稳妥地发展新盟员，注重加强领导班子自身建设，健全组织机构，提高盟员素质，认真履行参政议政职能，组织力量开展专题调研。同时，发挥台盟自身优势，加强和扩大海峡两岸的交流交往。

台盟浙江省委会成立后，与浙江省台湾同胞联谊会合署办公，台盟下设调研宣传处和组织联络处，机关行政编制 7 名；台联下设办公室，机关行政编制 8 名。台盟、台联两块牌子，一套班子，实行合署办公。

为了更有利于开展台盟浙江省委会组织的基层工作，1997 年 12 月 31 日，

省委会成立了港澳台侨、科教文卫、经济 3 个专委会。其中港澳台侨专门委员会由主任郑博光，副主任石志谦、陈清玲，委员游江韫、蔡惠华组成；科教文卫专门委员会由主任石志明，副主任刘伟文、刘徐生，委员陈存伟、陈艳虹、沈国荣组成；经济专门委员会由主任张泽熙，副主任杨新中，委员林泰石、王庆芳、邹小平组成。

1999 年 6 月，省委会成立了 2 个省直属基层小组，即浙江大学小组（刘伟文担任组长）、嘉兴市小组（柯青担任组长），以利工作的开展。

2000 年 2 月，召开省委一届六次全会，增选了张泽熙为省委委员、副主委，胡亚芳为省委委员。

▲ 2000 年 2 月台盟浙江省一届六次全委会

（二）第二次盟员大会及第二届委员会（2002. 6—2007. 6）简况

2002 年 6 月 5 日至 7 日，台盟浙江省第二次盟员大会在杭州之江饭店召开，57 名盟员参加会议。台盟中央副主席林文漪到会祝贺。中共浙江省委、省人大、省政府、省政协、台盟中央秘书长张华军等领导同志出席了开幕式。大会的主要任务：听取和审议台盟浙江省第一届委员会的工作报告，选举产生台盟浙江省第二届委员会和出席台盟第七次全盟代表大会的代表；通过《工作报告决议》和《盟员大会决议》。

第二届委员会主委：陈昭典

副主委：张泽熙　胡亚芳

秘书长：郑博光（2005 年 1 月辞去）

陈清玲（2005 年 1 月任命）

本届委员会在中共浙江省委和台盟中央的领导下，在中共浙江省委统战部的具体指导下，坚持以邓小平理论和“三个代表”重要思想为指导，牢固树立科学发展观，围绕深入实施“八八战略”、全面建设“平安浙江”等中心工作以及全省对台工作大局，认真履行参政党职能，努力开展对台工作，不断加强自身建设。

为了进一步健全基层组织，在中共浙江省委统战部及有关市委统战部的支持下，从 2004 年起，先后成立了台盟衢州市小组、台盟温州市小组、台盟省直系统支部和台盟省直杭州市支部，发展了 12 位新盟员。台盟浙大支部、台盟衢州市小组、台盟温州市小组在省委会的指导和在当地统战部大力支持下，分别于 2006 年 12 月中下旬完成了换届工作。为完善组织工作管理，省委会制定了《基层组织工作任务》《基层组织发展盟员程序规范》《基层组织联络员工作制度》《基层组织经费管理办法》等制度规范基层工作。

2005 年 1 月，召开二届四次全会，同意郑博光辞去秘书长职务，任命陈清玲担任秘书长，调整班子结构。

2003 年 1 月，浙江省机构编制委员会对民主党派省委会机关机构编制调整，台盟省委会机关设调研宣传处、组织联络处、办公室（与省台联合署）3 个职能部门，核定机关行政编制 7 名，处级领导职数 3 名（含秘书长 1 名）。

（三）第三次盟员大会及第三届委员会（2007.6—2012.6）简况

2007 年 6 月 18 日至 20 日，台盟浙江省第三次盟员大会在杭州之江饭店召开，74 名盟员参加会议。台盟中央副主席汪毅夫到会祝贺。中共浙江省委、省人大、省政府、省政协、省委统战部等相关领导参加开幕式。省政协副主席、台盟省委会主委陈昭典作工作报告并致开幕词，省工商联会长徐冠巨代表各民主党派省委会和省工商联祝贺大会召开。大会的主要任务：听取和审议台盟浙江省第二届委员会工作报告，选举产生台盟浙江省第三届委员会，选举产生出席台盟第八次全盟代表大会的代表，并审议通过有关决议。

第三届委员会主委：张泽熙

副主委：胡亚芳　陈清玲

秘书长：陈清玲（兼）

本届委员会深入贯彻落实科学发展观，围绕“八八战略”和“创业富民、创新强省”总战略，团结带领全省盟员及台胞，认真履职，建言献策，务实创新，努力作为，各项工作取得了新的成效。

省委会非常重视推进基层组织建设。一方面，努力发展盟员。5 年共发展了 18 名盟员，增长 25.7%。新增了 2 个支部，衢州、温州两个小组升格为支部，全省支部换届工作如期圆满完成。另一方面，努力创造条件提升盟员素质。每年举办全省台盟中青年骨干参政议政培训班，同时选送一批盟员参加中央统战部等上级有关部门举办的各类培训班、进修班。

2011 年 6 月，省编办批复同意台盟省委会机关增设调查研究处，核增行政编制 3 名、处级领导职数 2 名，调研工作力量进一步加强。

（四）第四次盟员大会及第四届委员会（2012.6—　　）简况

2012 年 6 月 12 日至 14 日，台盟浙江省第四次代表大会在杭州召开，全省 51 名盟员代表参加会议。全国政协副主席、台盟中央主席林文漪发来贺信，全国政协常委、台盟中央副主席杨健到会祝贺。中共浙江省委、省人大、省政府、省政协、省委统战部等领导出席开幕式。全国政协常委、台盟省委会主委张泽熙致开幕词并作工作报告。省政协副主席、省工商联主席徐冠巨代表各民主党派省委会和省工商联祝贺大会召开。大会的主要任务：听取和审议台盟浙江省第三届委员会工作报告，选举产生台盟浙江省第四届委员会，选举产生出席台盟第九次全盟代表大会的代表，并审议通过有关决议。

▲第四届省委委员合影

第四届委员会主委：张泽熙

副主委：胡亚芳　陈清玲　陈伟华

秘书长：陈清玲（兼）

截至2014年12月，全省共有盟员99人。全省共有8个支部，分别为：省直第一支部、省直第二支部、杭州市第一支部、杭州市第二支部、浙江大学支部、嘉兴市支部、衢州市支部、温州市支部。

台盟机关现有编制10人，内设办公室、组织联络处、宣传处、调研处4个处室（与省台联合署办公）。

四、历届组织机构组成名单

（一）第一届委员会（1995.11—2002.6）

主　委：陈昭典

副主委：张华军　石志明　张泽熙（增补）

秘书长：郑博光

委　员：石志谦　袁立宜　刘伟文　胡亚芳（增补）

顾　问：赖中和

（二）第二届委员会（2002.6—2007.6）

主　委：陈昭典

副主委：张泽熙　胡亚芳

秘书长：郑博光（2002.6—2005.1）陈清玲（2005.1—2007.6）

委　员：陈清玲　柯　青　刘伟文

顾　问：赖中和　石志明

（三）第三届委员会（2007.6—2012.6）

主　委：张泽熙

副主委：胡亚芳　陈清玲

秘书长：陈清玲（兼）

委　员：郑博光　刘伟文　陈伟华　陈靓

（四）第四届委员会（2012.6—　　）

主　委：张泽熙

副主委：胡亚芳　陈清玲　陈伟华

秘书长：陈清玲（兼）

委　员：郑博光　刘伟文　陈　靓　陈爱岳　曾为辛

五、历届主委简历

▲陈昭典

（一）陈昭典（1938.9—　　）

陈昭典，男，汉族，1938年9月出生于台湾台北。1995年9月加入台盟，中共党员，1962年9月参加工作。现任浙江大学医学院附属第一医院终身教授、主任医师、博士生导师，台盟中央参事，浙江省台联名誉会长。

1957年9月至1962年9月，在浙江医科大学医疗系学习。1962年9月至1984年11月，任浙江医科大学附属第一医院住院医师、主治医师兼讲师、泌尿外科副主任，党委书记兼泌尿外科副主任。1986年11月至1991年任浙江医科大学党委副书记、副主任医师，兼浙江医科大学计划生育研究所副所长。1991年至1996年任浙江医科大学副校长、党委委员、副教授、教授，兼浙江医科大学港澳台办公室主任、浙江医科大学护理系主任。1995年9月起兼任台盟浙江省委主委。1996年至1998年任浙江医科大学校长、教授、博士生导师。1998年1月当选为浙江省政协副主席。1998年9月至今，任浙江大学医学院附属第一医院泌尿外科教授、主任医师、博士生导师，浙江省性学会会长，《浙江医学》杂志副主编。其间于2010.7—2012.10兼任浙江树人大学校长。

第六、七届台盟中央常委，第六、七届全国台联常务理事，第六届浙江省政协委员，第七、八、九届浙江省政协副主席。台盟浙江省委会第一、二届委员会主委，浙江省台湾同胞联谊会第一、二届理事会副会长，第三届至第七届理事会会长。

（二）张泽熙（1955.10—　　）

张泽熙，男，1955年10月出生，汉族，台湾省台北人，文化程度大学，台盟盟员。普天东方通信集团有限公司副董事长、总裁，全国政协委员，浙江省政协副主席，台盟中央常委，全国台联副会长，台盟浙江省委会主委，省台联会长。

▲张泽熙

1976年12月至1989年7月，在邮电部五二二厂工作；1989年7月至1991年1月，任邮电部杭州通信设备厂生产部副主任；1991年1月至1992年8月，任邮电部杭州通信设备厂生产处处长；1992年8月至1994年9月，任邮电部杭州通信设备厂经营处处长；1994年9月至1996年8月，任邮电部杭州通信设备厂系统部常务副总经理；1996年8月至1999年3月，任东方通信股份有限公司副总裁；1999年3月至2000年4月，任东方通信股份有限公司副总裁兼系统部总经理；2000年4月至2003年7月，任东方通信股份有限公司执行副总裁；2003年7月至2005年3月，任普天东方通信集团有限公司副总裁；2005年3月至今，任普天东方通信集团有限公司总裁；2006年2月至今，任东方通信股份有限公司董事长；2006年4月至2015年9月，任普天东方通信集团有限公司副董事长；2007年5月至2015年9月，任中国普天信息产业股份有限公司执行董事。2015年9月至今，任台盟浙江省委专职主委。

第十一届全国政协常委，第十二届全国政协委员；第八届省政协委员，第九届省政协委员、副秘书长，第十届省政协常委，第十一届省政协副主席；台盟中央常委，全国台联副会长，台盟省委会第一届、二届副主委，第三、四届主委，浙江省台湾同胞联谊会第六、七届理事会副会长，第八、九届理事会会长。

六、历任全国人大代表、全国政协委员、省部级职务的盟员名单

（一）历届全国人大代表

第九届：胡亚芳

第十届：胡亚芳

（二）历届全国政协委员

第十一届：张泽熙（常委）

第十二届：张泽熙

（三）历任省部级职务的盟员名单

陈昭典：1996 年 2 月增补　　第七届浙江省政协副主席

陈昭典：1998.1—2003.1　　第八届浙江省政协副主席

陈昭典：2003.1—2008.1　　第九届浙江省政协副主席

张泽熙：2013.1—　　第十一届浙江省政协副主席

台盟福建省委组织发展沿革

一、成立的历史背景

1949 年 3 月，台盟总部迁到北平。新中国成立初期，十多名台盟成员先后从外省调来福建工作。1955 年 11 月，台盟总部主席谢雪红来福建视察期间，同有关负责人士商谈在福建成立台盟组织事宜。

二、成立过程及初期活动

1958 年 1 月 8 日，台盟福建省支部筹备委员会在福州成立，共有盟员 16 人。筹备委员会由王天强、侯北海、吕从周、陈龙泉、柯进旺组成，王天强为主任委员，侯北海为副主任委员。主要领导人王天强、侯北海均为新中国成立前入盟的盟员。中共福建省委统战部负责同志和各民主党派福建地方组织负责人应邀参加成立会议，并在会上致贺词。会议收到台盟总部发来的贺电。

筹委会主委王天强在会上介绍了台盟的历史、性质和地位，指出当前主要任务是团结教育大陆的台湾同胞提高他们的政治觉悟，为社会主义贡献力量，为争取解放祖国不可分割的领土——台湾而奋斗。1 月 9 日，《福建日报》报道了台盟福建省支部筹备委员会成立的消息。

台盟福建省支部筹委会成立后，设专职主委、副主委、委员各一人，负责处理日常工作和开展各项活动，后增设干事一人，未设立工作机构。

1958 年下半年在福建省台胞最多的厦门、漳州两地建立台胞学习联系小组。

“文化大革命”开始后，福建台盟组织被迫停止活动。

三、组织变迁

（一）台盟福建省支部委员会（1979. 3—1983. 12）

“文化大革命”结束后，台盟恢复在福建的组织活动。鉴于台盟福建省支部筹委会成立已二十多年，5位委员中已有4位离世，福建的台盟盟员亦为数不多，故决定不再保留筹委会，于1979年3月直接成立支部委员会。

1. 下设地方组织

1979年3月，台盟福建省支部委员会成立后，对全省台胞情况重新摸底，着手发展地市组织的筹备工作。1980年初，先后在泉州、厦门、漳州、福州成立台盟小组，1982年在南平成立台盟小组。

1982年7月，成立台盟泉州市分支部（后改为市委会）。1983年1月，成立台盟漳州市分支部（后改为市委会）。1983年3月，成立台盟福州市分支部（后改为市委会）。1983年7月，成立台盟厦门市分支部（后改为市委会）。

2. 内设机构

随着台盟福建省第一届支部委员会的成立和活动的开展，1980年8月设立办公室，1983年3月增设组织处、宣传处。

（二）台盟福建省分部委员会（1983. 12—1987. 12）

1983年12月，根据台盟第三次全盟代表大会修改通过的台盟新《章程》，台盟福建省支部委员会改为台盟福建省分部委员会。

1984年工作人员编制为7名。

1984年4月成立台盟南平市分支部（后改为市委会，县级）。

（三）台盟福建省委员会（1987. 12—　　）

1987年12月，根据台盟第四次全盟代表大会修改通过的台盟新《章程》，将台盟福建省分部委员会改为台盟福建省委员会并延续至今。至2012年，台盟福建省委员会已延续九届。

1. 下设基层组织

1990年2月，成立台盟福建省直机关支部。2004年11月，台盟福建省直机关支部并入台盟福州市委，同时撤销台盟福建省直机关支部建制。

2. 内设机构

1987年6月工作人员编制增至15名。

1995 年 8 月增设调研处，至此台盟福建省委会内设机构确定为办公室、宣传处、组织处、调研处四个处室。人员编制与领导职数安排为机关行政编制 15 名，机关工勤人员事业编制 3 名，领导职数为正副处长（主任）5 名。2007 年 5 月机关行政编制调整为 16 名。

四、历次盟员大会及历届委员会重要简况

（一）第一次盟员大会及第一届支部委员会（1979. 3—1982. 12）简况

1979 年 3 月 22 日，经台盟总部批准，台盟福建省支部委员会在福州举行会议，并宣布成立，由 9 人组成的委员会。中共福建省委常委、统战部部长袁改，副部长王汉杰、陈玉西，各民主党派福建省地方组织和有关部门负责人到会祝贺。台盟总部发来贺电。

台盟福建省第一次盟员大会于 1980 年 1 月 24 日至 29 日在福州汤井巷干部招待所举行，30 位盟员出席大会。大会审议并通过了张克辉代表省支部委员会所作的工作报告，通过《告台湾父老兄弟姐妹的一封信》，期待海峡两岸同胞携起手来，彼此交往，增进了解，进行经济、科学、文化、体育交流，为早日实现通邮、通商、通航而努力。

◀ 1980 年 1 月，台盟福建省第一次盟员代表大会在福州召开

▲1983 年 5 月，台盟福建省第二届支部委员会主委林青山陪同台盟中央苏子蘅（右）

（二）第二次盟员大会及第二届支部委员会（1982.12—1985.12）简况

台盟福建省第二次盟员大会于 1982 年 12 月 27 日至 30 日在福州举行，全省 62 名盟员出席大会。大会审议并通过张克辉代表台盟福建省第一届支部委员会所作的工作报告，选举由 10 人组成的台盟福建省委第二届支部委员会。

1983 年 12 月，根据台盟第三次全盟代表大会修改通过的台盟新《章程》，台盟福建省支部委员会改为台盟福建省分部委员会。

（三）第三次盟员大会及第三届分部委员会（1985.12—1988.12）简况

▲1987 年 8 月，台盟福建省盟员代表会议暨经验交流表彰会

1985 年 12 月 23 至 25 日，台盟福建省第三次盟员大会在福州西湖宾馆举行，全省 136 名盟员出席大会。大会审议并通过叶庆耀代表台盟福建省分部第二届委员会所作的工作报告，选举产生由 13 人组成的台盟福建省分部第三届委员会。

1987 年 12 月，根据台盟第四次全盟代表大会修改通过的台盟新《章程》，改为台盟福建省委员会并延续至今。

（四）第四次盟员代表大会及第四届委员会（1988.12—1992.6）简况

1988 年 12 月 7 日至 8 日，台盟福建省第四次盟员代表大会在福州西湖宾馆举行。64位盟员代表出席大会。中共福建省委常委、省委统战部长张克辉，台盟中央主席团成员蔡子民出席大会，并分别代表中共福建省委和台盟中央致贺词。

大会审议并通过叶庆耀代表第三届委员会作的工作报告，选举产生由13人组成的台盟福建省第四届委员会，并通过大会决议。

（五）第五次盟员代表大会及第五届委员会（1992.6—1997.4）简况

1992年6月9日至11日，台盟福建省第五次盟员代表大会在福州西湖宾馆举行，由省直单位和各市台盟组织选出的73名代表出席大会。台盟中央主席团主席蔡子民，中共福建省委常委、省委组织部部长王建双到会并致贺词。中共福建省委统战部、省各民主党派、工商联和有关单位负责人出席大会。

大会审议并通过叶庆耀代表第四届委员会所作的工作报告，选举产生由15人组成的台盟福建省第五届委员会，并通过大会决议。

（六）第六次盟员代表大会及第六届委员会（1997.4—2002.4）简况

1997年4月12日至14日，台盟福建省第六次代表大会在福州举行，由省直单位和各市台盟组织选出的93名代表出席大会。中共福建省委副书记习

◀ 1998年5月，副省长、台盟福建省委主委汪毅夫会见台湾医学代表团一行

近平出席大会并致贺词。台盟中央秘书长潘渊静，省政协副主席、福建省委统战部部长金能筹及省各民主党派、工商联和有关单位负责人出席大会。

大会审议并通过杨玉辉代表台盟福建省第五届委员会所作的工作报告，选举产生由 15 人组成的台盟福建省第六届委员会，并通过大会决议。

（七）第七次盟员代表大会及第七届委员会（2002.4—2007.6）简况

2002 年 4 月 19 日至 21 日，台盟福建省第七次代表大会在福州举行，来自全省各地台盟组织的 125 位代表出席大会。全国政协副主席、台盟中央主席张克辉，中共福建省委副书记黄瑞霖，省人大副主任黄贤模，副省长张家坤，省政协副主席、省委统战部部长金能筹，台盟中央秘书长张华军及福建省各民主党派、工商联和有关单位负责人出席大会。黄瑞霖副书记、张华军秘书长分别代表中共福建省委、台盟中央致贺词。

大会审议并通过陈正统代表台盟福建省第六届委员会所作的工作报告，选举产生由 16 人组成的台盟福建省第七届委员会，9 人组成的台盟福建省委七届常务委员会。

（八）第八次盟员代表大会及第八届委员会（2007.6—2012.9）简况

2007 年 6 月 6 日至 8 日，台湾民主自治同盟福建省第八次代表大会在福州举行，来自全省各地台盟组织的 155 位代表出席大会。台盟中央副主席吴国祯、中共福建省委副书记王三运出席大会并致贺词。省人大副主任朱亚衍，省政协副主席、省委统战部部长张燮飞及省各民主党派、工商联和有关单位负责人出席大会。

大会审议并通过陈正统代表台盟福建省第七届委员会所作的工作报告，选举产生由 18 人组成的台盟福建省委第八届委员会，10 人组成的台盟福建省委第八届常务委员会。

（九）第九次盟员代表大会及第九届委员会（2012.9— ）简况

2012 年 9 月 17 日至 18 日，台湾民主自治同盟福建省第九次代表大会在福州举行，来自全省各地台盟组织的 161 位代表出席大会。全国政协副主席、台盟中央主席林文漪，中共福建省委副书记陈文清出席大会并致贺词。台盟中央常务副主席汪毅夫，副主席黄志贤，省人大副主任张广敏、副省长洪捷序，省政协副主席李川，省各民主党派、工商联和有关单位负责人出席大会。

▲2012 年 10 月台盟福建省委主委郑建闽参加对口帮扶的政和县同心经济园区开工仪式

大会审议并通过汪毅夫代表台盟福建省第八届委员会所作的工作报告，选举产生由 31 人组成的台盟福建省第九届委员会，17 人组成的台盟福建省第九届常务委员会。

五、历届组织机构组成名单

（一）第一届支部委员会（1979. 3—1982. 12）

主　委：张克辉

副主委：黄文浮　林　木

委　员：王志英（女）　刘华荣　张克辉　吴林生　林　木　周　庚　郑明德　黄文浮　韩龙门

（二）第二届支部委员会（1982. 12—1985. 12，1983 年 12 月改为台盟福建省分部委员会）

主　委：林青山

副主委：叶庆耀

委　员：王　彪　王志英（女）　叶庆耀　吴林生　周有智　林青山　林琴友　韩龙门　蔡大堂　廖锡模

（三）第三届分部委员会（1985. 12—1988. 12, 1987 年 12 月改为台盟福建省委员会）

主　委：叶庆耀

副主委：卢国松

顾　问：林青山

委　员：王　彪　王志英（女）王观美（女）叶庆耀　卢国松　吴林生
陈正统　林青山　林琴友　周有智　韩龙门　蔡大堂
廖锡模

（四）第四届委员会（1988.12-1992.6）

主　委：叶庆耀

副主委：杨玉辉

秘书长：杨玉辉（兼）

顾　问：林青山　卢国松

委　员：王观美（女）王耀廷　叶庆耀　吕从周　杨玉辉　许彩藻（女）
陈正统　陈美光（女）柯文英　谢兴典　简少玉（女）
蔡大堂　廖锡模

（五）第五届委员会（1992.12—1997.4）

主　委：叶庆耀

副主委：杨玉辉　蔡大堂

秘书长：杨玉辉（兼）

顾　问：林青山　卢国松

委　员：王观美（女）王耀廷　叶庆耀　许彩藻（女）吕从周
汪毅夫　杨玉辉　陈正统　陈美光（女）林金田
柯文英　曾　雄　简少玉（女）蔡大堂　廖锡模

1994 年 12 月五届八次全委会增补汪毅夫为副主任委员；1997 年 1 月五届十五次全委会增补刘振泽、郭允谋为省委委员，接受杨玉辉辞去兼任秘书长，改选陈美光（女）为秘书长。

（六）第六届委员会（1997.4—2002.4）

名誉主委：林青山　叶庆耀

名誉副主委：杨玉辉

顾　问：卢国松

主　委：汪毅夫

副主委：郭允谋　简少玉（女）　陈正统

秘书长：陈美光（女）

委　员：刘振泽　李纯粹（女）　李珊珊（女）　汪毅夫
苏少东　张秀兰（女）　陈正统　陈宜安（女）

陈昭强　　　陈美光（女）　林金田　　　郭允谋
黄小如（女）　曾　雄　　　简少玉（女）

1998 年 8 月台盟福建省委六届四次全体（扩大）会议增补陈美光为副主委（兼秘书长）；1999 年 12 月六届十次全委会增补蔡振翔、赵月英（女）、陈紫萱（女）为省委委员；2000 年 5 月六届十二次全委会增补陈宜安（女）为副主委；2000 年 12 月 20 日至 21 日，台盟福建省委六届十三次全委会，增补骆沙鸣为省委委员。

（七）第七届委员会（2002.4—2007.6）

主　委：汪毅夫

副主委：陈正统　　　简少玉（女）　陈美光（女）　陈宜安（女）
李纯粹（女）陈昭强

秘书长：陈美光（女，兼）

常　委：汪毅夫　　　陈正统　　　简少玉（女）　陈美光（女）
陈宜安（女）李纯粹（女）　陈昭强　　　李珊珊（女）
骆沙鸣

委　员：李纯粹（女）李珊珊（女）　张秀兰（女）　汪毅夫
陈正统　　　陈宜安（女）　陈美光（女）　陈昭强
陈紫萱（女）赵月英（女）　骆沙鸣　　　黄小如（女）
黄文辉　　　曾　雄　　　简少玉（女）　蔡振翔

（八）第八届委员会（2007.6—2012.9）

主　委：汪毅夫

副主委：简少玉（女）陈宜安（女）江尔雄（女）骆沙鸣　陈紫萱（女）

秘书长：江尔雄（女，兼）

常　委：汪毅夫　　　简少玉（女）　陈宜安（女）　江尔雄（女）
骆沙鸣　　　陈紫萱（女）　陈昭强　　　李珊珊（女）
黄小如（女）蔡振翔

委　员：甘海疆　　　叶　鸣　　　江尔雄（女）　李珊珊（女）
汪毅夫　　　陈　椿　　　陈宜安（女）　陈昭强
陈紫萱（女）张秀兰（女）　苏耿聪　　　杨　谦
赵月英（女）骆沙鸣　　　黄小如（女）　黄文辉
简少玉（女）蔡振翔

2009 年 3 月八届八次全委会接受江尔雄辞去兼任秘书长，任命叶鸣为秘书长；2011 年 3 月八届十次全委会增补郑建闽为委员、常委、副主委。

（九）第九届委员会（2012.9— ）

主　委：郑建闽

副主委：江尔雄（女）　骆沙鸣　陈紫萱（女）　廖明宏　陈　椿　李珊珊（女）

秘书长：叶　鸣

常　委：甘海疆　叶　鸣　朱　敏（女）　江尔雄（女）　苏耿聪　李珊珊（女）　杨　谦　张秀兰（女）　陈　椿　陈培仁　陈紫萱（女）　郑建闽　骆沙鸣　黄文辉　黄晓东　蔡振翔　廖明宏

委　员：王鸿燕（女）　甘海疆　叶　鸣　叶建伟　朱　敏（女）　江尔雄（女）　苏耿聪　李珊珊（女）　杨　谦　沈惠玲（女）　张　敏　张秀兰（女）　陈　椿　陈红斌　陈培仁　陈敏伟　陈紫萱（女）　林从康　郑建闽　赵月英（女）　洪元程　骆沙鸣　翁如芯（女）　高　云（女）　郭东辉　黄文辉　黄晓东　粘少梅（女）　曾飒爽（女）　蔡振翔　廖明宏

2013 年 1 月，九届二次全委会增补柯连妹（女）为委员、常委、副主委。

六、历届主委简历

▲王天强

（一）王天强（1910.3—1970.4）

1958 年 1 月任台盟福建省支部筹备委员会主任委员。

台湾台中人。曾用名彭登云。1931 年在上海参加台湾反帝同盟组织，同时加入中国共产主义青年团，积极从事反对帝国主义的斗争。同年被日本帝国主义者逮捕入狱达 5 年多。1949 年 4 月在上海加入台盟，同年 9 月，作为台盟总部代表之一，出席全国政协第一届全体会议；同年 10 月，任台盟总部第一届理事会理事。

新中国成立后，历任中共华东局第二工作队委员、组织科副科长，华东局统战部干事，福建省农业干部训练班副主任。1954 年参加民革，历任民革福建省委会秘书处副主任、省委常委、中央委员。1958 年 1 月任台盟福建省支部筹备委员会主任委员。第二、三、四届全国政协委员，福建省政协第二、三届常委，第四届省人大代表。“文化大革命”期间，因受迫害，于 1970 年 4 月 3 日在福州不幸逝世，享年 60 岁。

（二）张克辉（1928. 2— ）

▲张克辉

1979 年 3 月至 1982 年 12 月任台盟福建省第一届支部委员会主委。

1928 年 2 月出生，台湾彰化人，毕业于厦门大学。1948 年加入中国共产党，曾任中国人民解放军闽粤纵队连长、安溪县公安部队政治指导员。新中国成立后，历任中共福建省委统战部干事、组长，福建省侨务办公室副主任、党组副书记，中共福建省委对台工作办公室主任，中共福建省委常委、省委统战部部长，省政协副主席，国务院台湾事务办公室副主任，海峡两岸关系协会顾问。

1979 年加入台盟，历任台盟福建第一届支部主委，台盟总部理事会理事，台盟中央常务副主席、主席，福建省台湾同胞联谊会副会长，中华全国台湾同胞联谊会会长，第八届全国人大常委，第六、七届全国政协委员，第九届全国政协副主席。

（三）林青山（1922. 5—2008. 11）

▲林青山

1982 年 12 月至 1985 年 12 月任台盟福建省第二届支部委员会主委。

台湾彰化人。1947 年参加台湾“二·二八”起义，同年加入中国共产党，任中共台中县工作委员会委员。1949 年到上海，历任中共上海市委台工委、福州军区情报处、漳浦县农业林场农科所、中共福建省委对台工作办公室干部，台盟福建省委会主委、顾问。

1982 年加入台盟。历任台盟福建省第二届支部委员会主委、台盟福建省委第三至第五届顾问、台盟福建省委第六届委员会名誉主委。曾任台盟总部第三届理事会理事，台盟第一、二届中央评议委员会委员。第六届全国政协委员，第五届福建省政协委员。

（四）叶庆耀（1927. 12— ）

1985 年 12 月至 1992 年 6 月任台盟福建省第三届分部委员会、台盟福建

▲叶庆耀

省第四届委员会、台盟福建省第五届委员会主委。

1927年12月出生，台湾屏东人。1956年由金门来大陆，历任福建省工业厅、水产局工程师，福建水产研究所工程师、副研究员。

1981年加入台盟，历任台盟厦门市委主委，福建省委副主委、主委，台盟总部第三届常务理事，第四、五届中央常委。第六、七届全国政协委员，第七届省政协副主席。

（五）汪毅夫（1950.3—　　）

▲汪毅夫

1997年4月至2012年9月任台盟福建省第六、七、八届委员会主委。

1950年3月出生，台湾台南人。1982年毕业于福建师范大学中文系，1985年破格晋升为讲师。1987年后，历任福建社会科学院助理研究员、副研究员、现代台湾研究所副所长，台盟福建省委主委，福建省人民政府副省长，台盟中央常务副主席，全国台联会会长。1994年晋升为研究员，兼任中华海外联谊会理事、中国鲁迅研究会理事、福建省台港澳暨海外华文文学研究会理事，享受国务院特殊津贴的专家。

1990年加入台盟，1992年当选为台盟福建省第五届委员会委员，1994年12月增补为台盟福建省委副主委，1997年4月至2012年9月任台盟福建省委主委。2006年12月至2007年12月任台盟中央副主席，2007年12月至2012年12月任台盟中央常务副主席。2012年12月起任台盟中央副主席、全国台联会长。第十届全国政协委员，第十一、十二届全国人大常委。

（六）郑建闽（1965.6—　　）

▲郑建闽

2012年9月起任台盟福建省第九届委员会主委。

1965年6月出生。台湾台北人。1982年9月至1989年7月在福建师范大学地理系学习，先后获学士、硕士学位。1992年9月至1996年6月在华东师范大学西欧北美地理研究所地理专业博士研究生学习，获博士学位。先后在漳州土地局、福建省土地管理局、福建省国土资源厅工作，任主任科员、规划处副处长、处长。2006年9月至2014年6月任福州市国土资源局局长。

2007 年 12 月加入台盟。2009 年 6 月，任台盟福州市委主委。2010 年 1 月，任福州市政协副主席。2011 年 3 月台盟福建省八届十次全委会增补为委员、常委、副主委。

第十二届全国政协常委，第九届台盟中央常委，第十、十一届福建省政协常委。

七、历任全国人大代表、全国政协委员、省部级职务的盟员名单

（一）历届全国人大代表

第六届：卢国松

第七届：杨玉辉

第八届：张克辉（常委）　杨玉辉　楷清海

第九届：楷清海

第十届：楷清海

第十一届：汪毅夫（常委）　陈正统　　楷清海

第十二届：汪毅夫（常委）　江尔雄（女）陈紫萱（女）黄蕾（女）

（二）历届全国政协委员

第一、二、三、四届：王天强

第六届：张克辉　叶庆耀　林青山　陈锦堂

第七届：张克辉　叶庆耀　陈锦堂　汪慕恒

第八届：叶庆耀　陈锦堂　汪慕恒

第九届：张克辉（副主席）陈正统　郭允谋　李纯粹（女）

第十届：汪毅夫　陈正统

第十一届：简少玉（女）　骆沙鸣

第十二届：郑建闽（常委）　骆沙鸣

（三）历任省部级职务的盟员名单

张克辉：1982. 3—1992. 11 任中共福建省委常委、统战部长

叶庆耀：1996. 4—1998. 1 任福建省第七届政协副主席

汪毅夫：1998. 1—2008. 1 任福建省副省长

台盟福建省福州市委组织发展沿革

一、成立的历史背景

1982年10月26日，在中共福州市委和台盟福建省支部的关心和支持下，台湾民主自治同盟福建省福州分支部筹备组在福州成立。筹备组由林琴友、张振庆、周乾坤3人组成，林琴友任组长。

二、成立过程及初期活动

1983年3月22日，台盟福州市分支部成立大会在福州举行。大会选举产生由林琴友、张振庆、黄香兰3人组成的台盟福州市分支部第一届委员会，林琴友任主任委员。

三、组织变迁

（一）台盟福州市分支部筹备组（1982.10—1983.3）

（二）台盟福州市分（支）部（1983.3—1987.12）

1983年12月，根据台盟第三次全盟代表大会修改并通过的《台湾民主自治同盟章程》，台盟福州市分支部更名为台湾民主自治同盟福州市分部。

（三）台湾民主自治同盟福州市委员会（1987.12—）

1987年12月，根据台盟第四次全盟代表大会修改并通过的《台湾民主自治同盟章程》，台湾民主自治同盟福州市分部更名为台湾民主自治同盟福州市委员会。

2004 年 11 月，原台盟省直属机关支部正式并入台盟福州市委员会。

1. 下设组织

台盟福州市委员会下设鼓楼区、台江区、晋安区、仓山区 4 个工委。

鼓楼区工委：成立于 2006 年，设主委 1 人，副主委 2 人，委员 3 人；

台江区工委：成立于 2007 年，设主委 1 人，副主委 1 人，委员 3 人；

晋安区工委：成立于 2009 年，设主委 1 人，副主委 2 人，委员 2 人；

仓山区工委：成立于 2009 年，设主委 1 人，副主委 2 人，委员 2 人。

2. 内设机构

机关设办公室（编制 2 名 +1 名工勤）、宣传处（编制 2 名）。机关行政编制核定 5 人，工勤人员编制 1 人。

3. 设立专委会

台盟福州市委会设参政议政、青年、妇女、老年工作 4 个专委会，由主委及副主委分管各专委会。

四、历次盟员大会及历届委员会重要简况

（一）台盟福州市分支部筹备组成立会议（1982. 10）简况

1982 年 10 月 26 日召开会议，林琴友、张振庆、黄香兰、陈安然、周乾坤等 5 位盟员参加，推选林琴友、张振庆、周乾坤为筹备组成员，林琴友任组长。

（二）台盟福州市分支部成立大会及第一届委员会（1983. 3-1989. 11）简况

1983 年 3 月 22 日召开台盟福州市分支部成立大会。中共福州市委统战部部长宁家魁、台盟福建省支部委员王彪分别代表中共福州市委和台盟福建

▼ 1983 年 3 月台盟福建省福州市分支部成立大会合影

省支部到会祝贺。林琴友主持大会，张振庆作《台盟福州市分支部筹备工作与今后任务》的报告。大会选出台盟福建省福州市分支部第一届委员会。根据全盟第三、第四次代表大会修改并通过的《台湾民主自治同盟章程》，1983 年 12 月，台盟福州市分支部更名为台湾民主自治同盟福州市分部；1987 年 12 月，更名为台湾民主自治同盟福州市委员会。

（三）台盟福州市第二次盟员大会及第二届委员会（1989.12—1991.12）简况

1989 年 12 月 1 日召开台盟福州市第二次盟员大会。中共福州市委常委、统战部长孙海山和台盟福建省委副主委杨玉辉分别代表中共福州市委和台盟福建省委到会祝贺。台盟中央发来贺电。大会审议并通过林琴友代表第一届委员会所作的报告，以无记名投票方式选举产生台盟福州市第二届委员会，聘林琴友为顾问。大会通过了给退居二线的领导的致敬信，并颁发荣誉证书。

（四）台盟福州市第三次盟员大会及第三届委员会（1991.12—1996.12）简况

1991 年 12 月 25 日召开台盟福州市第三次盟员大会。中共福州市委副书记金能筹，市委常委、统战部长孙海山，台盟福建省委主委叶庆耀莅会。孙海山、叶庆耀分别代表中共福州市委和台盟福建省委表示祝贺。台盟中央发来贺电。大会审议陈美光代表台盟福州市第二届委员所作题为《加强自身建设，积极参政议政，为振兴中华、统一祖国贡献力量》的工作报告。大会对第二届委员会的工作予以肯定，一致通过《台湾民主自治同盟福州市第三次盟员大会关于第二届委员会工作报告的决议》。大会以无记名投票方式，选举产生台盟福州市第三届委员会，聘请林琴友为顾问。大会通过了给离任的老领导的致敬信，并颁发荣誉证书。

（五）台盟福州市第四次盟员大会及第四届委员会（1996.12—2001.12）简况

1996 年 12 月 18 日召开台盟福州市第四次盟员大会。中共福州市委副书记、市政协主席王文贵，台盟福建省委副主委汪毅夫，市政协副主席、市委统战部部长刘嘉静等莅会。王文贵、汪毅夫分别代表中共福州市委和台盟福建省委致辞祝贺。台盟中央和各地台盟兄弟单位及有关单位发来贺信贺电。大会审议并通过了陈美光副主委代表台盟福州市第三届委员会所作题为《发挥参政党作用，为振兴福州市经济、统一祖国贡献力量》的工作报告。大会对第三届委员会的工作予以充分肯定，一致通过《台湾民主自治同盟福州市第四次盟员大会决议》。大会以无记名投票方式选举产生台盟福州市第四届委员会。大会通过了给离任老同志的致敬信，并颁发荣誉证书。

（六）台盟福州市第五次盟员大会及第五届委员会（2001.12—2007.1）简况

2001年12月20日至21日召开台盟福州市第五次盟员大会。中共福州市委副书记陈扬富，市委常委、统战部长王玲，台盟福建省委副主委简少玉，市政协副主席刘嘉静等莅会。陈扬富、简少玉分别代表中共福州市委和台盟福建省委致辞祝贺。王玲在闭幕式上讲话。台盟中央和各地台盟兄弟单位、市台联及有关单位发来贺信贺电。大会审议并通过李纯粹主委代表台盟福州市第四届委员会所作题为《继往开来，求实奋进，开创台盟工作新局面》的工作报告。大会对第四届委员会的工作予以充分肯定，一致通过《台湾民主自治同盟福州市第五次盟员大会决议》。大会以无记名投票方式选举产生台盟福州市第五届委员会。大会通过了给离任的老同志的致敬信。

（七）台盟福州市第六次盟员大会及第六届委员会（2007.1—2011.12）简况

2007年1月4日至5日召开台盟福州市第六次盟员大会。中共福州市委副书记周宏，市委常委、统战部长王玲，台盟福建省委副主委陈美光，市政协副主席汤森金等莅会。周宏、陈正统分别代表中共福州市委和台盟福建省委致辞祝贺，九三学社福州市委会主委林绍彬代表福州市各民主党派、工商联致贺词。大会闭幕式上，中共福州市委常委、统战部长王玲作重要讲话。台盟中央和各地台盟组织及有关部门发来贺信贺电。大会审议并通过李纯粹主委代表台盟福州市第五届委员会所作题为《发挥优势，认真履职，为经济社会发展和祖国统一服务》的工作报告。大会对第五届委员会的工作予以充分肯定，一致通过《台湾民主自治同盟福州市第六次盟员大会决议》。大会以无记名投票方式选举产生台盟福州市第六届委员会。大会通过了给光荣离任的老同志的致敬信。

经台盟福州市委会第六届十二次主委会研究，于2009年6月12日召开台盟福州市第六届十一次委员会。经台盟福州市第六届十一次委员会选举，郑建闽同志届中调整当选为台盟福州市第六届委员会主任委员（郑建闽同志于2009年3月5日，经台盟福州市六届二次盟员大会届中增补为委员）。

（八）台盟福州市第七次盟员大会及第七届委员会（2011.12— ）简况

2011年12月13日至14日召开台盟福州市第七次盟员大会。中共福州市委常委、秘书长、统战部长徐启源，市委常委、政法委书记、副市长陈为民，台盟福建省委副主委江尔雄，市人大常委会副主任薛海玲，市政协副主席陈书碧，省台联副会长叶露昆，中共市委统战部常务副部长刘少华等领导莅临会议。九三学社福州市委会副主委吴茗代表福州市各民主党派、工商联致贺词。大会闭幕式上，中共福州市委常委、秘书长、统战部长徐启源作重要讲话。台盟中央、各地兄弟台盟组织及有关部门发来贺信贺电。大会审议并通过郑建闽主委代表台盟福州市第六届委员会所作题为《把握机遇，发挥优势，为实现富民强市和促进榕台交流交往而努力奋斗》的工作报告。通过《台湾民主自治同盟福州市第七次盟员大会决议》。选举产生了台盟福州市第七届委员会新一届领导班子，郑建闽当选为台盟福州市委员会主委，江国强、甘海疆、黄晓东、曾飒爽当选副主委，秘书长由粘少梅担任；甘海疆、江国强、陈永耀、陈钢生、郑建闽、涂颖、黄文真、黄晓东、粘少梅、曾飒爽当选为台盟第七届委员会委员。大会还通过了给光荣离任的老同志的致敬信。

▲2012年9月，郑建闽主委、甘海疆副主委参加台盟省、市委会2012年中秋在榕台商座谈会

五、历届组织机构组成名单

（一）台盟福州市筹备组（1982.10—1983.3）

组　长：林琴友

成　员：林琴友　张振庆　周乾坤

（二）台盟福州市第一届分支部委员会（1983.3—1989.11）

主 委：林琴友

委 员：林琴友　张振庆　黄香兰

（三）台盟福州市第二届委员会（1989.12—1991.12）

主　委：杨玉辉

副主委：陈美光

顾　问：林琴友

委　员：杨玉辉　陈美光　钟哲超　黄小如　黄香兰

（四）台盟福州市第三届委员会（1991.12—1996.12）

主　委：杨玉辉

副主委：陈美光

顾　问：林琴友

委　员：杨玉辉　陈美光　张淑娟　钟哲超　黄小如

（五）台盟福州市第四届委员会（1996.12—2001.12）

主　委：李纯粹

副主委：黄小如

秘书长：黄小如（兼）

委　员：李纯粹　黄小如　张淑娟　钟哲超　陈钢生

（六）台盟福州市第五届委员会（2001.12—2007.01）

主　委：李纯粹

副主委：黄小如

秘书长：黄小如（兼）

委　员：李纯粹　黄小如　张淑娟　陈钢生　粘少梅　刘　旗

（七）台盟福州市第六届委员会（2007.1—2011.12）

主　　委：黄小如（2009 年 6 月 12 日，台盟福州市六届十一次委员会届

中调整为郑建闽）

副主委：江国强　甘海疆　黄晓东　曾飒爽

秘书长：粘少梅

委　员：黄小如　江国强　甘海疆　黄晓东　曾飒爽　陈钢生　粘少梅
　　　　刘　旗　陈永耀　郑建闽

（注：2009年3月5日，台盟福州市六届二次盟员大会届中增补郑建闽为委员）

（八）台盟福州市第七届委员会（2011.12—　　）

主　委：郑建闽

副主委：江国强　甘海疆　黄晓东　曾飒爽

秘书长：粘少梅

委　员：甘海疆　江国强　陈永耀　陈钢生　郑建闽　涂　颖　黄文真
　　　　黄晓东　粘少梅　曾飒爽

▲林琴友

▲杨玉辉

六、历届主委简历

（一）林琴友（1915.3—1996.9）

林琴友，男，汉族，台湾台北人，1982年10月至1989年12月任台盟福州市分支部筹备组组长、第一届委员会主任委员。

（二）杨玉辉（1927.12—2012.7）

杨玉辉，男，汉族，1927年12月5日出生，台湾台南人。1949年6月参加革命工作，1976年8月加入中国共产党，曾任台湾民主自治同盟福建省委员会副主任委员兼秘书长。

1949年6月至1950年5月南下服务团新闻工作队；1950年5月至1956年5月建阳地委宣传部通讯组；1956年6月至1981年5月福建省总工会宣传部宣传科副科长；1981年6月至1983年1月福建省前线广播电台评论科科长；1983年2月至1983年8月福建省人民政府台湾事务办公室副处长；1983年9月至1984年12月福建省人民政府台湾事务办公室处长；1985年1月至

1988 年 12 月福建省人民政府台湾事务办公室副主任；1989 年 1 月至 1996 年 12 月任台盟福州市委第二、三届委员会主任委员；1989 年 6 月兼任台湾民主自治同盟福建省委员会副主任委员；1992 年至 1997 年任台盟第五届中央委员会常务委员；1992 年 12 月至 1997 年 5 月任第四届福建省台湾同胞联谊会会长。1998 年 2 月任台湾民主自治同盟福建省委员会顾问。1998 年 3 月离休。1997 年 5 月至 2012 年 5 月任第五届、第六届福建省台湾同胞联谊会名誉会长。2012 年 7 月去世。

（三）李纯粹（1944. 4—　　）

▲李纯粹

李纯粹，女，汉族，1944 年 4 月生，台湾彰化人，1967 年 9 月毕业于上海复旦大学化学系，大学学历，高级工程师。现任福州海峡两岸和平统一促进会会长。1996 年 12 月至 2007 年 1 月，任台盟福州市委会第四、五届委员会主任委员。

1967 年 9 月至 1968 年 8 月高校 67 届毕业生全部在校（在复旦大学）；1968 年 9 月至 1970 年 3 月沈阳军区 3160 部队军训一连副班长；1970 年 4 月至 1978 年 6 月江苏无锡油泵油嘴厂技术员；1978 年 6 月至 1981 年 8 月江苏南京化工学院无锡分院助教；1981 年 9 月至 1988 年 8 月江苏化工学院讲师；1988 年 9 月至 1992 年 6 月福建福州香料厂工程师；1992 年 6 月至 1994 年 1 月福建福州香料厂工程师、福州市台联会会长；1994 年 1 月至 1996 年 12 月福建欣诺日化有限公司高级工程师、福州市台联会会长；1996 年 12 月至 1997 年 2 月台盟福州市委会专职主委、福州市台联会会长；1997 年 2 月至 1999 年 5 月福州市政协副主席、台盟福州市委会专职主委、福州市台联会会长。

1997 年至 2002 年任台盟第六届中央委员会委员。1999 年 5 月至 2004 年 11 月福州市政协副主席、台盟福州市委会专职主委；2004 年 11 月至 2007 年 1 月福州市政协副主席（专职）、台盟福州市委会主委；2007 年 1 月至 2007 年 9 月福州市政协副主席；2007 年 9 月至 2010 年 1 月福州市政协副主席、福州海峡两岸交流协会会长；2010 年 1 月至 2010 年 8 月福州市政协机关工作（副厅级）、福州海峡两岸交流协会会长；2010 年 8 月至今福州市政协退休（副厅级）、福州海峡两岸交流协会会长。

（四）黄小如（1946.5— ）

▲黄小如

黄小如，女，汉族，1946年5月19日生，台湾台南人，1987年8月毕业于福建师范大学政教系，大专学历。2007年1月至2009年6月，任台盟福州市委会第六届委员会主任委员。

1965年8月至1980年8月闽清县白河江、梅埔、榕星等学校任教；1980年9月至1983年11月闽清县实验小学任教；1983年11月至2010年1月台盟福州市委会工作。

1985年8月至1987年8月福建师范大学政教系政教专业学习；1989年11月至1992年8月台盟福州市委会办公室副主任；1992年8月至1996年12月台盟福州市委会办公室主任；1996年12月至2007年1月台盟福州市委会副主委兼秘书长；2007年1月至2009年6月台盟福州市委会主任委员；2009年6月至2011年12月台盟福州市委第六届委员会委员（正处级）；2010年1月退休。

（五）郑建闽（1965.6— ）

▲郑建闽

郑建闽，男，汉族，1965年6月出生，台湾台北，1989年7月毕业于福建师范大学地理系，研究生学历，硕士学位；1996年毕业于华东师范大学西欧北美地理研究所地理专业，研究生学历，博士学位。现任全国政协常委、福州市政协副主席、台盟福建省委主委、台盟福州市委主委。

1982年7月至1986年7月就读于福建师范大学地理系（本科）；1986年7月至1989年7月就读于福建师范大学地理系（硕士研究生，1982年7月至1989年7月本硕连读）；1989年7月至1990年7月漳州市土地局办事员；1990年8月至1992年8月漳州市土地局科员；1992年9月至1996年6月就读于华东师范大学西欧北美地理研究所地理专业（博士研究生）；1996年7月至2000年9月福建省土地管理局地籍处主任科员；2000年9月至2002年12月福建省国土资源厅规划处副处长；2002年12月至2006年9月福建省国土资源厅规划处处长；2006年9月至2008年9月福州市国土资源局局长；2008 年 9 月至 2009 年 6 月福州市国土资源局局长、福州市土地发展中心主任；2009 年 6 月至 2010 年 1 月台盟福州市委主委、福州市国土资源局局长、福州市土地发展中心主任；2010 年 1 月至 2010 年 3 月福州市政协副主席、福州市国土资源局局长、福州市土地发展中心主任；2010 年 3 月至 2011 年 3 月福州市政协副主席、福州市国土资源局局长、台盟福州市委主委；2011 年 3 月至 2012 年 9 月台盟福建省委副主委、福州市政协副主席、台盟福州市委主委、福州市国土资源局局长；2012 年 9 月至 2013 年 4 月台盟福建省委主委、福州市政协副主席、台盟福州市委主委、福州市国土资源局局长；2013 年 4 月至 2014 年 6 月台盟福建省委会主委（正厅）、福州市政协副主席、台盟福州市委主委、福州市国土资源局局长；2014 年 6 月至今台盟福建省委主委（正厅）、福州市政协副主席、台盟福州市委主委。

七、历任全国人大代表、全国政协委员、省部级职务的盟员名单

（一）历届全国人大代表

第七、八届：杨玉辉

第十一届：汪毅夫（全国人大常委）　陈正统

第十二届：汪毅夫（全国人大常委）　江尔雄

（二）历届全国政协委员

第九届：李纯粹、陈正统

第十届：汪毅夫

第十二届：郑建闽（全国政协常委）

（三）历任省部级职务的盟员名单

汪毅夫：1998. 1—2008. 1 福建省人民政府副省长

台盟福建省厦门市委组织发展沿革

一、成立过程及初期活动

1955年11月底，台盟中央主席谢雪红来闽视察期间与有关方面人士商谈在福建建立台盟组织。1958年下半年，台盟总部和台盟福建省支部筹委会派吕从周同志到厦门负责联络和协助开展工作，并成立由台盟福建省支部筹委会柯进旺和在厦台胞廖昆维、蔡世兴、刘建寅、叶永青等组成的筹备组，拟在厦门发展地方组织。同年底，厦门市台胞联系小组成立，负责人柯进旺，成员24人，为成立台盟地方组织作准备。“文革”期间，台胞联系小组被迫停止活动。

1980年1月，台盟福建省支部在福州召开第一次盟员大会。大会期间，居住在厦门的台胞韩龙门、刘建寅、王耀廷、钟哲亮等4位同志加入台盟组织，柯秀英（1949年5月在北京加入台盟）恢复台盟盟籍。同年4月，由这5位盟员组成台盟厦门市学习小组，钟哲亮任组长。1982年4月台盟福建省支部先后批准了叶庆耀、黄金龙等12位同志入盟。1982年5月，在台盟福建省支部的直接领导下，成立由叶庆耀任组长、钟哲亮任副组长的台盟厦门市分支部筹备组，负责建立台盟组织的筹备工作。

1983年7月20日，台盟厦门市第一次盟员大会召开，选举产生台盟厦门市分支部，至此，厦门台盟组织成立。

二、组织变迁

（一）台盟厦门市分支部 （1983.7—1983.12）

1983年7月20日，台盟厦门市分支部召开第一次盟员大会，选举产生了台盟厦门市分支部委员会。

1. 基层组织

1983年3月，全市盟员有26人，划分成2个学习小组，即厦门市市区学习小组和厦门大学学习小组，分别由王耀廷和黄金龙担任组长。

2. 内设机构

台盟机关编制3人。

（二）台盟厦门市分部（1983.12—1987.10）

1983年12月5日，根据台盟总部第三次盟员代表大会通过的《台湾民主自治同盟章程》有关规定，将台湾民主自治同盟厦门市分支部更名为台湾民主自治同盟厦门市分部。

1. 基层组织

1985年6月，基层组织扩大为厦大、文教、医卫、综合4个小组。1986年2月，在集美建立基层组织，基层组织增加到5个。1986年8月，根据台盟《章程》“基层组织有7人以上即可成立支部”的规定，将小组更名为支部，即厦大支部、文教支部、医卫支部、综合支部、集美支部。通过民主选举产生各支部委员会。

2. 内设机构

1985年1月新增2名编制，机关编制5人。1985年5月，台盟机关设立办公室。

（三）台盟厦门市委（1987.10—　　）

1987年10月27日，根据台盟第四次全盟代表大会通过的《台湾民主自治同盟章程》规定，台湾民主自治同盟厦门市分部更名为台湾民主自治同盟厦门市委员会。

1. 基层组织

（1）基层支部

1994年3月30日经台盟厦门市委第三届二十次委员（扩大）会议决定，将综合支部拆分为综合、企业两个支部。

1996年9月18日，根据台盟厦门市第三届三十八次委员（扩大）会议决定，成立湖里支部。

1999年9月8日，根据台盟厦门市第四届十二次委员（扩大）会议决定，成立集大支部。

2007 年 3 月，根据台盟厦门市第六届一次委员（扩大）会议决定，成立海沧支部。

2011 年 4 月，根据台盟厦门市第六届四十次委员（扩大）会议决定，将企业、综合等支部中从事经济和城建的盟员重新组合，成立经建支部。

至此，台盟基层组织共有 10 个支部，即：综合、企业、医卫、文教、经建、集美、湖里、海沧、厦大、集大 10 个支部。

（2）思明总支

2004 年 5 月，经台盟五届第二十五次主委会议决定，成立台盟思明总支委员会，将台盟企业支部和台盟综合支部划归台盟思明总支委员会。2004 年 6 月 4 日正式举行成立大会。

2006 年 4 月 27 日，台盟思明总支委员会换届，将台盟医卫支部和文教支部划入台盟思明总支，至此，思明总支下辖综合、企业、医卫和文教 4 个支部。

2011 年 4 月 18 日，台盟思明总支委员会再次换届，同时，将刚成立的经建支部也一并划归思明总支，至此，思明总支下辖综合、企业、医卫、文教和经建 5 个支部。

2. 内设机构

1988 年，机关编制增至 9 人。1992 年 12 月，机关机构调整为组织处和宣传联络处 2 个处室。1996 年 9 月，机关内设机构确定为办公室和组织宣传处。2012 年 1 月，机关内设机构调整为办公室、宣传调研处和组织处 3 个处室。

3. 设立专委会

（1）台盟妇女工作委员会

1986 年 3 月 5 日，成立台盟厦门市妇女工作组。1992 年 7 月 10 日将“台盟厦门市妇女工作组”更名为台盟厦门市妇女工作委员会。妇委会分别在 1997 年 7 月、2006 年 4 月、2011 年 4 月进行三次换届。

（2）台盟参政议政委员会

1992 年 3 月 30 日，成立由各级人大代表、政协委员为成员的台盟厦门市参政议政小组。1997 年 1 月 16 日将参政议政小组更名为参政议政委员会，并在各行政区设参政议政小组，成立开元、思明、鼓浪屿、湖里、集美等 5 个区参政议政小组，成员依旧为所属各区人大代表、政协委员。参政议政委员会分别于 2003 年 7 月、2006 年 4 月、2011 年 4 月进行了三次换届。

（3）台盟离退休委员会

1992年4月27日，成立台盟离退休盟员活动小组。2000年4月28日，离退休盟员活动小组换届。2005年9月经台盟市委五届三十九次主委会研究，将离退休活动小组更名为离退休委员会。2005年10月14日举行台盟离退委员会成立大会。2011年10月，离退休委员会进行换届。

（4）台盟青年委员会

2005年5月，为适应形势发展和充分发挥年轻盟员骨干作用的需要，经台盟厦门市委五届三十二次会议研究决定，成立台盟厦门市委青年委员会。青年委员会先后于2009年5月、2011年4月进行了两次换届。

三、历次盟员大会及历届委员会重要简况

（一）第一次盟员大会及第一届委员会（1983.7—1986.08）简况

1983年7月20日，台盟厦门市分支部召开第一次盟员大会，盟员数达30人。台盟厦门市分支部筹备组组长叶庆耀作题为《台盟厦门市分支部筹备工作报告》。台盟福建省支部主委林青山宣布叶庆耀、王耀廷、黄金龙等3人为台盟厦门市分支部委员，任命叶庆耀为主任委员。中共厦门市委副书记王金水、市政协副主席颜西岳到会祝贺，台盟总部组织处处长朱华定致辞表示祝贺。

由于盟员人数的增加，为便于开展工作，1984年12月经台盟厦门市分部委员会（扩大）会议研究，决定增补王观美、曾仁寿为委员。1985年3月，由台盟厦门市分部委员会研究，并报请台盟福建省分部批准，任命王观美、曾仁寿为副主任委员，王耀廷为秘书长。

（二）第二次盟员大会及第二届委员会（1986.8—1991.11）简况

1986年8月22日至23日，台盟厦门市分支部召开第二次盟员大会，盟员数达48人。会议审议通过王观美副主委作题为《为促进祖国和平统一，为厦门经济特区建设做贡献》的工作报告。选举王观美、王耀廷、叶庆耀、林美丽、黄金龙、曾仁寿、曾雄等7人为台盟厦门市分部委员。台盟厦门市分部一次会议上选举叶庆耀为主任委员，王观美、曾仁寿为副主任委员，王耀廷为秘书长。台盟总部副秘书长蔡鸿振，市政协副主席王毅林，市委统战部部长张其华、副部长陈耀中出席大会。叶庆耀致开幕词，曾仁寿致

闭幕词。

1987 年 10 月 27 日，台湾民主自治同盟厦门市分部更名为台湾民主自治同盟厦门市委员会，原委员及班子成员不变。

（三）第三次盟员大会及第三届委员会（1991.11—1996.10）简况

1991 年 11 月 22 日至 23 日，台盟厦门市委召开第三次盟员大会，盟员数达 60 人。会议审议通过了王观美副主委作题为《加强自身建设，发挥参政党作用》的工作报告。选举王观美、王耀廷、叶庆耀、林美丽、郭允谋、黄金龙、曾雄等 7 人为台盟厦门市第三届委员会委员。台盟厦门市第三届委员会一次会议选举叶庆耀为台盟厦门市第三届委员会主任委员，王观美、曾雄、郭允谋为副主任委员，王耀廷为秘书长。中共厦门市委副书记、人大常委会主任王金水，副市长张宗绪，市政协副主席王允晓、张奋生，市委统战部长陈洛，台盟福建省副主委杨玉辉到会祝贺。叶庆耀致开幕词，曾雄致闭幕词。

1993 年 7 月，召开纪念厦门台盟成立十周年纪念大会，印制和展出反映厦门台盟十年成就的《厦门台盟十年》纪念册和厦门台盟十周年成就图片展。

▲ 1995 年，原台盟中央副主席田富达（右二）到台盟厦门市委会机关指导工作，时任台盟厦门市委主委叶庆耀（右三）汇报工作

（四）第四次盟员大会及第四届委员会（1996.10—2001.12）简况

1996 年 10 月 4 日至 5 日，台盟厦门市委召开第四次盟员大会。盟员数达 80 人。会议审议通过曾雄副主委作题为《总结经验，开拓进取，为祖国统一大业继续奋斗》工作报告。选举陈紫萱、陈昭强、罗高屏、张秀兰、钟哲亮、郭允谋、曾雄等 7 人为台盟厦门市第四届委员会委员。台盟厦门市第四届委员会一次会议选举郭允谋为主任委员，曾雄、钟哲亮、陈昭强为副主任委员，任命曾雄兼任秘书长。中共厦门市五套班子领导刘丰、林明鑫、乐鸿宜、陈耀中，台盟福建省委副主委杨玉辉等到会祝贺。中共厦门市委副书记刘丰代表中共厦门市委在开幕式上致辞。叶庆耀致开幕词，郭允谋致闭幕词。

▲1997 年台盟市委会邀请的台湾农业考察团抵厦考察。第一排右一时任主委郭允谋、左三盟员汪慕恒、第三排左一时任副主委曾雄

（五）第五次盟员大会及第五届委员会（2001.12—2007.1）简况

2001 年 12 月 23 日至 24 日，台盟厦门市委召开第五次盟员大会。盟员数达 108 人。会议审议通过曾雄副主委代表台盟厦门市第四届委员会作题为《继往开来、再创佳绩》的工作报告。选举王黎凡、陈紫萱、陈昭强、罗高屏、张秀兰、洪国精、杨谦、翁丽丽、曾雄等 9 人为台盟厦门市第五届委员会委员。

台盟厦门市第五届委员会一次会议选举陈昭强为主任委员，曾雄、陈紫萱、洪国精为副主任委员。中共厦门市委五套班子领导陈修茂、陈昆源、陈维钦、陈耀中，台盟中央秘书长张华军，台盟福建省委名誉主委叶庆耀，台盟福建省委副主委陈正统等有关单位领导出席开幕式。市委副书记、市纪委书记陈修茂代表中共厦门市委致辞。张华军、陈正统分别代表台盟中央、台盟福建省委致贺词。郭允谋致开幕词，陈昭强致闭幕词。

2002 年 8 月曾雄同志退休，转任兼职副主委。2003 年 2 月因工作需要，陈紫萱同志调台盟机关任专职副主委。2005 年 7 月 26 日，台盟厦门市委召开第五届十六次全委会进行届中调整，同意曾雄同志辞去台盟厦门市第五届委员会委员、副主委职务。

（六）第六次盟员大会及第六届委员会（2007.1—2011.11）简况

2007 年 1 月 16 日至 17 日，台盟厦门市委召开第六次盟员大会。盟员数达 134 人。会议审议通过陈昭强主委代表台盟厦门市第五届委员会作题为《开拓创新，建设新时期的参政党》的工作报告。选举王黎凡、刘奇光、陈昭强、陈紫萱、陈敏伟、张秀兰、杨谦、洪国精、翁丽丽、郭东辉等 10 人为台盟厦门市第六届委员会委员。台盟厦门市第六届委员会一次会议选举陈昭强为台盟厦门市第六届委员会主任委员，陈紫萱、洪国精、杨谦、刘奇光为副主任委员。台盟中央副主席、台盟福建省委主委、福建省副省长汪毅夫到会祝贺并致辞。市委常委、统战部部长欧阳建代表中共厦门市委到会祝贺。市领导洪荻生、陈耀中、庄威出席开幕式。陈紫萱致开幕词，陈昭强致闭幕词。

2010 年 9 月 20 日，台盟厦门市委召开第六届委员会十五次全体会议，

▼ 2007 年 11 月台盟厦门市委召开对台工作座谈会

▲ 2012 年 3 月，台盟厦门市委志愿者服务队成立

对领导班子进行届中调整。同意陈昭强同志因年龄原因辞去台盟市委主委、委员职务，陈紫萱副主委当选为台盟厦门市第六届委员会新一任主任委员。

（七）第七次盟员（代表）大会及第七届委员会（2011.11—）简况

2011 年 11 月 26 日至 27 日，台盟厦门市委召开第七次盟员（代表）大会。会议审议通过陈紫萱主委代表台盟厦门市第六届委员会作题为《求真务实，锐意进取，不断开创台盟事业新局面》的工作报告，选举王黎凡、卢绍茏、叶建伟 、刘奇光、许勇铁、陈紫萱、陈奕雍 、陈敏伟、张秀兰、杨谦、郑直、郭东辉、廖明宏等 13 人为台盟厦门市第七届委员会委员。台盟厦门市第七届委员会一次会议选举陈紫萱为台盟厦门市第七届委员会主任委员，杨谦、刘奇光、廖明宏、张秀兰、郭东辉为副主任委员。台盟中央常务副主席、台盟福建省委主委汪毅夫，省政协原副主席叶庆耀，市领导黄菱、康涛、陈昭扬、陈耀中以及相关对口联系单位领导到会祝贺。台盟中央常务副主席、台盟福建省委主委汪毅夫代表台盟福建省委对大会的召开表示祝贺。中共厦门市委常委、市发改委主任康涛代表中共厦门市委向大会致贺词。副主委洪国精致开幕词，主委陈紫萱致闭幕词。

四、历届组织机构组成名单

（一）筹备组（1982.5—1983.7）

组　长：叶庆耀

副组长：钟哲亮

（二）第一届委员会（1983.7—1986.8）

主　委：叶庆耀

副主委：王观美（专职）曾仁寿（2人为1985.3任命）

秘书长：王耀廷（1985.3任命）

委　员：王耀廷　叶庆耀　黄金龙　王观美
　　　　曾仁寿（后2人为1984.12增补）

（三）第二届委员会（1986.8—1991.11）

主　委：叶庆耀

副主委：王观美（专职）曾仁寿

秘书长：王耀廷

委　员：王观美　王耀廷　叶庆耀　林美丽　黄金龙　曾仁寿　曾　雄

（四）第三届委员会（1991.11—1996.10）

主　委：叶庆耀

副主委：曾雄（专职）　王观美（专职）　郭允谋

秘书长：王耀廷

委　员：王观美　王耀廷　叶庆耀　林美丽　郭允谋　黄金龙　曾　雄

（五）第四届委员会（1996.10—2001.12）

主　委：郭允谋

副主委：曾　雄（专职）　钟哲亮（专职）　陈昭强

秘书长：曾　雄（兼）

委　员：陈紫萱、陈昭强、罗高屏、张秀兰、钟哲亮、郭允谋、曾雄

（六）第五届委员会（2001.12—2007.1）

主　委：陈昭强

副主委：曾雄（专职2002年8月转任兼职。2005年7月辞去委员、副主委职务）　陈紫萱（2003年2月任专职）　洪国精

委　员：王黎凡　陈紫萱　陈昭强　罗高屏　张秀兰　洪国精　杨　谦
　　　　翁丽丽　曾　雄

（七）第六届委员会（2007.1-2011.11）

主　委：陈昭强（2007.1—2010.9）　　陈紫萱（专职，2010年9月）

副主委：陈紫萱（2007.1—2010.9专职）　洪国精　杨　谦　刘奇光

秘书长：陈紫萱

委　员：王黎凡　刘奇光　陈昭强　陈紫萱　陈敏伟　张秀兰　杨　谦
　　　　洪国精　翁丽丽　郭东辉

（八）第七届委员会（2011.11—　　）

主　委：陈紫萱（2015.3 转兼职）

副主委：杨　谦　刘奇光　廖明宏　张秀兰　郭东辉

委　员：王黎凡　卢绍茏　叶建伟　刘奇光　许勇铁　陈紫萱　陈奕雍
　　　　陈敏伟　张秀兰　杨　谦　郑　直　郭东辉　廖明宏

五、历届主委简历

（一）叶庆耀（1927—　　）

▲叶庆耀

1982 年 5 月至 1996 年 10 月历任台盟厦门市分支部委员会筹备组组长；台盟厦门市第一届分支部委员会主委、台盟厦门市分部委员会主委；台盟厦门市第二届分部委员会主委，台盟厦门市第二、三届委员会主委。台湾屏东人，1956 年由金门来大陆，历任福建省工业厅、水产局工程师、福建水产研究所工程师、副研究员。

1981 年加入台盟，历任福建省第三届分部委员会、台盟福建省第四和第五届委员会主委；台盟总部第三届常务理事，第四、五届台盟中央常委，第六、七届全国政协委员，第七届省政协副主席。

（二）郭允谋（1935—　　）

▲郭允谋

1996 年 10 月至 2001 年 12 月任台盟厦门市第四届委员会主委。台湾台南人，1960 年北京地质学院毕业，历任新疆水文地质工程地质大队工程师，福建海洋研究所副所长、研究员。厦门市老科协副会长兼秘书长，厦门市海洋专家组秘书长。

1982 年加入台盟，历任福建省第六届委员会副主委，第六届台盟中央委员，第九届全国政协委员，第七、八、九届市人大代表，第九届市政协常委、副秘书长；第十、十一届市政协特约研究员。

（三）陈昭强（1945—　　）

2001 年 12 月至 2010 年 9 月任台盟厦门市第五、六届委员会主委。台湾

▲陈昭强

台北人，1968年福建医学院医疗系毕业，厦门市第二医院五官科主任医师。

1988年加入台盟，历任第七届台盟福建省委副主委、第七届台盟中央委员。第九、十届省政协常委，第十、十一、十二届厦门市人大常委，第十一届厦门市政协常委。

（四）陈紫萱（1961.4— ）

▲陈紫萱

陈紫萱，女，1961年4月出生，台湾台北人，1989年12月入盟，高级工程师，国家一级注册建筑师。现任福建省厦门市人大常委会副主任，台盟中央委员，监督委员会委员，两岸关系政策研究委员会副主任，台盟福建省委副主委（兼），台盟厦门市委主委，第十二届全国人大代表。曾任第十届福建省政协常委，第十三届厦门市人大常委，第十届厦门市政协常委，台港澳侨委副主任，第九届厦门市政协委员。

1982.8—2003.2，先后在福建省厦门市房管局住宅设计院、建设工程施工图审查所从事建筑设计、审图工作。2003.2—2010.9台盟厦门市委专职副主委；2010.9—2012.1台盟厦门市委专职主委；2012.1—2015.3市人大常委会副主任、台盟厦门市委专职主委；2015.3— 市人大常委会副主任、台盟厦门市委主委。

六、历任全国人大代表、全国政协委员、省部级职务的盟员名单

（一）历届全国人大代表

第十二届：陈紫萱

（二）历届全国政协委员

第七届：叶庆耀　汪慕恒

第八届：叶庆耀　汪慕恒

第九届：郭允谋

（三）历任省部级职务的盟员名单

叶庆耀：1996.4—1998.1任福建省第七届政协副主席

台盟福建省漳州市委组织发展沿革

一、成立的历史背景

地理位置靠近、历史渊源深远，以及自然环境相似、习俗方言相近，决定了漳州与台湾的密切联系。漳州是台湾同胞的主要祖籍地，也是台湾同胞回流大陆的主要地区。祖国大陆的台湾省籍同胞约有十分之一居住在漳州。

1958 年 1 月台盟福建省支部筹备委员会在福州成立，王天强主委于同年下半年亲自到漳州组织成立“台胞学习联系小组”，由陈龙泉、陈哲仁、施月娥等 3 人负责。小组的主要任务是组织所联系的台胞参加政治学习和开展对台宣传工作。1966 年“文革”开始，“台胞学习联系小组”即完全停止活动。

1979 年 3 月，台盟福建省支部委员会成立后，盟省委领导林青山、王彪即在漳州发展盟员，并成立筹备小组。

二、成立过程及初期活动

1983 年 1 月 16 日，台盟漳州市分支部成立。分支部成立伊始，积极配合党和政府有关部门，根据《中共中央关于落实居住在祖国大陆的台湾同胞政策的指示》，

▶ **1983 年 1 月，台盟漳州分支部成立，盟省委领导林青山、王彪与漳州分部周有智、陈正统、陈锦堂、魏徐邹等人合影**

做好落实台胞政策的工作。通过与有关部门的共同努力，为盟员和所联系的台胞，解决了就业、住房、生活困难等问题。

在中共漳州市委和台盟福建省委领导下，台盟漳州市分支部积极参加国家政治生活。在中共十一届三中全会以来的路线、方针、政策指引下，坚持“长期共存、互相监督、肝胆相照、荣辱与共”的方针，为完善共产党领导的多党合作与政治协商制度，巩固和发展新时期的爱国统一战线，积极开展各项盟务工作，发挥了积极作用。

三、组织变迁

（一）台盟漳州市分支部（1983.1—1983.12）

1983 年 1 月 16 日，台盟漳州市分支部成立，选举产生由 3 人组成的第一届委员会，周有智任主委。

（二）台盟漳州市分部（1983.12—1987.12）

1983 年 12 月，根据台盟第三次全盟代表大会修改通过的《台湾民主自治同盟章程》规定，“台盟漳州市分支部委员会”改称“台盟漳州市分部委员会”。1986 年 6 月 17 日，举行台盟漳州市第二次全体盟员大会，选举产生由 5 人组成的台盟漳州市分部第二届委员会。同年底委员会下设第一、二支部，1987 年 11 月增设龙海县支部。

（三）台盟漳州市委（1987.12— ）

1987 年 12 月起，根据台盟第四次全盟代表大会通过的《台湾民主自治同盟章程》规定，“台盟漳州市分部委员会”改称“台盟漳州市委员会”。

1996 年 12 月，全市盟员共 55 人，由原来的第一、二支部和龙海支部扩增为第一支部、第二支部、第三支部、龙海支部四个支部。

2011 年 8 月 27 日，台盟漳州市委召开第六届二十六次委员会，会议初步讨论台盟漳州市委会支部修改方案。2012 年 1 月 4 日，原来的第一支部、第二支部、第三支部和龙海支部四个支部扩为机关支部、文体支部、医卫支部、企业支部、综合支部、龙海支部六个支部。

2013 年 7 月 6 日，台盟漳州市委第七届六次委员会讨论决定增加台盟漳州芗城支部事宜。2013 年 12 月 20 日，台盟漳州芗城支部委员会成立大会在芗城区政府隆重召开，会议选举台盟芗城支部第一届委员会主任委员。至今，漳州台盟扩增为机关支部、文体支部、医卫支部、企业支部、综合支部、龙海支部、芗城支部七个支部。

四、历次盟员大会及历届委员会重要简况

（一）第一次盟员大会及第一届委员会（1983.1—1986.6）简况

1979年3月台盟福建省支部委员会成立后，即在漳州发展盟员。1983年1月16日，台盟漳州市分支部委员会在漳州举行会议，宣布成立。选举产生由3人组成的第一届委员会。同年12月，根据台盟第三次全盟代表大会修改通过的《台湾民主自治同盟章程》，“台盟漳州市分支部委员会”改称“台盟漳州市分部委员会”。1985年9月，原漳州市升格为地级市，台盟漳州市分部委员会也随之升格。1985年增补陈锦堂、王菊财2名委员。

第一届委员会主委：周有智，委员：周有智、陈正统、魏徐邹、陈锦堂、王菊财。委员会下设办公室、组宣科，编制5人。

本届委员会把各级协助党和政府做好落实台胞政策作为盟务工作重点之一，经常向有关部门反映盟员和所联系台胞的意见和要求，对漳州市经济建设、对外开放、建立对台工作窗口、改善民生和党派工作环境等，提出建设性意见，受到党和政府的重视和支持。

（二）第二次盟员大会及第二届委员会（1986.6—1991.10）简况

1986年6月17日至18日，台盟漳州市第二次盟员大会在漳州宾馆举行。陈正统代表台盟漳州市分部第一届委员会作了题为《总结经验，开拓前进》的工作报告。大会以无记名投票、等额选举的方式，选举产生了第二届市分部委员会。

第二届委员会主委：周有智，副主委：陈正统，委员：周有智、陈正统、魏徐邹、王石津、许彩藻（女）。委员会下设办公室、组宣科，编制5人。

在改革开放新形势的鼓舞下，盟员在各级人大和政协会议上，对党和政府的工作，对经济建设和其他事务，对改革开放中的重大问题，特别是针对台商的合法权益、投资环境的改善等，提出合理化建议。

（三）第三次盟员大会及第三届委员会（1991.10—1996.11）简况

1991年10月19日至20日，台盟漳州市第三次盟员大会在漳州芗江宾馆举行。陈正统代表第二届委员会作题为《振奋精神，积极参政，沿着有中国特色的社会主义道路开拓前进》的工作报告。大会以无记名投票、等额选

举的方式，选举产生了第三届委员会。

第三届委员会主委：陈正统，副主委：陈锦堂，秘书长：李清标，委员：陈正统、陈锦堂、李清标、王石津、许彩藻（女）。委员会下设办公室、组宣科，编制5人。

本届委员会紧紧围绕“抓住机遇、深化改革、扩大开放、保持稳定”的大局，统一思想认识，把中共中央的精神融汇到参政工作实践中。1993年8月，中共中央发出在全国范围内开展反腐斗争的决定后，盟市委立即召开委员会议，学习讨论，并在中共漳州市委召开的座谈会上发表意见。

（四）第四次盟员大会及第四届委员会（1996.11—2001.11）简况

1996年11月28日，台盟漳州市第四次盟员大会在漳州宾馆会议中心举行，陈锦堂代表第三届委员会作了题为《发挥参政党作用，为祖国统一大业的早日实现而继续努力奋斗》的工作报告。大会以无记名投票、等额选举的方式，选举产生了第四届委员会。

第四届委员会主委：陈正统，副主委：陈锦堂、李珊珊（女），秘书长：赵月英（女），委员：陈正统、陈锦堂、李珊珊（女）、赵月英（女）、欧阳文、叶淑贞（女）、黄文辉。委员会下设办公室、组宣科，编制5人。

▲台盟漳州市第四次盟员大会委员合影

本届委员会经历了香港、澳门回归，党的十五大的胜利召开，中国共产党建党 80 周年等重大事件。在这样的大环境下，本届委员会在中共漳州市委和台盟省委的领导下，在市委统战部的具体帮助支持下，高举社会主义、爱国主义旗帜，广泛团结全市盟员，以邓小平建设有中国特色社会主义理论为指导，以中国共产党的基本路线为指针，认真贯彻落实中国共产党领导的多党合作和政治协商制度，积极发挥参政党作用，在两个文明建设、开展海峡两岸交流、加强自身建设等方面做了许多工作，取得了一定成绩。

（五）第五次盟员大会及第五届委员会（2001.11—2006.9）简况

2001 年 11 月 27 日至 28 日，台盟漳州市第五次盟员大会在漳州宾馆会议中心举行，李珊珊代表第四届委员会作了题为《团结奋斗　开拓进取　共铸 21 世纪新辉煌》的工作报告。大会以无记名投票、等额选举的方式，选举产生第五届委员会。

第五届委员会主委：李珊珊（女），副主委：赵月英（女）、黄文辉，秘书长：赵月英（女）（兼），委员：李珊珊（女）、赵月英（女）、黄文辉、欧阳文、范麟、康哲娜（女）、陈红斌。委员会下设办公室、组宣科，编制 5 人。

盟市委响应国家号召及会议精神，印发《反分裂国家法》《中共十六届五中全会精神》、胡锦涛总书记的“七一”讲话等读本，让盟员通过自学、集中学习、座谈交流等方式，在思想上和行动上与党中央保持高度一致，树立“八荣八耻”的社会主义荣辱观，使盟员们进一步坚定接受中国共产党领导的自觉性，进一步增强对参政党地位和作用的认识，增强对社会主义优越性的认识。在国家经历了较多的重大自然灾害面前，盟市委积极组织盟员向“东南亚海啸”、“闽北灾区”、台风“珍珠”和“碧利斯”的受灾群众捐款捐物，发扬人道主义精神，奉献爱心。

（六）第六次盟员大会及第六届委员会（2006.9—2011.12）简况

2006 年 9 月 11 日至 12 日，台盟漳州市第六次盟员大会在漳州宾馆召开。李珊珊代表第五届委员会作了题为《继往开来，凝聚力量，开拓进取，再谱新篇》的工作报告。大会以无记名投票、等额选举的方式，选举产生第六届委员会。

第六届委员会主任委员：李珊珊（女），副主任委员：赵月英（女）、黄文辉，秘书长：赵月英（女）（兼），委员：李珊珊（女）、赵月英（女）、黄文辉、陈红斌、康哲娜（女）、许燕章、任振华。委员会下设办公室、组宣科，编制 5 人。

本届委员会在中共漳州市委和台盟福建省委的领导下，在市委统战部的指导、支持、帮助下，认真学习贯彻中共十七大和十七届五中、六中全会精神及胡锦涛总书记来闽、来漳考察重要讲话精神，深入贯彻落实科学发展观，围绕党和政府的中心工作，履行参政党职能；密切关注台湾岛内局势，加强台情研究，努力推动祖国统一大业进程；在海峡西岸经济区建设、漳州社会的全面发展及漳台经贸文化交流等方面做了积极的努力，各方面工作都取得了新的成绩。

（七）第七次盟员大会及第七届委员会（2011.12—　　）简况

2011 年 12 月 13 日至 14 日，台盟漳州市第七次盟员大会在漳州宾馆召开。李珊珊代表第六届委员会作了题为《积极进取　发挥优势　服务海西建设》的工作报告。接受赵月英辞去兼任秘书长，任命陈红斌为秘书长。根据盟省委《关于台盟各市委会 2011 年换届的意见》的有关规定，提名沈惠玲、陈菁进入领导班子，任市委委员，增补沈惠玲为副主委，第七届委员会的规模由 7 人扩增至 9 人，副主委由 2 名扩增至 3 名。

第七届委员会主任委员：李珊珊（女），副主任委员：赵月英（女）、黄文辉、沈惠玲（女）秘书长：陈红斌，委员：李珊珊（女）、赵月英（女）、黄文辉、沈惠玲（女）、陈红斌、任振华、康哲娜（女）、许燕章、陈菁（女）。委员会下设办公室、组宣科，编制 5 人。

▲台盟漳州市第七次盟员大会委员合影

五、历届组织机构组成名单

（一）第一届委员会（1983.1—1986.6）

主　委：周有智

委　员：周有智　陈正统　魏徐邹　陈锦堂　王菊财

（二）第二届委员会（1986.6—1991.10）

主　委：周有智

副主委：陈正统

委　员：周有智　陈正统　魏徐邹　王石津　许彩藻（女）

（三）第三届委员会（1991.10—1996.11）

主　委：陈正统

副主委：陈锦堂

秘书长：李清标

委　员：陈正统　陈锦堂　李清标　王石津　许彩藻（女）

（四）第四届委员会（1996.11—2001.11）

主　委：陈正统

副主委：陈锦堂　李珊珊（女）（主持工作）

秘书长：赵月英（女）

委　员：陈正统　陈锦堂　李珊珊（女）　赵月英（女）　欧阳文
　　　　叶淑贞（女）　黄文辉

（五）第五届委员会（2001.11—2006.9）

主　委：李珊珊（女）

副主委：赵月英（女）　黄文辉

秘书长：赵月英（女）（兼）

委　员：李珊珊（女）　赵月英（女）　黄文辉　欧阳文　范　麟
　　　　康哲娜（女）　陈红斌

（六）第六届委员会（2006.9—2011.12）

主　委：李珊珊（女）

副主委：赵月英（女）　黄文辉

秘书长：赵月英（女）（兼）

委　员：李珊珊（女）　赵月英（女）　黄文辉　陈红斌　康哲娜（女）
　　　　许燕章　任振华

（七）第七届委员会（2011.12—　　）

主　委：李珊珊（女）

副主委：赵月英（女）　黄文辉　沈惠玲（女）

秘书长：陈红斌

委　员：李珊珊（女）　赵月英（女）　黄文辉　沈惠玲（女）
　　　　陈红斌　任振华　康哲娜（女）许燕章　陈　菁（女）

六、历届主委简历

（一）周有智（1920.6—2005）

▲周有智

周有智，男，汉族，台湾桃园人，中专学历，工程师。1937年毕业于台湾台北工业学校电气科，1938年6月在台北市本田电气株式会社工作，1939年回到大陆，先后在厦门电气商行修理部、厦门大华无线电料店、厦门和屿发电机厂、漳州通用机电厂、漳州微型电机厂工作。1983年1月至1991年10月，台盟漳州市分支部委员会成立后，任第一、二届主委。

（二）陈正统（1939.5—　　）

▲陈正统

陈正统，男，1939年5月出生，汉族，台湾南投人，大专文化，台盟福建省委会原专职副主委。1960年8月在漳州市第一中学任教；1962年5月至1962年11月，精简下放回家之后，历任华安县三中语文教员、诏安县秀篆公社下放干部、漳州市石亭中学语文教员、龙溪地区进修学院编写员、漳州市地方志办公室副主任；1986年6月调入台盟漳州市委会任分部副主委；1991年9月至1998年4月任台盟漳州市委会第三、四届委员会主委；1998年4月至2009年9月任台盟福建省委会专职副主委，后为台盟福建省委会巡视员；2010 年 8 月退休。第十一届全国人大代表，第九、十届全国政协委员，第九届省人大代表，第七、八届省政协委员。现任福建省文史馆馆员。

（三）李珊珊（1959.3— ）

李珊珊，女，汉族，1959 年 3 月出生，台湾台南市人。1982 年 8 月漳州制药厂工作，高级工程师。1989 年 10 月加入台盟，1998 年 7 月起主持台盟漳州市委会工作。2003 年由福建省委组织部公派留学日本取得硕士学位；2006 年福建师范大学进修社会历史学院专门史、闽台关系史，取得在职博士研究生学位学历。现任漳州市人大常委会副主任，兼任福建省台盟副主委、2001 年 11 月任台盟漳州市委主委、台盟中央委员。

▲李珊珊

台盟中央第七、八、九届中央委员；省政协第八、九、十届委员，第十一届常委；台盟福建省委第六届委员，第七、八届常委，第九届副主委；台盟漳州市委会第五、六、七届主委。此外，兼任福建省留学生同学会留日分会副会长，漳州留学生同学会会长，漳州市台商协会名誉会长等。

七、历任全国人大代表、全国政协委员、省部级职务的盟员名单

历届全国政协委员

第六、七、八届：陈锦堂

台盟福建省泉州市委组织发展沿革

一、成立的历史背景

1980年1月24日至29日，台盟福建省第一次盟员大会在福州召开。参加大会的泉州盟员有江文通、谢兴典和林金田三位同志。根据台盟《章程》规定，台盟福建省支部委员会提议，成立台盟泉州小组。小组成立后，按照台盟《章程》规定吸收新盟员，在泉州市台籍同胞中发展一批新盟员。新盟员多数是有技术专长的知识分子。1982年7月，泉州台盟3人小组成员发展到15人，具备成立分支部的条件。

二、成立过程及初期活动

1982年6月，选调泉州市人民医院检验师谢兴典为台盟泉州市小组的专职干部，积极投入筹备分支部成立的各项工作。在台盟福建省分部的领导下，1982年7月28日召开台盟泉州市第一次全体盟员大会，正式成立台盟泉州市分支部，并选举产生台盟泉州市分支部委员会，盟务工作由分支部委员会负责。1983年底市台盟分支部盟员总数增至26人。1984年到1986年，盟分部吸收9位同志入盟，盟员总数增至35人。在此期间，相继建立台盟各县、市、区及高校组织。台盟泉州市地方组织成立后，弘扬爱国主义光荣传统，调动全体盟员和所联系的台胞的积极性，加强自身建设，积极参加各项活动，参政议政，为祖国统一大业作出贡献。

三、组织变迁

（一）台盟泉州小组（1980.1—1982.7）

1980 年 1 月，根据台盟《章程》规定，台盟福建省支部委员会提议，成立台盟泉州小组。

（二）台盟泉州分支部委员会（1982.7—1983.12）

1982 年 7 月，成立台盟泉州分支部委员会。

（三）台盟泉州市分部委员会（1983.12—1986）

1983 年 12 月，根据台盟总部第三次全盟代表大会修正通过的台盟新《章程》，台盟泉州市分支部委员会改称台盟泉州市分部委员会。

（四）台盟泉州市委会（1986—　　）

1986 年初，经台盟福建省委批准，分部提升为省辖市一级的市委会，即台盟泉州市分部委员会改称台盟泉州市委员会。

1. 下设基层组织

（1）台盟永春县支部委员会

1983 年 7 月，台盟泉州市分支部委员会批准成立台盟永春县小组，负责人刘清洁。1987 年 12 月，台盟永春县第一次全体盟员大会召开，选举产生由黄福台、王志英、古智明 3 人组成的台盟永春县第一届支部委员会，选举黄福台为主任委员，至 2012 年底，支部共有盟员 9 人。

（2）台盟华侨大学支部委员会

1983 年 12 月，台盟泉州市分支部委员会批准成立华侨大学台盟小组，负责人黄启巽。1986 年 12 月，台盟华大第一次全体盟员大会召开，选举产生由蔡济世、廖明光、郭华云 3 人组成的台盟华大第一届支部委员会，选举蔡济世为主任委员。至 2012 年底，支部共有盟员 9 人。

（3）台盟晋江市支部委员会

1988 年 12 月，台盟泉州市委会批准成立晋江市台盟小组，负责人张丽卿。1991 年 12 月，台盟晋江市第一次全体盟员大会召开，大会选举产生由张丽卿、李承茂、骆沙鸣 3 人组成的台盟晋江市第一届支部委员会，选举张丽卿为主任委员。至 2012 年底，支部共有盟员 34 人。

（4）台盟石狮市支部委员会

1994年10月，台盟泉州市委会批准成立石狮市台盟小组，负责人叶心凤。1996年11月，台盟石狮市第一次全体盟员大会召开，大会选举产生由叶心凤、王善权、叶铿铿3人组成的台盟石狮市第一届支部委员会，选举叶心凤为主任委员。至2012年底，支部共有盟员15人。

（5）台盟丰泽区工作委员会

2001年7月，台盟丰泽区第一届全体盟员大会召开，选举产生由黄黉、张敏、王昀3人组成的台盟丰泽区第一届支部委员会。选举黄黉为主任委员。2006年11月，台盟丰泽区支部升格为工委会，并召开台盟丰泽区第二次全体盟员大会，选举产生由黄黉、张敏、王昀、林希旋、颜少芬、张明伟、林海生7人组成的台盟丰泽区第一届工作委员会，选举黄黉任主任委员，张敏、王昀、林希璇任副主任委员，同时成立台盟丰泽区工委会第一支部委员会和第二支部委员会，张敏任第一支部主委，王昀任第二支部主委，至2012年底，工委会共有盟员49人。

（6）台盟鲤城区支部委员会

2001年9月，台盟鲤城区第一次全体盟员大会召开，选举产生苏悦、蔡振为、黄明萌3人组成台盟鲤城区第一届支部委员会，选举苏悦为主任委员。至2012年底，支部共有盟员20人。（1997年8月，经国务院批准，鲤城区行政区划调整划分为鲤城区、丰泽区、洛江区三个区，据此，原台盟市区支部于2001年拆分为台盟丰泽区支部和鲤城区支部。）

（7）台盟南安市支部委员会

2008年3月，台盟南安市第一届全体盟员大会召开，选举产生庄朝阳、李燕玲、吕亚颜、吴志成4人组成台盟南安市第一届支部委员会，选举庄朝阳为主任委员，至2012年底，支部共有盟员11人。

截至2012年底，台盟泉州市委会下辖有丰泽区工委会、鲤城区、晋江市、石狮市、南安市、永春县、华侨大学支部委员会，盟员总数147人。

2. 内设机构

1994年，在盟市委机关设立办公室，2005年11月，盟市委会在机关内设机构中增设组宣处。截至2012年底，机关内设办公室、组宣处为日常办公机构，行政编制6名，工勤编制1名，实际在编人数6人（其中1人为机关工勤人员）。

3. 专委会

1983 年下半年，将市区盟员中的医务工作者组成医疗咨询小组，2006 年9 月 26 日正式改名为台盟泉州市委会医疗卫生工作委员会。1987 年 3 月，盟市分部成立了妇女工作组，2001 年 3 月 3 日，妇女工作组正式改称台盟泉州市委会妇女工作委员会。第五届盟市委会成立台盟泉州市委会调研议政工作委员会，根据盟市委会成员实际状况分别成立老年工作委员会、青年工作委员会、文化教育工作委员会；2005 年成立台盟泉州市委会青年志愿者服务大队，2006 年，从工作需要出发又相继成立台情研究小组、信息工作小组、社会服务工作委员会、参政党理论研究小组。

截至 2012 年底，盟市委会下设调研议政工作委员会、医疗卫生工作委员会、社会服务工作委员会、老年工作委员会、台情研究小组、青年志愿服务大队、妇女工作委员会、文化教育工作委员会、社情民意信息工作委员会、参政党理论研究小组等十个机构。各专委会、工作小组和工委会、各支部都结合自身实际开展了丰富多彩的盟务活动。

四、历次盟员大会及历届委员会重要简况

（一）第一次盟员大会及第一届委员会（1982.7-1985.7）简况

1982 年 7 月 28 日，台盟泉州市第一次全体盟员大会在泉州市政协礼堂召开。蔡大堂作为分支部委员代表讲话，大会选举产生由蔡大堂、谢兴典、王志英 3 人组成的台盟泉州市第一届分支部委员会，蔡大堂为主任委员。台盟总部发来贺信，张克辉代表台盟福建省支部委员会在会上讲话。秘书委员谢兴典为分支部的专职干部，负责处理日常工作和开展各项活动，1984 年增设干事 1 人。1983 年底市台盟分

◀台盟福建省泉州市分支部成立大会

▲台盟泉州市分部二届盟员大会

支部盟员总数增至26人。

（二）第二次盟员大会及第二届委员会（1985.7—1990.11）简况

1985年7月8日至9日，台盟泉州市第二次全体盟员大会在泉州市政协礼堂召开，会议审议通过了谢兴典作题为《团结起来，为进一步开创台盟工作新局面而共同奋斗》的工作报告。选举产生由蔡大堂、谢兴典、曾惠华、王志英4人组成的台盟泉州市第二届分部委员会，分部委员会第一次全体会议推选蔡大堂为主任委员，任命谢兴典为副秘书长。1986年3月13日，盟市分部二届二次委员会议研究通过，增补蒋纪萱为盟市分部第二届委员会委员。年初，经台盟福建省委批准，分部提升为省辖市一级的市委会即台盟泉州市委会；1986年4月，经台盟省分部委员会批准增补曾惠华为台盟泉州市委员会副主任委员，同年，曾惠华当选第六届泉州市政协副主席。至1990年11月，全市盟员总数为50人，其间自然减员3人、调出1人、回台定居2人，实际盟员数为44人。

（三）第三次盟员大会及第三届委员会（1990.11—1996.2）简况

1990年11月7日至8日，台盟泉州市第三次全体盟员大会在政协鲤城区委员会礼堂召开。会议审议通过了曾惠华作台盟泉州市第二届委员会工作报告。大会选举产生由蔡大堂、曾惠华、林金田、张丽卿、周振德5人组成的台盟泉州市第三届委员会。推选蔡大堂为主任委员、曾惠华为副主任委员，任命林金田为秘书长。台盟福建省委副主委杨玉辉，市政协副主席齐世和到会

▲台盟泉州市第三次盟员大会

祝贺。1994 年 3 月盟市委设办公室作为日常办公机构，机关编制 5 人，李丽明任办公室副主任。其间，盟员中有 12 人先后获准回台定居，2 人调离泉州，盟员总数减至 30 人。1991 年，曾惠华当选第七届泉州市政协副主席。1996 年 2 月，台盟泉州市第三届委员会任期届满时，发展新盟员 13 人，调入泉州的盟员 1 人，盟员总数为 44 人，与 1990 年盟员总数持平。

（四）第四次盟员大会及第四届委员会（1996. 2—2001. 1）简况

1996 年 2 月 2 日，台盟泉州市第四次全体盟员大会在泉州市粮食招待所礼堂召开。会议审议通过了蔡大堂作题为《振兴中华、统一祖国，为推进祖国统一大业的完成而继续努力奋斗》的工作报告。选举产生由苏少东、曾惠华、林金田、骆沙鸣、蔡振翔、叶心凤、李良友、张丽卿 8 人组成的台盟泉州市第四届委员会。第四届市委会第一次全体委员会议推选苏少东为主任委员，曾惠华、林金田、骆沙鸣、蔡振翔为副主任委员，任命林金田为秘书长，决定聘请蔡大堂为名誉主委。省委副主委杨玉辉，市政协副主席、市政协秘书长卢金枝等领导到会祝贺。蔡大堂致开幕词，苏少东致闭幕词。同时，台盟泉州市区支部宣布成立，并选举产生由 3 人组成的台盟市区支部第一届委员会。区支部一届一次全体委员会议选出李良友为主任委员，蔡振为、黄明萌为委员。1996 年，曾惠华当选第八届泉州市政协副主席。

（五）第五次盟员大会及第五届委员会（2001. 1—2006. 5）简况

2001 年 1 月 6 日至 7 日，台盟泉州市第五次全体盟员大会在泉州市金星大酒店多功能厅召开。会议审议通过了苏少东作题为《努力发挥参政党作用，为泉州新一轮创业、统一祖国贡献力量》的工作报告。选举产生由骆沙鸣、蔡振翔、苏耿聪、黄黉、叶心凤、苏悦、吴子鹭、林安生 8 人（暂空缺 1 名）组成的台盟泉州市第五届委员会。推选骆沙鸣为主任委员、蔡振翔任副主任委员，任命苏耿聪为秘书长，聘请蔡大堂、苏少东为名誉主委，曾惠华、林金田为名誉顾问。台盟福建省委副主委陈正统到会祝贺并讲话。曾惠华致开幕词，骆沙鸣致闭幕词。

（六）第六次盟员大会及第六届委员会（2006. 5—2011. 11）简况

2006 年 5 月 10 日至 11 日，台盟泉州市第六次全体盟员大会在泉州市金星酒店多功能厅召开。经盟省委和中共泉州市委批准同意，将盟市委会委员由 9 人增至 11 人，领导班子成员由 3 人增加至 5 人（设主任委员 1 人，副主任委员 4 人）。会议审议通过了骆沙鸣主委作题为《继往开来，扎实履职，与时俱进，再创辉煌》的工作报告。选举产生由骆沙鸣、蔡振翔、苏耿聪、黄黉、苏悦、张敏、叶心凤、吴子鹭、陈志宏、洪元程、林安生 11 人组成的台盟泉州市第六届委员会。推选骆沙鸣为主任委员，蔡振翔、苏耿聪、黄黉、苏悦为副主任委员，任命张敏为副秘书长（2008 年 1 月，届中升任秘书长），聘请蔡大堂、苏少东为名誉主委，曾惠华、林金田为名誉顾问。台盟福建省委副主委陈正统、组织处处长叶鸣到会祝贺。骆沙鸣致开幕词，蔡振翔致闭幕词。2006 年 12 月，骆沙鸣当选第十届泉州市政协副主席。2008 年 3 月，骆沙鸣当

▲台盟泉州市第六次盟员大会召开

选第十一届全国政协委员。

（七）第七次盟员大会及第七届委员会（2011.11—　　）简况

2011 年 11 月 27 日至 28 日，台盟泉州市第七次全体盟员大会在泉州湖美大酒店召开。经盟省委批准同意，将盟市委会委员由 11 人增至 15 人，设主任委员 1 人，副主任委员 4 人。大会选举产生由骆沙鸣、苏耿聪、黄黉、苏悦、洪元程、张敏、王鸿燕、叶心凤、吴子鹭、陈志宏、傅晖文、廖明光、庄朝阳、林希璇 14 人（暂空缺 1 名）组成的台盟泉州市第七届委员会。会议选出骆沙鸣为主任委员，苏耿聪、黄黉、苏悦、洪元程为副主任委员，任命张敏为秘书长、王鸿燕为副秘书长。台盟中央常务副主席、台盟福建省委员会主委汪毅夫，市人大常委会副主任陈全顺，副市长陈荣洲，市政协副主席吴共湖、陈铭福、王祖耀，台盟福建省委会秘书长叶鸣，中共泉州市委统战部常务副部长杨国昕等领导到会祝贺。骆沙鸣致开幕词、闭幕词。2012 年 1 月，

▲2012年8月29日，盟市委联合承办海峡两岸纪念毛泽东诞辰120周年书画展

▲盟市委牵头举办"美丽乡村"建设讲坛——泉台创意农业研习班

骆沙鸣当选第十一届泉州市政协副主席。

五、历届组织机构组成名单

（一）第一届分支部委员会（1982.7-1985.7）

主 委 员：蔡大堂

秘书委员：谢兴典

宣传委员：王志英

（二）第二届分部委员会（1985.7-1990.11）

主　　委：蔡大堂

副 主 委：曾惠华

秘 书 长：谢兴典（副）

委　　员：王志英　谢兴典　蒋纪萱　曾惠华　蔡大堂

（三）第三届委员会（1990.11—1996.2）

主　　委：蔡大堂

副 主 委：曾惠华

秘 书 长：林金田

委　　员：张丽卿　周振德　林金田　曾惠华　蔡大堂

（四）第四届委员会（1996.2—2001.1）

主　　委：苏少东

副 主 委：曾惠华　林金田　骆沙鸣　蔡振翔

秘 书 长：林金田（兼）

名誉主委：蔡大堂

委　　员：叶心凤　苏少东　李良友　张丽卿　林金田　骆沙鸣
　　　　　曾惠华　蔡振翔

（五）第五届委员会（2001.1—2006.5）

主　　委：骆沙鸣

副 主 委：蔡振翔

秘 书 长：苏耿聪

名誉主委：蔡大堂　苏少东

名誉顾问：曾惠华　林金田

委　　员：叶心凤　苏耿聪　苏　悦　吴子鹭　林安生　骆沙鸣
　　　　　黄　黉　蔡振翔

（六）第六届委员会（2006.5—2011.11）

主　　委：骆沙鸣

副 主 委：蔡振翔　苏耿聪　黄　黉　苏　悦

副秘书长：张　敏（2008 年 1 月，届中升任秘书长）

名誉主委：蔡大堂　苏少东

名誉顾问：曾惠华　林金田

委　　员：叶心凤　苏耿聪　苏　悦　张　敏　吴子鹭　陈志宏
　　　　　林安生　骆沙鸣　洪元程　黄　黉　蔡振翔

（七）第七届委员会（2011.11—　　）

主　　委：骆沙鸣

副 主 委：苏耿聪　黄　黉　苏　悦　洪元程

秘 书 长：张　敏

副秘书长：王鸿燕

委　　员：骆沙鸣　苏耿聪　黄　黉　苏　悦　洪元程　张　敏
　　　　　王鸿燕　叶心凤　吴子鹭　陈志宏　傅晖文　廖明光
　　　　　庄朝阳　林希璇

六、历届主委简历

（一）蔡大堂（1929.2—　　）

▲蔡大堂

蔡大堂，男，汉族，籍贯台湾高雄，1929年2月出生，1981年加入台盟，1983年加入中国共产党。1951年毕业于日本东京大正大学社会学系，职称教授。1953年从日本回到祖国大陆，先后担任过计划统计员，英、日语培训教师；1964年调到华侨大学任日语教师；“文革”期间，被下放安溪劳动，后到安溪一中任教；1978年华侨大学复办后返校，从事日语教学科研，任外语系主任，是该校高级职称评审委员会委员、学术委员会委员、外语职称评审委员会委员以及福建省外语翻译学会常务理事，著有《日本语词汇对比和惯用型》等教材。历任台盟泉州市第一届分支部主委，台盟泉州市第二届分部主委，台盟泉州市第三届委员会主委；台盟福建省第二届支部委员会委员，第三届分部委员会委员，第四届委员会委员，第五届委员会副主委；台盟总部第三届理事会候补理事，台盟中央第四、五届委员会委员。第八届福建省人大常委，第六届福建省政协委员，泉州市第十一、十二届人大代表。

（二）苏少东（1936.10—　　）

▲苏少东

苏少东，男，汉族，曾用名苏坤隆，籍贯台湾嘉义，1936年10月出生，1974年加入中共，1982年加入台盟，1962年10月参加工作，大学本科学历，1962年毕业于上海华东师范大学中文系。曾任永安铁路子弟学校教师，福州铁路中学教师、工会主席，泉州培元中学教师、工会主席。苏少东参加台联、台盟工作后，历任泉州市台湾同胞联谊会第二、三、四届会长，台盟泉州市第四届委员会主任委员，台盟福建省第六届委员会委员，政协泉州市第五届委员会常委，泉州市第十、十一、十二届人大常务委员会委员，福建省第九届人大代表，中华全国台联理事，福建省台联常务理事、副会长，台盟泉州市委会第五、六届名誉主委。

▲骆沙鸣

（三）骆沙鸣（1957.12—　　）

骆沙鸣，男，汉族，籍贯台湾新竹，1957年12月出生，1987年4月加入台盟，大学本科学历，福建中医学院毕业，硕士学位，职称主任医师。1976年知青上山下乡；1982年12月到晋江市医院工作；2009年7月到台盟泉州市委会工作，任专职主委；2012年1月到泉州市政协工作，任驻会副主席。系台盟中央常委，台盟中央两岸文化交流委员会主任，台盟中央参政议政工作委员会副主任委员，台盟福建省委第八、九届副主委，台盟泉州市委会第五、六、七届主委。第十一、十二届全国政协委员，全国政协特邀信息员，第八、九届福建省公安厅特邀监督员，福建省委统战部特约信息员，闽台高等职业教育合作委员会委员，中华医学会福建省耳鼻咽喉分会委员，泉州市科协主席。

七、历任全国人大代表、全国政协委员、省部级职务的盟员名单

历届全国政协委员

第十一届：骆沙鸣

第十二届：骆沙鸣

台盟福建省南平市委组织发展沿革

一、成立的历史背景

20世纪80年代初，福建省南平市各民主党派逐渐恢复组织活动，南平市老台胞吴林生等为进一步广泛联络南平市台胞，方便在南平台胞的联谊活动，同时，也为了进一步发挥南平台胞在台湾联系广泛的优势，促进南平更好地开展对台工作，根据南平市台胞的具体情况，积极向上级盟组织和当地党委申请要求成立南平市地方台盟组织。

二、成立过程及初期活动

1982年12月31日经上级批准成立台盟南平市（县级）小组，吴林生为组长，李绵绵（女）为副组长，时有盟员7人。1984年4月27日台盟南平市召开第一次盟员会议，9位盟员选举吴林生等3人组成台盟南平市（县级）分部第一届委员会，吴林生任主委。

三、组织变迁

（一）台盟南平市（县级）小组（1982.12—1984.4）

1982年12月31日经上级批准成立台盟南平市（县级）小组。

（二）台盟南平市（县级）分部（1984.4—1988.1）

1984年4月27日台盟南平市召开第一次盟员会议，成立台盟南平市分部第一届委员会。共有编制1名。

（三）台盟南平市（县级）市委（1988.1-1995.6）

1988年1月27日，台盟南平市（县级）分部改为台盟南平市（县级）市委。共有编制2名，下设办公室。

（四）台盟南平市（市级）市委（1995.6— ）

1995年，南平地区撤地设市后，台盟南平市委由县级市委升格为地级市委。时有编制2名。2002年3月，经南平市机构编制委员会办公室审核，增加1名编制，共有编制3名。

四、历次盟员大会及历届委员会重要简况

（一）第一次盟员会议及台盟南平市（县级）分部第一届委员会（1984.4—1986.1）简况

1984年4月27日台盟南平市召开第一次盟员会议，9位盟员选举吴林生等3人组成台盟南平市分部第一届委员会。

第一届委员会主委：吴林生。

（二）第二次盟员会议及台盟南平市（县级）分部第二届委员会（1986.1—1988.8）简况

1986年1月6日，台盟南平市第二次盟员会议召开，10位盟员选举产生台盟南平市分部第二届委员会。

第二届委员会主委：吴林生。

（三）第三次盟员会议及台盟南平市（县级）第三届委员会（1988.8—1991.11）简况

1988年8月6日，台盟南平市第三次盟员会议召开，16位盟员选举产生由5人组成的台盟南平市第三届委员会。

第三届委员会主委：吴林生，副主委：简少玉（专职）。

（四）第四次盟员大会及台盟南平市（县级）第四届委员会（1991.11—1995.6）简况

1991年11月26日，台盟南平市第四次盟员大会召开，大会选出台盟南平市第四届委员会委员5人。

第四届委员会主委：罗元汉，副主委：简少玉（专职）、林新榕。

▲1995 年 6 月 25 日召开市委第一次盟员大会

（五）台盟南平市（市级）第一届委员会及第一次盟员大会（1995.6—2001.3）简况

1995 年，南平地区撤地设市后，台盟南平市委由县级市委升格为地级市委，并于 1995 年 6 月 25 日召开台盟南平市第一次盟员大会，选出由 5 人组成的台盟南平市第一届委员会。

第一届委员会主委：简少玉，副主委：陈建生。1998 年 6 月 18 日经台盟南平市委员会全体委员选举并报经台盟福建省委批复，增补林从康为台盟南平市委副主委。

（六）台盟南平市（市级）第二届委员会及第二次盟员大会（2001.3—2006.8）简况

2001 年 3 月 2 日，台盟南平市（市级）第二次盟员大会召开，选出由 5 人组成的台盟南平市第二届委员会。

第二届委员会主委：简少玉，副主委：陈建生、林从康。

（七）台盟南平市（市级）第三届委员会及第三次盟员大会（2006.8—2011.12）简况

2006 年 8 月 15 日，台盟南平市（市级）第三次盟员大会召开，选出由 7 人组成的台盟南平市第三届委员会。

第三届委员会主委：简少玉，副

▲2006 年 8 月，台盟南平市第三次盟员大会期间，原南平市主委吴林生（右）与副主委林从康（左）在讨论台盟工作报告

主委：陈建生、林从康、陈培仁（专职）。

（八）台盟南平市（市级）第四届委员会及第四次盟员大会（2011.12—）简况

2011年12月3日，台盟南平市（市级）第四次盟员大会召开，选出由5人组成的台盟南平市第四届委员会。

第四届委员会主委：陈培仁，副主委：林从康、楷清海、张德海。

▲2014年4月17日，台盟南平市委组织政协台盟界别委员、市委会成员到顺昌台资企业——福建盈昌竹木生态科技有限公司专题调研

五、历届组织机构组成名单

（一）台盟南平市（县级）分部第一届委员会（1984.4—1986.1）

主　委：吴林生

委　员：吴林生　罗元汉　李绵绵

（二）台盟南平市（县级）分部第二届委员会（1986.1—1988.8）

主　委：吴林生

委　员：吴林生　罗元汉　李绵绵　简少玉　斯宜兴

（三）台盟南平市（县级）第三届委员会（1988.8—1991.11）

主　委：吴林生

副主委：简少玉（专职）

委　员：吴林生　简少玉　罗元汉　李绵绵　薛建康

（四）台盟南平市（县级）第四届委员会（1991.11—1995.6）

主　委：罗元汉

副主委：简少玉（专职）　林新榕

委　员：罗元汉　简少玉　林新榕　李绵绵　薛建康

（五）台盟南平市第一届（市级）委员会（1995.6—2001.3）

主　委：简少玉

副主委：陈建生　林从康（届中增补）

委　员：简少玉　陈建生　陈建平　杨秀蓉　林从康

（六）台盟南平市第二届（市级）委员会（2001.3—2006.8）

主　委：简少玉

副主委：陈建生　林从康

委　员：简少玉　陈建生　林从康　陈建平　张德海

（七）台盟南平市第三届（市级）委员会（2006.8—2011.12）

主　委：简少玉

副主委：陈建生　林从康　陈培仁（专职）

委　员：简少玉　陈建生　林从康　陈培仁　陈建平　黄志红　张德海

（八）台盟南平市第四届（市级）委员会（2011.12—　　）

主　委：陈培仁

副主委：林从康　楷清海　张德海

委　员：陈培仁　林从康　楷清海　张德海　黄梅霞

六、历届主委简历

▲吴林生

（一）吴林生（1928.11—2013.6）

吴林生，男，汉族，1928年11月出生，台湾省桃园人，台盟盟员。1982年12月31日任台盟南平市（县级）小组组长，台盟南平市（县级）分部第一、二届主任委员，台盟南平市委（县级）第三届主任委员。

1946.12—1947.7 八路军六纵队十八旅战

士；1947.3—1949.12 为华北军政大学学员；1949.12—1951.5 为上海党校学员、上海粮食公司干部；1951.5—1954.1 为福建省税务局华东税校干部；1954.1—1960.12 为南平县卫生院、水电局、防疫站干事；1960.12—1983.3 任南平王台公社医院、延平卫生院、防疫站院长、副站长；1981.4—1982.12 在南平市委对台办工作；1982.12—1984.4 任台盟南平市（县级）小组组长；1984.4—1986.1 任台盟南平市（县级）分部第一届委员会主委；1986.1—1988.8 任台盟南平市（县级）分部第二届委员会主委；1988.1—1991.11 任台盟南平市（县级）第三届委员会主委。1989 年 4 月赴台湾定居。

吴林生曾任南平市（县级）第八、九届人大常委会委员，南平市（县级）第七届政协委员。

（二）罗元汉（1929.08—2005.12）

▲罗元汉

罗元汉，男，汉族，1929 年 8 月出生，台湾省花莲市人，台盟盟员。台盟南平市（县级）第四届主任委员。

1949 年 1 月到 1958 年 7 月在解放军部队服役；1958 年 8 月到 1961 年 3 月在福建省南平市通用机器厂工作；1961 年 3 月到 1983 年 3 月在福建省南平市林委市郊采购站工作；1983 年 3 月离休；1991 年 11 月到 1995 年 6 月任台盟南平市（县级）第四届委员会主委；1995 年 1 月赴台湾定居。

罗元汉曾任南平市（县级）第七、八、九届政协委员。

（三）简少玉（1950.12—　　）

▲简少玉

简少玉，女，汉族，1950 年 12 月出生，台湾省台北市人，台盟盟员。台盟南平市（县级）第三、四届专职副主任委员，台盟南平市（市级）第一、二、三届主任委员。

1969.2—1973.9 在福建省南平市大凤公社龙湾村、江口村插队；1973.9—1975.7 在福建省建阳地区师范学校中文专业学习；1975.7—1981.9 在福建省南平市太凤公社学区任教；1981.9—

1985.9在福建省南平市解放小学任教；1985.9—1988.8任台盟南平市委（县级市）专职秘书；1988.8—1991.11 任台盟南平市委（县级市）副主任委员；1991.11—1995.6 任南平市（县级市）人大常委会副主任、台盟南平（县级市）市委副主任委员；1995.6—1997.3任台盟南平市委主任委员、南平市延平区人大常委会副主任；1997.3—1997.6任南平市政协副主席、台盟南平市委主任委员、延平区人大常委会副主任；1997.6—1997.11任南平市政协副主席、台盟南平市委主任委员、延平区人大常委会副主任；1997.11—1998.1任南平市政协副主席、台盟南平市委主任委员、延平区人大常委会副主任；1998.1—1998.12任南平市政协副主席、台盟南平市委主任委员、延平区人大常委会副主任；1998.12—2001.3南平市政协副主席、台盟南平市委主任委员；2001.3—2007.12南平市人大常委会副主任、台盟南平市委主任委员；2008.1—2011.12任南平市人大常委会副主任、台盟南平市委主任委员；2011.12—2012.2任南平市人大常委会副主任；2012.2—2014.5任南平市人大常委会副厅长级干部；2014.5至今南平市人大常委会退休。

简少玉曾任台盟福建省委第四、五届委员，六、七、八届副主任委员，台盟中央第六、七、八届委员；原南平市第十届人大常委会委员，第十一、十二届人大常委会副主任，南平市第二、三届人大常委会副主任；福建省第八届人大代表，第九、十届人大常委会委员；第十一届全国政协委员；原南平市（县级）第八届政协常委，南平市第一届政协常委、副主席。

（四）陈培仁（1960.9— ）

陈培仁，男，汉族，1960年9月出生，台湾省基隆市人，台盟盟员。台盟南平市（市级）第三届委员会专职副主任委员，第四届委员会主任委员。

▲陈培仁

1978年9月至1982年7月福建林学院森林工程系采运专业学习；1982年7月至1984年4月在福建省大洲贮木场子弟中学任教师；1984年4月至1986年1月任共青团福建省大洲贮木场委员会副书记（主持工作、共青团南平市委常委）；1986年1月至1988年8月任福建省大洲贮木场机械制造厂副厂长、厂长；1988年8月至1996年9月任南平市劳动局先后任综合科副科长、办公室主任，南平市春江饭店总经理等职；1996年10

月至2002年2月任南平市台湾同胞联谊会副秘书长；2002年3月至2006年8月 台盟南平市委秘书长（2004年9月至2007年7月参加中共中央党校研究生院科学社会主义专业统战理论研究方向研究生班学习）；2006年8月至2011年12月任台盟南平市委专职副主委；2011年12月至今任台盟南平市委主委。

陈培仁还任省台盟九届常委，第十、十一届福建省政协委员，第三届南平市政协委员，第四届南平市政协常委。

七、历任全国人大代表、全国政协委员、省部级职务的盟员名单

（一）历届全国人大代表

第八届：楷清海

第九届：楷清海

第十届：楷清海

第十一届：楷清海

第十二届：黄　蕾

（二）历届全国政协委员

第十一届：简少玉

台盟广东省委组织发展沿革

一、成立的历史背景

解放前，老一代台胞出于各种不同的动机和历史原因，背井离乡，经过不同途径先后来到广州，从事不同行业。他们有些是日本统治台湾时期过来的，有些是参加“二·二八起义”遭国民党迫害而来到广州的，有些是内战时期被国民党抓过来的，有的曾在日本留学后回到广州，还有些则是到广州上学的。

台湾省人民“二·二八”起义以后，由一部分从事爱国民主运动的台湾省人士背负台湾人民反对国民党独裁统治、实现民主政治和地方自治的强烈愿望，以“台湾民主自治同盟”作为组织名称，于 1947 年 11 月 12 日在香港成立。台盟成立后，接受中国共产党的领导，参加中国共产党领导的新民主主义革命，支持台湾人民的反帝爱国民主斗争。广东毗邻香港，在粤工作、生活的台胞往来香港较为频繁，较早受到了台盟的影响。台盟成立后，就有一些成员开始到广州活动，一些居住广州的台胞先进分子，如陈文澜、傅孟锦等都到香港与台盟领导人接触，进而加入了台盟。

其中，陈文澜（1911—1981）台湾高雄人，从日本东京大学毕业后于 1938 年来广州谋生。在黑暗的年代里，他经历了日本帝国主义的侵略和国民党反动派的残酷统治，严酷的现实使他痛恨反动派，倾向革命，积极寻找进步光明的道路。1947 年 11 月，台湾人的政治爱国组织台盟在香港成立给陈文澜极大鼓舞，他于 1948 年在香港加入台盟，同年与中共地下党取得联系，从此在中国共产党的领导下积极从事爱国民主运动，成为中国共产党的忠实盟友，也成为台盟华南总支部筹备委员会的创建人之一。

傅孟锦（1928—2016），原名孟则宜，台湾苗栗人，1947 年台湾“二·

二八”起义时任小学教员，因到过起义团体“决死队”营地而遭人密告，避逃广州投靠台胞丘晨波和丘琳先生。1947 年 9 月，经丘晨波推荐，考进了广州市警察总局外事科任日语外事警员，不久认识了陈文澜。1948 年经台盟领导人苏新、杨克煌介绍，在香港加入台盟，并被正式指派做广州地区台胞的工作。

早期的盟员中，还有台湾人范健（原名范扬廷，时任山东石岛黎东公司香港办事处船员）1947 年在香港加入台盟，甘肃人程启俊（原名程发奎，当时为广州立信会计学校学生）经陈文澜、丁光辉介绍在香港加入台盟，番禺人彭焕然曾经在台中工作，经陈文澜介绍 1949 年 12 月加入台盟。

值得一提的，1952 年 8 月起担任广东台盟省级组织领导人的林东海同志（原名陈昭德，台湾台中人），在台湾台中一中读高中时，因“二．二八”起义避难香港，在香港达德学院学习，经谢雪红、周明介绍，于 1948 年 1 月加入台盟，后参加中国人民解放军。

1949 年 10 月 14 日，中国南疆的门户、具有光荣革命历史的名城广州，迎来了解放。1949 年冬，台盟主席谢雪红同志写信给陈文澜同志，根据当时广州新解放的政治形势，以及在广州的盟员情况，指示他在广州发展盟员，成立台盟华南总支部筹委会，并指示由傅孟锦同志协助他工作。陈文澜积极走访进步台胞，物色台盟发展对象，筹措经费筹建台盟组织，为此他将自己办化工厂的一些收入捐出来作为建盟费用，陈文澜的家也成了联络接待站，一些会议就在他家里召开。在陈文澜等同志的积极努力下，1950 年 1 月 2 日，台盟华南总支部筹备委员会终得以正式成立。

二、成立过程及初期活动

1950 年 1 月 2 日，在广州陈文澜先生家里召开了第一次建盟筹备会议。参加会议的有陈文澜、傅孟锦、丘琳、丘晨波、黄光卫等 5 人。会上由陈文澜、傅孟锦作介绍人，吸收丘琳、丘晨波、黄光卫等 3 人为盟员，并推举陈文澜为台盟华南总支部筹备委员会主任委员，丘琳、丘晨波、黄光卫、傅孟锦为筹委会委员。会议决定在广州中山大学、南方大学开展组织发展工作，发展一批台籍学生入盟，逐步扩大筹委会的影响。这次会议标志着台盟华南总支部筹备委员会的正式成立。

1月6日，筹委会致函上海台盟总部汇报了有关台盟华南总支部筹备工作的情况。1月24日，傅孟锦同志带着陈文澜先生签署的筹委会筹备工作总结，到上海向台盟总部汇报。1月31日，台盟总部正式复函，批准台盟华南总支部筹委会成立，批准陈文澜先生为主任委员，丘琳、丘晨波、黄光卫等为委员。傅孟锦同志当时因决定参加中国人民解放军台湾干部训练团，不再担任筹委会委员职务。

为加强领导和加大工作力度，台盟总部于1951年11月、1952年8月先后调派何文河、陈维赞、林东海等到台盟华南总支部筹委会任专职工作，并委任林东海为台盟华南总支部筹委会副主任委员。

台盟华南筹委会在成立初期，就积极组织盟员和所联系的台胞参加各种爱国运动，如协助在粤解放军选派盟员、台胞往来香港取报纸杂志等材料、推选进步台胞青年参加上海台训团等等。1950年春节，台盟筹委会在广州大陆酒店举行“台胞春节联欢会”，陈文澜在会上讲话，强调“在中国共产党、毛主席的领导下，我们的家乡——台湾一定会解放”。接着“二·二八”纪念日到来，筹委会在惠福西路借一间学校组织了第一次纪念会，号召在穗台胞积极为解放台湾而努力。1950年，美帝国主义发动朝鲜战争，广州市各界人士和各民主党派经常举行集会，响应抗美援朝、保家卫国的号召。台盟组织成员和所联系的台胞，积极参加各种集会和示威游行。1951年2月28日，以台盟的名义在广州市中山纪念堂举行“纪念台湾人民‘二·二八’起义四周年大会”，会议得到省委统战部的支持和各民主党派的大力协助，军区亦派出阵容盛大的军乐队演奏国歌和国际歌。据统计这次纪念大会有五千人参加，由于筹备工作细致，开得非常成功，产生较大的政治影响。

三、组织变迁

（一）华南总支部筹委会（1950.1—1958.9，其中1955年6月更名台盟广州市支部筹委会）

1950年1月2日，台盟华南总支部筹委会成立后，工作机构设办公室，专职工作人员3名，由黄光卫负责。办公场所最初租赁中山五路“大陆酒店”两个房间，作为办公室和会客室。当时没有经费，由陈文澜、丘琳、丘晨波等筹委自愿赞助经费，以解决酒店房租、办公用品、交通费等开支。工作人员也无工资，义务工作。直到 1950 年 6 月开始，由华南分局统战部（现省委统战部）每月拨给经费，其后通过省政协拨款。台盟曾迁往百灵路牛巷办公，其后又迁往中山六路惠吉西 36 号二楼，不久又迁往惠福西路甜水巷 5 号，直至“文革”开始。1951 年初，机关专职工作人员由 3 人增加到 5 人，并雇请勤杂工 1 名。

1951 年 11 月，台盟华南总支部筹委会机关编制增至 9 名，工作机构设置为秘书组、组织组、宣教组。机关工作由时任台盟华南总支部筹委会副主任委员林东海负责。1955 年 3 月后，台盟华南总支部筹委会机关人事变动，机关工作机构恢复早期设置，设立办公室，编制 5 名，机关工作由林东海负责。

（二）台盟广州市支部（1958.9—1980.3 台盟广州市支部，1980.3—1983.8 台盟广州支部）

1958 年 9 月 13 日至 16 日，台盟广州市支部筹委会第一次盟员大会在广州召开，成立了台盟广州市支部，林东海任主任委员、丘琳为副主任委员。

1960 年 10 月 20 日至 11 月 10 日，台盟广州市支部第二次盟员大会在广州召开，丘琳当选主任委员、林良材当选副主任委员。

1963 年 3 月 1 日至 17 日，台盟广州市支部第三次盟员大会在广州召开，丘琳连任主任委员、林良材连任副主任委员。

1966 年“文化大革命”开始后，台盟广州市支部被迫停止活动。直至 1978 年夏，台盟广州市支部开始了筹备恢复组织活动的工作。1978 年 12 月 20 日，成立台盟广州市支部临时领导小组，林良材任组长，徐进星、郑晶莹（女）任副组长，成员有陈文澜、陈维赞、黄明、郑妈愿等，至此台盟广州市支部正式恢复组织活动。并先后从有关部门调回及补充工作人员，办公地址设在解放北路 542 号 3 楼。

◀1979 年 10 月 19 日，台盟广州市支部委员陈文澜（右三）在北京参加各民主党派和全国工商联代表大会

1980 年 3 月 17 日至 22 日，

台盟广州市支部第四次盟员大会在广州流花宾馆召开，选举产生了台盟广州市支部第四届委员会，李辰当选主任委员，徐进星、郑晶莹（女）当选副主任委员，郑晶莹兼秘书长。大会通过将台盟广州市支部更名为台盟广州支部。

◀ 1981年5月，台盟广州支部委员会主委李辰（右一）作为中华医学会眼科学会代表，赴日本参加84届日本眼科学会会议。

第四次盟员大会后，省台盟机关工作得到进一步加强，至6月底，机关专职工作人员增加到6名（当时编制5名）。内设机构设办公室，人员5名；由时任台盟广州支部副主委兼秘书长的郑晶莹（女）负责。

（三）台盟广东省委员会

（1983.8—1983.11 台盟广东省支部，1983.11—1987.11 台盟广东省分部，1987.11—台盟广东省委员会）

1983年8月，台盟广东省第一次代表大会召开，台盟广州支部更名为台盟广东省支部。同年11月，依据台盟第三次全盟代表大会通过的台盟《章程》，台盟广东省支部更名为台盟广东省分部。1987年11月，依据台盟第四次全盟代表大会通过的台盟《章程》，台盟广东省分部更名为台盟广东省委员会。

1. 下设地方（基层）组织

1978年夏广东台盟组织开始恢复活动时，台盟广州市支部所属盟员仅20名。在中共十一届三中全会精神的推动下，组织发展工作出现了新局面，1983年8月召开台盟广东省第一次盟员大会时统计，台盟广州市支部所属盟员已达100多人，在广州市、海南行政区、海南黎族苗族自治州分别成立了基层组织（其中，台盟海南行政区分支部、台盟海南黎族苗族自治州分支部两个台盟组织，于1988年4月海南建省时转归属台盟海南省委员会）。以后，又相继成立了台盟汕头市支部（1988年7月）、台盟省直支部（1990年8月）、台盟深圳市支部（1992年1月）、台盟珠海市支部（2003年11月）、台盟湛江市支部（2006年5月）。

至2012年12月31日止，台盟广东省委员会所属组织有：台盟广州市委员会、台盟深圳市委员会、台盟汕头市支部、台盟珠海市支部、台盟湛江市支部、台盟省直总支部。全省盟员共287名（包括14名保留盟籍），其中男145名、女142名，年龄最大87岁、最小23岁。

省台盟下辖各市组织的成立情况

名　　称	成立时间	主委
台盟广州市分支部 （现为台盟广州市委员会）	1983年5月	丘晨波
台盟海南行政区分支部 (1988年转为海南省台盟组织)	1983年1月	蓝运树
台盟海南黎族苗族自治州分支部 (1988年转为海南省台盟组织)	1983年1月	石光亮
台盟汕头市支部	1988年7月	李光源
台盟深圳市支部 台盟深圳市委会筹备委员会 台盟深圳市委员会	1992年1月 2008年9月 2011年10月	宋　亮 宋亮、林娜 林　娜
台盟珠海市支部	2003年11月	林良倩
台盟湛江市支部	2006年5月	陈明烈

2. 内设机构、编制

1988年3月，台盟广东省委员会机关人员编制增至17名（含3名拟增拨给属下盟组织的编制）。为适应形势发展及省台盟工作需要，经批准增设了组织宣传处，内设机构有：办公室、组织宣传处；丘应榆任副秘书长兼任办公室主任，谢志成任组织宣传处副处长，机关由时任台盟广东省委员会主委的林东海同志负责领导。

1988年9月，台盟广东省委员会机关刊物《广东台盟》创刊。

1990年1月，台盟广东省委员会机关迁往五羊村明月二路68号7楼。

2002年11月，广东省编委发文（粤机编〔2002〕31号）确定，台盟广东省委员会机关内设3个处（室）：办公室、组织处、参政议政工作处，行政编制15名、事业编制2名；2003年5月，经广东省编委批复，同意增加事业编制1名。

至2012年底，台盟广东省委员会机关内设机构为：办公室、组织处、参政议政工作处，行政编制15名，事业编制3名。

3. 设立专委会

盟省委历来重视专门工作委员会的建设，于 1991 年初成立妇女工作委员会，2002 年 8 月成立参政议政工作委员会。

四、历次盟员大会及历届委员会重要简况

（一）台盟广州市支部第一次盟员大会及第一届委员会（1958.9—1960.10）简况

1958 年 9 月 13 日至 16 日，台盟广州市支部筹委会在广州举行第一次盟员大会，成立台盟广州市支部。出席大会的盟员共 19 人。会议总结了台盟华南总支部筹委会成立八年间的工作，选举产生了台盟广州市支部第一届委员会。

台盟广州市支部第一届委员会主任委员：林东海，副主任委员：丘琳。

（二）台盟广州市支部第二次盟员大会及第二届委员会（1960.10—1963.3）简况

1960 年 10 月 20 日至 11 月 10 日，台盟广州市支部第二次盟员大会在广州召开。出席大会盟员共 17 人。会议总结了第一次盟员大会以来的工作，选举产生了台盟广州市支部第二届委员会。

台盟广州市支部第二届委员会主任委员：丘琳，副主任委员：林良材。

（三）台盟广州市支部第三次盟员大会及第三届委员会（1963.3—1966.5，“文化大革命”停止活动）简况

1963 年 3 月 1 日至 17 日，在广州召开第三次盟员大会。出席大会盟员共 18 人。与会盟员深入学习和讨论了国际、国内形势，着重讨论了中苏关系和国内经济形势。会议充分肯定了上一届委员会的工作，并提出了对今后工作的具体任务和要求，选举产生了台盟广州市支部第三届委员会。

台盟广州市支部第三届委员会主任委员：丘琳，副主任委员：林良材。

（四）台盟广州市支部第四次盟员大会及台盟广州支部第一届委员会（1980.3—1983.8）简况

1980 年 3 月 17 日至 22 日，在广州召开第四次盟员大会。出席大会盟员共 23 人、列席台胞 17 人。大会由徐进星致开幕词，郑晶莹作《工作报告》。大会通过了《给台湾乡亲的一封信》。台盟总部秘书长徐萌山到会祝贺并作了指示。这次会议，是同全省各民主党派和工商联的代表大会同时举行。会

议期间，中共广东省委领导习仲勋、杨尚昆接见了大会全体成员，并就中共中央的路线、方针、政策向与会成员作了全面阐述，为广东省各民主党派今后的工作指明了方向，全体成员受到极大鼓舞。

大会通过将台盟广州市支部更名为台盟广州支部，并选举产生了台盟广州支部新一届委员会。

台盟广州支部主任委员：李辰，副主任委员：徐进星、郑晶莹（女），秘书长：郑晶莹（兼）

三年来，台盟广州支部到广州市各有关部门和单位以及汕头、湛江、海南等地，积极协助党和各级政府落实台胞政策，为在“文革”中被判冤假错案的台胞平反。机关建设方面，专职编制从原来的5人增加到9人。组织发展，由恢复活动时的20人发展到1983年的112人。为响应中国共产党提出的广开学路号召，台盟广州支部从1979年开始，发挥盟员的日语专长，开办日语夜校，为祖国四化建设培养人才。

（五）台盟广东省第一次代表大会及台盟广东省分部第一届委员会（1983.8—1986.12）简况

1983年8月10日至14日，台盟广东省第一次代表大会在广州召开。出席大会代表共31人，列席大会的还有广州地区的全体盟员和部分台胞。台盟总部副主席田富达代表台盟总部到会祝贺。会议决定将台盟广州支部更名为台盟广东省支部，选举产生了台盟广东省支部第一届委员会；会议总结了上一届委员会三年来的工作，制定了今后的任务。选举了出席全盟第三次代表大会代表，还选出了由13名委员组成的台盟广东省支部第一届委员会。

台盟广东省支部第一届委员会主任委员：李辰，副主任委员：郑晶莹（女）、林东海、黄明，秘书长：林东海（兼）。

1983年11月，依据台盟第三次全盟代表大会通过的台盟《章程》，台盟广东省支部更名为台盟广东省分部。本届委员会期内，各分部都召开了“纪念世界反法西斯和抗日战争胜利四十周年座谈会”和“纪念台湾光复四十周年座谈会”，通过老盟员回忆革命先辈为了台湾的光复所进行的不屈不挠的斗争，缅怀革命烈士的英雄业绩，使全体盟员，特别是年轻台胞进一步了解台湾人民的革命斗争史，受到一次深刻的革命传统教育。1986年，还成立了台盟汕头市小组和台盟深圳市小组，均直属省分部领导。

（六）台盟广东省第二次代表大会及台盟广东省第二届委员会（1986.12—1992.7）简况

1986 年 12 月 9 日至 11 日，台盟广东省第二次代表大会在广州召开。出席大会代表共 45 人，广州地区全体盟员和部分台胞列席了大会。中共广东省委副书记郭荣昌、台盟总部副主席田富达、省政协副主席郭翘然、省各民主党派和工商联代表伍觉天等到会祝贺。大会审议和通过第一届委员会工作报告，通过大会决议。大会选举产生了台盟广东省分部委员会（1987 年 11 月，台盟广东分部更名为台盟广东省委员会）。

台盟广东省第二届委员会主任委员：李　辰，副主任委员：林东海、郑晶莹（女）、徐进星、黄明、张文光，秘书长：林东海（兼）。

1988 年 3 月 14 日，台盟广东省第二届第二次全体委员会议在广州召开。会议改选林东海为台盟广东省委员会主任委员，推选李辰为名誉主任委员，丘晨波为顾问。

台盟广东省第二届委员会于 1988 年创办了《广东台盟》刊物，既发挥了盟组织与盟员的联系作用又成为盟员思想交流、互相学习的园地。为加强妇女工作，1991 年初成立了妇女工作委员会，对盟组织的建设发挥了促进作用。

（七）台盟广东省第三次代表大会及台盟广东省第三届委员会（1992.7-1997.5）简况

1992 年 7 月 14 日至 17 日，在广州召开台盟广东省第三次代表大会。出席大会代表共 26 人。台盟中央主席团主席蔡子民，中共广东省委副书记郭荣昌参加了大会的开幕式，并分别代表台盟中央和中共广东省委，对台盟广东省三大的召开表示热烈祝贺。省委、省人大、省政协、省委统战部、省台办、省工商联和省台联的负责同志也到会祝贺。省九三学社副主委李泰谦代表省各民主党派致贺词。与会代表认真学习了邓小平同志南方谈话重要精神，听取和审议了上届委员会工作报告，推选了出席全盟第五次代表大会的代表，选举产生了台盟广东省第三届委员会。

台盟广东省第三届委员会主任委员：林东海，副主任委员：郑晶莹（女）、张文光、徐进星。

大会推选李辰为名誉主任委员，丘晨波、黄光卫为顾问。

台盟广东省第三届委员会先后于 1995 年和 1996 年负责牵头筹办了广东省民主党派“纪念抗战胜利 50 周年文艺演出”和广东省各民主党派“纪念西

安事变60周年书画展”活动，宣扬爱国主义精神，产生了很好的社会影响。

（八）台盟广东省第四次代表大会及台盟广东省第四届委员会（1997.5—2002.6）简况

1997年5月13日至15日，在广州召开台盟广东省第四次代表大会。出席大会代表共37人。大会开幕时，中共广东省委副书记张帼英和台盟中央秘书长潘渊静分别代表中共广东省委和台盟中央到会热烈祝贺。会议审议通过了台盟广东省第三届委员会工作报告，选举了出席全盟第六次代表大会代表，选举产生了台盟广东省第四届委员会。

台盟广东省第四届委员会主任委员：林东海，副主任委员：张文光、谢永祥、陈蔚文，秘书长：谢永祥（兼）。

大会推选李辰为名誉主任委员，郑晶莹（女）、徐进星为名誉副主任委员。

台盟广东省第四届委员会组织盟员学习邓小平理论，学习江泽民同志“七一”讲话中关于“三个代表”的重要思想，学习中国共产党关于多党合作的理论以及中共十五大以来的有关方针政策，不断提高盟员的思想素质。

▲1998年7月5日，在韶关浈江区水口同心小学教学楼，时任省台盟主委林东海（捐赠匾后正中）在广东省各民主党派捐款仪式上

（九）台盟广东省第五次盟员大会及台盟广东省第五届委员会（2002.6—2007.5）简况

2002年6月8日至10日，台盟广东省第五次代表大会在广州召开。出席大会代表共45人。台盟中央副主席刘亦铭，中共广东省委副书记陈绍基等出席了大会的开幕式，并分别代表台盟中央和中共广东省委表示祝贺。会议审议通过了台盟广东省第四届委员会工作报告及大会决议，选举产生了台盟广东省第五届委员会，选举了出席全盟第七次代表大会的代表。

台盟广东省第五届委员会主任委员：陈蔚文，副主任委员：孔令人、郭晓青（女），秘书长：谢志成。

大会推选李辰、林东海为名誉主任委员，郑晶莹（女）、徐进星为名誉副主任委员。

五年来，台盟广东省第五届委员会根据盟中央《关于做好组织发展调研工作》要求，为进一步做好全省组织发展工作，从2003年8月起开展了全省组织发展工作调研，2003年、2005年先后召开了全省台盟组织工作会议，就进一步做好省台盟组织发展工作进行了部署。并先后于2003年11月成立了台盟珠海市支部；2006年5月，成立了台盟湛江市支部。2006年来增补盟省委委员2人，新进入盟市级领导班子5人，一批青年盟员骨干走上了基层组织与参政议政的舞台。

（十）台盟广东省第六次盟员大会及台盟广东省第六届委员会（2007.5—2012.6）简况

2007年5月9日至11日，台湾民主自治同盟广东省第六次代表大会在广州举行。出席会议的领导有全国政协常委、台盟中央副主席刘亦铭，中共广东省委副书记刘玉浦，广东省政协副主席李统书，广东省副省长、民建广东省委主委宋海等。刘亦铭、刘玉浦分别代表台盟中央和中共广东省委在开幕大会上致贺词并预祝大会圆满成功。会议听取和审议了陈蔚文主委代表台盟广东省第五届委员会所作的工作报告；会议顺利完成了大会的各项议程，选举了出席全盟第八次全盟代表大会代表，选举产生了台盟广东省第六届委员会。

台盟广东省第六届委员会主任委员：陈蔚文，副主任委员：孔令人、郭晓青（女）、谢志成、卢馨（女），秘书长：谢志成。

台盟广东省第六届委员会根据台盟中央的要求，研究制订了广东台盟《新

▲2008 年 1 月 15 日至 20 日，广东省政协十届一次大会在广州举行，图为盟省委副主委谢志成代表省台盟上台领取奖章证书

建省辖市级组织 2009—2013 五年规划》，有计划、有步骤地稳步推进省台盟组织建设。2011 年，在省和各市委统战部的具体指导和帮助下，台盟深圳市委员会正式成立，台盟广州市委员会、汕头市支部、珠海市支部、湛江市支部先后完成换届工作，一批年富力强、综合素质高、工作能力强的同志充实到领导班子。各级盟组织积极开展形式多样、各具特色的盟务活动，盟组织的活力和凝聚力得到进一步增强。2010 年 12 月，省委会增补一名副主委（张嘉极）、两名委员（陈建飚、林娜），进一步加强了省委会领导机构的建设。

（十一）台盟广东省第七次盟员大会及台盟广东省第七届委员会（2012. 6—）简况

2012 年 6 月 27 日至 29 日，台湾民主自治同盟广东省第七次代表大会在广州隆重召开。全国政协副主席、台盟中央主席林文漪出席并代表台盟中央向大会表示祝贺。中共广东省委常委、统战部部长林雄出席并代表中共广东省委向大会表示祝贺。民建中央副主席、民建广东省委员会主委宋海出席并代表广东省各民主党派、工商联向大会表示祝贺。会议听取和审议了陈蔚文主委代表台盟广东省第六届委员会所作的工作报告；顺利完成了选举产生新一届委员会和选举出席全盟第九次全盟代表大会代表等事项。会议选举产生了台盟广东省第七届委员会。

台盟广东省第七届委员会主任委员：陈蔚文，副主任委员：卢馨（女）、张嘉极、陈建飚、郑广台，秘书长：高洁。

▲2012 年 10 月 11 日至 17 日，应台盟中央和台盟广东省委邀请，台湾台南市医师公会参访团一行 25 人来访

五、历届组织机构组成名单

（一）华南总支部筹委会（1950.1—1958.9，其中 1955 年 6 月更名台盟广州市支部筹委会）

主　委：陈文澜（1950.1—1955.3）

　　　　林东海（1955.3—1958.9）

副主委：林东海（1952.8—1955.3）

　　　　陈文澜（1955.3—1958.9）

委　员：丘晨波　丘　琳　陈文澜　林东海　黄光卫

（二）台盟广州市支部第一届委员会（1958.9—1960.10）

主　委：林东海

副主委：丘　琳

委　员：丘　琳　陈文澜　陈维赞　林东海　黄　明

（三）台盟广州市支部第二届委员会（1960.10—1963.3）

主　委：丘　琳

副主委：林良材

委　员：丘　琳　陈文澜　陈金石　陈维赞　林良材　黄　明

（四）台盟广州市支部第三届委员会（1963.3—1980.3）

主　委：丘　琳

副主委：林良材

委　员：丘　琳　陈文澜　陈维赞　林良材　黄　明

（五）台盟广州市支部第四届委员会（1980.3—1983.8，其中1980年3月更名台盟广州支部）

主　委：李　辰

副主委：徐进星　郑晶莹（女）

委　员：王明山　李　辰　何文河　陈文澜　陈维赞　林东海　郑妈愿　郑晶莹（女）　徐进星　黄　明

秘书长：郑晶莹（兼）

（六）台盟广东省支部第一届委员会（1983.8—1986.12，其中1983年11月更名台盟广东省分部）

主　委：李　辰

副主委：郑晶莹（女）　林东海　黄　明

委　员：丘晨波　石光亮　李　辰　何文河　陈维赞　陈景云　林东海　郑晶莹（女）　徐进星　黄光卫　黄　明　蓝运树　蔡裕三

秘书长：林东海（兼）

（七）台盟广东省分部第二届委员会（1986.12—1992.7，其中1987年11月更名台盟广东省委员会）

主　委：李　辰（1986—1988）　林东海（1988—1992）

副主委：林东海（1986—1988）　郑晶莹（女）　徐进星　黄　明　张文光

委　员：丘晨波　石光亮　李　辰　张文光　张嘉极　宋　亮　何文河　陈月英（女）陈明华　陈维赞　林东海　郑晶莹（女）　徐进星　涂学琳　黄光卫　黄　明　蓝运树　蔡裕三　潘圣雄

（八）台盟广东省第三届委员会（1992.7—1997.5）

主　委：林东海

副主委：郑晶莹（女）　张文光　徐进星　谢永祥（1996.11始任）

委　员：丘应榆　朱福海　张文光　宋　亮　何文河　陈月英（女）　陈蔚文　林东海　林荣茂　林智美（女）　郑晶莹（女）　徐进星　谢永祥

秘书长：谢永祥（1994.7始任）

（九）台盟广东省第四届委员会（1997.5—2002.6）

主　委：林东海

副主委：张文光　谢永祥　陈蔚文

常　委：孔令人　张文光　张嘉极　宋　亮　陈月英（女）　陈蔚文　林东海　林荣茂　林智美（女）　谢永祥　谢志成

委　员：孔令人　丘应榆　刘进贤　邱　青（女）　张文光　张嘉极　宋　亮　陈月英（女）　陈惠美（女）　陈蔚文　林东海　林荣茂　林智美（女）　郭晓青（女）　谢永祥　谢志成

秘书长：谢永祥（1997—2001）　谢志成（2001.8始任）

（十）台盟广东省第五届委员会（2002.6—2007.5）

主　委：陈蔚文

副主委：孔令人　郭晓青（女）

常　委：孔令人　李亭亭（女）　张嘉极　宋　亮　陈蔚文　林荣茂　郭晓青（女）　谢志成　谢丽玲（女）

委　员：王永俊　孔令人　卢　馨（女）　叶耀华　李亭亭（女）　张嘉极　宋　亮　邱　青（女）　陈蔚文　林荣茂　侯书林　郭晓青（女）　谢江平　谢志成　谢丽玲（女）

秘书长：谢志成

（十一）台盟广东省第六届委员会（2007.5—2012.6）

主　委：陈蔚文

副主委：孔令人（2007—2010）　郭晓青（女）　卢　馨（女）　谢志成　张嘉极（2010.12始任）

常　委：孔令人　卢　馨（女）　叶耀华　张嘉极、宋　亮、陈蔚文　郭晓青（女）　谢志成　谢丽玲（女）

委　员：王永俊　孔令人　郭晓青（女）　卢　馨（女）　叶耀华　吕继东　张嘉极　宋　亮　陈明烈、陈建飏　陈蔚文　林良倩（女）　林　娜（女）　谢志成　谢丽玲（女）　赖　峰

秘书长：谢志成（兼）

（十二）台盟广东省第七届委员会（2012.6— ）

主　委：陈蔚文

副主委：卢　馨（女）　张嘉极　陈建飚　郑广台

林　娜（女，2014.4 始任）

常　委：卢　馨（女）　叶耀华　李广曦　邱　青（女）

陈明烈　陈建飚　陈蔚文　张嘉极　郑广台

林良倩（女）　林　娜（女）　侯书林　高　洁（女）

谢丽玲（女）

委　员：王永俊　卢　馨（女）　叶耀华　刘进贤

吕继东　李广曦　邱　青（女）　陈以怡（女）

陈明烈　陈建飚　陈清良　陈蔚文

张嘉极　郑广台　林良倩（女）　林　峥（女）

林　娜（女）　侯书林　高　洁（女）　翁晓波

谢江平　谢丽玲（女）　赖　峰

许可慰（2014.4 始任）　陈徐晨（2014.4 始任）

秘书长：高　洁（女）

六、历届主委简历

（一）陈文澜（1911—1981）

陈文澜，男，汉族，台湾省高雄市人，化工高级工程师。

▲陈文澜

1937 年陈文澜毕业于日本东京大学，1938 年来广州谋生。1948 年，在香港加入台盟。广州解放不久，他受台盟总部指示，在广州筹备建立台盟华南总支部。1950 年 1 月，台盟华南总支部筹备委员会正式成立，他被推举为筹委会主任委员。之后改组为台盟广州市支部筹委会，1958 年 9 月成立台盟广州市支部，他先后担任台盟广州市支部筹委会副主委，第一、二、三届台盟广州市支部委员。他在领导筹委会和担任台盟广州市支部领导成员期间，做了大量工作，发挥了重要作用，做出了积极贡献。

陈文澜在化学工业方面很有造诣。广州解放之初，他与友人合办了广州市第一间生产烧碱的化工厂源裕隆电化厂（珠江化工厂前身），填补了当时广州地区基础化工酸碱工业的空白。不久，他受广州市政府委派，负责筹建广州化工厂，任筹建处副主任、总工程师。他毕生致力于祖国化学工业建设，并作出了重要贡献。

“文化大革命”期间，广东台盟组织被迫停止了活动，陈文澜也受到不公正的待遇，但他对中国共产党始终抱着坚定的信念，经受住了严峻的考验。1977 年，他被增补为第四届政协广东省委员会委员。1978 年 12 月，台盟广州市支部临时领导小组成立，他任领导小组成员，1980 年 3 月当选为台盟广州支部委员。

1981 年 3 月，陈文澜因病不幸逝世。

（二）丘琳（1896—1972）

▲丘　琳

丘琳，男，汉族，号镇候，台湾省苗栗县人，台湾爱国志士丘逢甲次子。1929 年毕业于日本东京高等师范学校教育科，1930 年任广东省立工业专门学校日语教师兼任教务主任，1933 年任中山大学法学院教授兼院办公室主任。广州解放后，在中山大学任教至 1955 年底退休。

1950 年 1 月，丘琳加入台盟组织。1950 年 1 月 2 日，台盟华南总支部筹委会成立，丘琳任台盟华南总支部筹委会委员。1958 年 9 月，台盟省级组织——台盟广州市支部第一届委员会成立，丘琳当选副主任委员；1960 年、1963 年，丘琳先后当选台盟广州市支部委员会第二、三届主任委员。

1955 年至 1972 年，丘琳先后担任广东省政协第一届委员，第二、三届常委；1958 年至 1968 年，先后担任广东省第二、三届人大代表；1959 年至 1972 年，先后担任全国政协第三、四届委员。

“文化大革命”中，丘琳遭受严重冲击，被非法抄家，停发工资，隔离审查。丘琳保持晚节，坚持实事求是，坚定信赖和拥护中国共产党。1972 年 1 月 18 日，丘琳不幸因病去世，终年 77 岁。

“文化大革命”结束后，丘琳得到平反昭雪，政治上恢复了名誉。

▲李　辰

（三）李辰（1916—2011）

李辰，男，汉族，台湾嘉义人，医学博士，教授，我国著名眼角膜移植专家，获得国务院政府特殊津贴待遇。李辰1949年10月加入台盟，1956年3月加入中国共产党。曾任台盟中央第一、二届评议委员会副主席、主席，台盟第六届中央委员会名誉副主席，台盟广州支部第一届、台盟广东省第一、二届支部（分部）委员会主委，台盟广东省委员会名誉主委，全国台联副会长，广东省台联会长，中国祖国统一促进会理事，第四至第八届全国人大代表，第五届广东省人大常委，政协广东省第六、七届委员会副主席。

李辰1940年3月毕业于台北帝国大学医学院，1945年获医学博士学位，台湾光复后，受聘为台湾大学眼科主任、医学院副教授。1949年赴祖国大陆，历任大连医学院副教授、教授、医学院附属医院眼科主任、副院长，贵州遵义医学院副院长、暨南大学医学院眼科学博士生导师、暨南大学副校长等职。曾任广东省文化国际交流协会理事、中华医学会眼科学会常委及《眼科研究》杂志名誉主编。

2011年12月4日，李辰同志因病不幸去世，终年96岁。

（四）林东海（1929—　　）

林东海，男，汉族，曾用名陈昭德，台湾省彰化县人。

1942年到1947年，在台中第一中学学习，并亲历1947年台湾“二·二八”起义；1947年后在香港达德学院、香港南方夜学院学习；1948年1月在香港加入台盟。1948年8月由香港到胶东解放区，在中国人民解放军华北军政大学学习。1949年3月加入中国共产党。1950年后任中国人民解放军第三野战军第九兵团司令部、中国人民志愿军第九兵团司令部干部，赴朝参加抗美援朝战争，并荣立四等功。

▲林东海

1952年8月，林东海被调到广东任台盟华南总支部筹备委员会专职负责人。1954年广东省政协成立及广东省人民代表大会召开，他相继被选为第一、二届政协常委和第一、二届省人大代表。1958 年 9 月台盟广州市支部成立，被选为主任委员。1961 年广州文史夜学院成立，林东海应邀任该院副教务长兼日语专业主任和教师。“文革”期间，他于 1968 年 7 月到 1973 年 4 月被下放到“五七”干校学习、劳动。1973 年 4 月调回省政协机关工作，继续发挥日语专长，应聘到广州市业余科技学院、广州市业余大学、省人民医院医用日语班进行业余授课。1979 年 2 月调到中山大学外语系任日语讲师。

1980 年 3 月，林东海被选为台盟广州支部委员。1982 年 1 月广东省台湾同胞联谊会成立，任该会副会长。1983 年 7 月林东海被调回台盟广州支部机关工作。1983 年 8 月到 1987 年 11 月任台盟广东省支（分）部副主委兼秘书长。1987 年 11 月，台盟广东省分部更名为台盟广东省委员会，1988 年到 2002 年，林东海历任台盟广东省委员会第二、三、四届主委。2002 年 5 月被推选为台盟广东省委员会名誉主委。第三届台盟总部理事，台盟中央第四、五、六届常委。

1980 年 3 月被增补为第四届省政协委员，第五、六、七届省政协常委，1998 年 1 月当选政协广东省第八届委员会副主席。1988 年后任第七、八届全国政协委员，第九届全国政协常委。曾任中国和平统一促进会理事、全国台湾研究会理事、广东省台湾研究会名誉会长等职。

（五）陈蔚文（1950—　　）

▲陈蔚文

陈蔚文，男，汉族，台湾省台北市人，研究生学历，博士学位，教授，博士生导师。1981 年 9 月加入中共，1983 年 3 月加入台盟。现任台盟中央副主席，台盟广东省委员会主委，全国人大常委、广东省政协副主席，广州中医药大学副校长。

1968 年 12 月后，海南海口市海秀公社下乡知青。1973 年 9 月后，海南中医院学习。1975 年 7 月后，海南人民医院中医科医生。1979 年 7 月后，广州中医学院研究生，获中医学专业硕士学位。1982 年 9 月后，任广州中医学院教师。1985 年 5 月后，教育部公派留学法国巴黎第七大学 Xavier-Bichat 医学院，获细胞生物学博士学位。1989 年 3 月回国，任职广州中医药大学，先后任讲师、副教授、教授、研究员、主任医师、博士生导师；脾胃研究所副所长、所长、中药学院院长、教育部南药资源重点实验室主任、副校长。1989 年以来，主持承担完成国家级科研课题 10 项，省部级 8 项，厅局级多项。主持承担省部级重点实验室（包括研究室、平台）建设项目 6 项。

曾任台盟广东省第五、六届委员会主委，第八届台盟中央副主席，第九、十、十一、十二届全国人大代表，十二届全国人大常委，广东省政协第九、十届委员会副主席。

七、历任全国人大代表、全国政协委员、省部级职务的盟员名单

（一）历届全国人大代表

第五届：李辰、林良材

第六届：李辰

第七届：李辰

第八届：李辰

第九届：陈蔚文

第十届：陈蔚文　孔令人

第十一届：陈蔚文　孔令人

第十二届：陈蔚文　卢馨

（二）历届全国政协委员

第六届：郑晶莹

第七届：郑晶莹　林东海

第八届：郑晶莹　林东海

第九届：林东海　林荣茂

第十届：谢志成

第十一届：张嘉极　谢志成

第十二届：张嘉极　郑广台

（三）历任省部级职务的盟员名单

李　辰：1983.4—1998.1　任广东省政协副主席

林东海：1998.1—2003.1　任广东省政协副主席

陈蔚文：2003.1—　任广东省政协副主席

台盟广东省广州市委组织发展沿革

一、成立的历史背景

台湾民主自治同盟广州市委员会简称台盟广州市委会，前身为台盟广州市分支部。盟员主要是居住在广州市的台湾省籍知识分子中上层人士。

台盟广州市地方组织成立于1983年5月13日，历届主任委员是：丘晨波、何文河、林荣茂，现任主任委员为广州市人大常委会副主任、广州市人民政府参事室主任、文史研究馆馆长张嘉极。现有盟员86人，基层支部4个，分别为越秀支部、荔湾支部、海珠支部和天河支部。

二、成立过程及初期活动

1983年5月13日，台湾民主自治同盟广州市分支部筹备组在广州召开第一次盟员大会，成立台盟广州市分支部，选举产生第一届委员会，主任委员为丘晨波，副主任委员为何文河。

1983年11月，台盟第三次全盟代表大会通过了台盟新《章程》，规定凡台盟市一级地方组织均改设分部，故广州台盟分支部改为台盟广州市分部。

1987年11月台盟第四次全盟代表大会再次修改台盟《章程》，依《章程》规定，台盟广州市分部改称台盟广州市委员会。

台盟广州市地方组织成立初期的活动主要包括接待台湾访团，协助台湾同胞大陆寻亲，引介台资在大陆投资，开展调研提交提案等。

三、组织变迁

（一）台盟广州市分支部（1983.5—1983.11）

1983年5月13日台盟广州市分支部筹备组在广州市北京路374号市政协会议室召开第一次盟员大会，宣布台盟广州市分支部成立。

1. 下设地方组织（基层组织）情况：无；

2. 内设机构：办公室（编制1名）；

3. 设立专委会情况：无。

（二）台盟广州市分部（1983.11—1987.11）

1983年11月，台盟第三次全盟代表大会通过了台盟新《章程》，规定凡台盟市一级地方组织均改设分部，故广州台盟分支部改为台盟广州市分部。

1. 下设地方组织（基层组织）情况：无；

2. 内设机构：办公室（编制3名）；

3. 设立专委会情况：1986年，台盟市委成立妇女工作组。

（三）台盟广州市委员会（1987.11—）

1987年11月台盟第四次全盟代表大会再次修改台盟《章程》，依《章程》规定，台盟广州市分部改称台盟广州市委员会。

1. 下设地方组织（基层组织）情况：1988年5月中旬依新盟章的规定，在市内先后成立越秀、海珠、荔湾三个支部委员会。各支部委员会由3名委员组成，设主任委员一人。1990年，成立东山支部；2005年，成立天河支部；

2. 内设机构：办公室（编制4名）；

3. 设立专委会情况：台盟广州市委下设妇女工作委员会，于1986年成立。分别于1992年、1998年进行了两次换届工作。2012年5月妇女工作委员会进行了调整。

台盟广州市委参政议政工作委员会，于2002年9月7日成立。并于2007年3月进行了调整，部分委员因年龄问题不再担任委员职务。

四、历次盟员大会及历届委员会重要简况

（一）第一次盟员大会及第一届委员会（1983.5—1986.6）简况

1983年5月13日台盟广州市分支部筹备组在广州市北京路374号市政

协会议室召开第一次盟员大会，宣布台盟广州市分支部成立。选举产生了首届广州分支部委员会。主委：丘晨波；副主委：何文河。

（二）第二次盟员大会及第二届委员会（1986. 6—1992. 5）简况

1986 年 6 月 4 日至 6 日，台盟广州市第二次盟员大会在广州市政协会议室召开，大会选举产生由 7 位委员组成的台盟广州市分部第二届委员会。主任委员丘晨波，副主任委员兼秘书长何文河。

（三）第三次盟员大会及第三届委员会（1992. 5—1997. 4）简况

1992 年 5 月 12 日至 14 日，台盟广州市第三次盟员大会选举产生由 9 位委员组成的台盟广州市第三届委员会。主任委员何文河，副主任委员林荣茂，秘书长陈月英。

（四）第四次盟员大会及第四届委员会（1997. 4—2002. 4）简况

1997 年 4 月 8 日至 10 日，台盟广州市第四次盟员大会选举产生由 9 位委员组成的台盟广州市第四届委员会。主任委员林荣茂，副主任委员兼秘书长陈月英。1998 年 1 月，增补张嘉极为副主委。2001 年 12 月，增补李亭亭为副主委。

（五）第五次盟员大会及第五届委员会（2002. 4—2006. 12）简况

2002 年 4 月 9 日至 11 日，台盟广州市第五次盟员大会选举产生由 9 位委员组成的台盟广州市第五届委员会。主任委员林荣茂，副主任委员张嘉极、李亭亭，秘书长叶耀华。

（六）第六次盟员大会及第六届委员会（2006. 12—2011. 9）简况

2006 年 12 月 8 日至 10 日，台盟广州市第六次盟员大会选举产生了由 8 位委员组成的台盟广州市第六届委员会。主任委员张嘉极，副主任委员叶耀华、郑广台、吕继东，秘书长叶耀华（兼）。

（七）第七次盟员大会及第七届委员会（2011. 9—）简况

2011 年 9 月 25 日至 28 日，台盟广州市第七次盟员大会召开，50 多名来自全市的台盟盟员参加会议。会议审议通过了《台盟广州市第六届委员会工作报告》和《台盟广州市第七次盟员大会决议》，选举产生了由 9 位委员组成的台盟广州市第七届委员会。主任委员张嘉极，副主任委员叶耀华、郑广台、吕继东，秘书长刘进贤。

五、历届组织机构组成名单

（一）第一届委员会（1983.5—1986.6）

主　　委：丘晨波

副 主 委：何文河

秘 书 长：何文河（兼）

委　　员：谢锦河　陈月英　李满枝　林锦秀　刘希贤

（二）第二届委员会（1986.6—1992.5）

（1986 年 6 月—1989 年 12 月）

主　　委：丘晨波

副 主 委：何文河

秘 书 长：何文河（兼）

（1990 年 1 月—1992 年 5 月）

主　　委：何文河

名誉主委：丘晨波

副 主 委：林荣茂

秘 书 长：何文河（兼）

委　　员：丘晨波　刘希贤　何文河　李满枝　陈月英　张嘉极　谢锦河

（三）第三届委员会（1992.5—1997.4）

主　　委：何文河

名誉主委：丘晨波

副 主 委：林荣茂

秘 书 长：陈月英

副秘书长：刘希贤　张嘉极

委　　员：刘希贤　何文河　李国秀　李满枝　陈月英

陈经经　张嘉极　林荣茂　徐本中

（四）第四届委员会（1997.4—2002.4）

主　委：林荣茂

名誉主委：丘晨波　何文河

副 主 委：陈月英　张嘉极（1998.1.16 增补）李亭亭（2001.12 增补）

秘 书 长：陈月英（兼）

委　　员：刘希贤　陈月英　陈经经　李国秀　张嘉极　林荣茂　周淑华
周丽容　徐本中　李亭亭（增补）　刘进贤（增补）

（五）第五届委员会（2002.4—2006.12）

主　　委：林荣茂
名誉主委：丘晨波
副 主 委：张嘉极 李亭亭
秘 书 长：叶耀华
委　　员：林荣茂　陈月英　张嘉极　李亭亭　刘进贤
叶耀华　周淑华　周丽容　徐　刚

（六）第六届委员会（2006.12—2011.9）

主　　委：张嘉极
副 主 委：叶耀华（专职）　郑广台（兼职）　吕继东（兼职）
秘 书 长：叶耀华（兼）
委　　员：张嘉极　郑广台　周淑华　林　峥　邓　昉
叶耀华　吕继东　刘进贤

（七）第七届委员会（2011.9—　　）

主　　委：张嘉极
副 主 委：叶耀华（专职）　郑广台（兼职）　吕继东（兼职）
秘 书 长：刘进贤
委　　员：张嘉极　叶耀华　郑广台　吕继东　刘进贤
周淑华　林　峥　邓　昉　黄　燕

六、历届主委简历

（一）丘晨波（1916—2008）

▲丘晨波

丘晨波，台湾苗栗县人，1944 年毕业于中国药科大学的前身国立药学专科学校。解放前曾任台湾苗栗药厂厂长，解放后任广州星群药厂厂长兼主任医师、原羊城药厂（现广州王老吉药业股份有限公司）高级工程师，退休后一直任该厂中成药研究所名誉所长。曾兼任广州市医药工业研

▲何文河

▲林荣茂

▲张嘉极

究所顾问，国家药典委员会第四届委员。著述有1954年人民卫生出版社出版的《中药新编》、1985年中国医药科技出版社的《中药浸提制剂技术和技师监控》等。他在国内首创中药浸膏片、冲剂、延胡索乙素和罗通定，开发痰咳净、藿胆丸、东方神草等中成药与保健药品。1992年被广州市人民政府评为有特殊贡献的专家，享受国务院特殊津贴。

（二）何文河（1927—1999）

何文河，男，1927年生于台湾新竹县竹东村，1947年1月在山东参加中国人民解放军第二野战军。1947年8月进入华北军政大学参加学习，于1949年12月毕业。随后在上海市委党校学习，后到上海市税务局江宁区分局工作。1951年从中共华南局台委会分配至台盟华南总支部任组织组长，1959年在广州市爱群大厦任副经理。1983年7月，到台盟广州分支部任副主任委员，1990年任台盟广州市委员会主任委员。

（三）林荣茂（1942—　　）

林荣茂，男，台湾台北人，高级工程师。广东省第七、八届人大代表，第九、十届全国政协委员。林荣茂同志是“文革”前夕毕业的大学生。改革开放后，由一名普通技术人员成长为高级工程师，又从技术岗位转行从事新时期地方参政党领导的工作。1997年起担任台盟广州市委会主任委员。在担任全国政协委员和广州市政协常委期间，积极撰写提案，建言献策。2003年被评为“广州市抗击‘非典疫情’先进个人”；2004年被评为“广州市精神文明建设先进工作者”。

（四）张嘉极（1959—　　）

张嘉极，男，汉族，祖籍台湾淡水县，厦

门大学历史系本科学历。1982年8月参加工作，毕业后到广州博物馆工作，1995年任馆长。2001年，担任广州市文化局副局长。2007年11月起任广州市人民政府参事室（文史馆）主任（馆长）。

第七届（增补）、八届、九届台盟中央委员。第六届（增补）、七届台盟广东省委副主委。第四、五届台盟广州市委副主委，第六、七届主委。第十一、十二届全国政协委员。第十届广东省人大代表。广州市政协第七、八届委员，第九、十一届常委。广州市人大第十三届常委，第十四届常委会副主任。

七、历任全国人大代表、全国政协委员、省部级职务的盟员名单

（一）历届全国政协委员

第九届、十届：林荣茂

第十一届：张嘉极

第十二届：张嘉极　郑广台

台盟广东省深圳市委组织发展沿革

一、成立的历史背景

台盟深圳市组织于 1986 年开始筹建。同年 5 月，台盟广东省支部负责人郑晶莹、林东海等人来深主持召开会议，成立了台盟深圳市小组，小组有宋亮、陈惠美、林锦绣等 3 人，小组直属台盟广东省支部领导。小组第一次会议在罗湖区友谊大厦恒心阁 11 层 C 座（林锦绣家中）召开，会议推选宋亮担任组长。

1992 年初，台盟深圳市小组盟员人数达 8 人，根据盟章中盟员 7 人以上可建立支部的规定，经台盟广东省委会同意，召开全体盟员大会，台盟深圳市支部委员会成立，大会推选宋亮担任主任委员，陈惠美担任副主任委员。

2008 年，台盟深圳组织在参政议政、组织建设、思想建设等各项工作取得了稳步的发展，经台盟广东省委会同意，台盟深圳市筹备委员会挂牌成立，

▶台盟深圳市支部委员会成立

▲台盟深圳市筹备委员会挂牌成立

宋亮担任主任委员，林娜、翁晓波担任副主任委员。

经历25年，历经小组、五届支部委员会、筹委会发展历程，在台盟中央、台盟广东省委的坚强领导下，在各级党委部门的指导与帮助下，台盟深圳市委

▲台盟深圳市委员会正式成立

员会于2011年10月22日正式成立。大会选举林娜担任主任委员，翁晓波、陈清良担任副主任委员。台盟深圳市委员会是深圳市各民主党派中在深圳最后一个成立的市委会，也是广东省台盟继广州市后，第二个成立的市委会。

二、成立过程及初期活动

1992年1月，台盟深圳市第一届支部成立，时有盟员8人，直属台盟广东省委领导。支部当时无独立的机关办事机构，盟务工作由党派联合办公室协助。直到1996年12月，党派联合办公室撤销，支部才开始有自己的机关办事机构（行政编1人，附属编1人），但无内设机构，由中共深圳市委统战部代管。

2008年9月，台盟深圳市委员会筹备委员会挂牌成立，宋亮担任主任委员，林娜、翁晓波担任副主任委员，时有盟员39人。

2011年10月22日台盟深圳市委员会挂牌成立，林娜担任主任委员，翁晓波、陈清良担任副主任委员，时有盟员46人。机关机构设置、人员管理未做调整。

2012年4月，市委会机关增加行政编制1名。至今共有行政编制2名，工勤雇员1名。但机关机构设置仍沿用原来支部的设置模式，未作相应调整。办公地址至今在福田区上步中路1004号市政协大楼内。

三、组织变迁

（一）台盟深圳小组（1986.5—1992.1）

1986年5月，台盟深圳小组成立，隶属台盟广东省支部领导。

（二）台盟深圳支部（1992.1—2008.9）

1992年1月，台盟深圳支部成立，直属台盟广东省委领导。

（三）台盟深圳市筹委会（2008.9—2011.10）

2008年9月，台盟深圳市筹委会成立，直属台盟广东省委领导。

（四）台盟深圳市委（2011.10—　　）

2011年10月，台盟深圳市委成立，直属台盟广东省委领导。

四、历次盟员大会及历届委员会重要简况

（一）第一次盟员大会及第一届支部委员会（1992.1—1994.1）简况

1992年1月17日，台盟深圳市第一次全体盟员大会暨台盟深圳市支部委员会成立大会在新华楼会议室召开，到会盟员8人。台盟广东省委主任委员林东海、副主任委员郑晶莹等莅临大会，会议选举产生了第一届支部委员会。

主 任 委 员：宋亮

副主任委员：陈惠美

（二）第二次盟员大会及第二届支部委员会（1994.1—1996.5）简况

1994年1月28日，台盟深圳市第二次全体盟员大会在市政协大楼会议室举行，到会盟员9人，会议选举产生了第二届支部委员会。

主 任 委 员：宋亮

副主任委员：陈惠美

（三）第三次盟员大会及第三届支部委员会（1996.5—1999.6）简况

1996年5月，台盟深圳市第三次全体盟员大会在市政协大楼会议室举行，到会盟员15人，会议选举产生了第三届支部委员会。

主 任 委 员：宋亮

副主任委员：陈美芬

（四）第四次盟员大会及第四届支部委员会（1999.6—2004.9）简况

1999年6月22日，台盟深圳市第四次全体盟员大会在市政协大楼会议室举行，到会盟员22人。会议选举产生了第四届支部委员会。

主 任 委 员：宋亮

副主任委员：陈美芬

（五）第五次盟员大会及第五届支部委员会（2004.9—2008.9）简况

2004年9月18日，台盟深圳市第五次全体盟员大会在市政协大楼会议室举行，会议选举产生了第五届支部委员会。

主 任 委 员：宋亮

副主任委员：翁晓波

（六）台盟深圳市委员会筹备委员会（2008.9—2011.10）简况

2008年9月23日，台盟深圳市全体盟员大会在市政协会议室召开，选举宋亮为主任委员，林娜、翁晓波为副主任委员，成立台盟深圳市委员会筹备委员会。

2009年10月18日，宋亮因退休不再担任主任委员，依据台盟广东省委会《关于台盟深圳市委筹委会正副主任委员调整决定》，林娜为主任委员，翁晓波、陈清良为副主任委员。

（七）台盟深圳市委员会（2011.10— ）简况

2011年10月22日，根据《台盟中央关于成立台盟广东省深圳市委员会的批复》以及中共广东省委统战部有关协商意见，全体盟员大会暨一届一次市委委员会在市政协会议室举行，选举产生了台盟深圳市委会第一届委员会。

主 任 委 员：林娜

副主任委员：翁晓波、陈清良

五、历届组织机构组成名单

（一）第一届支部委员会（1992.1—1994.1）

主　　　委：宋　亮

副主任委员：陈惠美（女）

委　　　员：陈美芬（女）

（二）第二届支部委员会（1994.1—1996.5）

主　　　委：宋　亮

副主任委员：陈惠美（女）

委　　　员：陈美芬（女）

（三）第三届支部委员会（1996.5—1999.6）

主　　　委：宋　亮

副主任委员：陈美芬（女）

委　　　员：丘柏原

（四）第四届支部委员会（1999.6—2004.9）

主　　　委：宋　亮

副主任委员：陈美芬（女）

委　　员：丘柏原

（五）第五届支部委员会（2004.9—2008.9）

主　　委：宋　亮

副主任委员：翁晓波

委　　员：丘柏原　陈清良　谢莹（女）

（六）筹备委员会（2008.9—2011.10）

主　　委：宋　亮（2008—2009）　林　娜（女）（2009—2011）

副主任委员：林　娜（女）　翁晓波　陈清良（2009—2011）

委　　员：丘柏原　　　陈清良　谢　莹（女）

（七）第一届市委会（2011.10—　）

主　　委：林　娜（女）

副主任委员：翁晓波　陈清良

委　　员：李咏霞（女）　陈徐晨（女）　宋　迅

六、历届主委简历

（一）宋亮（1945.9—　　）

宋亮，男，汉族，台湾省台南人，本科学历，高级工程师。1982年1月加入台盟，1985年3月加入中共。

▲宋　亮

1963年9月至1968年9月在武汉邮电学院有线电工程系就读大学；1968年12月至1970年5月在浙江乔司6389部队农场劳动锻炼；1970年5月至1981年9月在广西柳州邮电局工作；1981年10月至1999年10月工作于深圳市邮电局科技处副处长；1999年10月至2008年9月深圳市电信局任企业发展部副主任，2000年任局副总工程师兼工程管理中心主任、建设部副主任，2003年任网络与规划高级项目经理；2008年秋退休。

1982年1月，宋亮成为台盟广州市支部（广东省唯一组织）在深圳发展的盟员。1986 年至 2008 年，先后担任台盟深圳市小组组长、台盟深圳支部主任委员、台盟深圳筹备委员会主任委员、台盟广东省常委，第八、九届广东省人大代表，广东省第九、十届政协委员，深圳市第一、二、三、四届政协常委。

（二）林娜（1966.6— ）

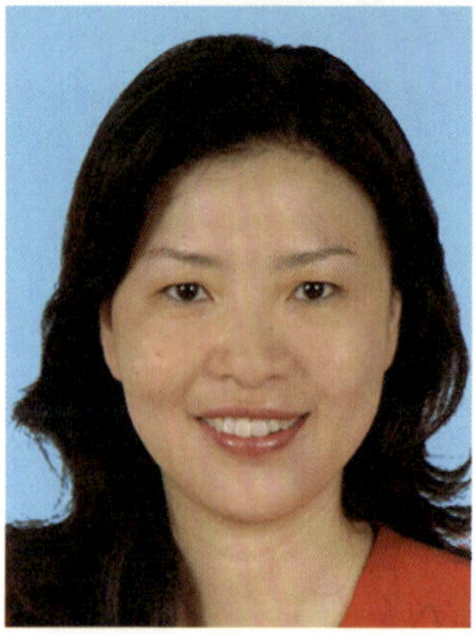
▲林　娜

林娜，女，汉族，台湾省台北人，研究生学历，经济学士，高级经济师。1986 年 6 月加入中共，2006 年 9 月加入台盟。现任台盟广东省委员会副主任委员，台盟深圳市委员会主任委员，广东省人大常委，深圳市人大常委，平安银行总行工会副主席。

1985 年 9 月至 1989 年 6 月就读暨南大学经济系国际经济专业，获经济学学士学位；1989 年 6 月至 1990 年 7 月就任深圳市罗湖机电设备材料公司人事部副经理；1990 年 8 月至 1992 年 8 月任职于深圳发展银行蛇口支行，负责外汇工作；1992 年 9 月至今，在深圳发展银行总行稽核部、国际业务部、离岸业务部、离岸金融事业部，历任总行部门副主任、主任、总经理助理、副总经理、总经理、总裁；2005 年、2006 年兼任深圳发展银行香港代表处负责人。

台盟云南省委组织发展沿革

一、成立的历史背景

生活在云南省的第一代台湾省籍同胞，从云南台盟、台联成立之初起共计有51位。第一代老台胞大多因当兵入伍、外出求学、行医、经商等方式和渠道来到祖国大陆，又辗转来到云南定居。在第一代台胞中，以当兵转业到云南地方工作的居多，共有33位。到今天，云南省定居台胞及家人共199户426人，分布在云南省昆明、红河、文山、曲靖、昭通、大理、保山、普洱、临沧、西双版纳、楚雄11个州市。

从1973年8月到1979年底六年多的时间里，云南省各级对台工作部门，通过认真仔细的调查寻找，统计了居住在本地的台籍同胞的姓名、工作单位、人口等基本情况。

1977年4月，在昆明翠湖宾馆组织召开了“云南省台籍同胞工作会”。时任中共云南省委副书记、昆明军区副司令员的张至秀同志出席了会议，并亲切会见了参加这次会议的全体参会台胞。张至秀副书记向大家转达了云南省党政领导对台湾同胞工作的重视，表达了党和人民政府对台湾同胞的关心和爱护，表示一定会解决落实好台胞们存在的困难和问题。

1978年中共十一届三中全会召开，国家走上了以“经济建设为中心”的正确轨道，生活在祖国大陆的台湾省籍同胞也迎来了自己政治的春天。

1979年云南省政协会上，陈荣驾、林文启、薛庆年三位台籍委员以提案的方式提出在云南省建立台盟地方组织及台胞联谊会形式的人民团体组织。该项提案得到中共云南省委的高度重视，1980年2月6日，成立了台盟昆明支部筹备组。成员由台盟总部直接审批发展的五位盟员（林文启、李曙光、陈荣驾、范送辉、游灿霞）组成。林文启任组长，陈荣驾任副组长。经过一年零九个月的筹备，1981年11月6日至11日召开了云南省第一次台盟盟员和台胞代表大会，同时成立了台盟云南省支部和云南省台湾同胞联谊会。第一次盟员大会有盟员17人，其中中共党员6人。第一届台联理事会有理事14人。大会选举陈荣驾为台盟云南省支部主委，林文启为云南省台联会长。在台盟云南省支部和省台联成立大会上，时任省委统战部部长朱家璧同志前来祝贺，并在会上宣读了有关文件，表达了党和人民政府对台胞的关怀和爱护。

随后于1984年12月2日至5日、1988年6月23日至27日、1992年7月15日至18日、1997年5月13日至15日、2002年6月22日至25日、2007年6月8日至9日、2012年6月19至21日，在昆明先后召开了第二、三、四、五、六、七、八次全省台盟盟员大会。为了适应新形势，台盟组织的名称1984年12月改称台湾民主自治同盟云南省分部委员会，1987年再改称台湾民主自治同盟云南省委员会（简称台盟云南省委）。

二、成立过程及初期活动

1981年底，台盟云南省地方组织建立后，立即配合有关部门对台盟盟员和台胞中所存在各种问题进行深入的调查研究，为有关部门落实政策提供了依据。台盟盟员中的中共党员干部参加的联合工作组，于1982年6月、7月，分别深入省、市级单位和各地州、县对台胞政策落实情况进行调查。工作组每到一处都与当地主管统战工作的党委书记、对台办及其他有关部门的领导主动联系，共同研究、分析台胞中存在的问题，并将这些问题进行排队，分轻重缓急，协调台胞所在单位领导逐个解决。在中共云南省委以及中共各级党政机关的重视与关怀下，冤、假、错案基本得到解决，政策落实工作于1983年基本结束。

工作、生活得到妥善安排后，更加激发了台盟盟员、台胞为云南的经济社会发展，为实现祖国和平统一大业献计献策的积极性。截至1988年底，台胞中有中共党员19人（其中1人是中共云南省委委员，中共十三大代表），先后被选为省、市、州、县人大代表9人；全国和省、市、州、县政协委员

31人；省青年委员6人。他们在社会主义建设和统一祖国的事业中积极贡献力量，在参政议政中发挥作用。1985年至1988年底，担任政协委员的17名台盟盟员，针对云南省及所在地区经济建设及其他各项事业所存在的问题共提出31件提案，得到各级领导和有关方面的重视。1986年4月，省政协第五届四次会议期间台盟盟员陈荣驾、施性隆等6位政协委员，参加了由中共云南省委统战部组织的社会咨询服务活动。咨询内容包括日语教学及翻译、中草药采摘及加工、冶金、牙科、技术引进等项目。1980年至1990年，台盟盟员、台胞中先后有56人被评为省、市、县及单位先进工作者，分别出席了全国政协、台盟中央、全国台联及省内召开的为四化建设和为祖国统一大业服务经验交流会、表彰会等。

1988年至1997年，云南省台盟盟员和台籍同胞中，任全国政协委员1人；先后担任省人大代表2人（常委1人）；省政协委员7人；市政协委员1人；全国青年委员1人，省青年委员4人（常委兼副秘书长1人）。

在新的历史时期，台盟云南省委认真贯彻《中共中央关于坚持和完善中国共产党领导的多党合作和政治协商制度的意见》，组织在昆台盟盟员认真学习，召开台盟省委三届六次委员扩大会议，会议形成并通过了关于认真学习贯彻《中共中央关于坚持和完善中国共产党领导的多党合作和政治协商制度的意见》决议。

台盟云南省地方组织成立后，配合有关部门抓台胞政策的落实，取得了突出的成绩。具体说就是“四个提高”：(1) 提高了台胞的政治地位。台胞中各级人大代表、政协委员的人数逐年增加；(2) 提高了台胞的生活水平，对生活困难、老年孤独和生活无依靠的给予了切实的照顾；(3) 提高了台胞的文化素质，20多名中青年台胞考入大学；(4) 提高了台胞为社会主义建设和祖国统一事业做贡献的积极性，许多台胞被评为先进工作者，有的被晋升为教授、副教授、高级工程师、主任医师、研究员和有突出贡献的中青年专家。

三、组织变迁

（一）台盟昆明支部筹备组（1980.2—1981.11）

1980年2月6日，在台盟总部指导下，成立了台盟昆明支部筹备组。

（二）台盟云南省支部（1981.11—1984.12）

1981年11月6日至11日召开云南省第一次台盟盟员大会，成立台盟云南省支部。

（三）台盟云南省分部委员会（1984.12—1987）

1984年12月改称台盟云南省分部委员会。

（四）台盟云南省委（1987—　　）

1987年改称台盟云南省委。

台盟云南省委盟员发展自1980年5月伊始，当时有林文启等5位老台胞提出申请并经北京台盟总部批准第一批入盟并同时成立了台盟昆明支部；当年又有8位老台胞陆续提出申请并经台盟昆明支部批准入盟；1981年至1988年台盟云南省委盟员人数为34人。1988年至2015年的27年间，盟员净增长27人，平均每年净增长1人。

台盟云南省委现有盟员61人，在昆明的盟员49人，昆明市成立了台盟昆明市总支部及2个支部。盟员担任各级人大代表、政协委员的共12人，其中，全国人大代表1人，全国政协委员1人；省人大常委1人，省政协常委3人，在省级大学任副校长1人，各级人大代表、政协委员、担任实职的盟员无论数量和层次均有提高，在参政议政工作中发挥了较好作用，取得了可喜成绩。

四、历届盟员大会及历届委员会重要简况

（一）台盟昆明支部筹备组（1980.12—1981.11）简况

▲1981年云南省第一次台盟盟员、台胞代表大会

台盟昆明支部筹备组于1980年12月在昆明成立，至1981年11月，筹备组在近一年内加强了对盟员和所联系台胞的思想政治工作；加强了台盟组织建设，筹备期间发展了12位盟员，盟员数达到17人，

初步解决了编制、经费等工作条件；配合有关部门做好台胞政策落实工作，做好对台宣传和接待海外台胞工作。

（二）第一次盟员大会及第一届委员会（1981.11—1984.12）简况

1981年11月6日至11日，在昆明召开首届全省盟员大会，会议选举产生了台盟云南省支部第一届支部委员会。出席这次会议的台盟盟员17人，选出委员7人，主委陈荣驾，副主委林文启、李曙光，秘书长李曙光（兼），三年中，召开全委会（扩大）12次。台盟云南省第一届支部委员会三年中协助党和政府落实台胞政策，其间2名台胞入党，7名台胞考入大学，3名台胞参军，21名台胞就业；加强对台工作，云南省台胞与台湾亲戚取得联系36户，占全省台胞45.5%；接待3批192人岛内外来访台胞。1983年10月，开办了“阿里山业余学校”日语会话班和初级日语班，与中华职业教育合作社合作筹办“云南省日语翻译与教学研究中心”；盟员发展到24人，台盟云南省支部委员会机关有编制7个，至1984年10月，已配置专职干部3人，驾驶员1人。

（三）第二次盟员大会及第二届委员会（1984.12—1988.6）简况

台盟云南省支部于1984年12月2日至5日在昆明召开台湾民主自治同盟云南省第二次盟员大会，会议改选了台盟云南省分部委员会，组成了分部新的领导班子。出席这次会议的台盟盟员25人，选出委员7人，主委陈荣驾，副主委林文启、范送辉、邱玉田，秘书长范送辉（兼），四年中，召开盟委会（扩大）16次。云南省盟员担任各级人大代表6人，政协委员18人，提出31项提案；4名台胞入党，9人考入大专院校，20名台胞就业；接待海内外来访台胞52批209人；老台胞与台湾亲人沟通信件联系的22人，占老台胞总数的54.4%；与中华职业教育合作社合作筹办“云南省日语翻译与教学研究中心”，拥有会员250人，举办日语培训班8期52个班，1987人毕业。盟员发展到32人；分部机关1988年设立了办公室和联络处两个职能机构，机关专职干部编制9人，已配备6名。

（四）第三次盟员大会及第三届委员会（1988.6—1992.7）简况

1988年6月23日至27日，台盟云南省委在昆明召开台湾民主自治同盟云南省第三次盟员大会。会议改选了台盟云南省委员会，组成了新一届领导班子。出席这次会议的台盟盟员31人，选出委员7人，主委陈荣驾，副主委

▲1988年第三次云南省盟员、台胞代表大会

林文启、郭圳池、林少文，秘书长郭圳池（兼），在任期四年中，召开盟委会（扩大）13次。台盟云南省委积极参政议政；积极参加智力支边扶贫工作；接待岛内和海外台胞187批661人次；进一步加强机关建设；加强对盟员和所联系台胞的政治思想工作。

（五）第四次盟员大会及第四届委员会（1992.7—1997.5）简况

台盟云南省委员会，于1992年7月15日至18日，在昆明召开台湾民主自治同盟云南省第四次盟员大会，出席会议的台盟盟员28人，选出委员7人，主委陈荣驾，副主委林文启、郭圳池、林少文，秘书长郭圳池（兼），副秘书长许岷山，五年中召开盟委会（扩大）12次。台盟云南省委集体提出提案12件，其中二件评为优秀提案；接待台湾岛内和海外台胞163批698人；开展智力支边活动及加强机关建设；机关干部1人下派任副县长挂职锻炼；发展盟员4人。

（六）第五次盟员大会及第五届委员会（1997.5—2002.6）简况

1997年5月13日至15日，台湾民主自治同盟云南省第五次盟员大会在昆明召开，出席会议的台盟盟员34人，选出委员7人，主委陈荣驾，副主委杨晓红（女，专职）、杨津昌、郑凡，副秘书长缪以琳（女），推举林文启、郭圳池、林少文为台盟云南省委第五届委员会名誉副主委。五年中，召开盟委会（扩大）16次。五年来共承担和完成了专项调研课题7个，台盟云南省委提出提案12个，其中重点提案3个，盟员担任全国政协委员2人（其中1人为届中增补），省人大代表（常委）1人，省政协委员7人（常委2人），地州市县政协委员13人；省一级的特约检察员、监察员、教育督导员和省“纠风办”行风评议员各1人。这些同志积极参加各项检查、视察活动，从不同角度提出议案、提案。五年来，省人大代表提出议案、建议6件，全国政协委员、省政协委员个人提出提案60件，以台盟云南省委、云南省台联组织名义提出集体提案24件；共计接待来滇台胞73批798人次。

（七）第六次盟员大会及第六届委员会（2002.6-2007.6）简况

2002年6月22日，台湾民主自治同盟云南省第六次盟员大会在昆明召开，选出委员5人，主委郑凡，副主委杨晓红（女，专职）、许岷山；2002年6月至2004年10月缪以琳（女）任副秘书长，2004年11月至2007年8月高素芳（女）任副秘书长。台盟云南省委五年来独立承担和完成专项调研课题12个，参与联合调研课题3个，4个提案获省政协优秀提案表彰。2004年，台盟云南省委被评为台盟中央智力支边扶贫先进集体。2005年，2位盟员因在促进两岸民族文化交流和民族团结工作中成绩突出，分别荣获国务院授予“全国民族团结进步模范个人荣誉称号”和云南省政府授予的“全省民族团结进步模范个人荣誉称号”。2006年，1位盟员荣获中共中央统战部及各民主党派中央等授予的“各民主党派工商联无党派人士为全面建设小康社会作贡献先进个人”称号。接待岛内台胞共31批592人次；接待其他省市台胞共21批174人次；接待来自岛内的青年学生夏令营、冬令营团组共7批261人次。

（八）第七次盟员大会及第七届委员会（2007.6—2012.6）简况

2007年6月8日至9日，台湾民主自治同盟云南省第七次盟员大会在昆明召开，出席会议的台盟盟员41人，选出委员7人，主委郑凡，副主委杨晓红（女）、许岷山（专职），2010年7月届中增补陈俊骢为副主委，2007年9月至2012年6月秘书长高素芳。五年中，召开盟委会（扩大）15次。五年中，向省政协大会提交集体提案24件，委员个人提案35件，政协大会书面发言材料15篇，政协大会口头发言材料8篇，10件提案被评为省政协优

2007年台盟云南省委第七次盟员大会

▲纪念台盟、台联成立30周年合影

秀提案。台盟云南省委荣获云南省委统战信息二等奖2次、省政协社情民意信息先进单位3次；台盟省委机关信息员荣获信息报送先进个人称号3人次。接待岛内台胞25批350余人。台盟云南省委积极响应中共中央关于建设社会主义新农村和中央统战部关于打造“同心”品牌、推动“同心”实践活动的号召，积极参与到云南省统一战线“同心·示范点建设工程”活动中，与华宁县青龙镇签订对口帮扶协议，开展“同心工程”工作。

由于台盟云南省委的特点，2008年以前云南省16个州、市均没有建立台盟地方组织。基于2008年时云南省盟员大多集中在省会昆明市，且昆明市有七家民主党派均已建立了市委会及基层组织，尚缺台盟地方基层组织。2008年初，中共昆明市委主要领导在视察走访台盟云南省委时听取了这一情况汇报

▲台湾民主自治同盟云南省第八次盟员大会合影

后，非常关心台盟昆明市地方基层组织建立问题，即时安排昆明市委统战部领导到台盟云南省委了解协商有关事项。经向台盟中央报告，同意成立台盟昆明市总支委员会，台盟云南省委于2008年2月19日、4月23日两次召开领导会议研究筹备事项，并于2008年6月4日七届四次盟委会通过按程序报批成立昆明市台盟地方基层组织。经台盟云南省委2008年9月8日七届五次盟委会，12月10日七届六次盟委会决定，通过了“台盟昆明市总支部委员会委员、班子成员、支部分组及负责人建议名单”。2008年12月12日，召开台盟昆明市总支部委员会成立大会，选举产生了昆明市总支部委员会及主委、副主委；委员姚子龙、李志强、杨圣元、杨林波、邹雁萍（女）、陈俊骢、翁晓春（女）；台盟昆明市总支部主委姚子龙，副主委陈俊骢、翁晓春；设立了一支部、二支部两个支部，一支部主委陈俊骢，二支部主委翁晓春（女）。

（九）第八次盟员大会及第八届委员会（2012.6—　　）简况

2012年6月19日至21日，台湾民主自治同盟云南省第八次盟员大会在昆明召开，出席会议的台盟盟员55人，选出委员10人，主委杨晓红（女），副主委陈俊骢（专职）、高素芳（女、高山族），副秘书长何原文（2013年3月任职，副厅级）。任期五年，至2014年4月召开盟委会8次（扩大）。

五、历届组织机构组成名单

（一）第一届委员会（1981.11—1984.12）

主　委：陈荣驾

副主委：林文启　李曙光

秘书长：李曙光（兼）

委　员：李曙光　陈荣驾　范送辉　范锦芳　林文启　林阿添　施性隆

（二）第二届委员会（1984.12—1988.6）

主　委：陈荣驾

副主委：林文启　范送辉　邱玉田

秘书长：范送辉（兼）

委　员：李曙光　邱玉田　陈荣驾　范送辉　范锦芳　林文启　黄金灿

（三）第三届委员会（1988.6—1992.7）

主　委：陈荣驾

副主委：林文启　郭圳池　林少文

秘书长：郭圳池（兼）

委　员：许岷山　陈荣驾　林少文　林文启　林阿添　郭圳池　曾文龙

（四）第四届委员会（1992.7—1997.5）

主　委：陈荣驾

副主委：林文启　郭圳池　林少文

秘书长：郭圳池（兼）

委　员：陈荣驾　许岷山　林少文　林文启　林阿添　郭圳池　曾文龙

（五）第五届委员会（1997.5—2002.6）

主　　委：陈荣驾

副 主 委：杨晓红（女，专职）　杨津昌　郑　凡

副秘书长：缪以林（女）

委　　员：许岷山　李　辉　杨津昌　杨晓红（女）　陈荣驾
郑　凡　缪以林（女）

（六）第六届委员会（2002.6—2007.6）

主　　委：郑　凡

副 主 委：杨晓红（女，专职）　许岷山

副秘书长：缪以林（女）　高素芳（女、高山族）

委　　员：郑　凡　许岷山　李　辉　杨晓红（女）　缪以林（女）

（七）第七届委员会（2007.6—2012.6）

主　　委：郑　凡

副 主 委：杨晓红（女）　许岷山（专职）　陈俊骢（2010.7 增补）

秘 书 长：高素芳（女）

委　　员：许岷山　李　辉　杨晓红（女）　郑凡　姚子龙
翁晓春（女）　高素芳（女、高山族）

（八）第八届委员会（2012.6—　　）

主　　委：杨晓红（女）

副 主 委：陈俊骢（专职）　高素芳（女、高山族）

副秘书长：何原文（副厅级）

委　　员：许岷江　李志强　杨林波　杨晓红（女）　邹雁萍（女）
陈俊骢　徐　磊　高素芳（女、高山族）　郭玫青（女）
游志松（女）

台盟云南省委历任主委、副主委、秘书长

职务	姓名	性别	民族	任职起止时间	备注
主　委	陈荣驾	男	汉	1981.11—2002.6	第一、二、三、四、五届
	郑　凡	男	汉	2002.6—2012.6	第六、七届
	杨晓红	女	汉	2012.6—	第八届
副主委	林文启	男	汉	1981.11—1997.5	第一、二、三、四届
	李曙光	男	汉	1981.11—1984.12	第一届
	范送辉	男	汉	1984.12—1988.6	第二届
	邱玉田	男	汉	1984.12—1988.6	第二届
	林少文	男	汉	1988.6—1997.5	第三、四届
	郭圳池	男	汉	1988.6—1997.5	第三、四届
	杨津昌	男	汉	1997.5—2002.6	第五届
	郑　凡	男	汉	1997.5—2002.6	第五届
	杨晓红	女	汉	1997.5—2012.6	第五、六、七届
	许岷山	男	汉	2002.6—2011	第六、七届
	陈俊骢	男	汉	2010.7—	第七、八届
	高素芳	女	高山族	2012.6—	第八届
秘书长	李曙光	男	汉	1981.11—1997.5	第一届（兼）
	范送辉	男	汉	1984.12—1988.6	第二届（兼）
	郭圳池	男	汉	1988.6—1997.5	第三、四届（兼）
	缪以林	男	汉	1997. 6—2004.10	第五届（副秘书长）
	高素芳	女	高山族	2004.11—2007.8 副秘书长 2007.9—2012.6　秘书长	第六届（副秘书长）、第七届
	何原文	男	汉	2013.4—	第八届副秘书长（副厅级）

六、历届主委简历

（一）陈荣驾（1933.10—　　）

男，汉族，1933年10月出生，籍贯台湾台南，硕士研究生学历，1957年6月参加工作。现任云南省归国华侨联合会顾问。1980年2月至1981年11月任台盟昆明支部筹备组副组长；1981年11月至2002年6月任第一、二届台盟云南省分部主委，第三、四、五届台盟云南省委员会主委；1984年至

2002 年任第二、三、四、五届云南省台湾同胞联谊会副会长；2002 年 6 月任第六届台盟云南省委员会名誉主委；1983 年至 2002 年任第六、七、八、九届全国政协委员。

▲陈荣驾

（二）郑凡（1953. 9. 14— ）

男，汉族，1953 年 9 月 14 日生于云南昆明，籍贯台湾桃园。1982 年大学本科毕业（学士学位），1969 年 2 月参加工作。1982 年至 2009 年省社科院工作，2009 年至 2012 年台盟云南省委工作，2012 年至今省政府参事室工作。1997 年至 2002 年台盟云南省委兼职副主委，2002 年至 2012 年任台盟云南省委第六、七届委员会主委，第六、七届云南省台湾同胞联谊会会长，其中 2009 年至 2012 年为专职。历任全国政协第九、第十、第十一届委员（其中第九届为增补）。

▲郑　凡

（三）杨晓红（1961. 11— ）

女，汉族，1961 年 11 月生，籍贯台湾新竹。在职研究生学历（学士学位），现任全国人大代表，台盟中央委员会常委，云南省人大常委，云南省人大港澳台侨外事委员会委员，2012 年至今任台盟云南省委第八届委员会主委，第八届云南省台湾同胞联谊会会长，第八届云南省青联副主席，第九届全国青联委员。2005 年 12 月至 2009 年 3 月在德宏州人民政府工作，任副州长。2008 年 3 月至 9 月在中国证监会北京证监局挂副局长职务。2009 年 3 月至今在云南财经大学工作，任副校长。

▲杨晓红

七、历任全国人大代表、全国政协委员的盟员名单

陈荣驾：1983 年至 2002 年任全国政协委员；

郑　凡：2001 年（2001 年增补）至 2012 年任全国政协委员；

杨晓红：2012 年至今任全国人大代表；

陈俊骢：2013 年 2 月至今任全国政协委员。

台盟海南省委组织发展沿革

一、成立的历史背景

1981年，台湾民主自治同盟广州支部（1983年8月更名为台湾民主自治同盟广东省支部，1983年11月更名为台湾民主自治同盟广东省分部，1987年11月更名为台湾民主自治同盟广东省委员会）主任委员李辰、副主任委员郑晶莹先后多次到海南进行调查研究，与海南各市县党政领导及有关台胞进行座谈，了解到海南台胞人数多（当时为2400多人，占广东省台胞总数的50%以上），集中于海口市、三亚市、琼山县府城地区、东方县、临高县等地，已具备建立台盟组织的客观条件。1982年5月，台盟广州支部将海南台胞的调查情况向中共海南行政区委员会与中共海南黎族苗族自治州委员会通报，就拟在海南行政区与海南黎族苗族自治州建立台盟组织事宜进行协商，并达成一致意见。在中共广东省海南行政区委员会统战部、中共广东省海南黎族苗族自治州委员会统战部的支持下，1982年7月8日，海南行政区盟员在中共海南行政区委员会第一招待所召开盟员会议，台盟广东省海南行政区分支部筹备组成立，组长蓝运树，副组长林金福，组员李琼敏、蔡裕三、李光辉。1982年7月11日，台盟广东省海南黎族苗族自治州分支部筹备组在通什镇成立，组长石光亮，组员涂志林。

二、成立过程及初期活动

1983年1月21日至23日，台盟广东省海南行政区分支部成立大会暨分支部第一次盟员大会在海口市华侨大厦召开。23位盟员出席会议。台盟广州支部副主任委员郑晶莹莅会指导。中共海南行政区委员会副书记肖焕辉，区委统战部长赵郑农，副部长陈介山、林尤岱出席大会并致辞祝贺。大会选举产生第一届分支部委员会，由蓝运树、林金福、陈增昌、陈老尾、温苍松等5位委员组成，蓝运树任主任委员，林金福任副主任委员，温苍松任秘书长。同月27日，台盟广东省海南黎族苗族自治州分支部在通什镇召开盟员大会，选举产生首届台盟广东省海南黎族苗族自治州分支部委员会，石光亮任主任委员，廖进生、林炯耀、詹孝藏、涂志林任委员。

1985年7月1日，台盟广东省海南行政区分支部收到台盟广东省分部通知：根据台湾民主自治同盟中央委员会指示，决定海南行政区分支部改称台湾民主自治同盟广东省海南行政区分部。行政区分支部即日在海口市召开分支部委员扩大会议，宣布原台盟广东省海南行政区分支部改称台盟广东省海南行政区分部。台盟广东省海南黎族苗族自治州分支部亦根据通知指示，宣布改称广东省海南黎族苗族自治州分部。

1986年3月15日至17日，台盟广东省海南行政区分部召开第二次盟员大会，选举产生海南行政区分部第二届委员会，委员9名，分别是林金福、陈增昌、黄耀南、苏泽民、陈老尾、蓝运树、温苍松、李琼敏、蔡裕三。蓝运树任主任委员，林金福、蔡裕三任副主任委员，李琼敏任副秘书长。因海南筹备建省，1987年12月撤销海南黎族苗族自治州，其盟组织和盟员归属海南行政区分部领导。

1988年，海南建省办经济特区。为适应海南建省后的形势与发展需要，同年9月10日，成立台湾民主自治同盟海南省委员会（以下简称台盟海南省委员会）筹备组，筹备组领导小组成员有王琼瑛、蓝运树、蔡裕三、石光亮、涂志林，王琼瑛任组长。1990年10月，经台盟中央批准，增补连介德为筹备组领导小组副组长。台盟海南省委员会筹备组在中共海南省委统战部的支持与帮助下，开展筹建台盟省级组织的工作。1991年1月，成立台盟海南省委员会，盟员86人。台盟海南省委员会由成立至2012年3月先后召开了5次盟员大会，产生5届委员会。

三、组织变迁

（一）台盟广东省海南行政区分支部筹备组（1982.7—1983.1）

1982年7月8日，台盟广东省海南行政区分支部筹备组成立。

（二）台盟广东省海南黎族苗族自治州分支部筹备组（1982.7—1983.1）

1982年7月11日，台盟广东省海南黎族苗族自治州分支部筹备组成立。

（三）台盟广东省海南行政区分支部（1983.1—1985.7）

1983年1月21日至23日，台盟广东省海南行政区分支部成立。

（四）台盟广东省海南黎族苗族自治州分支部（1983.1—1985.7）

1983年1月27日，台盟广东省海南黎族苗族自治州分支部成立。

（五）台盟广东省海南行政区分部（1985.7—1988.9）

1985年7月1日，台盟广东省海南行政区分支部收到台盟广东省分部通知：根据台湾民主自治同盟中央委员会指示，决定海南行政区分支部改称台湾民主自治同盟广东省海南行政区分部。

（六）台盟广东省海南黎族苗族自治州分部（1985.7—1988.9）

台盟广东省海南黎族苗族自治州分支部亦根据通知指示，宣布改称台盟广东省海南黎族苗族自治州分部。

（七）台盟海南省委员会筹备组（1988.9—1991.1）

1988年9月10日，台湾民主自治同盟海南省委员会筹备组成立。

（八）台盟海南省委员会（1991.1— ）

1991年1月25日，台盟海南省委员会成立。

四、历次盟员大会及历届委员会重要简况

（一）第一次盟员大会及第一届委员会（1991.1—1997.5）简况

1991年1月24日至26日，在海口市召开台盟海南省第一次盟员代表大会。大会听取并审议通过了台盟海南省委员会筹备领导小组组长王琼瑛作题为《团结在爱国主义社会主义的旗帜下为建设海南经济大特区而奋斗》的工作报告，大会肯定了筹备组富有成效的工作，选举产生台盟海南省第一届委员会。

第一届委员会主委：王琼瑛，副主委：连介德兼秘书长。并推举石光亮、蓝运树为第一届委员会顾问。

（二）第二次盟员大会及第二届委员会（1997.5—2002.1）简况

1997年5月9日至10日，在海口市举行台盟海南省第二次盟员代表大会，大会经过民主协商，充分酝酿，选举产生台盟海南省第二届委员会。

第二届委员会主委：王琼瑛，副主委：连介德、李琼才。会议推举蓝运树、

蔡裕三为第二届台盟海南省委员会顾问。

（三）第三次盟员大会及第三届委员会（2002.1—2007.1）简况

2002年1月25日至27日，在海口市举行台盟海南省第三次盟员代表大会，大会民主选举产生台盟海南省第三届委员会。

第三届委员会主委：王琼瑛，副主委：连介德、李琼才、吴琼开。

（四）第四次盟员大会及第四届委员会（2007.1—2012.1）简况

2007年1月24日至25日，在海口市举行台盟海南省第四次盟员代表大会，大会民主选举产生台盟海南省第四届委员会。

第四届委员会主委：连介德，副主委：吴琼开、符之冠、蔡扬生、庄琼菊（女）。

◀2011年9月，台盟海南省社会科学服务实践基地成立

（五）第五次盟员（代表）大会及第五届委员会（2012.1— ）简况

2012年1月24日至25日，在海口市举行台盟海南省第五次盟员（代表）大会，大会民主选举产生台盟海南省第五届委员会。

◀台盟海南省第五次盟员（代表）大会

第五届委员会主委：连介德，副主委：符之冠、蔡扬生、庄琼菊（女）吴琼雄。

五、历届组织机构组成名单

（一）第一届委员会（1991.1—1997.5）

主　委：王琼瑛

副主委：连介德（兼秘书长）

委　员：李琼生　李琼敏（女）　陈志东　陈泽雄　陈展凌　涂志林
潘圣雄　李琼昭

（二）第二届委员会（1997.5—2002.1）

主　　委：王琼瑛

副 主 委：连介德（兼秘书长）　李琼才

常务委员：陈展凌　陈得胜　符之冠

委　　员：庄琼菊（女）陈志东　陈泽雄　吴琼开　李琼生　张权跃
欧玉山　杨仁德　赖李明　潘圣雄

（三）第三届委员会（2002.1—2007.1）

主　　委：王琼瑛

副 主 委：连介德　李琼才　吴琼开

秘 书 长：蔡扬生

常务委员：陈展凌　符之冠　庄琼菊（女）张权跃　蔡扬生

委　　员：王永昭　王义俊　吕　文　李琼昭　李琼敏（女）
陈蔚珍（女）陈志强　陈泽雄　汪青春　赖李明
谢明三　廖明花（女）

（四）第四届委员会（2007.1—2012.1）

主　　委：连介德

副 主 委：吴琼开　符之冠　蔡扬生　庄琼菊（女）

秘 书 长：蓝海雄

常务委员：王永昭　苏　萍（女）蓝海雄　刘琼龙　周朝东

委　　员：王义俊　文飞燕（女）吕　文　江成林　吴琼雄
吴云琥　陈蔚珍（女）陈琼君　汪青春　李琼德

钟才兴　洪　川　谢明三　赖李明　蔡惠星（女）

（五）第五届委员会（2012.1—　　）

主　　委：连介德

副 主 委：符之冠　蔡扬生　庄琼菊（女）　吴琼雄

秘 书 长：蓝海雄

常务委员：王永昭　苏　萍（女）　蓝海雄　刘琼龙　周朝东

汪青春　陈仕发　文飞燕（女）

委　　员：王义俊　江成林　羊　彤（女）　陈琼君

陈　雯（女）李海川　杨丽花（女）　林艺青

林玉菁（女）洪　川　钟才能　翁龙飞

符文松　符丽君（女）谢儒霞（女）　曾春玲（女）

赖李明　赖州异（女）蔡　蕊（女）　蔡照荣

六、历届主委简历

（一）王琼瑛（1941.12—　　）

▲王琼瑛

王琼瑛，女，汉族，台湾台中人，1941 年 12 月出生于海南省海口市。1965 年 9 月参加工作，1987 年 5 月加入台盟。毕业于武汉医学院，医学学士学位，副主任医师职称。

1960 年 9 月至 1965 年 9 月，就读于武汉医学院（现同济医科大学）医疗系；1965 年 8 月至 1982 年 5 月，任湖北省京山县人民医院内科住院医师、主治医师（1979.10—1980.12，同济医科大学附属同济医院血液科进修）；1982 年 5 月至 1987 年 9 月，任海南医专、海南大学医学部主治医师（1983.10—1984.11，北京医科大学血液病研究所进修）；1987 年 9 月至 1988 年 9 月，任海南大学医学部附属医院内科副主任医师；1988 年 9 月至 1994 年 1 月，任海南医学院（筹）副主任医师，台盟海南省委筹备领导小组组长（1991.1 起任台盟海南省委主委；1990.8—1994.1，海南医学院附属医院综合病区主任）；1994 年 1 月至 1997 年 11 月，任海南省人大常委会教科文卫工委副主任，台盟海南省委主委；1997 年 11 月至1999年2月，任海南省卫生厅副厅长，台盟海南省委主委；1999年2月至1999年9月，任海南省人民政府省长助理，台盟海南省委会主委；1999年9月至2003年1月，任海南省人民政府副省长、台盟海南省委会主委（2002.3—2002.5，中央党校省级领导干部培训班学习）；2003年1月至2008年1月，任海南省人大常委会副主任（2003.1—2007.4，任台盟海南省委会主委）。

历任：海南省第一届政协常委，海南省第一届人民代表大会常务委员会委员，第八届全国人大代表（海南团），第九届全国政协委员，台盟第四，五届中央委员，台盟第六、七届中央常务委员。

（二）连介德（1957.2—　　）

▲连介德

连介德，男，汉族，台湾台北人，1957年2月出生于海南省海口市。1975年8月参加工作，1985年7月加入中共，1990年9月加入台盟。毕业于华南师范大学中文系，文学学士学位，讲师职称。

1975年8月至1978年3月，在琼山县甲子公社农场当知青，任队长、场团支书、场总辅导员；1978年3月至1982年1月，就读于华南师范大学中文系，任班委、团支部学习委员；1982年1月至1991年3月，就职于海南师范学院中文系，先后任助教、讲师、办公室主任（1985年9月至1986年7月，在暨南大学高校助教进修班学习；1988年9月至1989年7月，在中共中央党校培训部台籍中青年干部培训班学习，任党支部学习委员；1990年12月至1991年1月，任台盟海南省委筹备小组副组长）；1991年1月至2002年1月，任台盟海南省委专职副主委兼秘书长（1993年12月至1997年3月，兼任台盟海口市委主委；1993年3月至2002年9月先后兼任《华夏青年》《特区时空》杂志社社长兼总编、《海风》杂志社社长；1998年10月至2002年9月，兼任海台实验学校董事长）；2002年1月至2007年4月，任台盟海南省委专职副主委；2003年12月至2008年5月，兼任海南省台联常务副会长；2007年4月至今，任台盟海南省委专职主委。

历任：海南省第二届政协常委、第四届政协委员、第五届政协常委，海南省第二届人大常委，台盟中央第五、六、七届委员、第八、九届常委，全国青联第八、九届委员，全国政协第十一、十二届委员，海南省台联第三届常务副会长，海南省统一战线理论研究会第一、二届副会长，海南省人民检察院特邀检察员，海口海关督导专员。

七、历任全国人大代表、全国政协委员、省部级职务的盟员名单

（一）历届全国人大代表

第八届：王琼瑛

第九届：王琼瑛

第十届：王琼瑛

第十一届：吴琼开

第十二届：符之冠

（二）历届全国政协委员

第十一届：连介德

第十二届：连介德

（三）历任省部级职务的盟员名单

王琼瑛：1999.9—2003.1 海南省人民政府副省长
2003.1—2008.1 海南省第三届人大常委会副主任

台盟海南省三亚市委组织发展沿革

一、成立的历史背景

1982年9月，台盟广东省支部委员会副主委兼秘书长郑晶莹来三亚（原广东省崖县）检查台胞工作，根据三亚的地理位置和台胞较多的特点，具备建立台盟组织的客观条件，决定在三亚市发展台盟组织，1982年12月，在三亚市委统战部的大力支持下成立三亚市台盟小组，庄水标同志任组长，组员戴金龙、杨成友、黄芬、刘亚通。

二、成立过程及初期活动

1982年12月，在三亚市委统战部的大力支持下，成立三亚市台盟小组，庄水标同志任组长。

1991年12月10日，台盟三亚市支部成立大会第一次盟员大会在三亚市委统战部会议室召开，9位盟员出席会议，选举产生台盟三亚市第一届支部委员会，主任委员杨仁德，副主任委员庄琼菊，委员刘琼荣。

1995年11月18日，成立台盟三亚市委筹备组，当时盟员人数14名，筹备组组长庄琼菊，副组长杨仁德、张权跃。1996年8月7日，成立台盟三亚市委会，盟员20人。台盟三亚市委会由成立至2011年12月先后召开了4次盟员大会，产生4届委员会。

三亚台盟成立之初，根据当时来三亚港停靠的台湾渔船多，台湾渔民要求上岸补给、修船、治病等较为迫切的情况，把主要工作放在帮助台湾渔民排忧解难，提供服务上。三亚市台盟小组利用与台湾渔民语言相通、有交情、接待效果较好的优势，在盟员杨成友家设立接待点，被台湾渔民亲切称为“台胞之家”，并通过沟通台湾乡情，做好对台宣传工作，使台盟成为台湾渔民的知心朋友，深受台湾渔民们的欢迎。

三、组织变迁

（一）台盟广东省崖县小组（1982.12—1991.12）

1982 年 12 月，台盟广东省崖县小组成立。

（二）台盟三亚市支部（1991.12—1995.11）

1991 年 12 月 10 日，台盟三亚市支部成立。

（三）台盟三亚市委员会筹备组（1995.11—1996.8）

1995 年 11 月 18 日，台盟三亚市委员会筹备组成立。

（四）台盟三亚市委员会（1996.8—）

1996 年 8 月 7 日，台盟三亚市委员会成立。

四、历次盟员大会及历届委员会重要简况

（一）第一次盟员大会及第一届委员会（1996.8—2001.12）简况

1996 年 8 月 7 日，台盟三亚市第一次盟员大会在三亚市委办公大楼一楼报告厅召开，参加盟员人数 20 名，大会听取并审议通过了台盟三亚市委筹备组组长庄琼菊作《台盟三亚市委员会筹备组工作报告》，大会肯定了筹备组富有成效的工作，大会经过民主协商，充分酝酿，选举产生台盟三亚市第一届委员会。

第一届委员会主委：庄琼菊，副主委：张权跃、杨仁德，委员：刘琼荣、江成林。

（二）第二次盟员大会及第二届委员会（2001.12—2006.12）简况

2001 年 12 月 6 日，台盟三亚市第二次盟员大会在三亚市碧海大厦召开，参加盟员人数 19 名，选举产生台盟三亚市第二届委员会。

第二届委员会主委：庄琼菊，副主委：杨仁德，委员：刘琼荣、江成林。

2002 年 10 月 21 日召开台盟三亚市二届五次委员会会议，通过增补张权

跃同志为台盟三亚市第二届委员会委员、副主委。

（三）第三次盟员大会及第三届委员会（2006.12-2011.12）简况

2006 年 12 月 2 日，台盟三亚市第三次盟员大会在三亚市委办公大楼一楼报告厅召开，参加盟员人数 20 名，大会民主选举产生台盟三亚市第三届委员会。

第三届委员会主委：庄琼菊，副主委：刘琼龙，委员：江成林、史建平。

（四）第四次盟员大会及第四届委员会（2011.12— ）简况

2011 年 12 月 1 日，台盟三亚市第四次盟员大会在三亚市凯丰大酒店召开，参加盟员人数 28 名，大会民主选举产生台盟三亚市第四届委员会。

第四届委员会主委：庄琼菊，副主委：刘琼龙、江成林，委员：刘琼荣、林玉菁。

五、历届组织机构组成名单

（一）第一届委员会（1996.8—2001.12）

主　委：庄琼菊（专职）

副主委：杨仁德（专职）、张权跃

委　员：刘琼荣　江成林

（二）第二届委员会（2001.12—2006.12）

主　委：庄琼菊（专职）

副主委：杨仁德（专职）　张权跃（2002 年 10 月增补）

委　员：江成林　刘琼荣

注：2003 年 3 月庄琼菊当选三亚市人大常委会副主任（专职）；2002 年 9 月杨仁德退休；2003 年 10 月江成林调入台盟机关任专干。

（三）第三届委员会（2006.12—2011.12）

主　委：庄琼菊

副主委：刘琼龙

委　员：江成林　史建平

（四）第四届委员会（2011.12— ）

主　委：庄琼菊

副主委：刘琼龙、江成林

委　员：刘琼荣、林玉菁

注：2015 年 7 月刘琼龙调入台盟机关任专职副主委。

六、历届主委简历

庄琼菊（1957.9—　　）

▲庄琼菊

庄琼菊，女，1957 年 9 月出生，汉族，台湾省台中县人，本科学历，教育学士，台盟盟员，1976 年参加工作。现任台盟中央委员、台盟海南省委会副主委、台盟三亚市委会主委、三亚市政协副主席。

1976 年 7 月，原海南崖县（三亚市）知青场下乡知青；1978 年 3 月至 1982 年 1 月，广州体育学院学习；1982 年 1 月至 1982 年 8 月，原海南黎族苗族自治州委对台办科员；1982 年 8 月至 1987 年 12 月，原海南黎族苗族自治州台联会科员；1988 年 1 月至 10 月，三亚市台联会筹备组成员；1988 年 10 月至 1996 年 8 月，三亚市政协教文卫委员会办公室科员、办公室副主任（1995 年 11 月任台盟三亚市委筹备组组长）；1996 年 8 月至 2003 年 3 月，台盟三亚市委主委（专职）；2003 年 3 月至 2012 年 1 月，三亚市人大常委会副主任；2007 年 4 月，当选台盟海南省委副主委（兼职）；2012 年 1 月至今，三亚市政协副主席。

海南省第三、四届政协委员，海南省第五届政协常委。

台盟海南省海口市委组织发展沿革

一、成立的历史背景

海南台胞大部分聚集在海口、三亚地区，根据形势发展需要，1985年夏，从台盟海南行政区分部海南直属小组分出成立台盟海口市小组，组长黄耀南、副组长陈志东。

二、成立过程及初期活动

1988年海南建省办经济大特区，为适应形势和盟务工作发展的需要，台盟海口市小组于1991年6月成立了台湾民主自治同盟海口市支部委员会，召开成立大会，会议民主选举陈得胜为主任委员，陈志东为副主任委员，委员陈蔚珍。1993年12月18日，召开台盟海口市委员会第一次全体盟员大会，选举产生台盟海口市第一届委员会，会议民主选举连介德为主委，陈得胜、陈志东为副主委，陈得胜（兼）为秘书长，委员：符之冠、洪川、陈蔚珍、王琼娥等7人。

三、组织变迁

（一）台盟海口市小组（1985年夏—1991.6）

1985年夏，台盟海口市小组成立。

（二）台盟海口市支部委员会（1991.6—1993.12）

1991年6月，台盟海口市支部委员会成立。

（三）台盟海口市委员会（1993.12—　　）

1993 年 12 月 18 日，台盟海口市委员会成立。

四、历次盟员大会及历届委员会重要简况

（一）第一次盟员大会及第一届委员会（1993.12.18—1997.4.25）简况

1993 年 12 月 18 日，召开台盟海口市委员会第一次全体盟员大会，选举产生台盟海口市第一届委员会，会议民主选举连介德为主委，陈得胜、陈志东为副主委，陈得胜（兼）为秘书长。

（二）第二次盟员大会及第二届委员会（1997.4.25—2001.12）简况

1997 年 4 月 25 日，召开台盟海口市第二次全体盟员大会，选举产生台盟海口市第二届委员会，推选陈得胜为主委，陈志东为副主委。

（三）第三次盟员（代表）大会及第三届委员会（2001.12-2006.8）简况

2001 年 12 月召开台盟海口市第三次全体盟员大会，选举产生台盟海口市第三届委员会，推选符之冠为主委，陈蔚珍为副主委，委员有文飞燕（女）、李琼德、周朝东、林艺青（增补）、冼世雄、洪川、谢明三（增补）等 9 位，共有盟员 33 名。

（四）第四次盟员大会及第四届委员会（2006.8—2011.12）简况

2006 年 8 月召开台盟海口市第四次全体盟员大会，选举产生台盟海口市第四届委员会，推选符之冠为主委，陈蔚珍为副主委，委员为周朝东、文飞燕（女）、李琼德、林艺青、冼世雄、洪川、谢明三等 9 位，共有盟员 56 名。

（五）第五次盟员（代表）大会及第五届委员会（2011.12—）简况

2011 年 12 月召开台盟海口市第五次全体盟员大会，推选符之冠为主任委员，周朝东（驻会）、文飞燕（女）、陈雯（女）为副主任委员，委员：洪川、李海川、陈焕章、赖州异（女）、林艺军等 9 位，共有盟员 64 名。

五、历届组织机构组成名单

（一）第一届委员会 （1993.12.18—1997.4.25）

主　委：连介德

副主委：陈得胜　陈志东

秘书长：陈得胜（兼）

委　员：符之冠　洪　川　陈蔚珍　王琼娥

（二）第二届委员会（1997.4.25—2001.12）

主　委：陈得胜

副主委：陈志东

委　员：符之冠　洪　川　李琼德　陈蔚珍　王琼娥

（三）第三届委员会（2001.12—2006.8）

主　委：符之冠

副主委：陈蔚珍

委　员：文飞燕　李琼德　周朝东　林艺青（增补）　冼世雄　洪　川　谢明三（增补）

（四）第四届委员会（2006.8—2011.12）

主　委：符之冠

副主委：陈蔚珍

委　员：周朝东　文飞燕（女）　李琼德　林艺青　冼世雄　洪　川　谢明三

（五）第五届委员会（2011.12—）

主　委：符之冠

副主委：周朝东（驻会）　文飞燕（女）　陈雯（女）

委　员：洪　川　李海川　陈焕章　赖州异（女）　林艺军

六、历届主委简历

（一）连介德（1957.2—　　）

连介德，男，汉族，台湾台北人，1957年2月出生于海南省海口市。1975年8月参加工作，1985年7月加入中共，1990年9月加入台盟。毕业于

▲连介德

华南师范大学中文系，文学学士学位，讲师职称。

1975年8月至1978年3月，在琼山县甲子公社农场当知青，任队长、场团支书、场总辅导员；1978年3月至1982年1月，就读于华南师范大学中文系，任班委、团支部学习委员；1982年1月至1991年3月，就职于海南师范学院中文系，先后任助教、讲师、办公室主任（1985年9月至1986年7月，在暨南大学高校助教进修班学习；1988年9月至1989年7月，在中共中央党校培训部台籍中青年干部培训班学习，任党支部学习委员；1990年12月至1991年1月，任台盟海南省委筹备小组副组长）；1991年1月至2002年1月，任台盟海南省委专职副主委兼秘书长（1993年12月至1997年3月，兼任台盟海口市委主委；1993年3月至2002年9月先后兼任《华夏青年》《特区时空》杂志社社长兼总编、《海风》杂志社社长；1998年10月至2002年9月，兼任海台实验学校董事长）；2002年1月至2007年4月，任台盟海南省委专职副主委；2003年12月至2008年5月，兼任海南省台联常务副会长；2007年4月至今，任台盟海南省委专职主委。

历任：海南省第二届政协常委、第四届政协委员、第五届政协常委，海南省第二届人大常委，台盟中央第五、六、七届委员、第八、九届常委，全国青联第八、九届委员，全国政协第十一、十二届委员，海南省台联第三届常务副会长，海南省统一战线理论研究会第一、二届副会长，海南省人民检察院特邀检察员，海口海关督导专员。

▲陈得胜

（二）陈得胜（1944.5—1999.9）

陈得胜，男，1944年5月出生于海南省海口市，台湾省南投县人，汉族，城市规划师，台盟盟员，政协海口市第八、九、十届委员会常委，1964年参加工作，1999年9月7日不幸病逝。

1964年4月至1981年12月在海口市规划室任规划员；

1982年1月至1988年2月在海口市建委、海口市城建局任干部；

1988 年 2 月至 1999 年 9 月在海口市城建档案馆任馆长；

1991 年 6 月至 1993 年 12 月台盟海口市第一届支部委员会主委；

1993 年 12 月至 1997 年 4 月台盟海口市第一届委员会副主委；

1997 年 4 月至 1999 年 9 月台盟海口市第二届委员会主委。

（三）符之冠（1965.5— ）

▲符之冠

符之冠，男，1965 年 5 月出生，汉族，台湾省宜兰县人，在职研究生学历，1987 年 7 月参加工作，1993 年 5 月加入台盟，1995 年 7 月加入中共。现任全国人大代表、海南省政协委员、海南省政协人口资源环境委员会副主任，台盟海南省四届委员会副主委（兼），省台联副会长（兼），海口市政协常委，台盟海口市委主委（兼），海口市台联会会长（兼）。海南省台联会长。

1987 年 7 月至 1991 年 10 月在海口市第七中学任教，任生物教研组组长；1991 年 10 月至 1997 年 10 月在振东区纪委监察局任案审股股长，机关团总支书记；1997 年 10 月至 2004 年 6 月任海口市美兰区文体局副局长（1996 年 7 月至 1999 年 7 月吉林师范学院政治学自学本科毕业）；2004 年 5 月至 2009 年 11 月任海口市美兰区人民政府副区长；2006 年 7 月任台盟海口市委主委；2007 年 4 月任台盟海南省委副主委；2009 年 11 月至 2010 年 12 月台盟海口市委驻会主委（2008 年 4 月至 2010 年 4 月海南大学工商管理硕士）；2010 年 12 月任海南省政协人口资源环境委员会副主任；2010 年 12 月至 2014 年 12 月任海口市食品药品监督管理局局长。2014 年 12 月至今海南省台联会长。

历任：海南省第二届人大代表，海南省第四、五届政协委员，海口市政协第十届委员、第十三届常委，海口市第十三届人大代表。十二届全国人大代表。

台盟江西省委筹委组织发展沿革

一、成立的历史背景

1978年12月，党的十一届三中全会以后，我们党和国家的工作重心开始转移到经济建设上来。同时，国际形势的深刻变化，为和平解放台湾问题创造了新的有利条件。在这个背景之下，以邓小平为核心的中央第二代领导集体在毛泽东主席、周恩来总理关于争取和平解决台湾问题的思想基础上，确立了“和平统一、一国两制”的科学构想，中央的对台大政方针也由此发生了转变。1979年1月，全国人大常委会发表了《告台湾同胞书》，至此，中央和国家对台工作方针从解放台湾向和平统一方向转变，并“寄希望于台湾人民”。

当时的台湾海峡两岸仍处于隔绝状态，而江西作为台胞大省（台胞人数位居全国第六），这就需要有一个台湾同胞自己的组织，来作为相互联系的纽带和桥梁。1981年，老台胞林一升、吕英赴京汇报拟筹建台盟组织的建议，但由于种种原因，该建议没有批复。1995年，江西台联会长何大欣、副会长曾鲁台又向台盟中央和有关部门提出成立台盟的建议，时任台盟中央秘书长潘渊静专程与江西台联负责同志组织交流，听取建立台盟组织的意见。2002年，时任台盟中央秘书长张华军专程来南昌协调。随后，有关部门和人员赴浙江等地进行了调研。2008年，台盟中央考虑到江西台胞人数多，是对台工作重要省份，发展台盟组织时机成熟，遂批准发展何大欣、曾鲁台两位同志入盟并逐渐发展盟员。

二、成立过程及组织变迁

（一）台盟江西支部（2011.11—2017.7）

2011年11月，台盟中央批准成立台盟江西支部（台盟中发〔2011〕34号），任命何大欣为主任委员（2016年7月因到龄退休免去主委职务），曾鲁台、徐友洪为副主任委员。2014年12月经第一届支部委员会通过，沈小慧（女）增补为副主委，王冠羽（女）为副秘书长。

（二）台盟江西省委筹委（2017.07— ）

2016年12月，台盟中央同意成立台盟江西省委员会，筹备期一年（台盟中发〔2016〕47号）。2017年7月27日，在南昌召开台盟江西省委员会筹备委员会成立大会，台盟中央任命曾鲁台为主任委员，徐友洪、吕少军为副主任委员，俞红光为秘书长。2017年8月28日，关于台盟江西省委员会、江西省台湾同胞联谊会有关机构编制事项的通知（赣编办发〔2017〕85号），明确台盟江西省委员会与江西省台湾同胞联谊会机关合署办公，共设3个内设机构，分别是办公室、组织部、参政议政部，行政编制13人，工勤编制2人。

三、初期活动

集思广益，积极履职，为富裕美丽幸福江西建言献策。参政议政工作是台盟江西省委筹委会重中之重的工作，也是服务中心、服务大局的重要举措。一是积极开展课题专项调研等工作，组织政协委员认真履行职责，认真撰写提案，五年来上报了《关于支持和加快推进“汪山土库海峡两岸（赣台）文化艺术交流基地建设项目”建设的建议》《推进智慧农业建设，加快现代农业发展》等55篇提案，其中多篇得到了有关职能部门高度重视，并转化为决策内容和工作措施，为促进江西经济、社会科学发展做出了努力。二是积极开展党派调研，台盟江西省委筹委会充分发挥与台湾岛内各界有着广泛联系的特色，联络岛内相关专家学者分析研究台湾先进经验和技术，结合江西的实际情况吸收借鉴台湾的经验和技术，完成了多篇涉及农业、经济、台商、两岸关系等领域的专题调研，台盟江西省委筹委会通过专题大调研活动多次向省委省政府提出建议，得到了省委主要领导的肯定，还多次参与台盟中央参政议政论坛。三是积极参与全盟“上下联动、横向联合”的工作格局，积极承担盟中央重点课题，多次组建专题调研课题组开展调研，并尝试将盟中央课题、江西全省党派大调研课题结合起来开展调研，逐步形成了农业、脱贫攻坚等一些具有特色的重点领域。四是重视发挥各领域专家学者的参谋咨询作用、动员组织作用、人大代表政协委员的骨干作用和青年盟员的生力军作用，凝聚与发挥全盟智慧与力量。五是组织了多次参政议政工作培训，并运用网络平台加强参政议政信息共享。在这些措施的推动下，盟员间形成了更为浓郁的比、学、赶、超，努力争先的氛围，进一步形成了目标明确、团结协作、整体推进的参政议政工作良好局面。

台盟组织在江西成立的六年来，应邀参加中共江西省委省政府召开的协商会、情况通报会和座谈会二十余次，提出多项意见和建议。完成盟中央调研课题四十余项，获得两次特等奖、一次二等奖、一次三等奖。多件提案被省委省政府领导批示，并多次获得优秀提案奖。

四、历次盟员大会及历届委员会重要简况

（一）第一次盟员大会及第一届委员会（2011.11—2017.7）简况

2012 年 7 月 21 日，台盟江西支部第一次盟员会议在南昌召开。参加会议的盟员有 10 人。会议的议程主要是传达台盟中央关于台盟中发 2011[34]号文件精神，汇报台盟江西支部的筹备经过，学习《台湾民主自治同盟章程》。

第一届委员会主委：何大欣，副主委：曾鲁台、徐友洪。

本届委员会在台盟中央和中共江西省委统战部的指导下，认真学习贯彻党的十八大和十八届三中、四中全会精神和习总书记一系列关于对台工作重要讲话精神，创新思路，深入细致地开展各项工作，以多角度服务发展经济建设为中心，切实履行参政议政职能。为更好地做好两岸职业教育交流合作，组织台湾教师会的参访团成员来赣交流；在台盟中央联络部的大力支持下，邀请岛内数位著名作家学者，与江西出版、教育界等有关人士举办海峡两岸教科书出版发行现状及展望研讨会；积极组织盟员学习讨论中央对台精神及当前台湾政治形势；承办台盟中央“中青年盟员培训班”“办公室主任培训班”“中央课题协调会”等活动。

▲赣台农业研讨会

届中调整后，第一届委员会主委：何大欣，副主委：曾鲁台、徐友洪、沈小慧。

（二）台盟江西省委筹备委员会（2017.7— ）简况

2017 年 7 月 27 日，台湾民主自治同盟江西省委员会筹备委员会成立大会在南昌召开。全国政协常委、台盟中央常务副主席黄志贤，中共江西省委常委、统战部长陈兴超出席会议并为省委筹委会揭牌、致辞，台盟中央组织部副部长陈勇参加会议。

台盟江西省委筹委会主委：曾鲁台，副主委：徐友洪、吕少军。

五、历届组织机构组成名单

（一）第一届委员会（2011.11—2017.7）

主　委：何大欣

副主委：曾鲁台　徐友洪

委　员：沈小慧（女）　俞红光　王冠羽（女）　温建新

2015 年 1 月，增补沈小慧（女）为副主委，王冠羽（女）为副秘书长。

（二）台盟江西省委筹委（2017. 7—　　）

主　委：曾鲁台

副主委：徐友洪　吕少军

六、历届主委简历

▲何大欣

何大欣，男，1953 年 3 月出生，台湾台中人，中共党员，台盟盟员。现任江西省政协常委，港澳台侨委副主任。曾任全国台联副会长，十届、十一届全国人大代表，省台办巡视员兼省台联会长。

▲曾鲁台

曾鲁台，男，1958 年 4 月出生，台湾桃园人，中共党员，台盟盟员。现任江西省台湾同胞联谊会会长，台盟江西省委筹委主委，江西省政协委员，全国台联常务理事。曾任第七届江西省政协委员，第七届南昌市政协委员。

七、担任历届全国人大代表、全国政协委员、省部级职务的盟员名单

（一）历届全国人大代表

第十届　：何大欣

第十一届：何大欣

（二）历届全国政协委员

无

（三）省部级职务的盟员

无

台盟南京市委组织发展沿革

一、成立的历史背景

中日甲午战争后，台湾虽被清政府割让给日本，但海峡两岸人民依然往来，常有台湾人来宁谋生。辛亥革命以后，为帮助来往的台湾人在宁谋职求生，南京出现了第一个台湾同胞团体——台湾同乡会。会址设在南京花巷18号（现为花巷12号）的咸宁医院内（现为居民住屋）。经日本来南京的台湾人游弥坚、游无为、吴永绥、吴达山等人，曾先后是台湾同乡会的负责人。

1939年到1945年期间，来宁的台胞不断增多，总数达三四千人。主要经营钱庄（新兴、丰南、天城等三家）、医院（眼科、牙科、白令等四家）、旅社（湘一、四明等两家）、洋行、汽车行，还有部分从事汽车修理、种菜和做小生意。他们在南京成立了台湾同乡会，会长是新兴钱庄的老板林诗浜，副会长是湘一旅社的老板谢春池。会址设在林诗浜的新兴钱庄内（今新街口家用电器商店），而谢春池开设的湘一旅社（在游府西街），接待来宁谋生的台湾同胞。

1945年10月台湾光复以后，政府曾分批组织在宁台胞返回原籍，首批400余人于1945年12月2日集结。1946年初经上海乘船回台湾。1946年底大批台湾青年被征兵，同时来祖国大陆谋生的台湾同胞逐渐增多。他们在南京成立了“台湾省旅京同乡会”，会长陈岚峰，会址设在成贤街文昌街9号。1947年台湾“二·二八”起义失败后，部分台籍人士离开台湾重回南京谋生。

台盟南京地方组织成立前来南京的台湾人主要由四部分人组成。第一部分人是1945年前来南京经商、行医或从事其他职业的台湾人。这部分人是日本占领台湾后迁来南京，多从事后勤工作，有的是汽车修理工，有的种菜，有的开诊所，也有做小生意的。第二部分人是 1946 年 12 月随国民党 70 师师长陈颐鼎来大陆参加内战的台湾老兵，后因战乱留在南京，这些老兵有十余人。第三部分人是 1949 年 4 月南京解放后，参加人民解放军的台籍青年被派往台湾干部训练团（简称台训团，总部在上海）、台湾干部训练队（简称台训队，总部在福建）集训，准备解放台湾。抗美援朝开始后，台训团、台训队解散，调往南京工作的有 17 人。第四部分人是 1950 年代初到 1956 年，响应周恩来总理号召，由日本回到祖国参加社会主义建设的在日台湾人，这部分人有数十人。此外，还有个别 1949 年前在大陆就读大学，毕业后被分配到南京的台湾公派留学生。

二、成立过程及初期活动

台盟南京市地方组织成立前的盟员有：

陈秋生，1905 年生，台湾台南市人，1947 年 11 月经谢雪红、杨克煌介绍，在香港加入台盟，1950 年到上海台盟工作，1954 年调入江苏省商业厅商技处，1964 年 2 月病逝。

石朝辉，1925 年生，台湾台中市人，1947 年在台中市参加“二·二八”起义，1949 年 11 月在北京加入台盟。原南京水利科学研究院高级工程师，曾参与筹建江苏省及南京市台联。曾任江苏省台联副会长、南京市台联会长、江苏省人大代表、南京市政协常委等职，1997 年病逝。

张思远，女，1929 年出生，台湾新竹县人，1947 年参加“二·二八”起义。1950 年 6 月在广州加入台盟。原南京工艺装备制造厂医生，曾参与筹建南京市台盟，曾任台盟南京市第一、二届委员、市政协委员、市妇联执委等职。2003 年病逝。

1957 年 5 月，台盟总部秘书长徐萌山来南京筹建台盟南京地方组织，请台胞曾人宗帮助筹备工作。在江苏省政协的帮助下，召开了台胞座谈会。台盟南京地方组织筹建工作后因反右斗争中辍。1979 年 1 月 1 日，全国人民代表大会常务委员会发表了《告台湾同胞书》，两岸关系出现缓和。1979 年 10 月 11 日至 22 日，台盟第二次全国代表大会在北京召开。这次代表大会是台盟 1949 年在香港成立 32 年后首次召开的重要会议，当时台盟有 7 个地方组织，盟员总数 189 人。曾人宗代表江苏省台胞列席会议。曾人宗在小组会上发言表示，南京市有台胞300来人，但没有台盟组织，希望这次大会能解决地方台盟组织问题。曾人宗的发言刊登在大会简报第9期上。台盟总部主席蔡啸看过简报后同意非常重视，并决定由台盟中央副主席田富达同志来南京发展成员，开展建立南京台盟支部的筹备工作。11月25日，台盟总部副主席田富达来南京。27日，召开南京台盟第一次筹备会议，宣布成立由5人组成的台盟南京市支部筹备小组，曾人宗为组长、蔡海金为副组长，成员有石朝辉、张思远（女）、周玉华（女）。筹备小组成立后，即在台籍中上层人士中开展工作，调查了解台籍中上层人士状况，宣传台盟章程和新时期台盟的性质、任务和作用，加强了与台胞的联系，增进了台胞对台盟组织的了解。经过一年多的努力，按照台盟章程规定，分批发展了20名盟员，同时调进机关干部，建立办公机构，印发刊物。

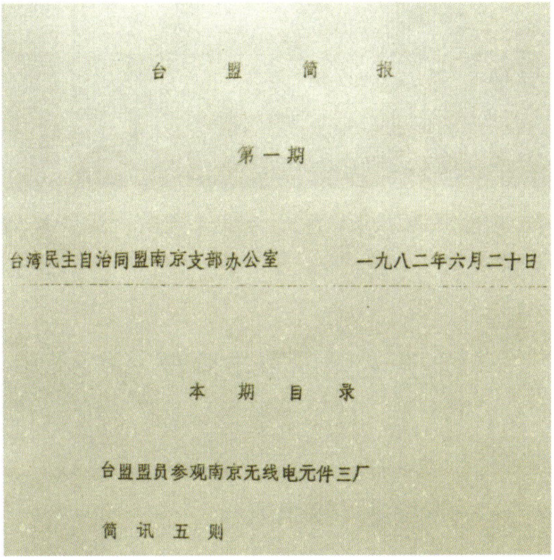
台 盟 简 报

第一期

台湾民主自治同盟南京支部办公室　一九八二年六月二十日

本 期 目 录

台盟盟员参观南京无线电元件三厂

简 讯 五 则

▲1982年6月《南京台盟简报》创刊

三、组织变迁

（一）台盟南京市支部（1982.9—1984.5）

1980年11月开始筹备，1982年9月正式成立，直属台盟中央领导。

1. 下设基层组织情况

无。

2. 内设机构

下设办公室，主任为刘世萼。盟址设在南京市上乘庵10号（后改名为洪武北路10号）。

3. 设立专委会情况

无。

▲1982年9月24日，台盟南京市支部成立

▲1982年9月成立时会址（借用民建办公室）

（二）台盟南京市分部（1984.5—1987.11）

1984年5月，根据台盟第三次全盟代表大会关于统一台盟地方组织名称的决定，台盟南京市支部改为台盟南京市分部。直属台盟中央领导。

1. 下设基层组织情况

1984年底，台盟南京地方组织按教育卫生、工矿企业、机关建立3个小组。第一组（工矿企业组）组长石朝辉；第二组（教育卫生组）组长梁国诚；第三组（机关组）组长周宝安。

2. 内设机构

办公室，主任为刘世萼，编制5人。

3. 设立专委会情况

无。

（三）台盟南京市委员会（1987.11—　）

1987年11月，按照台盟第四次全盟代表大会的有关决定，台盟南京市分部更名为台盟南京市委员会。直属台盟中央领导。

1. 下设基层组织情况

1988年10月，撤销小组，建立3个支部。第一支部主委张华昌，第二支部主委王宝钦，第三支部主委张建华。1990年9月换届，第一支部主委张华昌，第二支部主委石慧（女），第三支部主委李弘钧。1997年8月支部换届，一支部主委为王宝钦，二支部主委为古斌，三支部主委为古秀珉。1998年6月，从原二、三两个支部中抽出部分盟员组建了第四支部，主委为林志荣。

2000年5月，支部换届。一支部主委为王宝钦，二支部主委为古斌，三支部主委为古秀珉，四支部主委为林志荣。

2003年11月，支部换届。一支部主委为王宝钦，二支部主委为吕凤显，三支部主委为古秀珉，四支部主委为后惠兰（女），第五支部主委为汪晓阳。

2007年4月，支部换届。按行政区划建立玄武、白下和鼓楼三个区支部；建立两个直属支部，成员分别为退休老盟员和区划支部外各区盟员。直属一支部主委林志荣，委员周宝安、林静婉（女）；直属二支部主委古秀珉，委员高崇德、刘思年；玄武区支部主委曾建华（女），委员蔡竹沙（女）、张建兰（女）；白下区支部主委汪晓阳，委员施伟方、陈嘉南；鼓楼区支部主委李宗民，委员侯小东、潘宁（女）。

2012年2月，支部换届。各支部开始设立副主委。直属一支部主委林志荣，副主委周宝安，委员王惠华（女）；直属二支部主委高崇德，副主委陈庆宁（女），委员刘思年；玄武区支部主委刘忠斌，副主委林凌，委员张建兰（女）；白下区支部主委李慧珍（女），副主委施伟方，委员陈嘉南；鼓楼区支部主委侯小东，副主委潘宁（女），委员李琦（女）。

2. 内设机构

办公室，编制8名，其中1名行政附属人员。1992年6月，开办台盟科技开发咨询服务部，推动两岸经贸交流和科技合作。1992年12月，开办台盟外语培训中心，为社会培养中、高级外语人才。以上两机构后根据国家有关机关单位不能办实体的规定予以终止。

2001年，办公室主任为李顺兴。2003年6月，盟址迁至成贤街43号3号楼3楼。2003年9月，经南京市机构编制委员会批复同意，台盟南京市委办公室增挂组织宣传处牌子。2009年，办公室主任为张建兰（女）。

3. 设立专委会情况

1990年，为增进盟员了解台湾情况，加强台情研究，成立台情研究小组。1997年7月，设立参政议政研究小组（负责人孙南雄）、《南京台盟》编委会（负责人胡有清）、台情研究领导小组（负责人曾人宗）、妇女工作委员会（负责人许燕吉）、外语培训中心管理委员会（负责人周宝安）。2002年7月，调整妇女工作委员会成员，蔡宪沙（女）为主任，曾建华（女）、石慧（女）为副主任。2007年12月，增设参政议政工作委员会（主任胡有清）、经济

▲南京台盟现办公楼

联络工作委员会（主任蔡宪沙）、两岸关系研究委员会（主任陈神民）；妇女工作委员会换届，主任为汪晓虹。（女）2012 年 2 月，调整各工作委员会人员：参政议政工作委员会主任胡有清、经济联络工作委员会主任蔡宪沙（女）、两岸关系研究委员会主任陈神民、妇女工作委员会主任汪晓虹（女）。

四、历次盟员大会及历届委员会重要简况

（一）第一次盟员大会及第一届委员会（1982.9—1985.11）简况

1982 年 9 月 23 日至 25 日，台盟南京市第一次盟员大会在南京白下路 255 号白下饭店召开，曾人宗作台盟南京支部筹备小组工作报告。与会人员学习了中共“十二大”精神和台盟章程，选举产生台盟南京市支部第一届委员会，曾人宗任主任委员，周玉华（女）任副主任委员。中共南京市委副书记刘峰到会讲话。

台盟支部成立后，组织盟员和所联系台胞学习中共十一届三中全会以来党的路线、方针、政策，学习中发【1981】38 号文件精神，落实台胞政策。发展了 15 名盟员，盟员总数达到 35 人。1984 年底，支部成立了 3 个小组，建立了每月一次的学习制度，同时开展对台联络和对台宣传工作。

1983 年 8 月，选举产生出席台盟第三次代表大会的代表。

▶ 1983 年 2 月，台盟总部主席蔡啸来宁

（二）第二次盟员大会及第二届委员会（1985.11—1988.9）

1985年11月5日至7日，台盟南京市第二次盟员大会在南京市白下路255号白下饭店召开，曾人宗作《为“四化”建设和祖国统一大业谱写新篇》的工作报告，选举产生台盟南京市分部第二届委员会，曾人宗任主任委员，周玉华（女）任副主任委员。台盟总部副秘书长蔡鸿振、中共南京市委副书记胡序建到会讲话。

第二届委员会期间，盟员们围绕统一祖国、振兴中华的中心任务，积极发挥海外关系的优势和特点，为江苏省和南京市引进项目20多项，接待海内外台胞56批220多人。

▲ 1985年11月7日，台盟南京市分部第二次全体盟员大会

（三）第三次盟员大会及第三届委员会（1988.9—1992.1）简况

1988年9月22日至24日，台盟南京市第三次盟员大会在南京市洪武北路10号南京市政协会议室召开，曾人宗作台盟南京市第二届委员会工作报告，选举产生台盟南京市第三届委员会，曾人宗任主任委员，孙南雄任副主任委员。台盟中央主席团主席蔡子民、中共南京市委副书记胡序建到会讲话。

第三届委员会进一步加强参政议政、对台联络和社会服务等工作，就市政建设、公用事业、教育卫生、落实台胞政策、祖国统一等提交建议、提案70余件，接待岛内外台胞和外籍人士357人次，为引进台资牵线搭桥40余项。

（四）第四次盟员大会及第四届委员会（1992.1—1997.4）简况

1992年1月19日至21日，台盟南京市第四次盟员大会在南京市洪武北路 10 号市政协会议室召开，曾人宗作台盟南京市第三届委员会工作报告，选举产生台盟南京市第四届委员会，蔡海金任主任委员，孙南雄任副主任委员，曾人宗为名誉主委。1995 年 12 月增选李顺典为副主任委员，周宝安为秘书长。台盟中央主席团主席蔡子民、中共南京市委副书记胡序建到会讲话。与会盟员在会上还学习了《江泽民同志在庆祝建党 70 周年大会上的讲话》。

第四届委员会围绕南京经济社会发展共提交提案、建议近 300 条，接待台胞 210 余人次，引进项目 10 多项、资金 1000 多万美元，协调解决台商纠纷 12 起。

（五）第五次盟员大会及第五届委员会（1997.4—2002.4）简况

1997 年 4 月 9 日至 11 日，台盟南京市第五次盟员大会在南京市洪武北路 10 号市政协会议室召开，主委蔡海金作《高举爱国主义和社会主义两面旗帜，为祖国统一大业而奋斗》的工作报告，选举产生台盟南京市第五届委员会，孙南雄任主任委员，李顺典、胡有清为副主任委员，曾人宗、蔡海金为名誉主委，周宝安为秘书长。台盟中央常务副主席张克辉、中共南京市委副书记胡序建到会讲话。台盟中央组织部长蔡铭熹到会祝贺。

第五届委员会期间，盟市委认真履行参政议政、民主监督的党派职能，主要负责人参加市委、市政府召开的协商会 55 次，向人大、政协提交建议、提案 350 篇。其中，对江苏省内高校台湾学生就读情况进行了调研，提出了台生与陆生同等收费的建议，并在 2005 年的全国政协会议上向胡锦涛总书记作了专题汇报，有力推动了备受关注的台生收费标准问题的圆满解决。

（六）第六次盟员大会及第六届委员会（2002.4—2006.12）简况

2002 年 4 月 12 日至 13 日，台盟南京市第六次盟员大会在南京市广州路 208 号古南都饭店召开，孙南雄作台盟南京市第五届委员会工作报告，选举产生台盟南京市第六届委员会，孙南雄任主任委员，胡有清为副主任委员，曾人宗、蔡海金为名誉主委，蔡宪沙（女）为秘书长。全国政协副主席、台盟中央主席张克辉，台盟中央副主席李敏宽，中共南京市委副书记汪正生到会讲话。会议选举产生出席台盟第七次代表大会的代表。

2005 年 2 月增选蔡宪沙（女）为第六届委员会副主任委员。

第六届委员会团结广大盟员，认真履行参政党职能，形成调研报告 20 多篇，提交提案、建议 350 件，接待岛内和境外台胞 20 多批，300 余人。同时积极开展赴台交流，宣传“和平统一、一国两制”方针，引进台资项目 7 个，资金近 2000 万美元。

（七）第七次盟员大会及第七届委员会（2006.12—2011.12）简况

2006 年 12 月 22 日至 23 日，台盟南京市第七次盟员大会在南京古南都饭店召开，孙南雄作《继往开来，努力建设高素质参政党为全面达小康、建设新南京作贡献》的工作报告，选举产生台盟南京市第七届委员会，胡有清任主任委员，蔡宪沙（女）、汪晓虹（女）为副主任委员，蔡宪沙兼秘书长。台盟中央副主席李敏宽，中共南京市委常委、统战部长钱继红到会讲话。会议选举产生出席台盟第八次代表大会的代表。

第七届委员会充分发挥整体优势，服务南京经济社会发展，深入开展调查研究，形成了 30 多篇高质量的调研报告，600 多份提案、建议，向有关部门报送信息 250 多篇，接待境内外客商 1200 多人次，成功利用台资、外资 1800 多万美元，促进了南京开放性经济发展。

（八）第八次盟员大会及第八届委员会（2011.12— ）简况

2011 年 12 月 17 日至 18 日，台盟南京市第八次盟员大会在南京市中山路 75 号中心大酒店召开，胡有清作《建设高素质参政党地方组织，为我市率先基本实现现代化努力奋斗》的工作报告，选举产生台盟南京市第八届委员会，胡有清任主任委员，蔡宪沙（女）、汪晓虹（女）为副主任委员，蔡宪沙（女）兼秘书长。全国政协副主席、台盟中央主席林文漪发来贺信。台盟中央副主

▲台盟南京市委员会成立 30 周年大会会场

席黄志贤，中共南京市委常委、统战部长项雪龙致贺词。

五、历届组织机构组成名单

（一）第一届委员会（1982.9—1985.11）

主　委：曾人宗

副主委：周玉华（女）

委　员：张思远（女）　陈神民　梁国诚

（二）第二届委员会（1985.11—1988.9）

主　委：曾人宗

副主委：周玉华（女）

委　员：孙南雄　张思远（女）　梁国诚

（三）第三届委员会（1988.9—1992.1）

主　委：曾人宗

副主委：孙南雄

委　员：王宝钦　许燕吉（女）　李弘钧　张华昌　周宝安

（四）第四届委员会（1992.1—1997.4）

名誉主委：曾人宗

主　委：蔡海金

副主委：孙南雄　李顺典

秘书长：周宝安

委　员：王宝钦　石　慧（女）史子浩　许燕吉（女）李弘钧　张华昌

注：1995年8月增选史子浩、李顺典、周宝安为市委委员；同年12月增选李顺典为副主任委员，周宝安为秘书长。

（五）第五届委员会（1997.4—2002.4）

名誉主委：曾人宗　蔡海金

主　委：孙南雄

副主委：李顺典　胡有清

秘书长：周宝安

委　员：石　慧（女）　史子浩　李弘钧　张华昌　曾建华（女）

（六）第六届委员会（2002.4—2006.12）

名誉主委：曾人宗　蔡海金

主　委：孙南雄

副主委：胡有清　蔡宪沙（女）

秘书长：蔡宪沙（兼）

委　员：石　慧（女）吕凤显　张华昌　李弘钧　汪晓阳　曾建华（女）

注：2005年2月增选蔡宪沙（女）为副主任委员。

（七）第七届委员会（2006.12—2011.12）

主　委：胡有清

副主委：蔡宪沙（女）　汪晓虹（女）

秘书长：蔡宪沙（兼）

委　员：王建林　石　慧（女）　吕凤显　周　睿　曾建华（女）

（八）第八届委员会（2011.12—　）

主　委：胡有清

副主委：蔡宪沙（女）　汪晓虹（女）

秘书长：蔡宪沙（兼）

委　员：王建林　石　慧（女）吕凤显　孙晓青（女）林　玮　周　睿

注：2013.12增选邹振球为台盟南京市委专职副主委兼秘书长、委员。蔡宪沙转兼职副主委。

六、历届主委简历

（一）曾人宗（1922.10—2006.10）

▲曾人宗

曾人宗，男，汉族，台湾新竹人，台盟盟员、中共党员。1922年10月出生于台湾，1943年毕业于日本东京高等工学院（东京芝浦工业大学前身），1945年10月参加革命，先后在东北军区军工厂、中国人民解放军台湾干部训练团、南京307厂和720厂、南京仪表公司、江苏计算机总厂任领导职务。1980年主持南京市台盟的筹建工作，1982—1992年任台盟南京市第一、二、三届主委，第四、五、六届名誉主委。第七届全国政协委员，第三、四届台盟中央委员，第五、六届江苏省政协常委，第七、八届南京市政协副主席。

▲蔡海金

（二）蔡海金（1927.5—　　）

蔡海金，男，汉族，台湾苗栗人，台盟盟员、中共党员。1927年5月出生，1946年作为台湾公派学生赴浙江大学就读，1951年分配至南京电子管厂工作。曾任南京电子管厂教授级工程师、副总工程师，中国真空学会常务理事、中国真空学会真空应用委员会副主任委员、南京市计量测试技术学会副理事长。主持筹建江苏省及南京市台联会，参与筹建台盟南京市支部。1981—1994年任江苏省台联第一至四届会长，兼任南京市台联第一届会长。第八、九届全国政协委员，第五届台盟中央委员，第三、四届全国台联常务理事，第六、七届江苏省人大常委，第七届江苏省政协常委，第九届南京市政协副主席，江苏省台联名誉会长，台盟南京市第四届委员会主委，第五、六届名誉主委。

▲孙南雄

（三）孙南雄（1943.7—　　）

孙南雄，男，汉族，台湾台南市人，台盟盟员、中共党员。1943年7月出生，1966年9月南京医学院医学系毕业，1982年9月南京医学院研究生毕业。历任助教（1982—1983），讲师（1983—1992），副教授（1992—1998），教授（1998—　　）。1992年9月聘为硕士研究生导师，2001年3月聘为博士研究生导师。江苏省医学重点学科学术带头人、江苏省医学会医疗事故鉴定专家库成员、南京市医学会医疗事故鉴定专家库成员。先后四次由国家选派赴澳大利亚、日本等国从事研究工作。全国政协第九、十、十一届委员，台盟中央第五届委员，第六、七、八届常委，第八届参政议政工作委员会主任，第九届参事室主任。南京市政协第九、十届副主席，南京市人大第七届代表、第八届常委，台盟南京市委第三、四届副主任委员，第五、六届主任委员。

（四）胡有清（1949.4— ）

▲胡有清

胡有清，男，汉族，台湾台中人，台盟盟员、中共党员。1949年4月出生于江苏南京。1969年1月参加工作，历任江都县周西人民公社插队知青，扬州师范学院教师、助教，江苏教育学院助教，南京大学中文系（文学院）讲师、副教授、教授、博士生导师、海外教育学院院长。1997年8月任江苏省台联副会长，2002年9月至2012年12月任会长；1997年4月任台盟南京市委副主委，2006年12月至今任主委。全国政协委员，台盟中央常委，全国台联顾问，江苏省海外联谊会副会长，台盟南京市委主委，南京大学文学院教授、博士生导师。第十、十一届全国人大代表，台盟第六、七届中央委员，第八、九届中央常委；全国台联第六、七届理事，第八届副会长，第九届顾问；江苏省政协第九、十届常委；第十二、十三届南京市人大常委。

七、历任全国人大代表、全国政协委员、省部级职务的盟员名单

（一）历届全国人大代表

第十届：胡有清

第十一届：胡有清

（二）历届全国政协委员

第七届：曾人宗

第八届：蔡海金

第九届：蔡海金　孙南雄

第十届：孙南雄

第十一届：孙南雄

第十二届：胡有清

台盟安徽总支组织发展沿革

一、成立的历史背景

台盟安徽小组成立于1999年5月，台盟中央李敏宽副主席莅临指导并祝贺。安徽大学经济学院教授吕英斌同志任台盟小组组长。成立初期，台盟盟员只有5名。经过10年发展，截止到2009年底，盟员已发展到48名。建盟初期，在没有办公地点和专职工作人员及工作经费不足的情况下，积极开展各项工作。

二、成立过程及初期活动

根据在皖台胞的具体情况，台盟安徽小组商有关部门后，向台盟中央提出成立台盟安徽省总支部的请示，获得台盟中央的批准。批文（台盟中发2010[5]号）同意成立台湾民主自治同盟安徽省总支部委员会。同意台盟安徽省总支下设合肥、芜湖、省直3个支部，蚌埠、滁州、马鞍山、黄山安庆4个小组。批文同意台盟安徽省第一届总支委员会规模为7人，设主任委员1人，副主任委员2人。同意陈清海为主任委员候选人建议人选，叶伟明、陈伟旭为副主任委员候选人建议人选，叶伟明、许颖、吴纲烈、陈伟旭、陈清海、林众、游建华为委员候选人建议人选。

三、组织变迁

（一）台盟安徽小组（1999.5—2010.1）

1999 月 5 月，台盟安徽省小组正式成立，直属台盟中央领导。

（二）台盟安徽省总支部委员会（2010.1— ）

根据台盟中发 2010[5] 号文件，台盟安徽省小组于 2010 月 1 月 18 日正式改为台盟安徽省总支部委员会，直属台盟中央领导。

四、历次盟员大会及历届委员会重要简况

（一）第一次盟员大会及第一届委员会（2010.1— ）简况

2010 年 1 月 21 日，台盟安徽省总支部第一次盟员会议在合肥召开。参加会议的盟员有 48 人。会议的主要任务是选举第一届委员会，成立台盟安徽省总支部。大会的主要议程是汇报台盟安徽省总支部的筹备经过，学习《台湾民主自治同盟章程》，选举产生第一届台盟安徽省总支部委员会，正式宣告台盟安徽省总支部成立。

第一届委员会主委：陈清海，副主委：叶伟明、陈伟旭。

本届委员会在台盟中央的正确领导下，在全体盟员共同努力下，认真学习贯彻中共中央十七届五中全会和十八届一中、二中、三中、四中全会精神，全国全省两会精神和台盟中央相关会议精神，组织考察团赴芜湖大浦国家农业科技园区实地考察；调研了铭传乡台资企业；联合省台联开展“同心工程·

2011
台盟安
省总支
大会议

▲2011年安徽台盟调研铭传乡台资企业

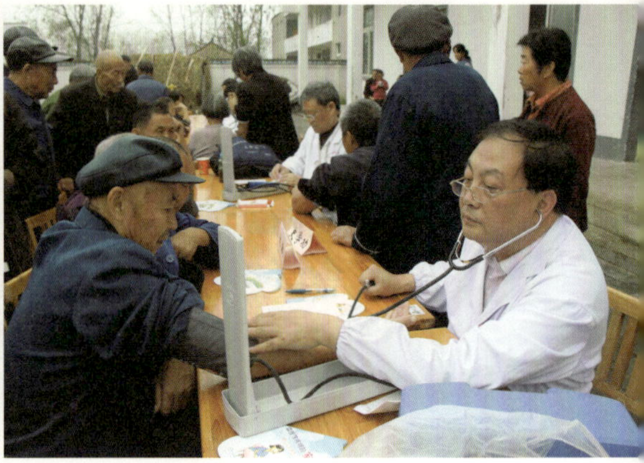

▲2011年同心工程·送医下乡

送医下乡”活动；开展中国革命传统教育和爱国主义教育；联系台商开展捐资助学活动；组织省民主党派赴台参访；积极参政议政，建言献策，在参政议政、对台联络、社会服务等方面做出了一定的成绩。

2013年底，总支委员会召开会议讨论关于领导班子成员年龄结构偏大的问题，部分总支委员主动提出让年轻的干部担任总支部的领导职务。经过总支委员会慎重考虑后，请示台盟中央进行届中调整，并在得到台盟中央批示后，于2014年1月18日，召开全体盟员大会，选举林敏同志担任台盟安徽省总支部第一届委员会副主委，王宇靖同志为总支委员。

第一届委员会主委（届中调整后）：陈清海，副主委：林敏、陈伟旭。

▶2012年台盟安徽省盟员会议

五、历届组织机构组成名单

（一）第一届委员会（2010.1—2014.1）

主　委：陈清海

副主委：叶伟明　　陈伟旭

委　员：游建华　　许　颖　　林　众（女）　　吴纲烈

（二）第一届委员会（届中调整后 2014.1—　　）

主　委：陈清海

副主委：林　敏　　陈伟旭

委　员：叶伟明　　许　颖　　林　众（女）　　王宇靖（女）

六、历届主委简历

陈清海（1953.12—）

陈清海，男，汉族，1953 年 12 月生，台湾台北人，1975 年 10 月参加工作，1985 年 1 月加入中国共产党，北京师范大学哲学专业专科毕业，安徽省委党校行政管理本科毕业。现任台盟安徽省总支部委员会主委，安徽省台湾同胞联谊会会长，安徽省政协港澳台侨和外事委员会副主任，第十一、十二届全国人大代表，安徽省政协第十、十一届常委。

▲陈清海

七、历任全国人大代表、全国政协委员、省部级职务的盟员名单

历届全国人大代表

第十一届：陈清海

第十二届：陈清海

台盟成都支部组织发展沿革

一、成立的历史背景

1978年12月，中国共产党召开了具有历史意义的十一届三中全会，我国进入了以实现四个现代化为中心任务的新的历史时期。《人民日报》于1979年元旦发表了《告台湾同胞书》的社论，初步确立和平统一祖国的方针，解决祖国统一问题提到了具体日程上。在此形势下，台盟中央于1979年11月召开了第二次全盟代表大会，邀请了在蓉台胞陈志平（原成都市政协副主席、四川省畜牧研究所所长）出席大会。陈志平同志回川后在台胞大会上向全省台籍同胞传达了大会精神。会后，成渝两地（当时重庆属四川省）台胞开始酝酿在四川建立台盟组织。

在1985年、1986年的两次省台联理事会上，与会全体理事向台盟中央提出了在四川建立台盟组织的要求；在1987年的四川省政协会议上，台籍委员联名提出了在四川建立台盟组织的提案。

二、成立过程及初期活动

1988年上半年，台盟中央主席团根据海峡两岸形势的发展和对台工作的需要，根据在川台胞多年来要求在四川省建立台盟组织的愿望，做出了在川建立组织的决定，并于当年6月派主席团委员吴克泰同志前来四川省与中共四川省委统战部联系，在中共四川省委统战部领导同志的支持下，决定首先在成渝两地台胞比较集中的城市建立直属台盟中央的基层组织。吴克泰同志与中共成都市委统战部领导同志取得联系，并于1988年7月1日发展了盟员陈志平、林家湘两人，连同一位已有的老盟员曾祥发，成都就有了盟员3人。根据台盟章程，在成都建立了台盟小组，由曾祥发同志担任小组长。1988年5月15日，台盟成都小组正式成立并活跃在由中国共产党领导的多党合作的政治舞台上。台盟成都小组的建立，弥补了以往成都市民主党派中没有台盟的空白。

三、组织变迁

为了便于开展台盟工作，同时根据台盟章程，报请台盟中央和中共成都市委批准，于1989年11月将台盟成都小组升格为直属于台盟中央领导的台盟成都市支部，至今已逾25年。在台盟中央和中共成都市委的领导下，在中共成都市委统战部的具体指导下，成都的台盟组织取得发展和壮大。

截至2015年6月，支部现有盟员37人。盟员全都具备大专以上文化程度，其中大专文化的11人，约占30%，大学文化的22人，约占59%，硕士文化的3人，约占8%，博士文化的1人，约占2%。

盟员平均年龄43岁，盟员中现有四川省人大代表1人，四川省政协委员2人，成都市人大代表2人，成都市政协委员3人，其中常委1人。

台盟成都市支部自成立以来，盟员们都在不同的岗位上履职尽责，为有利开展工作，支部成立了参政议政、社会服务、组织工作、宣传工作、联络工作、青年工作、妇女工作及顾问工作8个工作小组。以分管主委带动组长，组长带动组员的方式，积极履行党派职能，为四川省和成都市的发展和两岸和平统一建言献策。

四、历届盟员大会及历届委员会重要简况

（一） 第一次盟员大会及第一届委员会（1989—1997）简况

第一届支部委员会工作期间，充分发挥民主党派参政议政的作用，为实现祖国的统一，加强海峡两岸民间往来做了大量富有成效的工作。积极协助在蓉乡亲与岛内亲友的联系，解答赴大陆探亲、旅游的台湾同胞提出的各种

疑问，介绍中国共产党的对台方针和实行“一国两制”实现祖国和平统一的政策，增进其对祖国的了解。

（二） 第二次盟员大会及第二届委员会（1997—2001）简况

第二届支部委员会工作期间，支部组织人大代表和政协委员认真进行调查研究，提案、议案的数量和质量逐年提高，盟员中的省人大代表提出《关于尽快修订四川省〈中华人民共和国归侨侨眷权益保护法〉的实施办法》和《应制定专业技术人员继续教育的管理条例》的议案，均被四川省人大常委会采纳，经审议后成为地方法律。市人大代表提出的《加快地理信息建设，奠定数字成都基础》的议案，得到市政府高度重视，并建立了成都市地理信息中心。在李登辉抛出“两国论”后，支部组织盟员学习《中国台湾问题》一书和《一个中国的原则与台湾问题的白皮书》，批判李登辉的“台独”言论。支部加强与台胞的联系，接待了来自岛内的台湾政治受难者协会来川访问团、台湾彰化高级商校来川访问团等 100 多人次。

（三）第三次盟员大会及第三届委员会（2001—2006）简况

第三届支部委员会工作期间，支委会带领全体盟员深入学习领会党的十六大精神，为成都市实现“三新”、建立“三最”、推进城乡一体化进程，实现发展新跨越贡献了力量。支委会加强组织发展工作，通过各种途径培养骨干盟员，发挥参政议政作用。积极联络和团结在蓉台胞，加强与岛内亲友的联系。在台盟中央和有关部门的关怀和支持下，支委会为成立台盟成都市工作委员会做了大量筹备工作。

（四）第四次盟员大会及第四届委员会（2006—2011）简况

第四届支部委员会工作期间，切实履行参政党职能，围绕党委、政府中心工作，就四川省、成都市的政治、经济、文化、社会发展和涉台问题提交的调研报告、提案、建议共计 90 余件。2008 年，支部首次获台盟中央参政议政先进集体三等奖；2009 年，作为在成都市政协没有届别的成都支部，首次在市政协大会上进行交流发言；在“5.12”汶川特大地震发生后，支部成员在抗震救灾、灾后重建中的表现受到全国政协副主席、台盟中央主席林文漪的肯定，被成都市政协评为“抗震救灾先进集体”，被成都市委统战部推荐为“成都市模范集体”。发挥资源优势，积极牵线搭桥推动蓉台交流合作，引进台资企业来蓉考察投资项目 12 批次；引进台资对蓉农村学校帮扶资金近 100 万元；引进“小平基金”，从 2011 年起，每年资助新津县中学、华润高

◀台盟成都支部牵线台湾远东集团成都太平洋百货为新津县永商镇九莲村小学捐赠

中 100 名品学兼优、家庭贫困的高中学生；协调解决台胞子女入学问题以及涉台司法纠纷；认真组织开展政治交接学习教育活动，加强队伍建设，本届共发展盟员 13 人。

（五）第五次盟员大会及第五届委员会（2011— ）简况

台盟成都市支部在 2011—2012 年工作期间，以服务发展为大局，突出重点和特色，积极参政议政。支委会克服长期以来无编制、无机关、无专职工作人员的状况，创造性地开展工作，成立了参政议政、社会服务等 8 个工作小组。盟员中的人大代表、政协委员共向台盟中央、各级人大、政协提交调

◀台盟成都支部配套屏东县基层代表参访团考察成都新津易信达台资企业

研报告、议案、提案和社情民意50余件。支委会以团结、联络为宗旨，以乡亲、亲情为纽带，深化对台交往交流，积极开展社会服务。2012年，成功举办“成都·新津—台湾·屏东中小学校长学术研讨会”，推动并加强了蓉台教育界的了解和优势互补，被海内外多家媒体进行追踪报道。同年，邀请台湾中小企业协会领军人物赴四川天府新区——新材料功能区投资考察。

五、历届组织机构组成名单

（一）第一届委员会（1989—1997）

主　委：曾祥发

委　员：杨新中（调浙江省工作）

林家湘（1995年增补为副主委）

林淑恬（增补）

（二）第二届委员会（1997—2001）

主　委：林家湘

副主委：林淑恬

陈荣造

（三）第三届委员会（2001—2006）

主　委：陈荣造

副主委：乐重荣

委　员：杨志明

（四）第四届委员会（2006—2011）

主　委：潘裕萍

副主委：乐重荣

委　员：杨志明

（五）第五届委员会（2011—　　）

主　委：潘裕萍

副主委：乐重荣

廖文莉

委　员：陈　丹　王良英

六、历届主委简介

（一）曾祥发（1929—1996）

▲曾祥发

曾祥发，台湾屏东人，台盟盟员，教授，台盟成都市支部第一届主委。学生时代，积极投身“二·二八”运动，后加入台盟。1948年高中毕业时，以优异的成绩考上台湾升学大陆大学公派生，毕业于北京师范大学数学系，先后任中学教师、大学教授，曾获“四川省优秀教师”、“四川省劳动模范”称号。发挥日文专长，参与多本专著翻译，如《日文高中数学公式活用指南》《数学的精神、思想和方法》等。为筹建四川省台联、成都市台联、台盟成都小组做了大量工作。曾担任成都市第十届人大代表、成都市政协委员、四川省第三届台湾同胞联谊会副会长、成都市第一届台湾同胞联谊会副会长、成都客家协会副会长。

（二）林家湘（1935—　　）

▲林家湘

林家湘，台湾台北人，台盟盟员，副教授。1954年至1959年就读于北京地质学院；1959年2月至9月，就职于北京地质学院；1959年9月至1996年就职于成都地质学院（现为成都理工大学）。论文《弓长岭铁矿成因矿物学研究》（作者之一）获地质部科技二等奖；获得成都理工学院教学优秀成果奖三等奖两次。曾担任四川省第七、八、九届人大代表及第八、九届外事侨务委员会委员；成都市政协第九届常委、第十一届常委及港澳台侨及外事专委会副主任；台盟成都市第一届支部委员会委员、副主委；第二届主委；成都市第二、三届台湾同胞联谊会副会长。

（三）陈荣造（1939—　　）

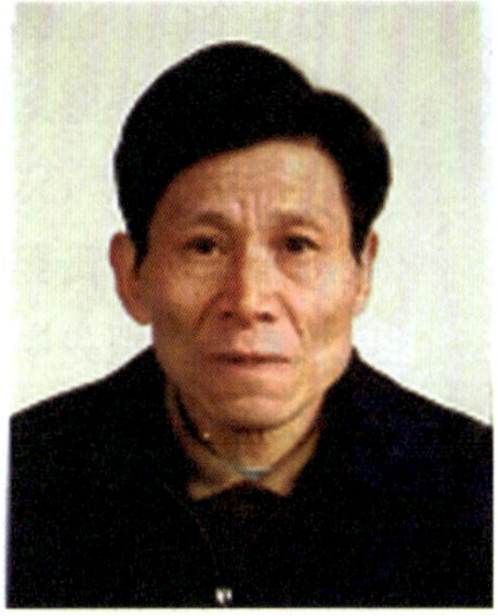

▲陈荣造

陈荣造，台湾台北人，台盟盟员，高级工程师。出生于日本东京，1953年随其家人回到祖国。成都市勘察测绘研究院副总工程师。曾荣获“中国城市地图集编制—建设部级 1990 年度优秀工程奖”；“成都市内八乡 1:500 地形图测绘—成都市科技一等奖”。台盟成都市支部委员会第二届副主委、第三届主委。曾担任四川省第十届人大代表；成都市第十二、十三届人大代表；政协成都市第十一届常委；成都市第四届台湾同胞联谊会副会长。

（四）潘裕萍（1962— ）

▲潘裕萍

潘裕萍，女，台湾台中人，台盟盟员，中学高级教师，台盟成都市支部第四、五届主委，成都市第五、六届台湾同胞联谊会副会长，现任成都市新津县政协副主席。长期从事高中英语教学，曾荣获“巾帼好园丁”称号，曾为四川省职业教育中心录制教材《商业英语》（已发行）。在担任台盟第九届中央委员，四川省第十一、十二届人大代表，政协四川省第九届委员，政协成都市第十二、十三、十四届常委，政协新津县第七、八、九届副主席期间，多篇提案被评为成都市政协优秀提案。曾荣获台盟中央参政议政先进个人奖。

台盟南宁支部组织发展沿革

一、成立的历史背景

随着两岸交流交往不断深入发展，广西也加强了桂台经贸文化交流。与此同时，广西壮族自治区党委政府相关部门认识到台盟作为民主党派组织，在对台工作中发挥越来越大的影响力，并且从健全民主党派建制出发有意成立台盟广西地方组织。2010 年 8 月，以广西台联为主体组成调研组，就广西拟成立台盟组织问题到外省台盟组织进行调研。广西台联组织自治区和南宁市两级台联干部调研后，形成建议成立台盟广西组织的调研报告，提交有关方面研究，研究结果认为：成立台盟广西组织的条件尚未成熟，建议由南宁市先成立台盟组织。

二、成立过程及初期活动

台盟南宁支部于 2013 年 8 月 13 日正式成立。组织的成立经历了两年多的筹备。

2010 年 11 月，中共南宁市委统战部为筹备成立台盟组织，组成调研组外出调研学习。先后到了天津、上海、深圳、广州台盟学习考察，并向台盟中央汇报南宁市拟成立台盟组织的设想和可行性，台盟中央高度重视并组织会谈，给予相应指导。调研组调研后形成可行性报告，并得到了台盟中央、当地党委、政府及统战部门的大力支持。

2012 年 4 月台盟中央组织部副部长蔡国斌一行 3 人对南宁市拟发展入盟

9名台胞进行实地考核。同年7月，9名台胞获批准入盟。

2013年7月22日，根据台盟中发〔2013〕37号文，台盟中央决定成立台湾民主自治同盟南宁市支部委员会。

2013年8月13日，台盟南宁支部成立大会在南宁明园饭店举行。至此，南宁市完善了八个民主党派组织。

台盟南宁支部每年均参与台盟中央的重点课题调研，完成调研分报告，并开始在南宁市的政治舞台上积极发挥作用，与其他民主党派一样完成中共南宁市委每年布置的重点课题调研，提交调研报告并在中共市委常委专题会议上汇报调研成果，与南宁市台商协会建立了联系。支部还以教育帮扶作为社会服务工作的重点，成功获得了北京四中无偿捐助的价值180万元的远程教育资源，帮扶偏远山区的基础教育事业的发展。

▲2013年8月13日台盟南宁市支部委员会成立大会

三、组织变迁

台盟南宁支部成立时，有盟员23名，至今（2015年12月）共有盟员28名。盟员发展情况：

第一批入盟，2012年7月17日，根据台盟中组发〔2012〕（函）14号通知，南宁市9名台胞经台盟中央考核批准加入台湾民主自治同盟组织，是由台盟中央组织部直接发展，分别是：张小庆、黎建康、林寿禄、沈桂萍、陈敦扬、张文捷、黄凯、黎娟娟、姚华。

第二批入盟，2012 年 12 月 28 日，接台盟中组发〔2012〕（函）22 号通知，南宁市 7 名台胞经台盟中央考核批准加入台湾民主自治同盟组织，分别是：郝璐楠、吴彦谨、徐艳萍、苏昊、梁建文、赖宏斌、孙玉霞。

第三批入盟，2013 年 8 月 2 日，接台盟中组发〔2013〕26 号批复，南宁市 5 名台胞经台盟中央考核批准加入台湾民主自治同盟组织，分别是：杨丽娜、陈宇航、谢润春、赖毅玲、潘林。

第四批入盟，2014 年 5 月 27 日，接台盟中组发〔2014〕8 号批复，南宁市 3 名台胞经台盟中央考核批准加入台湾民主自治同盟组织，分别是：谢润贵、黎珈瑄、方舟。

第五批入盟，2014 年 12 月 30 日，接台盟中组发〔2014〕17 号批复，南宁市 2 名台胞经台盟中央考核批准加入台湾民主自治同盟组织，分别是：林妍、陈婵。

此外，原由外省转入南宁市的盟员 2 名，分别是：刘碧玉，1949 年 7 月在上海入盟，1975 年 5 月跟随丈夫由青海省矿山机械厂离休到南宁居住；王竞，1990 年 5 月入盟，1991 年从陕西省宝鸡市烽火中学调入广西南宁市 34 中学工作。

四、历次盟员大会及历届委员会重要简况

2013 年 8 月 13 日，台盟南宁支部成立大会上召开了全体盟员会议，23 名盟员全部参会。大会先行召开全体盟员预备会，听取筹备台盟南宁市支部委员会情况和关于 5 名台盟支部委员、小组长产生的说明。正式会议上，台盟中央组织部部长吴国华宣读了台盟南宁市支部委员会成立的文件和台盟南宁市支部第一届委员会班子成员文件。

第一届委员会设主任委员 1 名，副主任委员 2 名。张小庆同志（兼）任第一届支部委员会主任委员，林寿禄同志（专职）、黄凯同志（兼）任副主任委员。支部委员：黎娟娟、郝璐楠。台盟南宁支部下设西乡塘区、青秀区 2 个小组，分别由黎娟娟、郝璐楠兼任小组长。

▲2013 年 8 月台盟中央领导与南宁市全体盟员合影

五、历届组织机构组成名单

台盟南宁支部成立后没有定编定职，台联办公室也即台盟支部活动场所，1 名台联驻会会长同时任台盟支部副主委，同时负责台联和台盟日常事务工作。

第一届委员会（2013—　）

主　委：张小庆（兼）

副主委：林寿禄（专职）　黄　凯（兼）

支部委员：黎娟娟（兼）　郝璐楠（兼）

西乡塘区小组组长：黎娟娟

青秀区小组组长：郝璐楠

六、历届主委简历

张小庆（1957.10—　）

张小庆，女，汉族，1957 年 10 月出生，籍贯台湾台北，1977 年 7 月加入中国共产党，2012 年 7 月加入台盟，1974 年 7 月参加工作，中国政法大学成人教育学院经济法专业毕业，在职研究生学历，三级高级法官。现任台盟南宁市支部委员会主任委员（兼），南宁市中级人民法院审判委员会委员，调研员。

▲张小庆

1974年7月至1976年2月百色华侨农场职工；1976年2月至1983年10月广西体委射击运动员；1983年10月至2004年2月历任广西高级法院书记员、助审员、审判员、经济调解中心副主任、经济审判第二庭副庭长、民事审判第二庭副庭长、民事审判第三庭副庭长，其间在广西广播电视大学法律专业大专班、广西自治区党校经济法专业本科班、中国政法大学成人教育学院经济法专业研究生班学习，先后获大专、本科、研究生毕业文凭，曾挂任广西合浦县法院副院长、南宁市中级人民法院副院长；2004年2月正式调任南宁市中级人民法院副院长、党组成员、审委会委员、审判员，南宁市第九届政协委员，中共南宁市第十一次党代会代表；2013年至今任南宁市中级人民法院审判委员会委员、调研员，台盟南宁市支部委员会主任委员，广西壮族自治区第十二届人大代表。

台盟贵阳支部组织发展沿革

一、成立的历史背景

台盟贵阳市支部在台盟中央领导下，在中共贵阳市委、市委统战部的支持下，在省委统战部的指导下于 2016 年 10 月 10 日正式成立，台盟中央黄志贤副主席莅临指导。

2011 年 1 月，台盟中央在贵阳发展 4 名盟员。2015 年 4 月和 7 月又先后发展两批盟员共 14 名，到目前止，贵阳市已有盟员 18 名，由于均为兼职，工作开展有一定困难。在贵阳市委统战部的大力支持下，聘用一名工作人员

▲台盟贵阳支部成立大会

负责处理支部的具体事务。

二、初期活动

根据台盟《章程》规定，结合以下条件考虑：一是政治素质强、社会影响大，热爱祖国、拥护中国共产党的领导；二是能认真贯彻执行党的各项方针政策，具有较强的统战意识，熟悉我们党的对台政策；三是能团结同志、勤政廉洁、组织领导能力强；四是在台盟盟员中产生，并尽量规避有亲属关系的人员。经市委统战部研究，并经台盟中央、省委统战部口头回复，提出台盟贵阳市第一届支部委员会领导班子初步人选设主委 1 名，委员 4 名。

三、第一次盟员大会简况

2016 年 10 月 10 日，台盟贵阳市支部第一次盟员大会在贵阳召开，也是台盟贵阳市支部委员会的成立大会，会议的主要任务是选举第一届委员会，并成立台盟贵阳市支部委员会，宣读成立台湾民主自治同盟贵阳市支部委员会决定及主任委员和委员任命；正式宣告台盟贵阳市支部委员会正式成立。

第一届委员会主委：黄学军。

▲黄志贤常务副主席与贵阳支部盟员座谈

台盟贵阳市支部委员会在台盟中央的领导下，认真学习习近平总书记系列重要讲话精神，始终坚定正确政治方向，坚定不移地走中国特色社会主义政治发展道路，坚持中国共产党领导的多党合作和政治协商制度，认真贯彻“长期共存、互相监督、肝胆相照、荣辱与共”的方针，坚持自觉接受中国共产党领导的政治立场，与中国共产党思想上同心同德、目标上同心同向、行动上同心同行，进一步增强中国特色社会主义道路自信、理论自信、制度自信、文化自信。在工作中，我支部也紧紧围绕市委、市政府工作，主动适应经济发展新常态，充分发挥自身优势，选准切入点，扎实深入开展调查研究，形成一批质量高、代表性强的调研报告及相关成果，为贵阳市发展出策献力。

四、第一届委员会（2016.10—　　）

主　　委：黄学军

委　　员：金　佳（女）　蒋　霁（女）

　　　　　骆姝琳（女）　邱轶轲（女）

五、第一届主委简历

▲黄学军

黄学军，男，台湾台北人，1964年4月出生于贵州省贵阳市，1985年7月参加工作，1993年12月加入中国共产党，2011年1月加入台盟。北京广播学院电视工程系电视播控专业毕业，大学本科学历，工学学士，教授级高级工程师。现任贵州广播电视台技术管理部主任、贵州省台湾同胞联谊会副会长、台盟贵阳市支部委员会主任委员。

附录

（2017 年台盟省级组织、中央直属组织新一届领导机构名单）

第十一届　台盟北京市委员会（2017.7）

主 任 委 员：陈　军（女，高山族）

副主任委员：蔡　勉（女）　汪　舟　江小艾（女）　欧云崧　杨　旭

秘　书　长：陈　伟

委　　　员：（按姓氏笔画排序）

王　涛（女）　王　慧　孔德硕（女）　田　丰（高山族）

付建新　庄文静（女）　江小艾（女）　李秋玲（女）

杨　旭　杨　彤（女）　肖　燚　吴　京

汪　舟　陈　伟　陈　军（女，高山族）

陈　京（女，高山族）　陈　湛　陈小兵

陈子云（女）　陈维平　林　海　欧云崧

周旭辉　冼海珍（女）　孟　凡（女）　胡　悦

袁　征　徐　庆　高　伟　高　峰

高　倩（女）　黄　征　曹　晖（女）　赖海权

窦　武　蔡　勉（女）　霍庆革（女）

第十届　台盟天津市委员会（2017.6）

主 任 委 员：刘朝霞（女）

副主任委员：孙昌隆　高　翔　郑月晨（女）

委　　　员：（按姓氏笔画排序）

马　力（女）　尹　泉（女）　庄映辉　　刘朝霞（女）
刘　群　　闫　安　　孙昌隆　　陈　欣（女）
郑月晨（女）　徐　方　　徐建萩（女）　高　翔
蔡欣（女）

第十二届　台盟上海市委员会（2017.4）

主 任 委 员：李碧影（女）
副主任委员：吴　敏（女）　刘　艳（女）　吴珍美（女）　庄振文
委　　　员：（按姓氏笔画排序）

王巨成　　王振达　　王愫怡　　韦　建
石　威　　庄振文　　庄峻斐（女）　刘　艳（女）
许静之（女）　杜倩文（女）　李伟海　　李碧影（女）
吴　敏（女）　吴珍美（女）　张　菊（女）　张　菡（女）
张　錡　　陈　旭　　陈　乐（女）　陈怡赟（女）
林丽平（女）　胡　燕（女）　姜　琦　　殷剑琴（女）
陶寅琰（女）　谢国群　　廖志豪

第三届　台盟重庆市委员会（2017.4）

主 任 委 员：李钺锋
副主任委员：许　沛（女）　吴桂英（女）
秘　书　长：王　昱
委　　　员：（按姓氏笔画排序）

马　欣　　王　昱　王　骁　　吕　军（女，高山族）
许　沛（女）　李钺锋　李倩影（女）
吴桂英（女）　邱献锋　陈　弓　　林　丹

第九届　台盟吉林省委员会（2017.6）

主 任 委 员：孔令智
副主任委员：修　远　韩　晶（女）　李劲松
委　　　员：（按姓氏笔画排序）

孔令智　杨鹤童　李劲松　张永欣　周明辉（女）
郑吉虎　修　远　姜　黎　黄成杰　韩　晶（女）

第五届 台盟辽宁省委员会（2017.6）

主 任 委 员：胡 军

副主任委员：吴利薇（女） 蔡 睿 吴 滔 戴 蓉（女）

委 员：（按姓氏笔画排序）

孙 宏（女） 孙 强 李 巍 杨志峰 吴 滔

吴利薇（女） 胡 军 周 琪 黄 为 黄建华

简 俊 蔡 睿 戴 蓉（女）

第六届 台盟陕西省委员会（2017.7）

主 任 委 员：王二虎

副主任委员：吴志红（女） 陈玉玲（女） 谷 磊

委 员：（按姓氏笔画排序）

王二虎 吕 娜（女） 杨 远（女） 吴志红（女）

谷 磊 陈玉玲（女） 陶怡秀（女） 谢 斌

赖咸亮

第十届 台盟湖北省委员会（2017.6）

主 任 委 员：江利平

副主任委员：刘江东 罗 强 林 颖（女）

委 员：（按姓氏笔画排序）

朱 珊（女） 刘江东 江利平 张晓东

陈 浩（女，高山族） 林 颖（女） 罗 强

罗显风 赵晓河 钟国祥 章 杰 雷敏捷

第五届 台盟浙江省委员会（2017.5）

主 任 委 员：张泽熙

副主任委员：胡亚芳（女，高山族） 陈伟华 陈清莉（女）

秘 书 长：陶 骏

委 员：（按姓氏笔画排序）

江 勇 吴立文（女） 张泽熙 陈 靓（女） 陈伟华

陈艳虹（女） 陈清莉（女） 胡亚芳（女，高山族） 陶 骏

第十届　台盟福建省委员会（2017.6）

主任委员：郑建闽

副主任委员：江尔雄（女）　廖明宏　陈　椿　李珊珊（女）　柯连妹（女，高山族）　苏耿聪

秘书长：叶　鸣

委　　员：（按姓氏笔画排序）

王鸿燕（女）　甘海疆　叶　鸣　叶建伟
朱　敏（女）　江尔雄（女）　许　钢　许勇铁
苏　悦（女）　苏耿聪　李珊珊（女）　杨　谦
沈惠玲（女）　张　敏　张德海（高山族）　陈　立
陈　椿　陈红斌　陈培仁　陈敏伟
林希璇（女）　郑　直（女）　郑建闽　赵月英（女）
柯连妹（女，高山族）　洪元程　翁如芯（女）
郭海峰　黄文真（女）　黄文辉　黄美辉（女）
粘少梅（女）　傅晖文（女）　廖明宏　戴　雯（女）

第八届　台盟广东省委员会（2017.6）

主任委员：张嘉极

副主任委员：卢　馨（女）　陈建飚　郑广台　林　娜（女）　李广曦

委　　员：（按姓氏笔画排序）

方　芳（女）　古健华　卢　馨（女）　叶耀华
吕继东　刘华义　刘进贤　许可慰
李广曦　邱　青（女）　张嘉极　陈小英（女）
陈建飚　陈徐晨（女）　陈清良　林旭初
林　峥（女）　林　亮　林　娜（女）　郑广台
高　洁（女）　郭金华　容　锦（高山族）
黄　燕（女）　彭　琛（女，高山族）　谢丽玲（女）
赖　峰　潘　艳（女）

第六届　台盟海南省委员会（2017.6）

主任委员：连介德

副主任委员：符之冠　汪青春（高山族）　周朝东　苏　萍（女）　刘琼龙

秘　书　长：蓝海雄
委　　　员：（按姓氏笔画排序）
文飞燕（女）王义俊　刘琼龙　江成林　羊　彤（女）
连介德　汪青春（高山族）　苏　萍（女）吴云芝（女）
吴　柳（女）吴江来　李海川　李　亮　陈　雯（女）
陈焕章　陈仕强　杨文婵（女）　周朝东
林艺青　林玉菁（女）　钟才能　洪　雨（女）
洪　虹（女）符之冠　符丽君（女）　符小荷（女）
黄智权　黄世勇　曾春玲（女）　谢儒霞（女）
赖李明　赖州异（女）　蔡　蕊（女）
蔡照荣　蔡一茹（女）

第九届　台盟云南省委员会（2017.6）

主 任 委 员：杨晓红（女）
副主任委员：陈俊骢　高素芳（女，高山族）　李志强
副 秘 书 长：何原文（副厅级）
委　　　员：（按姓氏笔画排序）
许岷江　李志强　杨圣元　杨林波　杨晓红（女）
邹雁萍（女）　陈俊骢　徐　磊　高素芳（女，高山族）
郭玫青（女）　游志松（女）

台盟江西省委筹备委员会（2017.7）

主 任 委 员：曾鲁台
秘　书　长：俞红光
副主任委员：徐友洪　吕少军

第九届　台盟南京市委员会（2017.1）

主 任 委 员：邹振球
副主任委员：林　玮　孙晓青（女）
委　　　员：（按姓氏笔画排序）
刘忠斌（回族）　孙晓青（女）　李慧珍（女）　邹振球
林　玮　林敏洁（女）　周　睿　游　磊

潘　宁（女）

第一届　台盟安徽总支委员会（2010.1）

主 任 委 员：陈清海

副主任委员：林　敏　陈伟旭

委　　　员：（按姓氏笔画排序）

王宇靖　叶伟明　许　颖　陈伟旭　陈清海

林　众（女）　林　敏

第六届　台盟成都支部委员会（2016.12）

主 任 委 员：潘裕萍（女）

副主任委员：廖文莉（女）　谢　飞

委　　　员：（按姓氏笔画排序）

王良英（女）　申　彤　乐　佳（女）　陈　丹

谢　飞　廖文莉（女）　潘裕萍（女）

第一届　台盟南宁支部委员会（2013.8）

主 任 委 员：张小庆（女）

副主任委员：林寿禄、黄凯

委　　　员：（按姓氏笔画排序）

张小庆（女）　林寿禄　郝璐楠（女）　黄　凯

黎娟娟（女，壮族）

第一届　台盟贵阳支部委员会（2016.8）

主 任 委 员：黄学军

委　　　员：（按姓氏笔画排序）

邱轶轲（女）　金　佳（女）　骆姝琳（女）

黄学军　蒋　雾（女）

后记

本书摭拾了台盟43个地方组织及直属组织的发展历程，全面展现了台盟各级组织自成立以来的组织发展沿革。通过2012年换届后全盟13个省级组织、1个省级组织筹委会、5个中央直属组织、24个地市级组织的成立背景、过程、初期活动、多年来发展壮大历程的认真梳理，再现了台盟地方组织、台盟先辈履职尽责的光荣历史，旨在为今后组织发展、盟员培训、史料查阅提供参考。

作为台盟中央的重点图书选题，本书由台盟中央盟史与自身建设工作委员会、组织部共同筹划，由台盟各省级组织、下辖地市级组织和中央直属组织具体编写成稿，经历了前期筹划、分工编写、修改统一、严格审核、专业编审的过程。为使全书较为统一有序，在2015年的盟史与自身建设工作委员会会议上，专门统一了各地方组织发展沿革的编写体例和主要内容，由各级组织编纂并经各地方组织主委会予以审核。在地方组织前后排序上，本书遵照台盟各直辖市、省级组织从北至南、中央各直属组织架构的顺序，并将各省辖市委会放在所在省委会下，分别介绍沿革。在编撰内容上，每个省级、市级及中央直属组织，均按照成立的历史背景、成立过程及初期活动、组织变迁、历次盟员大会（或代表大会）及历届委员会主要简况，历届组织机构组成名单，历届主委简历，历届全国人大代表、全国政协委员、省部级职务的盟员名单为序进行介绍。在时间节点上，根据九届台盟中央盟史与自身建设工作委员会安排，本书反映的沿革时间为组织成立至2012年换届止，地方组织领导机构补至2017年7月底。在内容的具体著述中，基本尊重各地方组织意见，在后期编辑审阅过程中未做大的改动。比如从小组到省市委员会的届次规定，因各地历史发展不同，其届次称呼也不尽相同，未再进行统一。

在成书过程中，撰稿人倾注了大量时间和精力，在繁忙的盟务工作之余，查阅早期资料，编撰整理历史；各地方组织经主委会议严格审核，力求准确。在此特别感谢供稿各单位及有关人员为成书付出的巨大努力。台盟中央宣传部、研究室、台海出版社在编审过程中也给予了大力支持，在此一并表示感谢。

由于能力水平有限，加之年代久远，各地资料不一，若有遗漏及有误之处，敬请广大读者批评指正。

编委会

2017 年 9 月 28 日